Elizabeth Charlotte Ruth V A

A First Course in German

A FIRST COURSE IN

German

THEODORE HUEBENER, Ph.D.
Director of Foreign Languages,
Public Schools of the City of New York

MAXIM NEWMARK, Ph.D.
Modern Language Department,
Brooklyn Technical High School

D. C. HEATH AND COMPANY

Wer fremde Sprachen nicht kennt, weiß nichts von seiner eigenen.

JOHANN WOLFGANG VON GOETHE

Let me counsel you to read a little German every day, and you will be surprised to find how soon it grows easy to you. Insist on knowing the exact meaning of every sentence, and use your grammar for that only. In this way you will insensibly grow familiar with the grammatical construction.

JAMES RUSSELL LOWELL

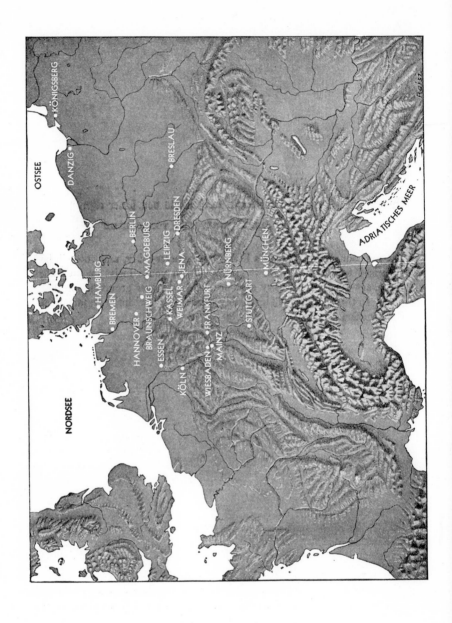

INTRODUCTION

A. To the pupil

WHY STUDY GERMAN? While munching a *Hershey* bar, you listen to the radio, on which a program recorded by *Walter Damrosch* is being broadcast from *Steinway* Hall. Selections are being presented from *Bach, Mozart, Beethoven, Brahms,* and *Mendelssohn.* The announcer in *Rockefeller* Center calls your attention to the fact that the *Pulitzer* Prize is to be awarded at the *Astor* Hotel. The commercial is praising a product by *Ruppert,* when Mother calls you to dinner, saying, "Hurry! We're having one of your favorites, *Heinz* beans!" Your sister says, "Oh, dear, just when I'm finishing this interesting novel by *Steinbeck* that I bought at *Wanamaker's!*"

GERMANS IN THE UNITED STATES. Do you realize that all of these proper names belong to families of German or part-German origin? In American industry and business, art and science, there are many such distinguished names. This is not surprising, since Germans settled in America from the very earliest times. (They were at Jamestown, for example.) They constitute the largest non-British element among our people. Between one-fourth and one-fifth of the population of the United States is of German origin. Since large numbers of Germans in the United States still speak German and read newspapers and magazines published in that language, it is a distinct advantage, from a business standpoint, for any American to have some knowledge of German. In fact, German may be heard from coast to coast, in large cities and in small communities.

THE GERMANS IN MUSIC. However, aside from this practical value to the man of business, a knowledge of German increases everyone's enjoyment of some of the finer things in life. Especially in music have Germans been outstanding. The countless beautiful art songs, such as those by Schubert and Schumann, known as *Lieder,* all have German words. The magnificent operas of Wagner, as well as Humperdinck's delightful *Hansel and Gretel,* have German texts. The latter opera is based on one of Grimm's German fairy tales which include *Snow White, Little Red Riding Hood, Cinderella,* and *Sleeping Beauty.* These are familiar the world over to young and old. Just as widely known are some of the interesting characters in German plays and books: Faust, William Tell, and Baron Münchhausen.

THE GERMANS IN SCIENCE. For the scientist who wishes to do research, German is indispensable. In 1944, the Nobel Prize in Chemistry was awarded to Professor Otto Hahn of Berlin University for research in atomic physics. He was one of the pioneers who laid the foundations for our subsequent development of the atom bomb. Some of the greatest names in the fields of science and invention are German. Among them are: Gutenberg (the printing press), Helmholtz (physics), Roentgen (X rays), Mendel (biology), Koch (bacteriology), Bunsen (chemistry), Freud (psychology), Einstein (physics), Haber (synthetic nitrates), Diesel (engineering), and Bergius (synthetic gasoline). If you plan to enter any field of science or research, a knowledge of German will be of the utmost value. Many basic research works, such as reference books and encyclopedias, are available only in German.

RELATIONSHIP OF ENGLISH AND GERMAN. Fortunately for Americans, German and English are related languages and have many common words that are similar. Although most of our scientific terms are from Latin and Greek, and the literary words come from the French, the great majority of our everyday words are of Anglo-Saxon, that is, Germanic, origin. For example: *man, father, mother, brother, son* are Germanic words. The German equivalents are *Mann, Vater, Mutter, Bruder, Sohn.* They look similar, as you can see. In fact, many words are practically identical in both languages. Compare the following: hand — *Hand,* finger — *Finger,* house — *Haus,* mouse — *Maus,* arm — *Arm.* When you study German, therefore, you already know a good deal before you begin.

Now we don't want to pull the wool over your eyes. It is true that German is related to English and is therefore easier for an American to learn than an unrelated language. However, German has many changes in word forms and endings that have to be memorized. Furthermore, the learning of any foreign language is not easy. A thorough mastery requires serious thought, steady application, and constant practice over an extended period of time.

HOW TO LEARN A LANGUAGE. A language is built up of words. Therefore, one important job will be to learn vocabulary. This is largely a matter of memory. The memory is aided by appealing to various senses at the same time. That is, you learn a word more quickly and more permanently if you *hear* it, *see* it, *say* it, and *write* it. Hence, in learning words — which you will have to do in every lesson — read each word out loud to yourself and then write it down. The oftener you do this, the more certain you will be of retaining it. Long ago a very good teacher said, "Repetition is the mother of learning." Other material, such as phrases, sentences, and entire selections, can be learned the same way. It will be wise to commit common expressions, proverbs, and songs to memory. They will form a stock from which you can draw at any time.

IMPORTANCE OF IMITATION. Another important principle in learning a language is that of imitation. If we wish to speak or write a language correctly, we must follow the best examples. Your best model, at present, is your teacher. Note what position his lips assume when producing a given sound. Then try to imitate him. Imitation is also important in the matter of proper intonation, that is, the characteristic rise and fall of the speaker's voice. Speaking a foreign language is like taking part in a play. You become an actor and assume a new role. You must not be shy. The new role involves not only speech but also facial expressions and gestures. Merely by exclaiming "*Ach!*" in varying tones and changing your expression, you can indicate a half dozen different emotions.

OUTSIDE STUDY AND ACTIVITIES. Always be sure to do your homework. The study of language, more than that of any other subject, is *cumulative*, that is, everything that you learn is based on something previously learned. Each lesson is like an additional foundation stone cemented on top of the others. You can imagine what will happen if one of your earlier foundation stones is missing! Make it your business never to skip an assignment!

If you have friends or relatives who know German, speak the language to them. Use it in stores where the proprietor is German. Listen to radio programs in German and attend German movies occasionally. You can get help and enjoyment, too, by listening to German phonograph records.

TRADITION OF GERMAN STUDY. In embarking upon the study of German, you are following a traditional path which thousands upon thousands of Americans have trod before you. Famous American poets like Emerson, Longfellow, and Lowell studied the German language in order to be able to share the ideas and emotions of German poets and philosophers. Practically every outstanding research chemist and physicist in the United States has devoted some time to acquiring at least a reading knowledge of scientific German. Whatever your particular reason for studying German may be, remember, the benefit you derive will be directly proportional to the amount of time and energy you invest.

B. To the teacher

THE PLAN. The first six lessons of this book are planned primarily for oral work, and contain, in addition to notes on grammar, an inductive presentation of the major aspects of German pronunciation. Lessons seven through nine continue with some of the finer points of pronunciation. Lessons ten and eleven deal with the rules of spelling, punctuation, and syllabification, and introduce the pupil to the technique of dictation. Thereafter each lesson conforms to the following scheme: A. and B., texts (followed by questions and word lists); C. Vocabulary Notes; and D. Grammar Notes (followed by exercises).

The Vocabulary and Grammar Notes include intermedial exercises (*Übungen*) designed to drill the more mechanical aspects of a vocabulary or grammar topic. The terminal exercises (*Aufgaben*) are of a broader scope and are designed for written homework, although they may, of course, be used for oral study assignments or classroom drill.

A review lesson is provided after each five lessons of new material. Every review lesson contains summaries of pronunciation, word study, idioms, grammar forms and rules, and is concluded by an objective-type achievement test of one hundred items.

Each lesson is followed by a supplementary reading selection containing many of the words and syntactical items of the grammar text and introducing words to be encountered in the following lesson. These supplementary reading selections provide graded reading material keyed to each lesson.

TIME ALLOTMENT. The thirty lessons of this book are intended to cover the work of the first two terms of high school German. Each lesson has been planned as a one-week unit. Although most teachers will, no doubt, wish to do their own time-work scheduling, the following plan is suggested.

First day. Oral reading of text. Oral questions and answers in German. Pupils write more difficult answers on board. Assignment: Study word lists and Vocabulary Notes. Write answers to questions in German.

Second day. Further reading of text. Oral and written questions and answers. Vocabulary study and drill, based on word lists and Vocabulary Notes. Oral exercises in Vocabulary Notes. Assignment: Study word lists and Vocabulary Notes. Write selected exercises in Vocabulary Notes.

Third day. Brief check-up of homework. Vocabulary quiz (optional). Presentation of grammar topic(s). Intermedial exercises in Grammar Notes (first orally, then written on board). Assignment: Study topic(s) in Grammar Notes. Write selected *Aufgabe(n).*

Fourth day. Correction of homework. Further presentation (or review) of grammar topic(s). Further intermedial exercises in Grammar Notes. Assignment: Study topic(s) in Grammar Notes. Write selected *Aufgabe(n).*

Fifth day. Correction of homework. Review of difficult points (optional). Grammar quiz (optional). Supplementary reading (optional). Cultural material (optional). Songs or games (optional).

It should be kept in mind that the suggested plan is based on an average lesson and need not apply in detail to any particular one. Certainly, adaptations of schedule should be made in the first six lessons, in which more time will be devoted to oral work, and in various other lessons where the number of forms to be mastered would require more time for classroom drill. In addition, silent reading and dictation exercises will make their special demands on time. The review lessons will also require a different time schedule.

VOCABULARY AND IDIOM SELECTION. The list of words used in this book numbers 786, exclusive of the following: (*a*) proper names; (*b*) inflected forms of articles, *der-* and *ein-*words; (*c*) oblique forms of personal pronouns; (*d*) cognates identical in form and meaning in both languages; (*e*) simple compounds (formed without change) of words in this list; (*f*) cardinal numerals; (*g*) marginal vocabulary in the supplementary reading selections.

The selection of words is based on a comparison of the following lists: (*a*) *German Frequency Word Book* by B. Q. Morgan (Macmillan, N.Y., 1933); (*b*) *Minimum Standard German Vocabulary* prepared for the A.A.T.G. by Wadepuhl and Morgan (Crofts, N.Y., 1934); (*c*) *First Year Basic German Word List* by C. D. Vail *et al.* (Syllabus in Modern Foreign Languages, University of the State of New York,

Albany, 1933); (*d*) *A Standard German Vocabulary* by C. M. Purin (Heath, Boston, 1937).

In addition to words selected from these lists, the authors have included a small number of environmental words and words of conversational utility.

In the selection of idioms, the point of departure has been the authoritative grade-placement of idioms in the New York State Syllabus. All the idioms listed in the Syllabus as a minimum for first-year German (approximately 50) have been included in this book. In addition, 25 idioms have been added, each of a frequency range of 10 or higher, as checked with the Hauch *German Idiom List* (Macmillan, N.Y., 1934).

READING MATERIAL. The grammar texts and supplementary reading selections have been written to appeal to youngsters of high school age. The texts deal with everyday situations, stories, and historical anecdotes, presented in the form of dialogue and narrative prose. There are approximately one hundred pages of actual German text, exclusive of exercises and vocabulary. Marginal vocabulary has been provided for all texts, thus encouraging lateral eye movements and facilitating quick grasp of content.

The texts of each lesson have purposely been made extensive enough to permit every pupil in a class of about thirty-five to have ample practice in oral reading. The length of the texts also makes possible full and repeated coverage of every aspect of the grammar topics. Thus the intensive preliminary study of a longer text makes the grammar a matter of attained experience before the pupil is led to theorize about it. Nothing is presented in the Grammar Notes that has not previously occurred in the grammar text.

VOCABULARY STUDY. Strict vocabulary control and purposeful vocabulary study in each lesson, followed by word-recognition and word-building exercises, actively promote this most important phase of language learning. The minimum number of recurrences of high-frequency words is ten per word, achieved according to the following plan: texts, 2; word list, 1; exercises, 3; supplementary text, 1; subsequent lessons, 2; achievement test, 1. This does not apply to a small number of non-recurrent words introduced to give point or flavor to a story (*Bengel, Faulpelz, Schlingel*, etc.).

The following types of word-study exercises are repeatedly employed: (*a*) word analysis; (*b*) word building; (*c*) recognition of new compounds and derivatives; (*d*) synonyms and antonyms; (*e*) contrasting sounds and meanings (misleading resemblances); (*f*) cognates (and misleading cognates); (*g*) classification by categories and functions; (*h*) inference from context.

INDUCTIVE GRAMMAR. The inductive presentation of all grammar topics, followed by significant questions, encourages an active process of logical generalization about linguistic phenomena, on the basis of which the pupil learns to formulate rules independently. Very little previous knowledge of grammatical terminology is assumed in the explanations of the Grammar Notes. The pupil is provided with definitions or etymologies of new grammar terms, together with concrete examples, in a language that he can understand.

CONNECTED-PASSAGE EXERCISES. Connected passages constitute some three-fifths of the total number of exercises in this book. Even the grammar exercises, consisting of sentences connected in meaning, have some of the characteristics of composition. In thus providing the pupil with a sense of meaningful achievement, the authors hope to counteract the notion that language study consists of formal grammatical operations devoid of content. In particular, each English to German translation exercise is a complete passage incorporating a story, a humorous anecdote, or a coherent paraphrase of the preceding text.

ADAPTABILITY TO TEACHING. The features of this book make it easily adaptable to varying teaching situations. If necessary in slow classes, the intermedial exercises for each grammar topic permit the teacher to present and drill one topic at a time. These exercises plus the terminal exercises provide a double amount of exercise material, thus affording extra work for rapid classes and remedial work for slow learners. In addition, the supplementary reading selections have marginal vocabulary which makes them independent of the grammar texts. They may therefore be omitted at the discretion of the teacher. Likewise, in courses where the major emphasis is on passive recognition, any or all of the English-to-German translation exercises may be omitted. In any case, the book is so arranged that selective use may be made of its contents, depending on time or progress factors.

T. H.
M. N.

CONTENTS

participle. The past participle of irregular verbs. Principal parts
of the verb. Principal parts of prefix verbs. Principal parts of
reflexive verbs. The past perfect tense. The meaning of the past
tenses.

SUPPLEMENTARY READING: Der Kölner Dom.

VOCABULARY NOTES: The present participle.

GRAMMAR NOTES: The perfect tenses with sein. When to use sein as
an auxiliary. Bleiben and sein. The past perfect tense with sein.
Principal parts of verbs with sein.

SUPPLEMENTARY READING: Siegfried.

VOCABULARY NOTES: Word families.

GRAMMAR NOTES: The future tense. The delayed infinitive. The
two meanings of werden.

SUPPLEMENTARY READING: Barbarossa.

SUMMARIES: Vocabulary notes. Forms. Grammar. Idioms. Achievement test. Cultural information test.

PHOTOGRAPHS

A First Course in German

THE GERMAN ALPHABET

German Letters		Roman Letters		German Name	German Letters		Roman Letters		German Name
𝔄	a	A	a	[ah]	𝔑	n	N	n	[en]
𝔅	b	B	b	[bay]	𝔒	o	O	o	[oh]
ℭ	c	C	c	[tsay]	𝔓	p	P	p	[pay]
𝔇	d	D	d	[day]	𝔔	q	Q	q	[koo]
𝔈	e	E	e	[ay]	𝔑	r	R	r	[air]
𝔉	f	F	f	[ef]	𝔖	ſ s ¹	S	s	[ess]
𝔊	g	G	g	[gay]	𝔗	t	T	t	[tay]
𝔥	h	H	h	[hah]	𝔘	u	U	u	[oo]
𝔍	i	I	i	[ee]	𝔙	v	V	v	[fow]
𝔍	j	J	j	[yot]	𝔚	w	W	w	[vay]
𝔎	k	K	k	[kah]	𝔛	x	X	x	[iks]
𝔏	l	L	l	[el]	𝔜	y	Y	y	[ipsilon]
𝔐	m	M	m	[em]	𝔷	z	Z	z	[tset]

COMBINED LETTERS

ch [tsay-hah]   ß [ess-tset]

ck [tsay-kah]   tz [tay-tset]

MODIFIED VOWELS

𝔄 ä [ah-umlaut]   𝔒 ö [oh-umlaut]

𝔄u äu [ah-umlaut-oo]   𝔘 ü [oo-umlaut]

NOTE 1. Of the two small letters for *s* (ſ and s), the latter is called "final *s*." This name shows when it is used. The other *s* (ſ) is called "long *s*" and is used at the beginning and in the middle of words.

Lektion Eins *

Die Zahlen †

A. INTRODUCTION. Among the most useful words in any spoken language are the numbers. Without them you could not very well buy anything, order meals, procure tickets, or ask for the time. Fortunately, the names of the cardinal numbers in German are all related to the equivalent English words. Hence it will be easy to learn them. Here they are, from one to twelve:

1	eins	4	vier	7	sieben	10	zehn
2	zwei	5	fünf	8	acht	11	elf
3	drei	6	sechs	9	neun	12	zwölf

Your teacher will help you pronounce these numbers and will go over them with you until you can count in German from one to twelve. You will then be able to use them in the following conversations.

B. CONVERSATIONS. The teacher asks for the answers to simple examples in addition, calling on different pupils. After one or two repetitions of this dialogue, various pupils may be designated in turn to act the part of the teacher.

Gespräch 1 ‡

Lehrer [1]:	Eins und eins ist zwei.	[1] teacher
	Zwei und eins ist drei.	
	Wieviel [2] ist zwei und zwei?	[2] How much
Schüler [3]:	Zwei und zwei ist vier.	[3] pupil
Lehrer:	Sehr [4] gut. Wieviel ist vier und drei?	[4] Very
Schüler:	Vier und drei ist sieben.	
Lehrer:	Ist das richtig? [5]	[5] right

Lesson One.   † The Numbers.   ‡ Conversation 1.

Schüler: Ja,[6] das ist richtig.   [6] Yes

Lehrer: Ist vier und drei sechs?

Schüler: Nein,[7] das ist falsch.[8]   [7] No   [8] wrong

        Vier und drei ist nicht [9] sechs.   [9] not

        Vier und drei ist sieben.

Gespräch 2

Various numbers of pupils will go in turn to the front of the room. The teacher and different pupils will then talk about them as follows:

Lehrer: Wie viele [1] Schüler sind [2] hier?   [1] many   [2] are

Schüler: Fünf Schüler sind hier.

Lehrer: Ist das richtig?

Schüler: Ja, das ist richtig.

Lehrer: Bitte,[3] zählen Sie! [4]   [3] Please   [4] count

Schüler: Eins, zwei, drei, vier, fünf.

Lehrer: Sind fünf Schüler hier?

Schüler: Ja, fünf sind hier.

Lehrer: Sind sechs Schüler hier?

Schüler: Nein, fünf Schüler sind hier.

(Another group comes forward.)

Lehrer: Wie viele Schüler sind jetzt [5] hier?   [5] now

        etc., etc.

Gespräch 3

A similar dialogue to the one above may be conducted with reference to the fingers.

Lehrer: Wie viele Finger haben [1] Sie? [2]   [1] have   [2] you

Schüler: Ich [3] habe zehn Finger.   [3] I

Lehrer: Bitte, zählen Sie!

Schüler: Eins, zwei, *etc.*

Lehrer: *(holds up five fingers)*

        Wie viele Finger habe ich jetzt?

Schüler: Sie haben jetzt nur [4] fünf Finger.   [4] only

Lehrer: Habe ich jetzt sechs Finger?
Schüler: Nein, Sie haben jetzt fünf Finger.
Lehrer: Wie viele Finger hat Peter?
Schüler: Er [5] hat zehn Finger.
Lehrer: Wie viele Finger hat Anna?
Schüler: Sie [6] hat auch [7] zehn Finger.
Lehrer: Wie viele Finger hat sie?
Schüler: Sie hat zehn Finger.

[5] He

[6] She   [7] also

Vokabeln *

NOUNS
Finger finger(s)
Lehrer teacher(s)
Schüler pupil(s)

ADJECTIVES
gut good
falsch wrong
richtig right

ADVERBS
auch also
hier here
jetzt now
nur only
sehr very

QUESTION WORDS
wie? how?
wieviel? how much?
wie viele how many?

NEGATIVES
nein no
nicht not

PRONOUNS
ich I
Sie you
er he
sie she

VERBS
ist is
sind are
haben to have
  ich habe I have
  Sie haben you have
  er hat he has
  Peter hat Peter has
  sie hat she has
  Anna hat Anna has
zählen to count

OTHER WORDS
bitte please
das that
und and
viele many

OPPOSITES
ja — nein
richtig — falsch

* Words.

NUMBERS

eins	vier	fieben	zehn
zwei	fünf	acht	elf
drei	fechs	neun	zwölf

C. PRONUNCIATION NOTES. Below is a summary of all the German consonant sounds that have occurred so far.*

1. Konsonanten (*Consonants*). In general, most German consonant sounds are pronounced about the same as in English. However, the German letters for the following sounds differ from the English letters representing the same sounds:

GERMAN   ENGLISH

d	is pronounced like	*t*	when the d comes at the end of a word [1]: und, find.
j	is pronounced like	*y*	ja, jetzt.
f	is pronounced like	*z*	when the f comes at the beginning of a word [2]: fie, fieben, fehr, find.
fch	is pronounced like	*sh*	Schüler, falfch.
v	is pronounced like	*f*	vier, wieviel, wie viele.
w	is pronounced like	*v*	wie, zwei, zwölf.
z	is pronounced like	*ts*	zwei, zehn, zwölf, zählen.

NOTE 1. When the d comes at the beginning of a word, it is pronounced as in English.

    Ex. drei. Contrast the sounds in das — und, die — find.

NOTE 2. When s (f) is not at the beginning of a word, or between vowels, it is pronounced like the English *s* in *list*.

    Ex. eins, fechs, ift. Contrast the sounds in fieben — ift, fehr — eins.

There are some German sounds which have no proper English equivalents. They require special explanation and practice.

2. *The ach-Sound.* The sound which is spelled ch in the word acht is known as the *ach-sound*. It resembles the sound you make when you clear your throat. *Ex.* acht, auch.

---

* A summary of all the letters of the German alphabet, with their names, is **given** in Lesson 10, page 124.

3. *The ich-Sound.* The sound which is spelled ch in richtig and ig at the end of the same word is known as the *ich-sound.* It resembles the English *h* in *hue,* but is produced more forcefully and with a good deal of breath. To get this sound right, practice the following exercise:

a) Pronounce the word *hue* several times, giving it lots of breath:

hue-hue-hue-hue-hue-hue-hue

b) Pronounce the sound *i* as in *pit* before the word *hue:*

ihue-ihue-ihue-ihue-ihue-ihue

c) Now cut off the *ue* from the series. The result is:

ich-ich-ich-ich-ich-ich-ich-ich

d) Continue the same sound in richtig. Note that the final –ig has the same sound as ich:

richtig-richtig-richtig-richtig-richtig

Ex. ich, nicht, richtig.

Now practice the ich-sound in the following sentences:

1. Ich habe zehn Finger. 2. Habe ich elf Finger? 3. Nein, das ist nicht richtig. 4. Wie viele Finger habe ich? 5. Ich habe zehn Finger. 6. Ist das nicht richtig? 7. Ja, das ist richtig.

NOTE: ch in the word sechs is pronounced like *k.* This is generally true when the ch is followed by an s which is not part of a suffix.

Contrast the ich-sound and the ach-sound in the following pairs:

ich — acht, nicht — auch, auch — richtig, ich — auch

Now practice the three sounds of ch (ich — ach — sechs):

1. Ist das auch richtig? 2. Habe ich auch zehn Finger? 3. Habe ich sechs Finger? 4. Habe ich acht Finger? 5. Nein, das ist auch nicht richtig. 6. Nicht sechs Finger und auch nicht acht Finger. 7. Sie haben auch zehn Finger. 8. Richtig!

4. *Silent h.* The letter h in the middle of a German word is silent. The vowel in front of a silent h is always long. *Ex.* Lehrer, zehn, sehr, zählen.

At the beginning of a word, however, h is pronounced as in English. *Ex.* haben, habe, hat, hier.

Lautübungen *

I. Give at least two German words as examples for each of the following sounds:

GERMAN		ENGLISH
d	pronounced like	*t*
j	pronounced like	*y*
ſ	pronounced like	*z*
ß	pronounced like	*s* (as in *list*)
ſch	pronounced like	*sh*
v	pronounced like	*f*
w	pronounced like	*v*
z	pronounced like	*ts*

II. Give German words illustrating the following:

1. the ich=sound. 2. the ach=sound. 3. silent h. 4. h pronounced as in English. 5. ch pronounced like *k*.

III. Make a copy of the list of words in Column A below. After each word in your list write a word from Column B containing the same consonant sound. Do not use any word from Column B twice. To test your selections, pronounce the pairs out loud.

A	B
ich	viele
auch	ist
und	sehr
ja	nicht
sie	wieviel
eins	sind
Schüler	acht
vier	zählen
wie	jetzt
zwei	falsch

D. Grammar Notes

1. *Polite Commands.* Observe the sentence:

Bitte, zählen Sie! Please count.

This is a polite command in German. How does it differ from its

* *Sound Exercises.*

English equivalent? Note that the German verb ends in –en and is followed by the pronoun Sie.

2. **Sie** *and* **fie.** See if you can detect the difference between the two German pronouns in these sentences:

Wie viele Finger haben Sie?
Wie viele Finger hat fie?

The pronoun in the first sentence is capitalized and is known as a *polite* form. It means *you.* The pronoun in the second sentence begins with a small letter and means *she.* Is there anything in the sentence that would give you a clue to the difference in meaning between Sie and fie? Note the form of the verbs that go with these pronouns.

3. *Subjects and Verbs.* The other two pronouns we have learned are idj (*I*) and er (*he*). We have also learned the verb haben (*to have*). This is the form always used with Sie, as in Sie haben. Let us see how haben changes with different subjects:

idj habe, Sie haben, er hat, fie hat, Peter hat, Anna hat.

4. *Questions.* To change these into questions, you simply invert subject and verb as we often do in English.

habe idj? haben Sie? hat er? hat fie? hat Peter? hat Anna?

NOTE: In English we often use the verbs *do* and *does* in forming questions; for example: *Do you have ten fingers? Does Anna have ten fingers?* This is never done in standard German. The difference in forming questions in the two languages is shown by the following examples:

Do I have ten fingers?	Habe idj zehn Finger?
Do you have ten fingers?	Haben Sie zehn Finger?
Does she have ten fingers?	Hat fie zehn Finger?
Does Anna have ten fingers?	Hat Anna zehn Finger?
Does he have ten fingers?	Hat er zehn Finger?
Does Peter have ten fingers?	Hat Peter zehn Finger?
Does the teacher have ten fingers?	Hat der Lehrer zehn Finger?

Aufgaben *

I. Read the following examples in German:

2 + 2 = 4	3 + 5 = 8
1 + 3 = 4	4 + 5 = 9
2 + 3 = 5	5 + 5 = 10
3 + 3 = 6	1 + 6 = 7
1 + 4 = 5	2 + 6 = 8

II. Write in German and supply the answer:

2 + 4 = ?	4 + 6 = ?
3 + 4 = ?	6 + 6 = ?
4 + 4 = ?	7 + 3 = ?
1 + 5 = ?	4 + 8 = ?
2 + 5 = ?	8 + 3 = ?

III. Make up German questions based on the following examples, and answer the questions in German:

Ex. Wieviel ist zwei und sechs? Zwei und sechs ist acht.

2 + 6	11 + 1
4 + 4	8 + 2
3 + 3	1 + 6
3 + 4	5 + 7
2 + 5	6 + 3

IV. Write out two German questions for each of the following statements:

Ex. 1. *a)* Wie viele Finger hat Anna?
     b) Hat Anna zehn Finger?

1. Anna hat zehn Finger. 2. Sie hat zehn Finger. 3. Peter hat auch zehn Finger. 4. Er hat auch zehn Finger. 5. Ich habe jetzt nur fünf Finger. 6. Sie haben zehn Finger. 7. Vier Schüler sind hier. 8. Sechs Schüler sind jetzt hier. 9. Peter hat sechs Lehrer. 10. Zwei Lehrer sind hier. 11. Fünf Lehrer sind hier.

V. Write a dialogue in German based on the following outline. Do not try to translate the English word for word. Use only the German sentences that you have already learned.

* *Assignments.*

DOES PETER HAVE ELEVEN FINGERS?

Teacher: Asks Peter how many fingers Anna has.
Peter: Supplies the information.
Teacher: Asks how many Peter has.
Peter: Says he also has the same number.
Teacher: Says Peter has eleven fingers, not ten.
Anna: Denies this, saying he has only ten.
Teacher: "Ten, nine, eight, seven, six, — and five are (is) eleven!"
Anna: Says that's wrong, and counts the regular way.
Teacher: Admits Peter has ten fingers, not eleven.

LESESTÜCK EINS *

IST DER VATER BÖSE?[1]   [1] angry

Paul und Robert sind zwei Schüler. Robert
ist zwölf Jahre alt und Paul ist nur zehn.
Robert ist Pauls Freund.

Pauls Vater ist Lehrer. Er hat viele Schüler.
Nicht alle Schüler sind gut. Pauls Vater ist
oft streng.[2]   [2] strict

Robert hat keinen[3] Vater. Robert hat nur   [3] no
eine Mutter. Sie ist gut und läßt Robert tun,
was er will.

* *Reading Selection One.*

Eines Tages[4] sind Paul und Robert zusammen.[5] Robert fragt: „Willst du Ball spielen?"[6]
Paul antwortet: „Nein, es ist zu spät."[7]
„Zu spät?" fragt Robert. „Wie spät ist es?"
„Es ist vier Uhr,"[8] antwortet Paul.
„Das ist nicht spät," sagt Robert.
„Ja," sagt Paul, „aber Vater ist böse, wenn ich spät komme."
„Ach, das ist nichts!"[9] sagt Robert. „Wir spielen Ball bis[10] fünf Uhr. Dann kommst du zu mir.[11] Ich telephoniere und sage: ‚Paul ist seit[12] vier Uhr bei mir.' Dann ist der Vater nicht böse!"

[4] One day
[5] together   [6] play
[7] late

[8] o'clock

[9] nothing
[10] until
[11] to my house
[12] since

2

Lektion Zwei

Gespräche *

A. INTRODUCTION. The following conversations will enable you to greet people in German, to ask how they are, to exchange some words with them, and to take your leave. The next time you meet a fellow student from your German class be sure to greet him in German.

B. CONVERSATIONS. The first reading will be done by your teacher, the class repeating each line in chorus. After the first few readings, you and your classmates will be able to act out the conversations in front of the class without using your books.

The words Fräulein (*Miss*) and Frau (*Mrs.*) can be substituted for Herr (*Mr.*) whenever necessary.

Gespräch 1

Herr Meyer: Guten Tag,[1] Herr Schmidt!

Herr Schmidt: Guten Tag, Herr Meyer!

Herr Meyer: Wie geht es Ihnen? [2]

Herr Schmidt: Sehr gut, danke.[3] Und Ihnen? [4]

Herr Meyer: Auch gut.

Herr Schmidt: Schön.[5]

Herr Meyer: Auf Wiedersehen,[6] Herr Schmidt!

Herr Schmidt: Auf Wiedersehen, Herr Meyer!

[1] Hello! Good day!

[2] How are you? (*polite*)

[3] thanks [4] And you? (*polite*)

[5] Fine, nice

[6] Good-by

Gespräch 2

Herr Braun: Guten Tag, Robert!

Robert: Guten Tag, Herr Braun!
Wie geht es Ihnen?

* *Conversations.*

Herr Braun: Gut, danke. Und Ihnen?

Robert: Nicht so gut. Ich bin [1] müde.[2]   [1] am   [2] tired

Herr Braun: Müde? Warum?[3]   [3] Why?

Robert: Ich habe so viel Arbeit.[4]   [4] work

Herr Braun: Arbeit macht[5] das Leben[6] süß![7]   [5] makes   [6] life
                                          [7] sweet

Robert: Ja, aber[8] zuviel[9] ist zuviel.   [8] but   [9] too much

        Auf Wiedersehen, Herr Braun!

Herr Braun: Auf Wiedersehen, Robert!

Vokabeln

NOUNS

Arbeit work
Herr Mr., gentleman, master
Leben life
Tag day

VERBS

ich bin I am
danke thanks
macht makes

ADJECTIVES

müde tired
schön fine, nice, beautiful
süß sweet

ADVERBS

so so
viel much
zu too

PHRASES

Arbeit macht das Leben süß. Work adds zest to life.

Auf Wiedersehen! Good-by!

Guten Tag! Hello!

nicht so gut not so good (well)

so viel so much

zuviel too much

Zuviel ist zuviel. Too much is too much. (*i.e.*, You can have too much of a good thing.)

CONJUNCTION

aber but

QUESTION WORDS

warum? why?

wie? how?

QUESTIONS

Wie geht es Ihnen? How are you? (*polite*)

Und Ihnen? And you? (*polite*)

Gespräch 3

Karl: Guten Tag, Otto!

Otto: Guten Tag, Karl!

Karl: Wie geht es dir?[1]

Otto: Gut, danke. Und dir?[2]

Karl: Auch gut.

Otto: Es ist heute[3] schön.

Karl: Ja, sehr schön.

Otto: Willst du[4] Ball spielen?[5]

Karl: Nein, danke. Es ist schon[6] spät.[7]

Otto: Auf Wiedersehen, Karl!

Karl: Auf Wiedersehen, bis[8] morgen.[9]

[1] How are you? (*familiar*)
[2] And you? (*familiar*)
[3] today
[4] Do you want
[5] to play
[6] already [7] late
[8] until [9] tomorrow

Gespräch 4

Franz: Guten Tag, Paul!

Paul: Guten Tag, Franz!

Franz: Wie geht es dir?

Paul: Gut, danke. Und dir?

Franz: Auch gut. Willst du Ball spielen?

Paul: Nein, danke. Es ist zu spät.

Franz: Zu spät? Wieviel Uhr ist es?[1]

Paul: Es ist drei Uhr.[2]

Franz: Das ist noch[3] früh![4]

Paul: Ja, aber Mutter[5] ist böse.[6]

Franz: Böse? Warum?

[1] What time is it?
[2] three o'clock
[3] still [4] early
[5] mother [6] angry

Paul: Ich komme immer [7] zu spät.   [7] always
Franz: Auf Wiedersehen, Paul!
Paul: Auf Wiedersehen, bis morgen!

Vokabeln

NOUNS	VERBS
Ball ball	**ich komme** I come
Frau Mrs., woman, wife	**spielen** to play
Fräulein miss, young lady	
Mutter mother	ADVERBS
Uhr clock, watch, (o'clock)	**gut** well
	heute today
ADJECTIVES	**immer** always
böse angry, wicked	**morgen** tomorrow
früh early	**noch** still, yet
	schon already
OTHER WORDS	**spät** late
bis until	
du you (*fam.*)	QUESTIONS
	Wie geht es dir? How are you?
PHRASES	(*fam.*)
bis morgen until tomorrow	**Und dir?** And you? (*fam.*)
drei Uhr three o'clock	**Willst du Ball spielen?** Do you
zu spät too late	want to play ball? (*fam.*)
	Wieviel Uhr ist es? What time is
	it?

OPPOSITES

Herr — Frau (*or* **Fräulein**)   **früh — spät**   **heute — morgen**

C. PRONUNCIATION NOTES. Below is a table of the principal German vowels with their approximate English equivalents.

    1. **Vokale** (*Vowels*). Generally speaking, German vowels are either long or short. They must not be drawled as in English.

GERMAN		ENGLISH		GERMAN EXAMPLES
long a	is pronounced like	*a*	in *father*	aber, habe, Tag, ja.
short a	is pronounced like	*o*	in *pot*	acht, falsch, Ball, danke.

GERMAN			ENGLISH		GERMAN EXAMPLES
long	e¹	is pronounced like	*a*	in *late*	Peter, geht, zehn, Leben.
short	e²	is pronounced like	*e*	in *pet*	fechs, elf, Herr, es.
long	i³	is pronounced like	*i*	in *machine*	Ihnen, dir.
short	i	is pronounced like	*i*	in *pit*	ich, nicht, bis, bitte.
long	o	is pronounced like	*o*	in *open*	fo, fchon, Robert.
short	o	is pronounced like	*o*	in *come*	Otto, morgen, noch.
long	u	is pronounced like	*oo*	in *moon*	gut, nur, Uhr, zu.
short	u	is pronounced like	*u*	in *put*	und, Mutter, war= um.

Note 1. Long ä has about the same sound as long e. *Ex.* zählen, fpät.

Note 2. When unstressed, German e has about the same sound as English *e* in *father, mother*, etc. *Ex.* haben, morgen, Mutter.

Note 3. The same sound is also spelled ie in German. *Ex.* vier, wie, fie, fieben.

2. *The Rounded Vowels:* ü *and* ö. The vowels ü and ö have no English equivalent. The two dots over these vowels are known as the *umlaut* in German, a word which means *change of sound*. Like the other German vowels, ü and ö are either long or short.

a) Long ü is pronounced like English *ee*, as in *sweet*, but with lips stuck out and rounded as if for whistling. To produce this sound, practice the following exercise:

1. First pronounce *oo*, as in *moon:*

oo-oo-oo-oo-oo-oo-oo-oo

2. Let your lips remain in the position for *oo*, but stop pronouncing it. Instead, pronounce *ee* as in *sweet*. The result will be:

ü=ü=ü=ü=ü=ü=ü=ü=ü=ü=ü

3. Continue the sound in the following words:

füß=füß=füß=füß
müde=müde=müde=müde
früh=früh=früh=früh
Schüler=Schüler=Schüler=Schüler
Schüler=müde=früh=füß=Schüler=müde=früh=füß

A QUAINT MARKET PLACE. In every German town there is a *Marktplatz* with a fountain in the center. It is usually faced by the cathedral, the town hall (*Rathaus*), and other public buildings. After market is over, the square is swept and is as tidy as ever. The picture shows the market of Fritzlar, a little town near Kassel, in the province of Hesse.

4. Now pronounce these words in the following sentences:

    1. Arbeit macht das Leben süß. 2. Ich bin müde. 3. Das ist noch früh. 4. Vier Schüler sind hier.

b) Short ü is pronounced like English *i*, as in *pit*, but with lips rounded the same way as for long ü. Practice the same type of exercise as for long ü, but this time pronounce *i*, as in *pit*, with rounded lips. The result is the sound in the word fünf. Pronounce:

fünf=fünf=fünf=fünf=fünf=fünf=fünf

Now see if you can contrast the long and short sounds of ü in the following combination:

fünf Schüler — fünf Schüler — fünf Schüler — fünf Schüler

Fünf Schüler sind hier. — Fünf Schüler sind hier. — Fünf Schüler sind hier. — Fünf Schüler sind hier.

c) Long ö is pronounced like English *a*, as in *late*, but with lips stuck out and rounded as if for whistling. These are the directions for pronouncing long ö:

1. First pronounce *oo*, as in *moon:*

oo-oo-oo-oo-oo-oo-oo-oo-oo

2. Keep your lips in the same position, but stop pronouncing *oo*. Instead, pronounce English *a*, as in *late*. The result is:

ö=ö=ö=ö=ö=ö=ö=ö=ö=ö=ö=ö

3. Continue the sound in the following words:

schön=schön=schön=schön=schön
böse=böse=böse=böse=böse=böse

4. Now practice the contrast between schön and schon:

schön=schon — schön=schon — schön=schon — schön=schon

5. Pronounce these words in the following sentences:

    1. Ja, sehr schön. 2. Es ist schon spät. 3. Ja, aber Mutter ist böse.

d) Short ö is pronounced like English *e* as in *pet,* but with lips rounded as for long ö. Do the same type of exercise as for long ö, but this time pronounce *e* as in *pet,* with rounded lips. This sound occurs in the word zwölf. Pronounce:

zwölf=zwölf=zwölf=zwölf=zwölf=zwölf

Practice the contrast between zwölf and schön:

zwölf=schön — zwölf=schön — zwölf=schön — zwölf=schön

Then pronounce these words in the following sentences:

1. Neun und drei ist zwölf. 2. Zwölf Schüler sind hier. 3. Es ist heute schön. 4. Es ist zwölf Uhr.

3. *Rule of the Double Consonant.* An easy way of recognizing whether a vowel is long or short is to note the following consonant or consonants. If there is only one, the preceding vowel is usually long.[1] If there are two or more consonants coming together, the preceding vowel is usually short.[2]

SINGLE CONSONANT (long vowel)	DOUBLE CONSONANT (short vowel)
haben	falsch
Peter	elf
dir	immer
schon	noch
böse	zwölf
gut	Mutter
Schüler	fünf

NOTE 1.   However, the following short words have a short vowel, even though they end in a single consonant: bin, bis, das, es, hat, was.

NOTE 2.   Silent h is not counted as a consonant. It always makes the preceding vowel long. *Ex.* zählen, Ihnen, Lehrer, Uhr, zehn.

Lautübung

Copy the list of words in Column A. Next to each German word in your Column A write an English word from Column B containing approximately the same vowel sound. Do not use the same word twice.

A	B
ſechs	hate
habe	spoon
dir	bit
ſehr	some
ſchon	get
hat	father
Mutter	feet
iſt	own
noch	hot
gut	put

D. Grammar Notes

1. *Polite and Familiar Forms.* You may have wondered at the terms *polite* and *familiar* used to label certain words and expressions.

The following rules are observed in German in the use of these polite and familiar forms:

a) Use the polite forms (Sie, Jhnen) when speaking to grownups.

b) Use the familiar forms (du, dir) only when speaking to members of your immediate family, close relatives, intimate friends, children under fourteen, and pets.

Caution: When in doubt, use the polite form to be on the safe side. Never say du (dir) in addressing a grownup outside your family, or an acquaintance or stranger who is older than you.

2. *How to Tell the Time.* Since you already know the numbers from one to twelve, and you have learned the sentence: Es iſt drei Uhr, how would you give the time for every hour on the hour?

The German sentence you already know can serve as a model, thus: Es iſt —— Uhr. Then fill in the number as required.

Note, however, that the number eins, used in counting, is shortened to ein in Es iſt ein Uhr. Otherwise, the time for every hour on the hour is stated according to the model above: Es iſt ein Uhr. Es iſt zwei Uhr. Es iſt drei Uhr, etc.

Give the time in German as indicated in the following:

Wieviel Uhr ist es?

Aufgaben

I. Write all the different statements and questions that you can form
from the following parts of sentences:

Ex. Ich bin müde. Bin ich immer müde?

ich	ist	böse
er	sind	vier Uhr
sie	bin	sehr gut
Sie	komme	zu spät
es	hat	immer müde
Mutter	haben	zehn Finger
Karl und Anna	habe	müde

II. Write the answers you would give in German if the following were
said to you:

A. 1. Guten Tag! 2. Wie geht es Ihnen? 3. Und Ihnen? 4. Es ist
heute schön. 5. Willst du Ball spielen? 6. Es ist zu spät. 7. Wieviel
Uhr ist es? 8. Ich bin müde. 9. Es ist elf Uhr. 10. Auf Wieder=
sehen!

B. 1. Wie viele Finger haben Sie? 2. Ist das richtig? 3. Sind zehn
Lehrer hier? 4. Habe ich nur fünf Finger? 5. Sie haben elf Finger.
6. Hat Anna jetzt nur neun Finger? 7. Wieviel ist neun und drei?
8. Ist sechs und drei elf? 9. Ist drei und vier sieben? 10. Ist der
Lehrer hier?

III. Write a dialogue in German based on the following outline. Do not translate the English word for word. Use German phrases and sentences that you have already learned, with slight variations if necessary.

MOTHER IS ANGRY

Paul: Greets Hans.

Hans: Does likewise and asks how Paul is.

Paul: Says he's not so well; he's very tired.

Hans: Wonders at that and wants to know why.

Paul: Answers that he has too much work. Adds that Mr. Braun is very angry.

Hans: Says teachers are always angry. Invites Paul to play ball.

Paul: Refuses with thanks. Explains that it is too late and that Mother is also angry.

Hans: Wonders at that and wants to know why.

Paul: Says he's always late, and it's already four o'clock. Takes his leave.

Hans: Says good-by and hopes to see him the following day.

LESESTÜCK ZWEI

ARBEIT UND SPIEL [1]

    Die Familie ist beim Frühstück.[2] Herr Meyer trinkt Kaffee. Frau Meyer trinkt Tee. Karl trinkt Milch. Frieda trinkt auch Milch.

    „Willst du mehr Kaffee?" fragt Frau Meyer.

    „Nein, danke," sagt Herr Meyer. „Wieviel Uhr ist es?"

    „Es ist acht Uhr," sagt Frau Meyer.

    „Schon acht Uhr?" sagt Herr Meyer. „Ich muß eilen.[3] Ich komme zu spät."

[1] play
[2] breakfast
[3] hurry

Herr Meyer sagt: „Auf Wiedersehen!" und
geht.

„Karl," sagt Frau Meyer, „du mußt auch
gehen. Du kommst zu spät."

„Es ist noch früh," sagt Karl. „Ich spiele
heute Ball."

„Aber Karl," sagt Frau Meyer, „die Schule!"[4]   [4] school

„Schule?" fragt Karl. „Heute ist Samstag.[5]   [5] Saturday
Ich gehe nicht in die Schule. Ich habe heute
frei. Samstag ist Feiertag!"[6]   [6] holiday

Er sagt: „Auf Wiedersehen!" und geht.

Frieda ist noch klein.[7] Sie geht nicht in die   [7] little
Schule. Sie weint[8] plötzlich.[9]   [8] cries [9] suddenly

„Frieda, was ist los?"[10] fragt die Mutter.   [10] what's the matter?
Frieda weint noch mehr.

„Bist du müde?"

„Nein, Mutter."

„Warum weinst du?" fragt die Mutter.

„Karl hat Feiertag und ich nicht!" sagt
Frieda.

Rundgesänge zu Dreien *

I

O, wie wohl ist mir am A - bend, mir am A - bend, wenn zur Ruh die
Glo - cke läu - tet, Glo - cke läu - tet: Bim, bam, bim, bam, bim, bam!

II

Es tö - nen die Lie - der, der Früh - ling kehrt wie - der; es
flö - tet der Hir - te auf sei - ner Schal - mei: „La
la la la la la la la la la la la la la la!"

Three-part Rounds.

Was ist das?

A. CONVERSATIONS. Your teacher will point to various objects about the room and tell you what the German words are for them. You can then use these words according to the pattern of the conversations below.

Gespräch 1

Lehrer: Das ist ein [1] Bleistift.[2]	[1] a [2] pencil
Was [3] ist das?	[3] What?
Schüler: Das ist ein Bleistift.	
Lehrer: Der [4] Bleistift ist braun.[5]	[4] The [5] brown
Wie ist der Bleistift?	
Schüler: Der Bleistift ist braun.	
Lehrer: Ist er [6] auch weiß? [7]	[6] it [7] white
Schüler: Nein, er ist nur braun.	

Continue this conversation, replacing Bleistift and braun by any suitable pairs of the following nouns and adjectives. After the first few repetitions, various pupils in turn can play the part of the teacher.

NOUNS	ADJECTIVES
der **Boden** floor	**grau** gray
der **Gummi** (rubber) eraser	**hart** hard
der **Stock** pointer	**lang** long
der **Stuhl** chair	**rot** red
der **Wischer** (board) eraser	**weich** soft

Gespräch 2

Lehrer: Ist das eine Feder? [1]	[1] pen
Schüler: Ja, das ist eine Feder.	

Lehrer: Ist die² Feder blau?³   ² the ³ blue
Schüler: Nein, die Feder ist nicht blau.
Lehrer: Wie ist sie?⁴   ⁴ it
Schüler: Sie ist schwarz.⁵   ⁵ black

Continue as in the previous conversation, using the nouns and adjectives listed below. You can also use some of the adjectives already learned in Conversation 1.

NOUNS	ADJECTIVES
die Decke ceiling	breit broad
die Kreide chalk	gelb yellow
die Tafel blackboard	grün green
die Tinte ink	neu new
die Tür door	schmal narrow
die Uhr watch, clock	schwarz black
die Wand wall	weiß white

Gespräch 3

Lehrer: Was ist das?
Schüler: Das ist ein Buch.¹   ¹ book
Lehrer: Ist das Buch dünn?²   ² thin
Schüler: Nein, das Buch ist dick.³   ³ thick, fat
Lehrer: Ist es auch grün?
Schüler: Ja, es ist auch grün.
Lehrer: Wie ist das Buch?
Schüler: Es ist dick und grün.

Continue as before, using both old and new vocabulary. Use Conversation 3 as a model.

NOUNS	ADJECTIVES
das Bild picture	groß big, large, great
das Fenster window	hoch high
das Heft notebook	klein little, small
das Lineal ruler	kurz short
das Papier paper	niedrig low
das Pult desk	
das Zimmer room	

Gespräch 4

Now we learn how to inquire about people.

Lehrer: Wer [1] ist das?   [1] Who?

Schüler: Das ist Otto.

Lehrer: Was ist er?

Schüler: Er ist ein Schüler.

Lehrer: Wie ist er?

Schüler: Er ist jung.[2]   [2] young

Lehrer: Ist er faul? [3]   [3] lazy

Schüler: Nein, er ist fleißig.[4]   [4] industrious

Lehrer: Sind Sie auch fleißig?

Schüler: Nein, ich bin faul.

Continue as before, using the following nouns and adjectives, and changing the pronoun to sie, if necessary. Use Conversation 4 as a model.

NOUNS	ADJECTIVES
der Lehrer (*male*) teacher	alt old
der Schüler (*male*) pupil	dumm stupid
die Lehrerin (*female*) teacher	ernst serious
die Schülerin (*female*) pupil	froh cheerful
	klug smart
	traurig sad

Vokabeln

QUESTION WORDS	DEFINITE ARTICLES	INDEFINITE ARTICLES	PRO-NOUNS	OPPOSITES (NOUNS)
was? what?	der ⎱	ein ⎱	er ⎱	Lehrer — Lehrerin
wer? who?	die ⎰ the	eine ⎰ a	sie ⎰ it	Schüler — Schülerin
	das	ein	es	

OPPOSITES (ADJECTIVES)

alt — neu, jung	ernst — froh	hart — weich
breit — schmal	faul — fleißig	hoch — niedrig
dick — dünn	froh — ernst, traurig	kurz — lang
dumm — klug	groß — klein	schwarz — weiß

B. Pronunciation Notes

1. *Combined Vowels.* Some German vowel sounds are indicated by a combination of two vowels. These are the sounds au, ei, eu (äu), and ie. A combined vowel sound in German is always long.

The following table of German and English equivalents will give you a rough idea of how the German combined-vowel sounds are to be pronounced.

GERMAN		ENGLISH		GERMAN EXAMPLES
au	is pronounced like	*ow*	in *how*	traurig, blau, grau, faul.
ei	is pronounced like	*ei*	in *height*	fleißig, Kreide, klein, weich.
eu [1]	is pronounced like	*oi*	in *oil*	neu, neun, heute.
ie [2]	is pronounced like	*ie*	in *belief*	Papier, niedrig, sie, die.

Note 1. The same sound is also spelled äu in German. *Ex.* Fräulein.
Note 2. As already mentioned, German ie is exactly the same sound as German long i, as in dir, Ihnen, Gummi, Lineal.

Übung

After practicing the German examples for these sounds, learn the following rhyme to help you fix them in your memory:

> au=au=au, der Wischer, er ist grau;
> ei=ei=ei, sieben ist nicht drei;
> eu=eu=eu, das Buch, es ist noch neu;
> ie=ie=ie, eine Uhr ist immer „sie."

2. *The Combinations* sp *and* st. The s in the combinations sp
   and st, when occurring at the beginning of a word,[1] is pronounced like *sh* in English. *Ex.* spät, spielen, Stock, Stuhl,
   Bleistift.[2]

NOTE 1.   If st and sp are not at the beginning of a word, they are pro-
          nounced as in English. *Ex.* ist, willst, ernst, Fenster.
NOTE 2.   The st in Bleistift is no exception to this rule. Bleistift is a
          compound noun made up of Blei (*lead*) + Stift (*peg*). Thus
          the st in Bleistift is actually the beginning of a word.

3. *The Letter* ß. This letter is a combination of s and z in German
   and is called ß (ess-tset). It has the same sound as ss. In
   writing, you may always use ss both for ss and ß. *Ex.* süß,
   weiß, groß, fleißig.

4. *Stress.* Practically all the German words you have learned so
   far are stressed on the first syllable. This is a general rule of
   German pronunciation. However, a few words occurring in
   this lesson take the stress on the last syllable. From now on,
   all words that are not stressed on the first syllable will be
   indicated in the Vokabeln by a stress mark before the stressed
   syllable, thus: das Li=ne='al, das Pa='pier, die Lek=ti=' on, der
   Kon=so='nant, der Vo='kal.

Lautübung

Each of the following pairs of words has one sound in common. Pronounce the pairs out loud:

1. dir — sie   3. Stuhl — Buch
2. Stock — falsch   4. Bleistift — Schüler

5. zehn — spät	9. hart — Bild
6. heute — Fräulein	10. weich — traurig
7. süß — groß	11. spielen — Ihnen
8. Zimmer — schwarz	12. Kreide — weiß

C. GRAMMAR NOTES

1. *The Definite Articles.* In words like **der** Lehrer, **die** Lehrerin, and **das** Buch the short words printed in heavy type are called *definite articles* because they usually refer to a *definite* or particular noun with which they are linked. In English we have only one definite article, the word *the*. How many words does German have for *the?* What are they?

THE DEFINITE ARTICLES

Masculine	**der**
Feminine	**die**
Neuter	**das**

2. *Gender.* The words **der** Lehrer, **die** Lehrerin, and **das** Buch have been purposely selected to make their differences in gender clear to English-speaking pupils. In English most nouns that refer to living creatures are either masculine or feminine gender according to their natural classification, and most nouns that refer to lifeless or *inanimate* things are neuter gender according to their natural classification. Thus we say that English nouns almost always have *natural gender.** Does German, too, always have natural gender? To answer this question observe the articles used with the following nouns:

der Boden, floor	die Uhr, watch
der Stock, pointer	die Wand, wall

---

* However the English language still retains traces of arbitrary gender. When we refer to a ship as "she," we are ascribing feminine gender to a thing. Although rare in English, it is the rule in German.

These examples show us that lifeless things can have masculine or feminine gender in German, as indicated by the article in front of the noun.

The fact that the German language does not always have natural gender means that we can never be sure about the gender of German nouns unless we learn the definite article with each noun. Therefore you must make it a habit never to study the noun alone. *Always learn the definite article together with each noun!*

Übung

What is the definite article that goes with the following nouns:

Buch	Lehrer	Fenster	Stuhl
Stock	Pult	Kreide	Tafel
Boden	Wand	Decke	Tinte
Heft	Schülerin	Gummi	Tür

3. *The Indefinite Articles.* Examples such as **ein Bleistift, eine Feder,** and **ein Buch** show us the German *indefinite articles,* corresponding to *a* (or *an*) in English. These words, **ein, eine, ein,** are called *indefinite articles* because they do not refer to a definite or particular noun with which they are linked, but refer quite generally to *any* noun of the class with which they are linked. Thus, **der Bleistift** would, as a rule, refer to a particular pencil; whereas **ein Bleistift** would refer to any pencil.

The following table will tell you the genders of the indefinite articles:

DEFINITE ARTICLE	INDEFINITE ARTICLE	SUMMARY
der Bleistift	ein Bleistift	der — ein
die Feder	eine Feder	die — eine
das Buch	ein Buch	das — ein

Which is the masculine indefinite article? The feminine indefinite article? The neuter indefinite article?

KATHREINERHAUS IN BERLIN. Berlin, once the fourth largest city in the world, has many stately modern buildings such as this one. Although not as high as our skyscrapers, they are impressive because of their unusual design and because of the attractive landscaping of the grounds around them.

Übung

Give the indefinite article that goes with each of the following nouns:

Kreide	Fenster	Schülerin	Stuhl
Tafel	Heft	Lehrer	Tür
Lineal	Stock	Wand	Lehrerin
Decke	Boden	Pult	Gummi

4. *The Personal Pronouns.* In previous lessons we learned the personal pronouns er, sie, and es with the meanings *he, she,* and *it* respectively. However, we have just learned that lifeless things in German can be masculine, feminine, or neuter. The question arises: How shall we say *it* in German if we wish to refer to a masculine or to a feminine noun, even if it is a lifeless thing? The following examples will give you the answer to this question:

SUMMARY

Der Bleistift ist braun.	Er ist braun.	der — er
Ist die Feder blau?	Nein, sie ist schwarz.	die — sie
Wie ist das Buch?	Es ist dick und grün.	das — es

Thus we see that there are three words in German for *it.* Judging from the above examples, when would you use er to mean *it?* When would you use sie? When would you use es?

The rule is stated thus: *The personal pronoun in German always agrees in gender with the noun to which it refers.*

Übung

Which pronouns would you use to refer to the following nouns:

der Boden	das Heft	die Kreide	der Gummi
die Feder	die Wand	die Lehrerin	der Lehrer
das Fenster	der Stock	die Tinte	der Stuhl

Aufgaben

I. Supply first the definite and then the indefinite article for each of the following nouns:

Tür	Bleiftift	Papier	Kreide	Lineal
Stuhl	Feder	Uhr	Bild	Stock
Boden	Fenster	Wischer	Lehrerin	Schülerin
Decke	Wand	Schüler	Tinte	Lehrer
Pult	Zimmer	Tafel	Heft	Buch

II. Give the opposite of each of the following adjectives:

jung	froh	traurig	alt
schmal	fleißig	weich	hoch
dünn	klein	niedrig	dumm
klug	hart	lang	breit
neu	kurz	weiß	dick

III. Write ten German sentences, using the parts given below. Supply the definite article for each noun:

Ex. Der Stuhl ist niedrig.

Stuhl	ist	fleißig
Tür	"	faul
Schüler	"	hart
Kreide	"	blau
Tinte	"	schön
Lineal	"	niedrig
Fenster	"	schwarz und hart
Schülerin	"	schmal und hoch
Bild	"	lang und dünn
Tafel	"	klein, hart und weiß

IV. Rewrite the following sentences, replacing each noun by a pronoun:

Ex. 1. Das Buch ist blau. Es ist blau.

1. Das Buch ist blau. 2. Die Feder ist klein. 3. Wie ist die Decke? 4. Der Stuhl ist niedrig. 5. Ist die Tür breit? 6. Hat Anna auch zehn? 7. Wie viele hat Robert? 8. Wer ist Frau Schmidt? 9. Warum ist Hans nicht hier? 10. Die Kreide ist klein und weiß.

V. For each of the following sentences make up four questions according to the example below:

Ex. 1. Der Stuhl ist braun.

a) Wie ist der Stuhl?
b) Wie ist er?
c) Ist der Stuhl braun?
d) Ist er braun?

1. Der Stuhl ist braun. 2. Die Wand ist grün. 3. Das Pult ist niedrig. 4. Die Tinte ist schwarz. 5. Das Buch ist dick. 6. Die Kreide ist klein. 7. Der Gummi ist weich. 8. Der Lehrer ist müde. 9. Eine Mutter ist immer gut. 10. Eine Schülerin ist nicht immer fleißig.

VI. Write German answers to the following questions:

1. Ist die Uhr neu? 2. Wer ist Herr Braun? 3. Ist Fräulein Schmidt die Lehrerin? 4. Wie ist Marie? Robert? der Lehrer? 5. Was ist weiß und hart? 6. Was ist schwarz und hart? 7. Was ist dünn und lang? 8. Was ist weich und grau? 9. Sind Schüler immer fleißig? 10. Sind Sie faul? 11. Warum ist der Lehrer so traurig? 12. Ist Arbeit gut? 13. Wie ist ein Stock? 14. Wie ist eine Tafel? 15. Wie ist ein Gummi?

VII. Write the dialogue below in German. Do not attempt to translate word for word. Try to recall words and phrases from this and previous lessons that fit the situation suggested by the English outline. Do not translate the words in parentheses.

MARY IS SMART

Otto: (*Sees a girl*) Asks who she is.
Hans: Tells him that it is Mary and that she is a pupil.
Otto: Asks how she is.
Hans: Replies that she is smart but that she is also lazy.
Otto: Wants to know if the teacher is angry.
Hans: Says the teacher is not angry.
Otto: Wonders why.
Hans: Suggests that Mary is very beautiful.

LESESTÜCK DREI

IST OSKAR DUMM?

Das Klassenzimmer ist groß und hoch. Der Boden ist braun. Die Wand ist gelb. Die Decke ist weiß. Die Tür ist breit und hoch. Das Klassenzimmer hat drei Fenster.

Der Lehrer steht [1] am Pult. Er ist ernst,   [1] stands

aber froh. Warum ist er froh? Die Klasse ist
klug und fleißig. Nur ein Schüler ist dumm
und faul. Das ist Oskar.

„Wie ist das Heft?" fragt der Lehrer.

„Ich weiß [2] nicht," antwortet Oskar.   know

„Wie ist das Lineal?"

„Ich weiß nicht."

„Oskar, warum bist du so dumm?"

„Es ist leicht,[3] Herr Lehrer. Es ist eine   [3] easy
Gabe." [4]   [4] gift

Die Klasse lacht,[5] aber der Lehrer ist traurig.   [5] laughs

Paula ist jung und hübsch.[6] Sie ist fleißig.   [6] pretty
Sie lernt schnell.[7] Paulas Mutter ist sehr froh.   [7] quickly
Der Lehrer ist auch froh.

Er fragt: „Wie ist das Papier, Paula?"

„Es ist weiß," antwortet Paula.

„Wie ist der Stock?"

„Er ist dünn und lang."

„Gut," sagt der Lehrer. „Du bist jung, aber
klug und fleißig. Ich bin froh. Und nun [8]   [8] now
singen wir." [9]   [9] let us sing

Die Klasse singt:

> Du, du liegst mir im Herzen,
> Du, du liegst mir im Sinn, . . .

Ein Vogel [10] sitzt plötzlich [11] am Fenster.　　　[10] bird　[11] suddenly
Oskar lacht. Er sagt: „Herr Lehrer, der Vogel
will auch singen. Er will Deutsch [12] lernen!"　　　[12] German

Du, du liegst mir im Herzen

Volkslied

1. Du, du liegst mir im Her - zen, du, du liegst mir im Sinn;
2. So, so, wie ich dich lie - be, so, so lie - be auch mich!

du, du machst mir viel Schmer-zen, weißt nicht, wie gut ich dir bin;
Die, die zärt - lich - sten Trie - be füh - le ich ein - zig für dich;

ja, ja, ja, ja, weißt nicht, wie gut ich dir bin! . .
ja, ja, ja, ja, füh - le ich ein - zig für dich. . .

3

Doch, doch darf ich dir trauen,
Dir, dir mit leichtem Sinn?
Du, du kannst auf mich bauen,
Weißt ja, wie gut ich dir bin;
Ja, ja, ja, ja,
Weißt ja, wie gut ich dir bin!

4

Und, und wenn in der Ferne
Mir, mir dein Bild erscheint,
Dann, dann wünscht' ich so gerne,
Daß uns die Liebe vereint;
Ja, ja, ja, ja,
Daß uns die Liebe vereint.

Lektion Vier

Tun und Sagen *

A. SENTENCE SERIES. Your teacher will perform a series of actions and tell you in German what he is doing. The class will repeat each sentence after him. Then your teacher will command you to perform the actions and you will say in German what you are doing. This will be very easy for you because in each instance the command gives you the cue to what you have to do and say.

Der Lehrer
oder   } sagt:
Die Lehrerin

Ein Schüler
oder   } sagt:
Eine Schülerin

I

Stehen Sie auf!	Ich stehe auf.
Gehen Sie an die Tafel!	Ich gehe an die Tafel.
Nehmen Sie die Kreide!	Ich nehme die Kreide.
Schreiben Sie ein Wort!	Ich schreibe ein Wort.
Legen Sie die Kreide nieder!	Ich lege die Kreide nieder.
Nehmen Sie **den** Stock!	Ich nehme **den** Stock.
Zeigen Sie das Wort!	Ich zeige das Wort.
Lesen Sie das Wort!	Ich lese das Wort.
Legen Sie **den** Stock nieder!	Ich lege **den** Stock nieder.
Schön. Setzen Sie sich!	Ich setze mich.

II

Stehen Sie auf!	Ich stehe auf.
Gehen Sie an die Tafel!	Ich gehe an die Tafel.
Ist die Kreide da?	Ja, sie ist hier.

* *Doing and Saying.*

Nehmen Sie die Kreide in die Hand!   Ich nehme sie in die Hand.
Schreiben Sie ein Wort!   Ich schreibe ein Wort.
Legen Sie die Kreide nieder!   Ich lege die Kreide nieder.
Ist der Stock da?   Ja, **er** ist hier.
Nehmen Sie **ihn** in die Hand!   Ich nehme **ihn** in die Hand.
Zeigen Sie das Wort!   Ich zeige das Wort.
Lesen Sie es!   Ich lese es.
Legen Sie **den** Stock nieder!   Ich lege **den** Stock nieder.
Gut. Setzen Sie sich!   Ich setze mich.

III

Stehen Sie auf!   Ich stehe auf.
Haben Sie ein Buch?   Ja, ich habe ein Buch.
Wo ist das Buch?   Es ist hier.
Öffnen Sie es!   Ich öffne es.
Lesen Sie **einen** Satz!   Ich lese **einen** Satz.
Wiederholen Sie **ihn**!   Ich wiederhole **ihn**.
Schließen Sie das Buch!   Ich schließe das Buch.
Nun wiederholen Sie **den** Satz!   Ich wiederhole **den** Satz.
Wiederholen Sie **ihn** noch einmal!   Ich wiederhole **ihn** noch einmal.
Schön. Setzen Sie sich!   Ich setze mich.

IV

Haben Sie **einen** Papierbogen?   Ja, ich habe **einen** Papierbogen.
Haben Sie auch eine Feder?   Ja, ich habe auch eine Feder.
Nehmen Sie die Feder in die Hand!   Ich nehme sie in die Hand.
Schreiben Sie ein Wort auf **den** Papierbogen!   Ich schreibe ein Wort auf **den** Papierbogen.
Legen Sie die Feder nieder!   Ich lege die Feder nieder.
Stehen Sie auf!   Ich stehe auf.
Wo ist der Papierbogen?   Er ist hier.
Nehmen Sie **ihn** in die Hand!   Ich nehme **ihn** in die Hand.
Lesen Sie das Wort!   Ich lese es.
Sehr gut. Setzen Sie sich!   Ich setze mich.

Vokabeln

NOUNS	VERBS
der Pa=′pierbogen sheet of paper	gehen to go
der Satz sentence	legen to lay, put
die Hand hand	lesen to read
das Wort word	nehmen to take
	öffnen to open

ADVERBS	
	sagen to say
	sagt says
da there	schließen to close, shut
einmal once	schreiben to write
nieder down	stehen to stand
nun now	tun to do
	wieder=′holen to repeat

PREPOSITIONS	zeigen to show, point
an to	
auf up, upon	REFLEXIVE VERB

OTHER WORDS	sich setzen to sit down
oder or	Ich setze mich. I sit down.
wo? where?	Setzen Sie sich! Sit down!

PHRASE

noch einmal once more

B. Pronunciation Notes

The Dental Sounds d, t, l, n. Although d, t, l, and n are approximately the same sounds in German as in English, they are not pronounced exactly the same in both languages. There is a slight shade of difference that you should be able to hear if you listen carefully. The reason for this difference is that a German, in pronouncing these sounds, extends the tip of his tongue much further forward than we do. He extends the tip of his tongue until it actually touches the base of his teeth. Hence the name *dental*.

Übung

Practice the following jingles for d, t, l, and n:

er=er=er, mit einem „d" ist „der,"
der=der=der, ohne „d" ist „er."

Ecke=Ecke=Ecke, mit einem „b" ift „Decke,"
Decke=Decke=Decke, ohne „b" ift „Ecke."

Tier=Tier=Tier, mit Lippenrundung, Tür,
Tür=Tür=Tür, ohne Rundung, Tier.

al=al=al, das Lineal ift ſchmal,
all=all=all, gib mal her den Ball!

elf=elf=elf, und eins dazu ift zwölf,
uhl=uhl=uhl, ſetz' dich auf den Stuhl!

ein=ein=ein, mit einem „n" ift „nein,"
nein=nein=nein, die Tafel ift nicht klein.

Now see if you can pronounce d, t, l, and n in the following German sentences:

1. Guten Tag, Herr Lehrer! — Guten Tag, Otto! 2. Wieviel Uhr ift es? — Es ift nun elf Uhr. 3. Bitte, wiederholen Sie das! — Es ift nun elf Uhr. 4. Nein, nein, nein, das ift falſch! Es ift noch nicht neun Uhr!

C. GRAMMAR NOTES

1. *Words Used as Objects* (*the Accusative Case*). Observe what happens to der, ein, and er in the second of each of the following pairs of sentences:

A	B
Der Stock ift lang.	Ich nehme **den** Stock.
Ein Stock ift lang.	Ich nehme **einen** Stock.
Er ift lang.	Ich nehme **ihn**.

Der becomes **den**, **ein** becomes **einen**, **er** becomes **ihn**.

The clue to these changes is given by the use or *function* of der Stock, ein Stock, and er in Group A, and the entirely different function of den Stock, einen Stock, and ihn in Group B. How do these functions differ? Analysis shows the following:

SUBJECT	VERB	OBJECT
Ich	nehme	den Stock.
Ich	nehme	einen Stock.
Ich	nehme	ihn.

A word used as a *subject* is said to be in the *nominative case*.
A word used as an *object* is said to be in the *accusative case*.
What is the case of der Stock? ein Stock? er? (Group A). What
is the case of den Stock? einen Stock? ihn? (Group B).

Let us see how the feminine and neuter articles and pronouns
behave in the accusative case.

NOMINATIVE CASE	ACCUSATIVE CASE
Feminines	
Die Kreide ist weiß.	Ich lege die Kreide nieder.
Eine Kreide ist weiß.	Ich lege eine Kreide nieder.
Sie ist weiß.	Ich lege sie nieder.

Has any change taken place in the feminines — die, eine, sie —
from the nominative to the accusative?

NOMINATIVE CASE	ACCUSATIVE CASE
Neuters	
Das Buch ist hier.	Ich öffne das Buch.
Ein Buch ist hier.	Ich öffne ein Buch.
Es ist hier.	Ich öffne es.

Has any change taken place in the neuters — das, ein, es —
from the nominative to the accusative?

To sum up:

a) *The masculines,* **der, ein, er,** *change to* **den, einen, ihn** *when
used as objects* (i.e., in the accusative case).

NOMINATIVE CASE	ACCUSATIVE CASE
Masculines	
der	den
ein	einen
er	ihn

b) *The feminines,* **die, eine, sie,** *and the neuters,* **das, ein, es,**
remain unchanged whether used as subjects or as objects
(i.e., whether in the nominative or in the accusative case).

BAD NAUHEIM. In this charming little spa, a short distance north of Frankfurt, the American civil administration had its headquarters after the war. The large fountain shown in this picture is called "*Der große Sprudel.*" In the park there are two other fountains, the waters of which have curative powers.

Übungen

Now see if you can apply this rule by completing the following sentences according to the model given:

Ex. 1. Der Bleistift ist hier.   Ich habe den Bleistift.

—— Gummi ist hier.   Ich habe —— Gummi.
—— Stock ist hier.   Ich habe —— Stock.
—— Wischer ist hier.   Ich habe —— Wischer.
—— Papierbogen ist hier.   Ich habe —— Papierbogen.
—— Stuhl ist hier.   Ich habe —— Stuhl.
—— Ball ist hier.   Ich habe —— Ball.

Ex. 2. Ein Bleistift ist hier.   Ich habe einen Bleistift.
Repeat this model with all sentences under Ex. 1.

Ex. 3. Die Feder ist hier.   Ich habe die Feder.
       Eine Feder ist hier.   Ich habe eine Feder.
Use this model for the following nouns: Uhr, Kreide, Tafel, Lehrerin.

Ex. 4. Das Buch ist hier.   Ich habe das Buch.
       Ein Buch ist hier.   Ich habe ein Buch.
Use this model for the following nouns: Bild, Lineal, Heft, Papier.

Ex. 5. Der Bleistift ist hier. Er ist hier. Ich habe ihn.
Use this model for the following nouns: Gummi, Stock, Wischer, Stuhl, Ball.

Ex. 6. Die Feder ist hier. Sie ist hier. Ich habe sie.
Use this model for the following nouns: Uhr, Kreide, Tafel, Lehrerin.

Ex. 7. Das Buch ist hier. Es ist hier. Ich habe es.
Use this model for the following nouns: Bild, Lineal, Heft, Papier.

2. *The Reflexive Verb.* Note the following German expression and its English equivalent: Ich setze **mich,** *I sit down.*

Which German word does not appear in the English translation? Let us see why this is so.

The word-for-word meaning of ich setze mich is *I seat myself.* The pronoun mich (*myself*) *reflects* or bends back the action of the verb toward the subject ich. For this reason the pronoun mich is

called a *reflexive pronoun,* and the verb with which it is used is
called a *reflexive verb.* Now in everyday English we do not say,
"I seat myself," but simply, "I sit down." This shows you
that this particular verb is reflexive in German but not in
English. Hence the reflexive pronoun in this verb appears in
German but not in English.

In questions, the order of the words in a reflexive verb is as
follows:

QUESTIONS	ANSWERS
Setzen Sie sich?	Ja, ich setze mich.
Do you sit down?	Nein, ich setze mich nicht.
Setze ich mich?	Ja, Sie setzen sich.
Do I sit down?	Nein, Sie setzen sich nicht.

Aufgaben

I. Replace each dash by the correct form of (*a*) the definite article
and (*b*) the indefinite article. Use the accusative case after the
prepositions in this exercise.

A. 1. Ich nehme ——— Kreide in ——— Hand. 2. Ich schreibe ——— Wort.
3. Ich nehme ——— Stock. 4. Ich zeige ——— Wort. 5. ——— Wort
ist kurz. 6. Ich lese ——— Satz. 7. Lesen Sie ——— Wort? 8. Wo
ist ——— Feder? 9. Ich nehme ——— Feder in ——— Hand. 10. Wo
ist ——— Papierbogen? 11. ——— Papierbogen ist hier. 12. Ich nehme
——— Papierbogen in ——— Hand. 13. Ich schreibe ——— Satz.
14. ——— Satz ist lang. 15. Lese ich ——— Satz? 16. Wo ist ———
Buch? 17. ——— Buch ist hier. 18. Ist ——— Buch da? 19. Ich
öffne ——— Buch. 20. Ich schließe ——— Buch.

B. 1. Ich gehe an ——— Tür. 2. Ich öffne ——— Tür. 3. Schließe ich
——— Tür? 4. Ich gehe an ——— Fenster. 5. Ich öffne und schließe
——— Fenster. 6. Peter hat ——— Gummi, ——— Bleistift und ———
Lineal. 7. Hat er auch ——— Heft und ——— Buch? 8. Der Lehrer hat
——— Schüler und ——— Schülerin. 9. Das Zimmer hat ——— Decke
und ——— Boden. 10. Ich lege ——— Papier nieder. 11. Ich nehme
——— Wischer. 12. Marie hat ——— Stuhl und ——— Pult. 13. Hat
Fritz ——— Uhr? 14. Hat ——— Zimmer auch ——— Bild? 15. Legen
Sie ——— Papierbogen auf ——— Pult! 16. Schreiben Sie ——— Satz
an ——— Tafel! 17. Setzen Sie sich auf ——— Stuhl! 18. Legen Sie

—— Papier nieder! 19. Legen Sie —— Bleiftift auf —— Papier=
bogen! 20. Legen Sie —— Gummi auf —— Buch!

II. Rewrite the following sentences, changing each noun to a pronoun:

Ex. 1. Der Stock ist hier. Er ist hier.
2. Ich nehme den Stock. Ich nehme ihn.

1. Der Stock ist hier. 2. Ich nehme den Stock. 3. Wo ist die Kreide?
4. Die Kreide ist hier. 5. Ist der Wischer auch da? 6. Ja, der Wischer
ist hier. 7. Nehmen Sie den Wischer! 8. Haben Sie auch eine Feder?
9. Ja, aber die Feder ist nicht hier. 10. Wo ist die Feder? 11. Wo ist das
Buch? 12. Das Buch ist hier. 13. Öffnen Sie das Buch! 14. Lesen Sie
einen Satz! 15. Ist der Satz lang?

III. Replace each pronoun by a suitable noun, according to the following
model:

Ich habe ihn.	Was haben Sie?	Ich habe einen Papierbogen.
Er ist hier.	Was ist hier?	Der Stock ist hier.
Er ist klein.	Was ist klein?	
Ich schreibe es.	Was schreiben Sie?	
Sie ist klug.	Wer ist klug?	
Ist es da?	Ist was da?	
Sie ist weiß.	Was ist weiß?	
Sie lesen ihn.	Was lese ich?	
Er ist faul.	Wer ist faul?	
Sie haben sie.	Was habe ich?	

IV. Answer in German:

1. Was nehmen Sie in die Hand? 2. Was schreiben Sie an die Tafel?
3. Legen Sie die Kreide nieder? 4. Was nehmen Sie jetzt in die Hand?
5. Zeigen Sie den Satz? 6. Was zeigen Sie? 7. Nehmen Sie den Satz
in die Hand? 8. Was nehmen Sie in die Hand? 9. Was legen Sie
nieder? 10. Lesen Sie ein Wort oder einen Satz? 11. Was wiederholen
Sie? 12. Setzen Sie sich?

V. Write out the following dialogue in German. Do not try to translate
word for word. Use German sentences you have already learned,
with slight variations when necessary. Do not translate the stage
directions in parentheses.

KARL IS STUPID

Marie: Asks if Karl has a sheet of paper.
Karl: Says he has a sheet of paper.
Marie: Inquires if Karl also has a pen.
Karl: Assures her he also has a pen.
Marie: Asks Karl to take it in his hand.
Karl: Obliges and says what he is doing.
Marie: Asks Karl to write the sentence, "The book is here."
Karl: Refuses, saying that the sentence is wrong.
Marie: Wonders why.
Karl: Explains that he has a book but that it is not here.
Marie: Asks him if he has a notebook.
Karl: Answers that he has a notebook.
Marie: Asks him to write the sentence, "The notebook is here."
Karl: Obliges and says what he is doing.
Marie: (*Aloud*) Thanks him. (*To herself*) "He is so stupid!"

Was ift es?

Let one pupil go out into the hall while the teacher and the class select an object. When the pupil who is "it" returns, he asks questions until he can identify the object. For example, the chalk has been chosen.

1. „Ift es groß?" — „Nein."   2. „Ift es hoch?" — „Nein."   3. „Ift es hart?" — „Ja."   4. „Ift es flein?" — „Ja."   5. „Ift es der Bleiftift?" — „Nein."   6. „Ift es weiß?" — „Ja."   7. „Ift es die Kreide?" — „Ja."

LESESTÜCK VIER

OSKAR SCHREIBT ALLES [1]   [1] everything

Der Lehrer kommt in die Klasse und sagt: „Guten Morgen, Klasse!" Die Klasse antwortet: „Guten Morgen, Herr Lehrer!"

Der Lehrer sagt: „Karl, stehen Sie auf. Gehen Sie an die Tafel. Nehmen Sie die Kreide. Schreiben Sie, was ich diktiere." [2]   [2] dictate

Der Lehrer diktiert und Karl schreibt.

„Schön. Legen Sie die Kreide nieder. Setzen Sie sich."

LESSON IN MUSIC. Here is a German classroom. Note the little platform in front of the single blackboard. European classrooms in general have little board space compared with ours. These children are seated two on a bench; in older schools there are four to one desk. Germany has built many modern schools within the last few years to replace those destroyed during the war.

Karl legt die Kreide nieder und setzt sich.

Dann sagt der Lehrer: „Schüler, schreiben Sie, was ich diktiere!"

Der Lehrer diktiert. Die Klasse schreibt.

Der Lehrer sagt: „Ein Vogel[3] sitzt am Fen-   [3] bird
ster. Er ist klein und braun. — Max, nehmen Sie die Feder in die Hand! — Der Vogel singt. — Paul, warum schreiben Sie nicht? — Er singt schön. — Anna, schreiben Sie auf den Papierbogen, nicht auf das Pult! — Der Vogel ist froh. — Ich wiederhole den Satz. — Der Vogel ist froh. — Legen Sie die Feder nieder! Nun, lesen Sie, Oskar."

Oskar liest: „Ein Vogel sitzt am Fenster. Er ist klein und braun. Max, nehmen Sie die Feder in die Hand! Der Vogel singt. Paul, warum schreiben Sie nicht? Er singt schön. Anna, schreiben Sie auf den Papierbogen, nicht auf das Pult! Der Vogel ist froh. Ich wiederhole den Satz. Der Vogel ist froh. Legen Sie die Feder nieder!"

Die Klasse lacht.[4] Der Lehrer sagt: „Ach,   [4] laughs
du Esel!"[5]   [5] donkey (*fool*)

Die Familie

A. 1. Die Familie ist zu Hause.[1] Sie ist nicht sehr groß. Es sind[2] nur fünf Personen: der Vater, die Mutter, der Sohn, die Tochter und das Kind.[3]

Der Mann ist der Vater. Die Frau ist die Mutter. Das Mädchen ist die Tochter. Ein Knabe[4] ist der Sohn, und ein Knabe ist das Kind.

[1] at home
[2] There are
[3] child
[4] boy

Vokabeln

der **Knabe** boy
der **Mann** man
der **Sohn** son
der **Vater** father

die **Fa-'milie** family
die **Mutter** mother

die **Tochter** daughter
das **Kind** child
das **Mädchen** girl
die **Per-'sonen** persons

es sind there are
zu Hause at home

Fragen

1. Wo ist die Familie? 2. Ist sie groß? 3. Wie viele Personen sind es?
4. Wer ist der Mann? 5. Wer ist die Frau? 6. Wer ist das Mädchen? 7. Was
ist der Sohn? 8. Ist das Kind ein Mädchen?

2. Der Vater ist Lehrer.[1] Er ist sehr ernst. Er
heißt Thomas Meyer. Herr Meyer ist noch
jung, aber sein Haar ist schon grau. Warum ist
sein Haar grau? Er hat viele Schüler, und
Schüler sind nicht immer fleißig. Ja, seine
Arbeit ist schwer.[2] Was tut er jetzt? Er   [2] difficult
sitzt und raucht[3] die Pfeife.   [3] smokes

NOTE 1. The definite article is omitted before nouns of profession.

Vokabeln

NOUNS	VERBS
die **Arbeit** work	**heißen** to be called
die **Pfeife** pipe	**ich heiße** my name is
das **Haar** hair	**er heißt** his name is
	rauchen to smoke
ADJECTIVE	**sitzen** to sit
schwer difficult; heavy	**tun** to do

POSSESSIVE ADJECTIVE

sein(e) his

Fragen

1. Wer ist der Mann? 2. Was ist er? 3. Wie heißt er? 4. Warum ist sein
Haar grau? 5. Wie ist seine Arbeit? 6. Was raucht er?

Übungen

I. Various pupils take turns in playing the part of the father, while
other pupils take turns in asking him questions:

Ein Schüler ⎫
oder   ⎬ fragt: Der Vater antwortet:
Eine Schülerin ⎭

Wer sind Sie?	Ich bin der Vater.
Was sind Sie?	Ich bin Lehrer.
Wie heißen Sie?	Ich heiße Thomas Meyer.
Wie sind Sie?	Ich bin jung, aber sehr ernst.
Warum ist Ihr Haar grau?	Meine Schüler sind nicht immer fleißig.
Wie ist Ihre Arbeit?	Meine Arbeit ist schwer.
Was tun Sie jetzt?	Ich rauche die Pfeife.

II. Four pupils are assigned to play the following parts: Census Officer, Chief Interpreter, Assistant Interpreter, Father. They speak as follows:

Census Officer: Who is the man?
Chief Interpreter: Wer ist der Mann?
Ass't Interpreter: Wer sind Sie?
Father: Ich bin der Vater.
Ass't Interpreter: Er ist der Vater.
Chief Interpreter: He is the father. etc., etc.

3. Die Mutter ist Hausfrau. Wie heißt sie? Sie heißt Elisabeth Meyer. Ihr Haar ist schwarz. Sie ist immer zu Hause. Warum? Ihre Arbeit hat kein [1] Ende. Frau Meyer hat viel zu tun, aber sie ist nie [2] müde. Was tut sie jetzt? Sie stopft [3] Strümpfe.[4]

[1] no
[2] never
[3] darns [4] stockings

Vokabeln

die **Frau** woman, wife, Mrs.	**ihr(e)** her
die **Hausfrau** housewife	**kein** no
	nie never
das **Ende** end	**stopfen** to darn
die **Strümpfe** (*pl.*) stockings	

Fragen

1. Wer ist die Frau? 2. Was ist sie? 3. Wie ist ihr Haar? 4. Warum ist sie immer zu Hause? 5. Hat sie viel zu tun? 6. Ist sie immer müde? 7. Was stopft sie?

Übungen

I. Various pupils take turns in playing the part of the mother, while other pupils take turns in asking her questions:

Ein Schüler		Die Mutter antwortet:
oder	} fragt:	
Eine Schülerin		

Wer sind Sie?   Ich bin die Mutter.

Was sind Sie?   Ich bin Hausfrau.

Wie heißen Sie?   Ich heiße Elisabeth Meyer.

Wie ist Ihr Haar?   Mein Haar ist schwarz.

Warum sind Sie immer zu Hause? Meine Arbeit hat kein Ende.

Haben Sie viel zu tun?   Ja, ich habe sehr viel zu tun.

Sind Sie immer müde?   Nein, ich bin nie müde.

Was tun Sie jetzt?   Ich stopfe Strümpfe.

II. Follow the same procedure as in the previous interpreter game.
Pupils speak as follows:

Census Officer: Who is the woman?
Chief Interpreter: Wer ist die Frau?
Ass't Interpreter: Wer sind Sie?
Mother: Ich bin die Mutter.
Ass't Interpreter: Sie ist die Mutter.
Chief Interpreter: She is the mother. etc., etc.

4. Der Sohn ist Schüler. Wie heißt er? Er
heißt Arthur. Er geht in die Schule und lernt
Deutsch. Arthur ist nicht sehr klug, aber er ist
fleißig. Er nimmt seinen Bleistift und schreibt
in sein Heft. Er macht seine Schularbeit. Sie
ist schwer.

Vokabeln

die **Schularbeit** homework	**gehen** to go
die **Schule** school	**lernen** to study, learn
das **Deutsch** German	**in die Schule** to school

Fragen

1. Wer ist der Knabe? 2. Wie heißt er? 3. Was ist er? 4. Was lernt er?
5. Ist er klug? 6. Was nimmt er in die Hand? 7. Warum schreibt er in sein
Heft? 8. Wie ist seine Schularbeit?

Übungen

I. Assign parts and proceed as before:

Ein Schüler
    oder   } fragt: Der Sohn antwortet:
Eine Schülerin

Wer sind Sie?	Ich bin der Sohn.
Wie heißen Sie?	Ich heiße Arthur Meyer.
Was sind Sie?	Ich bin Schüler.
Was lernen Sie?	Ich lerne Deutsch.
Sind Sie klug?	Nein, ich bin nicht sehr klug.
Was nehmen Sie in die Hand?	Ich nehme meinen Bleistift in die Hand.
Warum schreiben Sie in Ihr Heft?	Ich mache meine Schularbeit.
Wie ist Ihre Schularbeit?	Meine Schularbeit ist schwer.

II. As in the previous games, the four pupils speak as follows:

Census Officer: Who is the boy?
Chief Interpreter: Wer ist der Knabe?
Ass't Interpreter: Wer sind Sie?

The Son: Ich bin der Sohn.
Ass't Interpreter: Er ist der Sohn.
Chief Interpreter: He is the son. etc., etc.,

5. Die Tochter ist schön. Sie heißt Martha. Sie
ist Schülerin. Sie geht auch in die Schule und
lernt auch Deutsch. Martha ist klug aber faul.
Sie nimmt alles leicht.[1] Sie sagt immer: [1] easy; light(ly)
„Schularbeit ist eine Qual."[2] Sie macht ihre   [2] torture
Schularbeit nicht. Was tut sie jetzt? Sie
nimmt ihren Bleistift aber sie schreibt nichts[3]   [3] nothing
in ihr Heft. Sie sitzt und tut nichts.

Vokabeln

die Qual torture

Sie nimmt alles leicht. She takes
everything lightly.

alles all, everything
leicht easy, light(ly)
nichts nothing

Fragen

1. Wer ist das Mädchen? 2. Wie heißt sie? 3. Was ist sie? 4. Was lernt
sie? 5. Ist sie klug? 6. Wie nimmt sie alles? 7. Macht sie ihre Schularbeit?
8. Warum macht sie ihre Schularbeit nicht? 9. Was nimmt sie in die Hand?
10. Was schreibt sie in ihr Heft? 11. Was tut sie?

Übungen

I. Assign parts and proceed as before:

Ein Schüler
oder   } fragt: Die Tochter antwortet:
Eine Schülerin

Wer sind Sie?   Ich bin die Tochter.
Wie heißen Sie?   Ich heiße Martha.
Was sind Sie?   Ich bin Schülerin.
Was lernen Sie?   Ich lerne Deutsch.
Sind Sie klug?   Ja, aber ich nehme alles leicht.
Machen Sie Ihre Schularbeit?   Nein, ich mache meine Schularbeit
                                          nicht.

Warum machen Sie Ihre Schularbeit   Schularbeit ist eine Qual.
nicht?

Was nehmen Sie in die Hand?	Ich nehme meinen Bleistift in die Hand.
Was schreiben Sie in Ihr Heft?	Ich schreibe nichts in mein Heft.
Was tun Sie?	Ich sitze und tue nichts.

II. Assign parts and proceed as in the previous interpreter games.

6. Das Kind heißt Rudi. Rudi ist sehr klein. Er
spielt immer. Was tut er jetzt? Er macht ein
Boot aus Papier. Er nimmt sein Boot und
legt es auf das Wasser. Sein Boot ist leer[1]   [1] empty
und leicht. Es schwimmt. Rudi hüpft **vor
Freude.**[2]   [2] for joy

   Rudi hat keine Schularbeit. Er geht nicht
in die Schule. Er hat nichts zu tun und ist
immer froh.

Vokabeln

die **Freude** joy	**hüpfen** to hop
das **Boot** boat	**schwimmen** to float, swim
das **Wasser** water	**aus Papier** out of paper
leer empty	**vor Freude** for joy

Fragen

1. Wie heißt das Kind? 2. Wie ist Rudi? 3. Was tut er immer? 4. Was macht er? 5. Legt er sein Boot auf das Pult? 6. Warum schwimmt das Boot? 7. Was tut Rudi vor Freude? 8. Hat er viel zu tun? 9. Warum ist er immer froh?

Übungen

I. Various pupils in turn play the part of Rudi and tell what they are doing, as follows:

Ich heiße Rudi. Ich bin sehr klein. Ich spiele immer. Was tue ich jetzt? Ich mache ein Boot aus Papier. Ich nehme mein Boot und lege es auf das Wasser. Mein Boot ist leer und leicht. Es schwimmt. Ich hüpfe vor Freude. Ich habe keine Schularbeit. Ich gehe nicht in die Schule. Ich habe nichts zu tun und bin immer froh.

II. Various pupils in turn play the parts of Rudi and his proud mother. Like most proud mothers, she repeats everything he says. Begin as follows:

Rudi sagt:	Die Mutter sagt:
Ich heiße Rudi.	Er heißt Rudi.
Ich bin sehr klein.	Er ist sehr klein.
etc.	etc.

Vokabeln

OPPOSITES

alles — nichts
Knabe — Mädchen
Mann — Frau (or Kind)
nie — immer
schwer — leicht
Sohn — Tochter
Vater — Mutter

Ein=WORDS

mein(e) my
Ihr(e) your
sein(e) his
ihr(e) her
kein(e) no, not any

PHRASES

auf das Wasser upon the water
in die Schule to school
zu Hause at home

B. Pronunciation Notes

1. *The German* r. There are two kinds of r's pronounced by native speakers of German: (*a*) a sort of gargling sound produced by vibrating the dangling end of the soft palate (known as the *uvula*) at the back end of the roof of the mouth, and (*b*) a trilled sound produced by vibrating the tip of the tongue against the edge of the upper gums just above the teeth. These r's are called respectively: (*a*) the *uvular* r, and (*b*) the *tongue-trilled* r. Although the uvular r is more commonly heard, both types are equally favored by many German authorities on pronunciation. In this, as in other matters of pronunciation, it is best for you to imitate your teacher.

Lautübungen

I. Imitate your teacher in pronouncing the following words:

Frau	rauchen	schwarz	Herr
Arbeit	Freude	groß	warum
lernen	Haar	grau	schreiben

II. Practice the following German sentences:

1. Herr Meyers Haar ist grau. 2. Frau Meyers Haar ist schwarz. 3. Haar ist rot, braun, schwarz oder grau, aber nicht grün. 4. Arthur nimmt die Kreide und schreibt ein Wort. 5. Rudi ist klein aber seine Freude ist groß. 6. Robert kommt morgen früh.

2. *Combined Consonant Sounds:* kn, pf, qu, th. Certain combinations of German letters differ from the pronunciation of the same combinations in English spelling.

   a) In the combination *kn*, in English, the *k* is silent, as in *knife*. However, both of these letters are pronounced in German words. *Ex.* Knabe.

   b) The combination pf is like the combination of sounds heard in a word like *cupful*, or *hopeful*, where the *p* and the *f* are pronounced one after the other. To produce these sounds in German, shape your lips for pronouncing *p* and then quickly pronounce an *f*, thus: pf-pf-pf-pf-pf-pf. *Ex.* Pfeife, stopfen, Strümpfe, hüpfen.

    c) The combination qu in German has a different sound from the pronunciation of *qu* in English. In German it is pronounced like the English letters *kv*. *Ex.* Qual.

    d) The combination th in German also differs in sound from the English *th*. The two English sounds of *th* (as in *this* and *path*) do not exist at all in the German language. The combination th in German is always pronounced like a simple *t*. *Ex.* Thomas, Martha, Arthur, Elisabeth.

3. *Double Vowels.* The same vowel when doubled in German does not change the sound of the single vowel. The only effect of doubling the vowel is to lengthen it. Thus, aa is like long a, as in Vater, oo is like long o, as in schon, and ee is like long e, as in Peter. *Ex.* Haar, Boot, leer.

Lautübung

Now practice the following sentences:

1. Wer ist der Knabe? 2. Der Knabe ist Arthur. 3. Herr Thomas Meyer ist Arthurs Vater. 4. Er ist Lehrer. 5. Sein Haar ist grau. 6. Arthur und Martha sind Schüler und Schülerin. 7. Herr Thomas Meyer raucht die Pfeife. 8. Seine Frau heißt Elisabeth Meyer. 9. Ihr Haar ist schwarz. 10. Frau Elisabeth Meyer stopft Strümpfe. 11. Die Tochter heißt Martha. 12. Ein Knabe heißt Rudi. 13. Rudi macht ein Boot aus Papier. 14. Sein Boot ist leer und leicht. 15. Sein Boot schwimmt. 16. Rudi hüpft vor Freude.

C. Grammar Notes

    1. *The Infinitive.* In referring to or mentioning any German verb in general, we always use the form of the verb ending in –en. Have you noticed that the verbs in the Vokabeln are given with the –en ending? This general form, which merely indicates which verb we are talking about, is known as the *infinitive.*

Other German verb forms have various endings which are added to the *stem* of the infinitive. To obtain the stem of the infinitive we simply cut off the –en of the infinitive (or the –n if there is no e, as in tun). The part of the infinitive that is left is the stem. For example:

INFINITIVE	STEM
gehen	geh–
heißen	heiß–
machen	mach–
schreiben	schreib–
sitzen	sitz–
tun	tu–

To this stem we add the verb endings discussed in the next section.

2. *Verb Endings.* *Agreement Between Verb and Subject.* Just as in English, a German verb must agree with its subject, and this agreement is shown by the ending of the verb. Observe the agreement between verb and subject in the following examples:

ich gehe — Sie gehen — er geht — sie geht — es geht — der Lehrer geht — Peter geht

The table below summarizes the agreement between German verbs and subjects in the first, second, and third persons, singular.

VERB ENDINGS		
First Person	ich	(stem) + e
Second Person	Sie	(stem) + en (polite)
Third Person	er sie es	(stem) + t

NOTE: The verb nehmen undergoes a change in the third person to nimmt. Thus: ich nehme, Sie nehmen, but er, sie, es nimmt, der Lehrer nimmt, Rudi nimmt, etc.

3. *The ein=Words.* *Possessive Adjectives.* Kein. Words like mein (*my*), Ihr (*your*), sein (*his* or *its*), and ihr (*her*) are called *possessive adjectives* because they modify nouns and indicate that the subject of the sentence, or the person speaking, possesses the noun modified. Since they take the same endings as ein, they are also called ein=*words*. The word kein

(*no* or *not any*) also has the same endings as ein and is also an
ein=word. Observe how the ein=words are used:

Ein=Words before Masculine Nouns

USED AS SUBJECTS (*Nominative*)		USED AS OBJECTS (*Accusative*)	
Mein Bleiftift ift hier.	(*my*)	Ich nehme **meinen** Bleiftift.	(*my*)
Ihr Bleiftift ift hier.	(*your*)	Sie nehmen **Ihren** Bleiftift.	(*your*)
Sein Bleiftift ift hier.	(*his*)	Er nimmt **feinen** Bleiftift.	(*his*)
Ihr Bleiftift ift hier.	(*her*)	Sie nimmt **ihren** Bleiftift.	(*her*)
Kein Bleiftift ift hier.	(*no*)	Ich nehme **keinen** Bleiftift.	(*no*)

Ein=Words before Feminine Nouns

USED AS SUBJECTS (*Nominative*)		USED AS OBJECTS (*Accusative*)	
Meine Arbeit ift fchwer.	(*my*)	Ich mache **meine** Arbeit.	(*my*)
Ihre Arbeit ift fchwer.	(*your*)	Sie machen **Ihre** Arbeit.	(*your*)
Seine Arbeit ift fchwer.	(*his*)	Er macht **feine** Arbeit.	(*his*)
Ihre Arbeit ift fchwer.	(*her*)	Sie macht **ihre** Arbeit.	(*her*)
Keine Arbeit ift fchwer.	(*no*)	Ich mache **keine** Arbeit.	(*no*)

Ein=WORDS BEFORE NEUTER NOUNS

USED AS SUBJECTS (Nominative)		USED AS OBJECTS (Accusative)	
Mein Boot ist leicht.	(my)	Ich lege mein Boot nieder.	(my)
Ihr Boot ist leicht.	(your)	Sie legen Ihr Boot nieder.	(your)
Sein Boot ist leicht.	(his)	Er legt sein Boot nieder.	(his)
Ihr Boot ist leicht.	(her)	Sie legt ihr Boot nieder.	(her)
Kein Boot ist leicht.	(no)	Ich lege kein Boot nieder.	(no)

Which possessive adjective is always associated with ich? with Sie? with er? with sie? The following table will help you remember these pairs:

POSSESSIVE ADJECTIVES	
ich — mein (meine, meinen)	I — my
Sie — Ihr (Ihre, Ihren)	you — your
er — sein (seine, seinen)	he — his
sie — ihr (ihre, ihren)	she — her

4. *The Verb* heißen. Observe the English meanings of the following:

ich heiße ...	my name is ...
Sie heißen ...	your name is ...
er heißt ...	his name is ...
sie heißt ...	her name is ...
mein Vater heißt ...	my father's name is ...
meine Mutter heißt ...	my mother's name is ...

Übung

How would you say the following in German:

1. Is my name Schmidt? 2. Is your name Meyer? 3. Is his name Thomas? 4. Is her name Martha? 5. Is your father's name Robert? 6. Is your mother's name Elizabeth?

This is how you would inquire about names in German:

Wie heiße ich?	What is my name?
Wie heißen Sie?	What is your name?
Wie heißt er (sie)?	What is his (her) name?
Wie heißt der Mann?	What is the man's name?
Wie heißt Ihr Vater?	What is your father's name?

Übung

How would you say in German:

1. What is your mother's name?   2. What is his mother's name?
3. What is her father's name?   4. What is the son's name?   5. What
is the daughter's name?   6. What is the boy's name?   7. What is the
girl's name?   8. What is the child's name?   9. What is the woman's
name?

Aufgaben

I. Complete each sentence by supplying the correct form of the verb:

1. Die Familie (*is*) zu Hause.   2. Sie (*has*) fünf Personen.   3. Der
Vater (*smokes*) die Pfeife.   4. Die Mutter (*darns*) Strümpfe.   5. Der
Sohn (*takes*) seinen Bleistift und (*writes*) seine Schularbeit.   6. Die
Tochter (*sits*) und (*does*) nichts.   7. Das Kind (*makes*) ein Boot aus
Papier.   8. Ich (*count*) die Personen.   9. (*Are*) sechs Personen da?
10. Martha (*goes*) an die Tür.   11. Wo (*has*) das Kind sein Boot?
12. Die Mutter (*has*) viel zu tun. 13. Wer (*takes*) seinen Bleistift und
(*puts*) ihn nieder?   14. Ich (*learn*) Deutsch.   15. (*Learn*) Sie auch
Deutsch?   16. Wer (*stands*) auf?   17. Die Schülerin (*opens*) das
Fenster.   18. Der Knabe (*plays*) Ball.   19. Ich (*do*) nichts.   20. Ich
(*sit*) und (*read*) ein Buch.

II. Complete each sentence by supplying a suitable subject:

1. Der —— sitzt und raucht die Pfeife. 2. Hat —— ein Boot?
3. Machen —— Ihre Schularbeit? 4. Die —— heißt Martha. 5. Neh=
men —— Ihren Bleistift in die Hand! 6. Der —— ist ein Knabe.
7. Die —— ist ein Mädchen. 8. Seine —— ist schwer. 9. Sein —— ist
leicht. 10. Das —— hüpft vor Freude. 11. Meine —— stopft Strümpfe.
12. Der —— nimmt seinen Papierbogen in die Hand. 13. Das ——
lernt nichts. 14. Öffnet der —— die Tür? 15. —— öffnet die Tür?
16. Ist die —— zu Hause? 17. Wo hat der —— sein Heft? 18. Schließe
—— die Tür? 19. Haben —— einen Wischer? 20. —— nimmt alles
leicht.

III. Replace ein or kein by a suitable form of the possessive adjective:

Ex. *a)* Ein Bleistift ist hier. — Mein Bleistift ist hier.
       b) Er nimmt einen Bleistift. — Er nimmt seinen Bleistift.

1. Sie nimmt einen Bleistift. 2. Das Kind legt ein Boot nieder.
3. Mein Vater raucht eine Pfeife. 4. Ich habe keine Arbeit. 5. Schreibt
der Sohn in ein Heft? 6. Macht die Tochter eine Schularbeit? 7. Ein
Boot schwimmt. 8. Der Vater hat einen Sohn und eine Tochter. 9. Neh=
men Sie einen Gummi in die Hand? 10. Ich lese einen Satz. 11. Nehmen
Sie eine Feder in die Hand! 12. Sie nimmt einen Papierbogen. 13. Wer
hat keinen Wischer? 14. Wo ist eine Kreide? 15. Ist ein Lineal hier?
16. Der Lehrer geht in ein Zimmer. 17. Ich schreibe in ein Heft. 18. Ich
habe eine Feder und einen Bleistift. 19. Eine Mutter hat viel zu tun.
20. Herr Meyer ist ein Vater.

IV. Answer in German:

1. Haben Sie eine Familie? 2. Wo ist Ihre Familie jetzt? 3. Ist Ihre
Familie groß? 4. Wie viele Personen hat Ihre Familie? 5. Wie heißt
Ihr Vater? Ihre Mutter? 6. Wie heißen Sie? 7. Wie ist Ihr Vater?
Ihre Mutter? 8. Wie sind Sie? 9. Gehen Sie in die Schule? 10. Was
sind Sie? 11. Lernen Sie Deutsch? 12. Machen Sie immer Ihre
Schularbeit? 13. Ist sie sehr schwer? 14. Was tun Sie jetzt? 15. Sind
Sie nie müde? 16. Haben Sie einen Lehrer oder eine Lehrerin? 17. Wie
ist Ihr Lehrer? 18. Kommen Sie spät in die Schule? 19. Was haben
Sie jetzt zu tun? 20. Sind Sie immer zu Hause?

V. Write the following dialogue in German:

HOMEWORK IS TORTURE

Herr Meyer: Please stand. What is your name?
Arthur: My name is Arthur Brown.
Herr Meyer: How large is your family?
Arthur: Not very large; there are my father, my mother, and I.
Herr Meyer: What is your father's name and what is your mother's name?
Arthur: My father's name is also Arthur, and my mother's name is Elizabeth.
Herr Meyer: What is your father?
Arthur: He is (a) teacher. He has many pupils.
Herr Meyer: What is your mother?
Arthur: She's (a) housewife. She has a lot of work.
Herr Meyer: What are you?
Arthur: I'm (a) student. I go to school.
Herr Meyer: What are you learning?
Arthur: I'm learning German.
Herr Meyer: Do you have much homework?
Arthur: Yes, I have very much homework. I have too much to do and I'm always tired. Homework is torture.
Herr Meyer: Do you play ball?
Arthur: Yes, Mr. Meyer.
Herr Meyer: Is that also a torture?
Arthur: No, Mr. Meyer.

LESESTÜCK FÜNF

DIE FAMILIE SCHMIDT

Die Familie ist groß. Herr Schmidt ist der Vater und Frau Schmidt ist die Mutter. Karl, Anna, Paul und Frieda sind Kinder. Karl ist ein Sohn und Anna ist eine Tochter.

Karl ist Annas Bruder; Anna ist Karls Schwester. Karl ist groß. Er ist sechzehn Jahre alt. Anna ist hübsch.[1] Sie ist fünfzehn. Paul ist jung. Er ist acht. Frieda ist klein. Sie ist erst[2] fünf.

Der Großvater ist alt. Die Großmutter ist

[1] pretty

[2] only

A WELL-KEPT FARMHOUSE. Notice the gable roof and the interlacing timber; the latter is known as *Fachwerk*. Except for the doors and window frames, this is the only woodwork in a German house. Since the cement facing is buff or cream-colored and the terra-cotta tiles on the roof are red, the German house in the country or in the village looks very neat.

auch alt.   Der Großvater arbeitet nicht.   Er
ist zu alt.   Er sitzt im Garten.   Die Großmutter
sitzt auch im Garten.

Die Familie hat ein Haus.   Es ist groß und
schön.   Es hat zwölf Fenster.   Der Garten ist
auch schön.   Marie spielt im Garten.   Die
Mutter ist im Hause.   Sie arbeitet.   Der Vater
ist im Büro.[3]   Er arbeitet auch.   [3] office

Karl und Anna gehen in die Schule.   Sie
lernen gut.   Sie kommen um [4] drei Uhr zurück.[5]   [4] at   [5] back
Sie spielen Ball im Garten.

Der Vater kommt um sechs Uhr zurück.
Seine Arbeit ist sehr schwer.   Er ist müde und
hungrig.   Die Kinder sind auch hungrig.

Die Mutter macht das Essen.[6]   Es ist gut.   [6] food
Die Familie sitzt am Tisch.[7]   Es ist sieben Uhr.   [7] table

Karl sagt: „Ich will Doktor werden,[8] wenn   [8] become
ich groß bin.“

Anna sagt: „Und ich Lehrerin.“

„Und ich auch,“ sagt Frieda.

„Und was willst du werden, Paul?“ fragt der Vater.

„Großvater,“ antwortet Paul.

„Warum denn?“ fragt der Vater.

„Großvaters Leben ist schön. Er steht um zehn Uhr auf, er geht nicht in die Schule, er arbeitet nicht. Großvater sitzt nur im Garten und raucht die Pfeife.“

Lektion Sechs

Wiederholung *

SUMMARY OF GERMAN PRONUNCIATION

Single Consonants

GERMAN		ENGLISH	
b		—	always a *dental* sound: banke
b	is pronounced like	t	when b is in final position: unb
g		—	always hard *g* as in *go:* legen
h	is pronounced like	h	hat, but is silent in the middle of a word, where it makes the preceding vowel long: zählen
j	is pronounced like	y	ja
l		—	always a *dental* sound: lesen
n		—	always a *dental* sound: nein
r		—	always vibrated or trilled; slightly less so in final –er: lernen, Mutter
s	is pronounced like	z	when s is the first letter in a word, or between vowels: sagt, böse
t		—	always a *dental* sound: Tafel
t	is pronounced like	ts	when t comes before –ion: Lektion
v	is pronounced like	f	Vater
w	is pronounced like	v	Wand
z	is pronounced like	ts	zehn

Combined Consonants

GERMAN		ENGLISH	
ch		—	ich=sound, ach=sound, or k when followed by an s: nicht, auch, sechs
kn		—	both letters always pronounced: Knabe
qu	is pronounced like	kv	Qual

* *Review.*

ſch	is pronounced like	*sh*	ſchön
ſp	is pronounced like	*shp*	at the beginning of a word: ſpielen
ſt	is pronounced like	*sht*	at the beginning of a word: Stuhl
ß	is pronounced like	*ss*	heißen
th	is pronounced like	*t*	always a *dental* sound: Martha

Single Vowels

GERMAN			ENGLISH	
long a	is pronounced like	*a*	in *father:*	Vater
short a	is pronounced like	*o*	in *pot:*	Mann
long e	is pronounced like	*a*	in *late* (but never drawled):	nehmen
short e	is pronounced like	*e*	in *pet:*	Decke
long i	is pronounced like	*i*	in *machine:*	Lineal
short i	is pronounced like	*i*	in *pit:*	dick
long o	is pronounced like	*o*	in *old* (but never drawled):	Sohn
short o	is pronounced like	*o*	in *come:*	Stock
long u	is pronounced like	*oo*	in *moon:*	Stuhl
short u	is pronounced like	*u*	in *put:*	dumm

Rounded Vowels

GERMAN			ENGLISH	
long ü	is pronounced like	*ee*	in *sweet* (but with rounded lips):	Tür
short ü	is pronounced like	*i*	in *pit* (but with rounded lips):	fünf
long ö	is pronounced like	*a*	in *late* (but with rounded lips):	ſchön
short ö	is pronounced like	*e*	in *pet* (but with rounded lips):	zwölf

Combined Vowels

GERMAN			ENGLISH	
au	is pronounced like	*ow*	in *how:*	rauchen
äu	is pronounced like	*oi*	in *oil* (also spelled eu):	Fräulein
ei	is pronounced like	*ei*	in *height* (but never drawled):	weiß
eu	is pronounced like	*oi*	in *oil* (also spelled äu):	neun
ie	is pronounced like	*ie*	in *belief:*	ſieben

Double Vowels

GERMAN			ENGLISH	
aa	is pronounced like	*a*	in *father* (same as long a):	Haar
ee	is pronounced like	*a*	in *late* (same as long e):	leer
oo	is pronounced like	*o*	in *old* (same as long o):	Boot

STRESS

The following German words in the first five lessons do *not* have the major stress on the first syllable:

Lineal (Li=ne='al)   wiederholen (wie=der='ho=len)   warum (war='um)
Papier (Pa='pier)   Familie (Fa='mil=je)   Konsonant (Kon=so='nant)
Lektion (Lek=tsi='on)   Personen (Per='so=nen)   Vokal (Vo='kal)

SUMMARY OF GRAMMATICAL FORMS

	DEFINITE ARTICLES		INDEFINITE ARTICLES		PERSONAL PRONOUNS (*3rd Pers.*)	
	NOM.	ACC.	NOM.	ACC.	NOM.	ACC.
Masc.	der	den	ein	einen	er	ihn
Fem.	die	die	eine	eine	sie	sie
Neut.	das	das	ein	ein	es	es

PERSONAL PRONOUNS	POSSESSIVE ADJECTIVES	
ich	mein	
Sie	Ihr	NOTE: The possessive adjectives
er	sein	and kein have the same end-
sie	ihr	ings as the indefinite ar-
es	sein	ticle ein.

REGULAR VERBS				
	Model		Examples	
Infin.	(stem) + en	gehen	sitzen	heißen
1st Pers.	ich (stem) + e	ich gehe	sitze	heiße
2nd Pers.	Sie (stem) + en	Sie gehen	sitzen	heißen
3rd Pers.	er sie } (stem) + t es	er sie } geht es	sitzt	heißt

	IRREGULAR VERBS			
Infin.	sein (*to be*)	haben	nehmen	tun
1st Pers.	ich bin	habe	nehme	tue
2nd Pers.	Sie sind	haben	nehmen	tun
3rd Pers.	er sie } ist es	hat	nimmt	tut

Summary of Grammatical Rules

1. *Gender.* Unlike English, German does not always have natural gender. It is necessary to learn the gender of each noun by memorizing the definite article that goes with it.

2. *Agreement of Pronouns.* The personal pronouns in German agree in gender with the nouns to which they refer, even if they are inanimate or lifeless things. Hence there are three words for *it* in German: er (referring to a masculine noun), sie (referring to a feminine noun), and es (referring to a neuter noun).

3. *Case.* The masculine articles and personal pronouns change their forms when used as objects, i.e., in the accusative case. Thus, der becomes den, ein becomes einen, and er becomes ihn in the accusative case.

4. *Ein-Words.* The possessive adjectives and sein take the same endings as the indefinite article ein, and hence are called ein-words. Thus, like ein, which becomes einen in the masculine accusative, mein becomes meinen, Ihr becomes Ihren, sein becomes seinen, ihr becomes ihren, and kein becomes keinen.

Achievement Test — Part One *

Instructions

For Part One, rule five vertical columns on your answer paper. Using capital letters, head the five columns A, B, C, D, and E respectively. In

---

* To THE TEACHER: The achievement tests may also be used as review exercises. In any case, it may be advisable to do the tests orally first. Since these tests are not standardized, the results should be interpreted as relative scores rather than as absolute grades.

each column under each capital letter, number down along the left from 1 to 10. The only answers to be written after each number are *a, b, c,* or *d,* depending on your choice.

Do not write your answer until you have studied each of the choices. This will save you many changes. If you have to make a change, cross out and rewrite. Do not scribble over the answer you wish to change.

No credit will be given for answers written in the book. All answers must appear on your answer paper only.

A. After each number under A on your answer paper write the *letter* of the word that contains *the same sound* indicated by the heavy black letter or letters in the first word at the left.

    Example: 11. kurz   *a* groß   *b* eins   *c* zeigen   *d* schwer

    Answer: 11. *c*

1. mich	*a* acht	*b* dick	*c* falsch	*d* weich
2. sehr	*a* breit	*b* Mädchen	*c* gelb	*d* Heft
3. böse	*a* heißen	*b* Schule	*c* stopfen	*d* lesen
4. sind	*a* hart	*b* drei	*c* danke	*d* oder
5. mir	*a* bitte	*b* sieben	*c* sitzen	*d* immer
6. auch	*a* nicht	*b* hoch	*c* fleißig	*d* leicht
7. schwer	*a* alles	*b* nichts	*c* rauchen	*d* spät
8. aber	*a* hat	*b* schmal	*c* braun	*d* das
9. neun	*a* müde	*b* Lehrer	*c* Fräulein	*d* schön
10. gut	*a* Mutter	*b* Stuhl	*c* grün	*d* heute

B. After each number under B on your answer paper write the *letter* of the word that is *opposite in meaning* to the first word at the left.

    Example: 11. schwarz   *a* grau   *b* neu   *c* braun   *d* weiß

    Answer: 11. *d*

1. heute	*a* immer	*b* morgen	*c* jetzt	*d* spät
2. nichts	*a* alles	*b* ja	*c* groß	*d* sehr
3. falsch	*a* gut	*b* schön	*c* richtig	*d* klug
4. Herr	*a* Lehrerin	*b* Schülerin	*c* Fräulein	*d* sie
5. öffnen	*a* gehen	*b* schließen	*c* quietschen	*d* tun
6. breit	*a* klein	*b* schmal	*c* groß	*d* hoch
7. spielen	*a* schreiben	*b* lesen	*c* arbeiten	*d* machen
8. stehen	*a* sitzen	*b* zeigen	*c* legen	*d* stopfen
9. Mädchen	*a* Sohn	*b* Bruder	*c* Kind	*d* Knabe
10. schwer	*a* gut	*b* schön	*c* weiß	*d* leicht

C. After each number under C on your answer paper write the *letter* of the English word which gives *the correct meaning* of the first German word at the left.

Example: 11. eins   *a* an   *b* all   *c* one   *d* once

Answer: 11. *c*

1. nie	*a* new	*b* never	*c* not	*d* no
2. wo	*a* who	*b* how	*c* where	*d* why
3. nun	*a* now	*b* noon	*c* only	*d* nine
4. froh	*a* early	*b* cheerful	*c* lazy	*d* Mrs.
5. schon	*a* already	*b* nice	*c* shone	*d* always
6. noch	*a* still	*b* high	*c* not	*d* nothing
7. nieder	*a* low	*b* neither	*c* down	*d* never
8. wer	*a* how	*b* we	*c* where	*d* who
9. bis	*a* until	*b* angry	*c* upon	*d* am
10. kein	*a* no	*b* his	*c* its	*d* little

D. After each number under D on your answer paper write the correct *definite article* for each German noun listed below.

Example: 11. Lehrer   *Answer:* 11. der

1. Decke   3. Tür   5. Leben   7. Wort   9. Papier
2. Haar   4. Wischer   6. Boden   8. Papierbogen   10. Uhr

E. After each number under E on your answer paper write the correct *indefinite article* for each German noun listed below.

Example: 11. Lineal   *Answer:* 11. ein

1. Mädchen   3. Satz   5. Zimmer   7. Heft   9. Kind
2. Feder   4. Bild   6. Wand   8. Bleistift   10. Gummi

Achievement Test — Part Two

Instructions

As in Part One, rule five vertical columns, but this time on the back of your answer paper. Label the columns with capital letters F, G, H, I, and J. Number down under each capital letter from 1 to 10. All answers must be single words. Observe the same rules as in Part One.

F. After each number under F on your answer paper write the correct case of the *definite article* as required.

Example: 11. Ich habe —— Wischer.   *Answer:* 11. den

1. Sie gehen an —— Tafel. 2. —— Lehrer ist nicht hier. 3. Haben Sie —— Papierbogen? 4. Wer hat —— Feder? 5. —— Schülerin tut nichts. 6. Öffnen Sie —— Fenster! 7. Legen Sie —— Stock nieder! 8. Er legt es auf —— Wasser. 9. Wo ist —— Uhr? 10. Lesen Sie —— Satz!

G. After each number under G on your answer paper write the correct case of the *indefinite article* as required.

    Example: 11. Haben Sie —— Feder?   *Answer:* 11. eine

1. Wo ist —— Stock? 2. Sagen Sie —— Wort! 3. Legen Sie —— Papierbogen nieder? 4. Haben Sie —— Familie? 5. Paul hat —— Schularbeit zu tun. 6. Der Vater raucht —— Pfeife. 7. Die Mutter hat —— Sohn. 8. Das Zimmer hat —— Tafel! 9. Wiederholen Sie —— Satz! 10. Wer hat —— Buch?

H. Replace each of the nouns in heavy black type by a suitable pronoun.

    Example: 11. Der Schüler hat **einen Wischer.**   *Answer:* 11. ihn

1. Franz macht **seine Schularbeit.** 2. Rudi hat **ein Boot.** 3. Nehmen Sie **das Papier?** 4. Wie heißt **der Vater?** 5. **Das Leben** ist süß. 6. Ist **die Decke** schwarz oder weiß? 7. Ist **Rudi** sechs oder sieben? 8. **Frau Meyer** hat viel zu tun. 9. **Das Mädchen** hat auch viel zu tun. 10. Der Schüler hat **einen Stuhl.**

I. Supply the correct form of the possessive adjective.

    Example: 11. Er nimmt —— Buch.   *Answer:* 11. sein

1. Hat er —— Bleistift? 2. Legt sie —— Feder nieder? 3. „Wo ist —— Boot?" fragt Rudi. 4. Anna schreibt auf —— Papierbogen. 5. „Ich mache —— Schularbeit," sagt Hans. 6. Nehmen Sie —— Feder in die Hand! 7. „—— Mutter ist noch jung," sagt Martha. 8. Öffnen Sie —— Buch! 9. Wiederholt der Schüler —— Satz? 10. Ich zeige —— Wort.

J. Supply the correct form of the verb as indicated.

    Example: 11. Das Mädchen (*is*) die Tochter.   *Answer:* 11. ist

1. Marie (*has*) zehn Finger. 2. Ich (*sit*) hier. 3. Die Mutter (*is called*) Elisabeth. 4. Wer (*am*) ich? 5. (*Say*) ich alles? 6. (*Darns*) die Tochter Strümpfe? 7. Wie (*are called*) Sie? 8. Robert (*takes*) seinen Bleistift. 9. Ich (*do*) nichts. 10. Wie viele Personen (*are*) da?

7

Lektion Sieben

Am Tisch *

A. INTRODUCTION. You are going to read what the Meyer family talks about when having supper. Try to make an "intelligent guess" at the meanings of new words. In the margin only those meanings will be given that you couldn't possibly figure out for yourself.

B. CONVERSATIONS

Gespräch 1

Es ist sechs Uhr. Die Familie Meyer kommt in das Eßzimmer. Jeder[1] setzt sich und beginnt zu essen.[2] Die Suppe kommt zuerst,[3] dann kommt Fleisch mit Salat.

[1] Each one
[2] eat   [3] first

Martha: Bitte, gib mir das Fleisch, Arthur. Warum gibst du mir nur das Brot?

Arthur: Warte nur,[4] ich gebe dir schon das Fleisch.

[4] Just wait

Martha: Mutter, er gibt mir kein Fleisch! Er gibt mir nur Brot!

Mutter: Arthur, du hast schon genug[5] Fleisch. Nimm jetzt das Brot und gib Martha das Fleisch!

[5] enough

Arthur: Hier ist das Fleisch. (Er steht auf und gibt Martha den Teller, aber er hält ihn sehr hoch.)

Martha: Gib acht,[6] Arthur, du hältst den Teller zu hoch! Du zerbrichst ihn noch!

[6] Look out!

Mutter: Halte den Teller nicht so hoch, Arthur!

* At the Table.

Arthur: Ich halte ihn nicht hoch, Mutter.

Martha: Siehst du, Mutter, er ißt[7] immer so viel und gibt nicht acht. Er zerbricht noch den Teller.   [7] eats

Arthur: Habe keine Angst,[8] ich zerbreche ihn nicht. Ich esse auch nicht viel, aber du sprichst[9] zu viel. Du setzt dich nieder, öffnest den Mund und beginnst gleich[10] zu sprechen!   [8] fear   [9] speak   [10] right away

Martha: Und du öffnest den Mund, nur wenn du ißt!

Vater: Martha, sei[11] nicht böse und sprich nicht so viel! Arthur, setze dich! Nimm deine Gabel[12] und dein Messer[13] und iß das Fleisch!   [11] be   [12] fork   [13] knife

Arthur: Ja, Vater, ich esse schon.

Martha: Ich spreche kein Wort mehr.[14]   [14] more

Vokabeln

NOUNS

der **Mund** mouth
der **Sa='lat** salad, lettuce
der **Teller** plate
der **Tisch** table

die **Angst** fear, anxiety
die **Gabel** fork
die **Suppe** soup

das **Brot** bread
das **Eßzimmer** dining room
das **Fleisch** meat
das **Messer** knife

PRONOUNS

du you (*fam.*)
mir (to) me
dir (to) you
jeder each (one)

OTHER WORDS

bitte please
dein your (*fam.*)
mit with
wenn when(ever)

PHRASES

Gib acht! Look out!
Hab(e) keine Angst! Don't be afraid!
Sei nicht böse! Don't be angry!

VERBS

be='ginnen to begin
(du) bist you are (*fam.*)
essen to eat
   du ißt you eat
   er ißt he eats
   iß! eat!
geben to give
   du gibst you give

er gibt he gives
gib! give!
halten to hold
du hältst you hold
er hält he holds
halte! hold!
(du) hast you have (*fam.*)
sehen to see
du siehst you see
er sieht he sees
sprechen to speak
du sprichst you speak
er spricht he speaks
sprich! speak!
zer='brechen to break

du zerbrichst you break
er zerbricht he breaks

REFLEXIVE VERBS

ich setze mich I sit down
du setzt dich you sit down
er setzt sich he sits down
Setze dich! Sit down! (*fam.*)

ADVERBS

ge='nug enough
gleich right away, immediately
mehr more
nieder down
zu='erst (at) first

Fragen

1. Wieviel Uhr ist es? 2. Wer kommt in das Eßzimmer? 3. Wie viele Personen sind da? 4. Was tut jeder? 5. Was ißt die Familie? 6. Was hat Arthur? Was gibt er Martha? 7. Wie hält Arthur den Teller? Gibt er acht? 8. Warum spricht Martha so viel? 9. Ist der Vater böse? Was sagt er? 10. Was antwortet Arthur? Was antwortet Martha?

Gespräch 2. Rudi wartet auf den Nachtisch *

Die Familie Meyer ist noch am Tisch. Arthur und Martha sind jetzt still. Die Mutter spricht.

Mutter: Martha, bitte, trage[1] den Krug in die Küche und hole[2] mehr Milch. Rudis Glas ist leer. Er hat keine Milch.

Martha: Ja, Mutter. (Sie nimmt den Krug, trägt ihn in die Küche und holt mehr Milch. Sie setzt den Krug auf den Tisch.) Hier ist die Milch, Mutter.

Mutter: Danke, Martha. (Sie gibt Rudi Milch.) Hier ist deine Milch, Rudi.

Rudi: Danke, Mutter.

Vater: Bitte, gib mir auch Milch.

[1] carry
[2] fetch

* *Rudy waits for dessert.*

"Kaffee und Kuchen." Instead of the cocktail hour Germans have their afternoon coffee and pastry, or ice cream. This is served in a café, which is frequently outdoors under the trees. Here is the popular "Café Wien" on the Kurfürstendamm of Berlin.

Mutter: Trinkst du keinen Kaffee?

Vater: Nein, danke, ich trinke heute nur Milch.

Mutter: Ist mein Kaffee nicht gut?

Vater: O ja, dein Kaffee ist sehr gut, aber Milch ist besser [3] für mich. Sie ist auch gut für dich, Rudi. Nimm dein Glas und trinke die Milch!

        [3] better

Mutter: Rudi, warum ißt du nicht? Du bist so still. Hast du keinen Appetit?

Rudi: Ich bin nicht hungrig, Mutter.

Martha: Habe keine Angst, Mutter. Er ist hungrig. Er wartet nur auf den Nachtisch.

Vater: Martha, du redest [4] zu viel!

        [4] talk

Mutter: Wartest du auf den Nachtisch, Rudi? Warum antwortest du nicht?

Rudi: Ja, Mutter, ich warte auf den Nachtisch.

Mutter: Sei nicht dumm und warte nicht! Iß dein Brot und trinke deine Milch!

Rudi: Aber warum, Mutter?

Mutter: Es gibt [5] heute keinen Nachtisch!

        [5] There is

Vokabeln

NOUNS

der **Appe-'tit** appetite
der **Kaffee** coffee
der **Krug** pitcher, jug
der **Nachtisch** dessert

die **Küche** kitchen
die **Milch** milk

das **Glas** glass

PRONOUNS

dich you (*acc. of* **du**)
mich me (*acc. of* **ich**)

OTHER WORDS

besser better
dann then
für for
hungrig hungry
still quiet, still

VERBS

holen to fetch
  hole! fetch!
reden to talk
  du redest you talk
  er redet he talks
setzen to set, put, place

tragen to carry
  du trägst you carry
  er trägt he carries
  trage! carry!
trinken to drink
  trinke! drink!
warten (auf) to wait (for)
  du wartest you wait

er wartet he waits
warte! wait!

PHRASES

es gibt there is (are)
Sei nicht dumm! Don't be stupid!
Warte nicht! Don't wait!

Fragen

1. Wo ist die Familie Meyer? 2. Wie sind der Sohn und die Tochter jetzt?
3. Wer spricht zuerst? 4. Was tut Martha? 5. Ist Frau Meyers Kaffee gut?
6. Trinkt Herr Meyer heute Kaffee? 7. Was ist besser für ihn? 8. Wie ist
Rudi? 9. Warum ißt er nicht? 10. Warum sagt die Mutter: „Warte
nicht!"?

C. Pronunciation Notes

1. *The Glottal Stop.* In English we have a tendency to run
   syllables and words together, especially in rapid speech.
   For example, *look out* often sounds like *loo-kout.* This sort
   of linking very rarely occurs in German. Words beginning
   with a stressed vowel are distinctly separated from the
   preceding word by a sudden catching or stopping of the
   breath, known as a *glottal stop.* The German glottal stop
   is produced as in the English word *cooperate,* but is much
   more distinct and emphatic. *Ex.* zu'erst, er 'ißt, gib 'acht.
2. *Final b.* Just as a final d changes to a t-sound in German,
   final b changes to a p-sound. *Ex.* gelb [gelp], gib [gip].
3. *The Letter b before f or t.* The letter b also has the sound of p
   when occurring before f or t. Thus, although b remains b in
   words like geben and ich gebe, the b changes to the p-sound in
   du gibst [gipst], and er gibt [gipt]. The verb schreiben is another
   example. The b-sound is retained in schreiben and ich schreibe,
   but it changes to the p-sound in du schreibst [schreipst] and
   er schreibt [schreipt].

4. *Final g.* Similar to b and d, the letter g also changes its sound when in final position. It is then pronounced like f. *Ex.* Tag [Tak], Krug [Kruk], genug [genuk].*

Final g is not to be confused with final –ig, which, as you know, is pronounced like ich, as in richtig, niedrig, etc. Neither is the letter g a separate sound in the combination ng explained below in Section 6.

5. *The Letter g before ſ or t.* As with d, the letter g also changes its sound before ſ or t. It becomes a f-sound. *Ex.* du legſt [lekst], er legt [lekt], du zeigſt [zeikst], er zeigt [zeikt], du trägſt [träkst], er trägt [träkt], du ſagſt [sakst], er ſagt [sakt].

6. *The Combination ng.* German ng has only the nasal sound without the sound of g. *Ex.* lang, jung, Finger, Angſt.

Lautübungen

I. Pronounce the contrasting sounds of b [p] and g [k] by reading out loud the words in each of the two columns from left to right:

b as b	b as [p]	g as g	g as [k]
Leben	gelb	gehen	ge='nug
geben	gib!	groß	Krug
ich gebe	du gibſt	grau	Tag
ſchreiben	du ſchreibſt	ich lege	er legt
ich ſchreibe	er ſchreibt	ich trage	er trägt

II. Read the following passage out loud, bearing in mind the glottal stop, the ng, and the changing sounds of b and g:

Es iſt ein Uhr. Die Familie iſt am Tiſch. Arthur ißt zuerſt Fleiſch, dann ißt er Salat. Es gibt auch Brot zu eſſen. Er gibt Martha das Brot. Sie iſt hungrig und ſagt: „Warum ißt du alles und gibſt mir nichts? Ich habe nie genug zu eſſen!" Arthur trägt den Teller zu Martha. Der Teller iſt lang und gelb. Arthur hält ihn nicht richtig. Martha hat Angſt und ſagt: „Gib acht, Arthur!" Er aber antwortet nicht. Er ißt und ißt und gibt nicht acht. Warum ißt er ſo viel? Warum iſt ſein Appetit ſo groß? Arthur hat eine Schularbeit zu ſchreiben. Sie iſt ſehr ſchwer. Er ißt zuerſt und ſchreibt dann ſeine Schularbeit.

* Pronounced [Tach, Kruch, genuch] in some parts of Germany.

D. GRAMMAR NOTES

1. *The Familiar Form of Address.* In Lesson 2 (Grammar Note 1) you learned the difference between polite and familiar forms of address. In this lesson members of the same family are speaking to each other. Which forms of address do they use, polite or familiar? Note the following examples:

du bist	du sprichst
du hast	du siehst
du gibst	du trinkst
du hältst	du zerbrichst

What ending always appears in these verbs when du is the subject? You simply drop the ending of the infinitive and add the –st that always goes with the pronoun du, as follows:

Infinitive	*Stem*	*2nd Person* (familiar)
trinken	trink–	du trinkst

Übung

Following this model, supply the correct forms after du for the following verbs from previous lessons:

gehen	machen	zählen	legen
kommen	schreiben	tun	lernen
stehen	sagen	spielen	zeigen

2. *The Connecting* e. Note the endings in the 2nd and 3rd persons of the following verbs:

Infinitive	*Stem*	*2nd Person*	*3rd Person*
reden	red–	du redest	er redet
öffnen	öffn–	du öffnest	er öffnet
antworten	antwort–	du antwortest	er antwortet
warten	wart–	du wartest	er wartet

What other letter appears in addition to the –st and the –t of the second and third persons? Can you explain why this extra e should be inserted? Look at the stem of öffnen. What letter does it end in? Now try to attach the –st or the –t. The result would be öffnst and

öffnt. Would these be easy to pronounce without the connecting e?
Hence we say, "du öffnest" and "er öffnet."

RULE: *Verbs with stems ending in* d, n,[1] *or* t [2] *usually require the
connecting* e *before the personal ending.*

NOTE 1. If the n is preceded by an r, the connecting e is not used.
    Ex. lernen: du lernst, er lernt.

NOTE 2. An exception to this is halten.
    Ex. du hältst, er hält.

3. *Omission of* s *in the Second Person.* Note the endings of
the second person of the following verbs:

Infinitive	Stem	2nd Person
heißen	heiß–	du heißt
schließen	schließ–	du schließt
setzen	setz–	du setzt
sitzen	sitz–	du sitzt

The s of the –st ending after du does not appear in these verbs.
Can you explain why?

Since each of these stems already ends in an s-sound, there is no
need to add an extra s. Hence the s of the –st ending is dropped,
leaving only the t.

4. *Changes in the Second and Third Persons of the Verb.* In the
preceding lesson you learned that ich nehme changes to er
nimmt. This change also appears in the second person of the
familiar form, which is du nimmst. A considerable number of
German verbs have such changes, which must be memorized.
The following tabulations will help you to recognize and learn
these changes:

Infin.	sein	haben	sprechen	zerbrechen
1st Pers.	ich bin	habe	spreche	zerbreche
2nd Pers.	du bist	hast	sprichst	zerbrichst
3rd Pers.	er sie } ist es	hat	spricht	zerbricht

Infin.	. essen	geben	nehmen	sehen
1st Pers.	ich esse	gebe	nehme	sehe
2nd Pers.	du ißt	gibst	nimmst	siehst
3rd Pers.	er sie es ißt	gibt	nimmt	sieht

Infin.	lesen	halten	tragen
1st Pers.	ich lese	halte	trage
2nd Pers.	du liest	hältst	trägst
3rd Pers.	er sie es liest	hält	trägt

5. *Familiar Commands.* Compare the following familiar commands with their infinitives and see if you can tell how these commands are formed:

Infinitive	Stem	Familiar Command
trinken	trink–	trinke!
halten	halt–	halte!
warten	wart–	warte!
setzen	setz–	setze!
tragen	trag–	trage!

Übung

The verbs below have familiar commands formed according to the pattern of the above, that is, by the addition of –e to the stem of the infinitive.[1] Give the familiar command for each one.

haben	stehen	schreiben	sagen
gehen	spielen	tun	zählen
kommen	machen	legen	zeigen

NOTE 1. The e-ending of the familiar command is often omitted in everyday speech.

>   *Ex.* Hab keine Angst! Tu das nicht! Mach deine Arbeit! Halt den Mund! Geh in das Zimmer!

In written and printed German the omitted e is often indicated by an apostrophe.

Ex. Steh' auf! Komm' mit mir!

6. *Irregular Familiar Commands.* The following familiar commands are irregular:

Infinitive	Familiar Command	Infinitive	Familiar Command
ſein	ſei!	geben	gib!
eſſen	iß!	leſen	lies!
ſprechen	ſprich!	nehmen	nimm!
zerbrechen	zerbrich!	ſehen	ſieh!

The vowel changes from the infinitive to the command are nothing new. Where have you seen these changes before? See Grammar Note 4, pages 85–86.

Aufgaben

I. Supply the correct endings:

1. Ich ſchreib– ein Wort und leſ– es. 2. Martha ſitz– und tu– nichts. 3. Rudi, du trink– deine Milch nicht! 4. Wer komm– in das Zimmer? 5. Jeder ſchließ– ſein Buch und wiederhol– einen Satz. 6. Wie heiß– du? 7. Heiß– deine Mutter Eliſabeth? 8. Lern– du Deutſch? 9. Die Familie ſetz– ſich und beginn– zu eſſen. 10. Du geh– in die Küche und hol– die Milch.

II. Supply a suitable subject for each verb:

1. Arthur, —— biſt ſo dumm! 2. —— hat jetzt das Fleiſch? 3. Iſt —— hungrig? 4. Rudi, ißt —— dein Brot? 5. —— ſpricht zu viel. 6. —— gibt keinen Nachtiſch. 7. —— halte den Teller und —— nimmſt das Fleiſch. 8. Nimmt —— mehr Milch? 9. —— haſt ſchon genug! 10. —— trägſt ihn zu hoch.

III. Give the correct form of the verb indicated by the infinitive:

A. 1. Er (warten) auf den Lehrer. 2. Warum (antworten) du nicht? 3. Wer (tragen) den Teller? 4. Martha, du (ſein) zu ernſt! 5. (ſehen) er das Kind nicht? 6. (haben) du genug Salat? 7. Ich (ſein) nicht faul. 8. Martha (öffnen) den Mund und (ſprechen). 9. Ich (eſſen) nicht viel, aber du (reden) zu viel! 10. Rudi (ſein) nicht hungrig und (eſſen) kein Brot.

B. 1. Ich (sprechen) nicht viel. 2. Warum (sprechen) du immer? 3. Du (öffnen) den Mund, nur wenn du (sprechen). 4. (zerbrechen) Arthur den Teller? 5. Du (nehmen) alles zu leicht. 6. (tun) du alles, was ich (sagen)? 7. Arthur (essen) zu viel, aber du (essen) nicht genug. 8. Der Schüler (lesen) das Wort. (lesen) du es auch? 9. Du (halten) den Teller und (tragen) ihn in die Küche. 10. Mutter (geben) mir das Fleisch, aber Arthur (geben) mir nichts.

IV. Give the correct form of the familiar command as indicated:

1. (*Eat*) das Brot! 2. (*Be*) nicht böse! 3. (*Have*) keine Angst! 4. (*Speak*) nicht so viel! 5. (*Sit*) dich nieder! 6. (*Break*) das Glas nicht! 7. (*Do*) das nicht! 8. (*See*) den Nachtisch! 9. (*Give*) Martha das Fleisch! 10. (*Carry*) den Krug in die Küche!

V. Change each of the following polite forms into familiar forms:

Ex. Nehmen Sie jetzt Kaffee? (*polite*)
     Nimmst du jetzt Kaffee? (*familiar*)

1. Haben Sie genug Brot? 2. Sind Sie hungrig? 3. Sie essen nicht. 4. Sie antworten auch nicht. 5. Sie warten auf den Nachtisch. 6. Warum stehen Sie schon auf? 7. Sie geben nicht acht. 8. Bitte, setzen Sie sich! 9. Nehmen Sie mehr Brot! 10. Sehen Sie den Nachtisch?

VI. Write the following dialogue in German:

IS RUDY HUNGRY?

Mother: Asks Rudy to drink his milk and eat his bread.
Rudy: Says he isn't hungry.
Mother: Wonders why.
Rudy: Says he is tired.
Martha: Asks Rudy why he is tired. Says he doesn't go to school. Remarks that he always plays and has no work.
Arthur: Tells Martha not to be so stupid. Explains that Rudy is very young, that he is still a child. Says that Rudy always plays and is then tired and has no appetite.
Martha: Tells Arthur to wait until the dessert comes.
Rudy: Asks if there is a dessert.
Mother: Tells him that there is a dessert.
Rudy: Announces that he isn't tired and is very hungry. Confesses that he's just waiting for the dessert.
Martha: Tells Arthur, "You see, I'm not so stupid!"

IM RESTAURANT

„Guten Tag."

„Guten Tag."

„Was wünschen Sie, mein Herr?"

„Bringen Sie mir einen Teller Suppe, Kalbfleisch [1] und Gemüse." [2]   [1] veal [2] vegetables

„**Es tut mir leid,**[3] mein Herr, es gibt heute   [3] I'm sorry
kein Kalbfleisch. Wünschen Sie Rindfleisch?" [4]   [4] beef

„Gut, geben Sie mir Rindfleisch."

„Schön. Und was trinken Sie, mein Herr?"

„Ein Glas Bier."

Der Kellner [5] geht in die Küche. Er kommt   [5] waiter
zurück.[6] Er legt Messer, Gabel und Löffel [7] auf   [6] back [7] spoon
den Tisch. Er bringt die Suppe.

„Bitte, geben Sie acht, mein Herr, die Suppe
ist heiß." [8]   [8] hot

Der Kellner geht noch einmal in die Küche.
Er kommt zurück. Er trägt einen Teller
Fleisch. Er setzt den Teller auf den Tisch.

„Wünschen Sie **noch etwas,**[9] mein Herr?"   [9] something else
fragt der Kellner.

„Ja, Brot und Butter."

Der Kellner holt Brot und Butter.

„Ist das alles?" fragt er.

„Wo ist die Soße?" [10] fragt der Herr.   [10] gravy

„Ich bringe sie gleich," antwortet der Kellner.

Er geht in die Küche, holt die Soße und
kommt zurück. Er stolpert.[11] Der Teller Soße   [11] trips
fällt auf den Herrn.

„**Zum Kuckuck nochmal!**[12] Warum geben   [12] Confound it!
Sie nicht acht?!" sagt der Herr.

„Seien Sie nicht böse, mein Herr," antwortet
der Kellner. „Es ist noch mehr Soße in der
Küche!"

GRACIOUS LIVING AT A SPA. Germany is noted for its many spas, or health resorts, each one of which is built around a spring with curative powers. Thousands of Germans visit these baths every summer, even if they are not ill, because of the charming surroundings, the good food, and the excellent concerts. Here you see Wiesbaden, the center of a section where there are so many baths that the entire state is called Baden.

8

Lektion Acht

Im Park

A. Conversations

Gespräch 1

Es ist zehn Minuten nach [1] drei. Die Schule ist aus.
Die Schüler sind jetzt frei. Einige [2] haben keine Zeit. [3]
Sie nehmen ihre Bücher und gehen gleich **nach Hause.**
Andere bleiben [4] noch **ein paar** Minuten. Paul und
Lotte bleiben auch. Sie haben viel Zeit. Er ist zwölf
Jahre alt und sie ist elf. Paul hat einen Freund und
Lotte hat eine Freundin. Sie sitzen und warten auf
ihre Freunde. Die Freunde heißen Hans und Marie.
Sie kommen bald [5] und sprechen mit Paul und Lotte.

[1] after

[2] Some   [3] time

[4] remain

[5] soon

Hans: Was macht ihr heute **nachmittag?**

Paul: Wir gehen in den Park.

Lotte: Kommt ihr mit?

Marie: Ja, wir kommen gern [6] mit. Es ist schön **im Park.**

[6] gladly

Hans: Fahren [7] wir?

[7] ride

Paul: Ach nein, wir gehen **zu Fuß!** [8]
(Paul geht mit Marie und Lotte geht mit
Hans. Sie sprechen von Zeit zu Zeit.)

[8] on foot

Marie: Das Wetter ist wundervoll!

Hans: Ja, der Himmel ist so blau.

Paul: Die Sonne ist warm, aber die Luft [9] ist kühl.

[9] air

Lotte: Seht ihr, es ist immer so **im Frühling.** [10]
Ich habe den Frühling gern. [11]

[10] in the spring

[11] I like spring.

Marie: Ja, aber der Sommer ist auch schön.

Hans: Nein, es ist oft zu heiß im Sommer. Es ist
viel besser im Herbst.

Paul: Gebt mir den Winter! Die Luft ist dann kalt
und klar. Es ist viel besser im Winter.

Lotte: Ihr habt alle recht! [12] Die Jahreszeiten   [12] You are right, all
sind alle schön!   of you!

Vokabeln

NOUNS

der Freund friend
pl. die Freunde
der Frühling spring
der Fuß foot
der Herbst autumn
der Himmel sky, heaven
der Park park
der Schüler pupil
pl. die Schüler
der Sommer summer
der Winter winter

die Freundin (girl) friend
die Jahreszeit season
pl. die Jahreszeiten
die Luft air
die Mi='nute minute
pl. die Mi='nuten
die Sonne sun
die Zeit time

das Buch book
pl. die Bücher
das Jahr year
pl. die Jahre
das Wetter weather

PRONOUNS

wir we
ihr you (pl.)
sie they

VERBS

bleiben to remain
fahren to ride
du fährst you ride
er fährt he rides
mitkommen to come along
Ich komme mit. I'm coming
along.

ADVERBS

bald soon
gern gladly
oft often

ADJECTIVES

frei free
heiß hot
kalt cold
klar clear
kühl cool
warm warm
wundervoll wonderful

OTHER WORDS

alle all
andere others
aus out
einige some, a few
ihr(e) their (poss. adj.)
nach after, to(ward)
von from, of

PHRASES

ein paar a few
gern haben to like
  Ich habe es gern. I like it.
heute nachmittag this afternoon
im Frühling, Sommer, *etc.* in the
  spring, summer, *etc.*
im Park in the park

nach Hause home (*when going there*)
recht haben to be right
  Ich habe recht. I am right.
von Zeit zu Zeit from time to time
Was macht ihr? What are you
  doing? (*pl.*)
zu Fuß on foot

Fragen

1. Was tun einige Schüler? 2. Was tun andere? 3. Wie alt ist Paul? Lotte? 4. Warum bleiben sie? 5. Wie heißen ihre Freunde? 6. Was machen Paul und Lotte heute nachmittag? 7. Kommen Hans und Marie mit? 8. Fahren die vier Freunde in den Park? 9. Wer hat den Frühling gern? 10. Wer hat den Sommer gern? 11. Warum hat Hans den Sommer nicht gern? 12. Wie ist es im Winter?

Gespräch 2. Der Vogel singt nicht mehr

Die vier Freunde kommen in den Park. Lotte und Hans setzen sich auf eine Bank unter einen Baum.[1] [1] tree
Paul und Marie setzen sich auf das Gras. Es ist still.
Sie hören nur die Vögel[2] singen. Hans spricht zuerst. [2] birds

Hans: Komm, Lotte, wir setzen uns hier auf die Bank.
Lotte: Paul, warum setzt ihr euch auf das Gras?
  Kommt, setzt euch auch auf die Bank!
Paul: Nein, danke, die Bank ist zu hart. Es ist
  besser hier.
Marie: Ja, und der Baum ist zu dick. Ihr seht da
  nichts. Wir sehen die Bäume, die Vögel
  und den Himmel.
Paul: Seht den Hund da! Ist er nicht euer Hund?
Marie: Nein, unser Hund ist klein. Der Hund da ist
  groß. Er bellt[3] sehr laut. Paul, ich habe [3] barks
  Angst!
Paul: Hab keine Angst! Der Hund kommt nicht
  hierher.
Marie: Hans und Lotte haben auch Angst.

Paul: Aber warum? Der Hund sieht sie nicht. Hans! Lotte! Habt keine Angst! Der Hund sieht euch nicht!

Lotte: Seht mal[4] den Vogel! Hört, wie froh er singt! Ich glaube,[5] er hat auch keine Schule!   [4] Just see   [5] believe

Hans: Habt ihr noch euren Vogel zu Hause?

Lotte: O ja, wir haben ihn noch. Er singt immer.

Hans: Ihr habt Glück.[6] Unser Vogel singt nicht mehr.   [6] are lucky

Marie: Warum nicht? Ist er krank?[7]   [7] sick

Hans: Nein, unsere Katze hat ihn gefressen!

Vokabeln

NOUNS

der **Baum** tree
  pl. die **Bäume**
der **Hund** dog
der **Vogel** bird
  pl. die **Vögel**
die **Bank** bench
die **Katze** cat
das **Glück** luck, happiness
das **Gras** grass

PRONOUNS

uns us (*acc. of* wir)
euch you (*acc. of* ihr)
sie them (*acc. of* sie)

ADJECTIVE

krank sick, ill

POSSESSIVE ADJECTIVES

unser our
euer your (*pl.*)
ihr their

VERBS

bellen to bark
ge='fressen eaten
glauben to believe
hören to hear
(**ihr**) **seid** (you) are (*pl.*)
singen to sing

REFLEXIVE VERB (*pl.*)

wir setzen uns we sit down
ihr setzt euch you sit down
sie setzen sich they sit down
Setzt euch! Sit down!

OTHER WORDS

hierher here (*to this place*), hither
laut loud(ly)
unter under

PHRASES

Glück haben to be lucky
  Ich habe Glück. I am lucky.
Seht mal! Just see! (*pl.*)

OPPOSITES

bleiben — gehen
fahren — zu Fuß gehen
Freund — Freundin
heiß — kalt (*or* kühl)
Sommer — Winter
warm — kühl (*or* kalt)

Fragen

1. Wo sind die Freunde jetzt? 2. Wie ist es im Park? 3. Was tun Hans und Lotte? Paul und Marie? 4. Warum setzen sich Paul und Marie auf das Gras? 5. Was sieht Paul? 6. Was sagt er? 7. Wie ist der Hund? 8. Warum hat Marie Angst? 9. Hat Paul auch Angst? 10. Was sieht Lotte? 11. Warum haben Paul und Lotte Glück? 12. Warum singt der Vogel nicht mehr?

B. PRONUNCIATION NOTES

1. *Stress in Compound Words.* In compounds, the first word generally takes the *major stress*, wherever it happens to fall in that particular word; whereas the second word has a less emphatic or *secondary stress*. In the examples below, the secondary stress will be indicated by a reverse accent mark (`). Examples from this lesson are:

'Jahres='zeiten   'nach='mittag
'wunder='voll   'mit='kommen

Examples from previous lessons are:

'Blei='stift   'Nach='tisch
Pa='pier='bogen   'Eß='zimmer
'Haus='frau   'acht='geben

Lautübung

Below are some compound nouns formed from words that you already know. Pronounce them out loud and then give their English meaning.

Fußball	Schulzimmer	Dünnpapier
Wanduhr	Schreibtisch	Hausarbeit
Lesebuch	Federhalter	Handarbeit
Schulbank	Mädchenschule	Schwarzbrot

C. Grammar Notes

1. *The Plural of the Definite Article.* An examination of the following singular and plural forms will show you the plural form of the definite article:

	SINGULAR	PLURAL
Masculine	der Freund	die Freunde
Feminine	die Jahreszeit	die Jahreszeiten
Neuter	das Buch	die Bücher

What is the plural of der? of die? of das? What is the plural form of the definite article in each instance?

See if there is any change when the plural of the definite article is used as an object, i.e., in the accusative case.

	SINGULAR	PLURAL
Nom.	Der Freund ist hier.	Die Freunde sind hier.
Acc.	Ich sehe den Freund.	Ich sehe die Freunde.
Nom.	Die Jahreszeit ist schön.	Die Jahreszeiten sind alle schön.
Acc.	Ich habe die Jahreszeit gern.	Ich habe die Jahreszeiten alle gern.
Nom.	Das Buch ist schwarz.	Die Bücher sind schwarz.
Acc.	Ich nehme das Buch.	Ich nehme die Bücher.

What is the plural form of the definite article in the accusative case? The tabulation below summarizes the rule.

SINGULAR		PLURAL
Nom.	*Acc.*	*Nom. and Acc.*
der	den ⎫	
die	die ⎬	die
das	das ⎭	

2. *The Plural of Nouns.* Many German nouns have no change from singular to plural. (Compare the English word *sheep.*) Hence the article before the noun often indicates the plural. What is the difference in meaning between each pair of the following:

der Schüler — die Schüler	das Zimmer — die Zimmer
der Lehrer — die Lehrer	das Mädchen — die Mädchen
der Finger — die Finger	der Teller — die Teller
das Fenster — die Fenster	das Messer — die Messer

Other German nouns form their plurals in various ways. A comparison of the plural nouns used in this lesson shows the following:

a) der Schüler — die Schüler: no change at all in the plural.

b) der Vogel — die Vögel: an umlaut indicates the plural.

c) der Freund — die Freunde: an –e indicates the plural.

d) das Buch — die Bücher: an umlaut and an –er indicate the plural.

e) die Jahreszeit — die Jahreszeiten: an –en indicates the plural.

Later, when you have learned the plurals of many more nouns, you will be able to figure out some useful rules that will show you which nouns take which endings to form the plural. For the present, you must learn the plural of each noun as it occurs.

3. *The Plural of the Personal Pronouns.* A study of the following sentences will show you the personal pronouns in the plural. On the left are the forms in the singular that you have already learned; on the right are the corresponding forms in the plural.

	SINGULAR	PLURAL
1st Pers.	Ich gehe in den Park.	**Wir** gehen in den Park. (*we*)
2nd Pers.	Du gehst in den Park.	**Ihr** geht in den Park. (*you*)
3rd Pers.	Er Sie Es } geht in den Park.	**Sie** gehen in den Park. (*they*)

What is the plural of ich? of du? of er, sie, and es? What is the personal pronoun in the first person plural? in the second person plural? in the third person plural? What is the English meaning of wir? of ihr? of sie?

Let us see what happens to wir, ihr, and sie when they are used as objects, i.e., in the accusative case.

NOMINATIVE	ACCUSATIVE	
Wir sehen den Hund.	Der Hund sieht uns.	(*us*)
Ihr seht den Hund.	Der Hund sieht euch.	(*you*)
Sie sehen den Hund.	Der Hund sieht sie.	(*them*)

What is the accusative of wir? of ihr? of sie? What is the English meaning of uns? of euch? of sie? The table below will help you remember the corresponding nominative and accusative forms.

PERSONAL PRONOUNS (PLURAL)	
Nominative	*Accusative*
wir	uns
ihr	euch
sie	sie

4. *Verbs in the Plural.* Examine the sentences in the left-hand column above, headed *Nominative.* What ending does the verb have after wir? after ihr? after sie? The summary of these endings is:

wir (stem) + en
ihr (stem) + t
sie (stem) + en

Übung

Following this model, give the forms of each of the verbs below with wir, ihr, and sie:

Ex. bleiben: wir bleiben, ihr bleibt, sie bleiben.

sagen	glauben	gehen	haben	sitzen
legen	hören	singen	heißen	schwimmen
beginnen	kommen	spielen	machen	stopfen

Irregularities and questions which may arise in connection with the plural of verbs are noted below.

a) The verbs sein and tun are irregular. Their plural forms are:

fein (*to be*)	tun (*to do*)
wir find (*we are*)	wir tun (*we do*)
ihr feid (*you are*)	ihr tut (*you do*)
fie find (*they are*)	fie tun (*they do*)

b) The reflexive verb in the plural is:

fich fetzen (*to sit down*)

wir fetzen uns (*we sit down*)
ihr fetzt euch (*you sit down*)
fie fetzen fich (*they sit down*)

c) Verbs with stems ending in b, n, or t have the connecting e in the second person plural.

Ex. ihr redet, ihr öffnet, ihr antwortet, ihr wartet, ihr haltet; but ihr lernt.

d) The vowel change which some verbs have in the second and third persons singular does not carry over into the plural.

Ex. du gibft $\left.\right\}$ but $\left\{\right.$ ihr gebt   du fiehft $\left.\right\}$ but $\left\{\right.$ ihr feht
er gibt   fie geben   er fieht   fie fehen

5. *Possessive Adjectives in the Plural.* Below are a few sentences showing the possessive adjectives in the plural. Note the subject of each sentence in the right-hand column, and see which possessive adjective goes with each subject.

POSSESSIVE ADJECTIVES

SINGULAR

Nominative	*Accusative*	
Unfer Vogel fingt immer.	Wir haben unferen Vogel gern.	(*our*)
Euer Vogel fingt immer.	Ihr habt euren [1] Vogel gern.	(*your*)
Ihr Vogel fingt immer.	Sie haben ihren Vogel gern.	(*their*)

PLURAL

Nominative	*Accusative*
Unfere Vögel fingen immer.	Wir haben unfere Vögel gern.
Eure [1] Vögel fingen immer.	Ihr habt eure [1] Vögel gern.
Ihre Vögel fingen immer.	Sie haben ihre Vögel gern.

Note 1. The –er in euer is shortened to –r when euer has an ending. Thus we get forms like euren, eure. The same thing occasionally happens to unſer, giving us forms like unſren, unſre.

Which is the possessive adjective corresponding to wir? to ihr? to ſie? The table below will help you fix these in your mind.

> wir — unſer (–en, –e)
> ihr — euer (–en, –e)
> ſie — ihr (–en, –e)

What is the English meaning of unſer? of euer? of ihr? Why do the possessive adjectives sometimes have endings? Remember that they are ein=words.

The following will show you how the possessive adjectives behave when modifying feminine and neuter nouns. As you would expect, they have the same endings that ein would have. In the plural of ein=words we use kein as a model because ein, by definition, has no plural.

FEMININE

Nominative	*Accusative*
Unſere Katze iſt ſchwarz.	Wir ſehen unſere Katze.
Eure Katze iſt ſchwarz.	Ihr ſeht eure Katze.
Ihre Katze iſt ſchwarz.	Sie ſehen ihre Katze.

NEUTER

Nominative	*Accusative*
Unſer Buch iſt dick.	Wir nehmen unſer Buch.
Euer Buch iſt dick.	Ihr nehmt euer Buch.
Ihr Buch iſt dick.	Sie nehmen ihr Buch.

Note: The ending of the possessive adjectives when modifying plural nouns is the same for all genders. It is always =e, both in the nominative and accusative.

6. *Familiar Commands in the Plural.* So far, we have learned about *polite* commands which are spoken when polite forms of address are required. They can be used to address either *one person or more.*

Ex. Gehen Sie an die Tafel! Go to the board! (*polite*)
     Setzen Sie sich! Sit down! (*polite*)

We have also learned about *familiar* commands, spoken when familiar forms are required, but addressed only to *a single person*.

Ex. Gehe an die Tafel! Setze dich! (*familiar*)

The question arises as to how we would order or request two or more people to do something, when the familiar form is required. The following examples from this lesson show you how it is done.

Familiar Commands (plural)

Seht den Hund da! See the dog there!
Habt keine Angst! Have no fear! Don't be afraid!
Hört, wie froh er singt! Listen, how cheerfully he sings!
Gebt mir den Winter! Give me the winter!
Kommt, setzt euch auf die Bank! Come, sit down on the bench!

Have we seen such forms of the verb before? Think of the verb in the second person plural. All you have to do to get the familiar command in the plural is to omit the pronoun ihr, thus:

ihr bleibt — bleibt!	ihr nehmt — nehmt!
ihr seht — seht!	ihr habt — habt!
ihr gebt — gebt!	ihr wartet — wartet!
ihr seid — seid!	ihr steht — steht!

Übung

Following this model, give the plural form of the following commands:

1. Stehe auf! 2. Bleibe nicht zu Hause! 3. Nimm die Bücher! 4. Gib mir die Feder! 5. Sieh den Vogel! 6. Warte auf mich! 7. Sei nicht böse! 8. Habe keine Angst!

Aufgaben

I. Supply the correct ending for each verb:

1. Wir geh– in den Park. 2. Komm– ihr mit? 3. Ihr eß– jetzt nicht. 4. Wir ess– im Park. 5. Paul und Lotte hab– zwei Freunde. 6. Wart– ihr auf die Freunde? 7. Fahr– sie in den Park? 8. Seh– ihr den Hund? 9. Warum antwort– ihr nicht? 10. Setz– wir uns auf

eine Bank? 11. Ihr setz– euch unter einen Baum. 12. Hans und Marie seh– einen Hund. 13. Bleib– einige Schüler? 14. Wie sing– die Vögel? 15. Paul und Lotte, geh– ihr jetzt nach Hause?

II. Supply a suitable subject or subjects for each verb:

1. Die —— schließen ihre Bücher. 2. Wartet nur, —— setzen uns bald. 3. Habt —— eure Katze noch? 4. Wo eßt —— euer Brot? 5. —— trinken unsere Milch hier. 6. Seid —— immer hungrig? 7. Wartet —— auf eure Freunde? 8. Kommen —— bald? 9. Fahrt —— oder geht —— zu Fuß? 10. Haben —— unsere Freunde gern? 11. Setzt —— euch? 12. Paul und —— kommen gern mit. 13. Einige —— sind ernst. 14. Singen die —— immer? 15. Die vier —— sind im Park.

III. Replace each form of ein or kein by a suitable possessive adjective. Remember the corresponding forms of personal pronouns and possessive adjectives: wir — unser, ihr — euer, sie — ihr.

Ex. 1. *a)* Wir warten auf einen Freund.
            b) Wir warten auf unseren Freund.

1. Wir warten auf einen Freund. 2. Habt ihr ein Buch? 3. Sie haben einen Vogel. 4. Öffnet ihr keine Bücher heute? 5. Paul und Lotte, ist das ein Hund? 6. Wir haben keinen Hund. 7. Hans und Marie, ist das eine Katze? 8. Habt ihr keine Katze? 9. Schüler, habt ihr keine Bücher? 10. Wir haben keine Freunde hier. 11. Paul und Lotte, geht Hans auch in eine Schule? 12. Ihr setzt euch auf eine Bank.

IV. Change only the subject and verb in each sentence to the plural:

Ex. 1. *a)* Der Schüler ist jetzt frei.
            b) Die Schüler sind jetzt frei.

A. 1. Der Schüler ist jetzt frei. 2. Er hat keine Zeit. 3. Er nimmt die Bücher. 4. Er geht gleich nach Hause. 5. Ich bleibe noch ein paar Minuten. 6. Ich habe viel Zeit. 7. Du wartest auf den Freund. 8. Kommt er bald? 9. Du sprichst mit Lotte. 10. Was machst du heute nachmittag?

B. 1. Ich gehe in den Park. 2. Hast du den Park gern? 3. Bist du immer glücklich? 4. Ich setze mich auf das Gras. 5. Er setzt sich auf eine Bank. 6. Du setzt dich auch. 7. Der Baum ist grün.

8. Die Jahreszeit ist schön. 9. Du siehst einen Hund. 10. Hast du Angst?

V. Change each entire sentence to the plural. Observe the following pattern: ich — mein becomes wir — unser, du — dein becomes ihr — euer, er — sein becomes sie — ihr, and sie — ihr remains sie — ihr.

Ex. 1. *a)* Er nimmt sein Buch.
     b) Sie nehmen ihre Bücher.

1. Er nimmt sein Buch. 2. Du wartest auf deinen Freund. 3. Hörst du deinen Vogel singen? 4. Wie heißt dein Freund? 5. Ist Ihr Vogel immer froh? 6. Wie ist dein Vogel? 7. Der Lehrer hat einen Schüler. 8. Der Schüler hat seinen Lehrer gern. 9. Ich öffne mein Buch. 10. Der Schüler schließt sein Buch. 11. Ich habe meinen Freund gern. 12. Hast du ihn auch gern?

VI. Change each entire sentence to the singular:

Ex. 1. *a)* Wir hören unsere Vögel singen.
     b) Ich höre meinen Vogel singen.

A. 1. Wir hören unsere Vögel singen. 2. Seht ihr euren Hund? 3. Sie sehen ihn nicht. 4. Habt ihr Angst? 5. Wie sind die Bäume? 6. Sind ihre Freunde glücklich? 7. Wo seid ihr jetzt? 8. Sind wir im Park? 9. Setzt ihr euch auf eine Bank? 10. Sprecht ihr mit Hans?

B. 1. Haltet ihr Maries Bücher? 2. Sie halten Lottes Bücher. 3. Sie warten auf Hans. 4. Ihr wartet auf Marie. 5. Habt ihr keine Zeit? 6. Die Schüler setzen sich und bleiben ein paar Minuten. 7. Sprechen die Schüler mit Paul? 8. Wir tun das immer. 9. Tut ihr das auch? 10. Seid ihr immer zu Hause?

VII. Change each command to the plural:

Ex. 1. *a)* Sieh den Hund!
     b) Seht den Hund!

1. Sieh den Hund! 2. Habe keine Angst! 3. Bleibe im Park! 4. Warte ein paar Minuten! 5. Setze dich auf eine Bank! 6. Höre die Vögel! 7. Stehe jetzt auf! 8. Gehe an den Baum! 9. Sprich mit Lotte! 10. Sei nicht böse!

VIII. Write the following dialogue in German:

LOTTE'S BIRD

It is five minutes after three. Two pupils come into the park. Their names are Hans and Lotte. They sit down on a bench under a tree and speak.

Hans: Remarks that it is nice in the park.

Lotte: Agrees, saying that the grass and the trees are green and the air is cool. Says she likes the spring.

Hans: Believes it is better in the summer.

Lotte: Disagrees, saying it is often too hot in the summer. Asks him why he likes the summer.

Hans: Answers that they don't go to school and they are free.

Lotte: Tells him he is lazy. Says she likes school.

Hans: Asks her to listen to the bird singing.

Lotte: Says she believes the bird is happy.

Hans: Asks her if they still have their bird at home.

Lotte: Answers that they still have him but that he doesn't sing.

Hans: Wants to know why the bird doesn't sing.

Lotte: Answers that Mother and Father are not at home and that she is also not at home. Their bird has nothing to eat. He is hungry and he doesn't sing.

LESESTÜCK ACHT

WER HAT RECHT?

Es ist ein Frühlingstag, kurz vor drei Uhr. Die Luft im Schulzimmer ist warm. Alle Schüler schreiben in ihre Hefte. Die Aufgabe [1] ist lang und Peter ist schläfrig.[2] Plötzlich [3] hört er den Lehrer rufen [4]: „Peter und Hans, steht auf! Hans, gehe an die Wandtafel! Peter, lies deine Aufgabe! Hans, du schreibst Peters Aufgabe an die Tafel!"

Peter steht langsam [5] auf und beginnt zu lesen: „Es ist drei Uhr. Die Schüler nehmen ihr Buch . . ."

„Was?" ruft der Lehrer, „Haben alle Schüler nur *ein* Buch? Hans, schreibe nicht ,ihr Buch,' sondern [6] ,ihre Bücher!' "

[1] assignment
[2] sleepy [3] Suddenly
[4] call

[5] slowly

[6] but

„Warum ist das falsch, Herr Lehrer?" fragt
Peter.

Der Lehrer erklärt[7]: „Jeder Schüler hat ein
Buch oder noch mehr. *Viele* Schüler haben
viele Bücher! Siehst du?"

„Aber Herr Lehrer," sagt Peter, „es gibt nur
ein Buch für unsere Klasse. Jeder von uns
liest dasselbe[8] Buch. Es heißt: *Deutsches
Lesebuch!*"

„Ja, ja, er hat recht!" sagt Hans.

„Setzt euch!" ruft der Lehrer.   „Ihr seid
mir heute viel zu klug! Schließt eure Bücher
und geht nach Hause! Ich bleibe auch keine
Minute mehr!"

[7] explains

[8] the same

Im Sommer

A. Erster Teil *

Im Juni ist es schön **im Freien,**[1] aber die Kinder gehen noch in die Schule. Im Sommer haben sie Ferien[2] und sie gehen dann **auf das Land.**[3]

Im Sommer ist es heiß **in der Stadt,**[4] aber es ist kühl **auf dem Lande.** Die Natur ist so schön: die Sonne scheint, der Himmel ist blau und das Feld ist grün.

[1] out-of-doors

[2] vacation [3] to the country

[4] in the city

„Wann gehst du weg?"[5] fragt Paul.

„Im Juli gehe ich ins Sommerlager,"[6] antwortet Hans.

„Wo ist das Sommerlager?" fragt Paul.

„Im **Wald.**[7] Ein See[8] ist auch da. Im Wald ist es nicht warm, sondern[9] kühl."

[5] away

[6] camp

[7] In the woods [8] lake [9] but

* First Part.

„Was machst du da?"

„Am Morgen gehen wir spazieren,[10] am Nachmittag gehen wir schwimmen, am Abend singen wir oder lesen. Wir gehen früh schlafen,[11] denn[12] wir sind sehr müde und schläfrig."

„Wie lange bleibst du dort?"[13]

„Zwei Monate, bis Ende August."

[10] walking

[11] to sleep

[12] for, because

[13] there

Vokabeln

NOUNS

der **Abend** evening
der **Au='gust** August
der **Juli** July
der **Juni** June
der **Monat** month
   pl. die **Monate**
der **Morgen** morning
der **Nachmittag** afternoon
der **See** lake
der **Wald** woods, forest

die **Ferien** (*pl.*) vacation
die **Na='tur** nature
die **Stadt** city, town

das **Feld** field
das **Kind** child
   pl. die **Kinder**
das **Land** country
das **Sommerlager** (summer) camp

OTHER WORDS

denn for, because
schläfrig sleepy
sondern but (on the contrary)

VERBS

fragen to ask
scheinen to shine
schlafen to sleep
   du schläfst
   er schläft
spa='zieren to walk, stroll

ADVERBS

dort there
lange long
weg away

PHRASES

am Abend, Morgen, *etc.* in the evening, morning, *etc.*
auf das Land to the country
auf dem Land(e) in the country
Ende August the end of August
im Freien out-of-doors
im Juni, Juli, *etc.* in June, July, *etc.*
im Wald(e) in the woods
in der Stadt in the city
spazieren gehen to go walking
Ich gehe spazieren. I go walking.

QUESTION WORDS

wann? when?
wie lange? how long?

Fragen

1. Wann ist es schön im Freien? 2. Sind die Kinder dann im Freien?
3. Wann haben sie Ferien? 4. Wohin (*Whither*) gehen sie im Sommer?
5. Wie ist es im Sommer in der Stadt? auf dem Lande? 6. Wie ist die Natur
im Sommer? 7. Haben Sie den Sommer gern? 8. Was fragt Paul? Was
antwortet Hans? 9. Wo ist das Sommerlager? Wie ist es dort? 10. Was
machen die Kinder am Morgen? am Nachmittag? am Abend? 11. Warum gehen
sie früh schlafen? 12. Wie lange bleibt Hans im Sommerlager?

B. Zweiter Teil *

„Paul, gehst du auch weg?" fragt Hans.

„O ja," antwortet er. „Im August gehen wir
wieder ¹ **aufs Land.**"   ¹ again

„Wer geht mit?"

„Mein Bruder Max und meine Schwester Lotte."

„Wen ² besucht ³ ihr dort?"   ² Whom ³ visit

„Unseren Onkel Karl und unsere Tante Marie. Sie
haben einen Bauernhof." ⁴   ⁴ farm

„Haben sie auch Vieh?" ⁵   ⁵ livestock, cattle

„O ja, sie haben sechs Kühe, zwei Pferde,⁶ eine   ⁶ horses
Ziege,⁷ fünf Schweine und viele Hühner."   ⁷ goat

„Gehst du gern auf den Bauernhof?"

„O ja. Ich arbeite gern **im Feld.** Jeden Morgen

* *Second Part.*

fahren wir auf das Feld. Wir laden das Heu auf
den Wagen. Dann fahren wir zurück.[8] Am Abend
sind wir müde und hungrig. Jeden Tag essen wir
Gemüse[9] und Obst,[10] und trinken Milch. Es ist sehr
gesund,[11] denn alles ist frisch."

„Ich gehe auch gern aufs Land, aber **ich gehe lieber** [12]
ins Sommerlager. Da arbeite ich nicht, sondern spiele
nur. Wir essen gut, denn wir haben Hunger, und wir
schlafen auch gut, denn wir sind müde und schläfrig.
Wir schwimmen und fischen oder wir spielen Tennis
und Ball. Dort ist das Leben schön!"

[8] back

[9] vegetables [10] fruit

[11] healthy

[12] I prefer to go

Vokabeln

NOUNS

der **Bauernhof** farm
der **Bruder** brother
der **Hunger** hunger
der **Onkel** uncle
der **Wagen** wagon

die **Kuh** cow
  pl. die **Kühe**
die **Schwester** sister
die **Tante** aunt
die **Ziege** goat

das **Ge-'müse** vegetables
das **Heu** hay
das **Huhn** chicken
  pl. die **Hühner**
das **Obst** fruit
das **Pferd** horse
  pl. die **Pferde**
das **Schwein** pig
  pl. die **Schweine**
das **Tennis** tennis
das **Vieh** livestock, cattle

ADJECTIVES

frisch fresh
ge-'sund healthy

VERBS

arbeiten to work
be-'suchen to visit
fischen to fish
laden to load
  du lädst
  er lädt

ADVERBS

wieder again
zu-'rück back

QUESTION WORD

wen? whom?

PHRASES

auf das Feld to the field
aufs Land = auf das Land
Hunger haben to be hungry
  Ich habe Hunger. I am hungry.
Ich arbeite gern. I like to work.
Ich gehe lieber. I prefer to go.
im Feld(e) in the field
jeden Morgen, Tag, *etc.* every morning, day, *etc.*

OPPOSITES

Bruder — Schwester
fragen — antworten
in der Stadt — auf dem Lande
am Morgen — am Abend
Onkel — Tante

Fragen

1. Geht Paul auch weg? 2. Wohin geht er? 3. Wann geht er aufs Land?
4. Wer geht mit? 5. Wen besuchen sie dort? 6. Was haben Pauls Onkel und
Tante? 7. Geht Paul gern auf den Bauernhof? 8. Was tut er im Feld?
9. Was laden sie auf den Wagen? 10. Wie sind sie am Abend? 11. Was essen
sie jeden Tag? Warum ist es gesund? 12. Wohin geht Hans lieber? Warum?
13. Warum essen sie gut? Warum schlafen sie gut? 14. Wie ist das Leben dort?

C. Pronunciation Notes

Contrasting Sounds and Meanings. Every language has
words that differ very slightly from each other in spelling and
in pronunciation; yet their difference in meaning may be quite
considerable. Examples of this in English are: *hat — hate,
guest — quest, sting — stink.* Failure to recognize and pronounce these slight differences accurately often leads to confusion. The exercises that follow will help you learn to observe
such distinctions in German.

Lautübungen

I. Pronounce each pair of words out loud and then tell the difference
in meaning:

Ex. schön — schon, beautiful — already.

Vowel Differences	*Consonant Differences*	*Vowel and Consonant Differences*
neun — nein	nicht — nichts	Sohn — Sonne
noch — nach	sehen — zehn	Schule — Schüler
wir — wer	nun — nur	wenn — wen
sitzen — setzen	seid — Zeit	See — sieh!
dann — denn	dich — dick	Ferien — Freien
wann — wenn	weich — weiß	den — denn

II. Now see if you can observe these differences by reading the following passage out loud:

Der Lehrer ist krank

Es ist kurz vor den Ferien. Im Freien ist es schön, aber es ist schon spät. Alle Schüler kommen in die Schule. Dort ist alles still. Sie setzen sich und warten auf den Lehrer. Es ist schon fünf Minuten nach neun. Nein, der Lehrer kommt noch nicht. Die Schüler haben nichts zu tun, denn der Lehrer ist noch nicht da. Sie sitzen und warten. Dann kommt ein Herr in die Klasse. Er ist nicht ihr Lehrer. Er sagt: „Ihr Lehrer kommt heute nicht, denn er ist krank. Ihr habt nun viel Zeit. Seid nicht faul! Zeigt mir nur, wie fleißig ihr seid und macht nun eure Schularbeiten! Nur noch ein paar Minuten, denn die Lektion ist nicht lang. Dann habt ihr frei und ihr geht früh nach Hause!"

D. Grammar Notes

1. *Normal Word Order (Subject — Verb)*. There are many German sentences which have the same order of words that we use in English. Examples are: (s = subject; v = verb)

s v	s v
Die Natur ist so schön.	Nature is so beautiful.
s v	s v
Sie haben einen Bauernhof.	They have a farm.
s v	s v
Es ist sehr gesund.	It is very healthy.

Analysis of the above examples shows that in both languages the *subject* in each sentence is *first* and the *verb* is *second*. In German this type of word order is called *normal word order* or *subject — verb order* (S — V).

Note: Normal word order in English often permits an adverb to come between the subject and verb; e.g., *They also have livestock. I only play.* In German, however, nothing is ever permitted to come between subject and verb in normal word order. Thus, *They also have livestock.* = Sie haben auch Vieh. *I only play.* = Ich spiele nur.

THE BEAUTIFUL VALLEY WITH AN AWFUL NAME. One of the most delightful valleys of the magnificent Black Forest in Baden is called the Höllental (Hell Valley). Curiously enough, the picturesque little town at its entrance is called Himmelreich (Kingdom of Heaven). It is a gorgeous region of pine forests, crystal lakes and fertile valleys that seem like one vast park.

2. *Coordinating Conjunctions.* Words used to connect two independent sentences are known as *coordinating conjunctions.* The more common of these in German are:

und, and	**oder,** or
aber, but	**denn,** for (because)
sondern, but (on the contrary)	

Let us see what the order of words is after these conjunctions.

            S   V
. . . **und** sie gehen dann auf das Land.

            S   V
. . ., **aber** die Kinder gehen noch in die Schule.

            S   V
. . ., **sondern** (ich) spiele nur.

            S   V
. . ., **oder** wir spielen Tennis und Ball.

            S   V
. . ., **denn** wir sind sehr müde und schläfrig.

What kind of word order is used after coordinating conjunctions? We can see from the above examples that the coordinating conjunctions do not affect the word order, which remains normal (S — V).

3. *The Conjunctions* **aber** *and* **sondern.** Both **aber** and **sondern** mean *but* in English; yet these two words cannot be used interchangeably in German. Examine the following sentences carefully and see if you can tell when **sondern** should be used rather than **aber**:

a) Es ist heiß in der Stadt, aber es ist kühl auf dem Lande.
b) Es ist **nicht** warm, sondern (es ist) kühl.
c) Ich arbeite **nicht,** sondern (ich) spiele nur.

What word appears in the first clause of sentences *b* and *c* that does not appear in the first clause of sentence *a*? We conclude that:

a) **Aber** is used to mean *but* when it introduces a clause which contrasts with the meaning of the preceding clause (sentence *a*).

b) **Sondern** is used for the same purpose whenever there is a
negative in the preceding clause (sentences *b* and *c*).

4. *Inverted Word Order (Verb — Subject).* We have already
learned that questions in German start with the *verb* or with
a *question word.*

$$v \quad s$$
Ex. Haben fie auch Vieh?   Do they also have livestock?

$$v \quad s$$
Wann gehft du weg?   When are you going away?

Since subject and verb are inverted in this type of word order,
it is known as *inverted word order* or *verb — subject order* (V — S).

This type of word order is frequently used in English when forming questions, and hence offers no particular difficulty. German,
however, uses inverted word order (V — S) for other purposes besides forming questions. Study the following examples and see
if you can tell when and why V — S word order is used:

A	B
Subject — Verb	Verb — Subject
Es ift schön im Juni.	Im Juni ift es schön.
Sie haben Ferien im Sommer.	Im Sommer haben sie Ferien.
Wir gehen am Morgen spazieren.	Am Morgen gehen wir spazieren.
Wir fahren jeden Morgen auf das Feld.	Jeden Morgen fahren wir auf das Feld.
Wir fahren dann zurück.	Dann fahren wir zurück.
Wir sind am Abend müde.	Am Abend sind wir müde.
Ich arbeite da nicht.	Da arbeite ich nicht.
Das Leben ift dort schön.	Dort ift das Leben schön.

The first word in each sentence of Column A is the subject.
In Column B each sentence begins with a word or phrase which is
not the subject. How does this affect the word order in Column B?
The answer to this question gives us the following rule:

RULE: *Whenever the subject of a sentence is not the first word in that
sentence, we must use inverted word order (V — S).*

NOTE: This rule does not apply to coordinating conjunctions, which, as
we have seen above, do not affect the word order at all.

Aufgaben

I. Change each of the following statements into questions:

Ex. 1. Ist es schön im Freien?

1. Es ist schön im Freien. 2. Im Sommer haben die Kinder Ferien. 3. Einige gehen auf das Land. 4. Andere gehen ins Sommerlager. 5. Dort ist es nicht warm. 6. Am Abend singen sie. 7. Die Kinder gehen früh schlafen. 8. Paul besucht seinen Onkel. 9. Auf dem Lande ist es gesund. 10. Hans geht lieber ins Sommerlager. 11. Er arbeitet nicht. 12. Dort ist das Leben schön!

II. Complete each of the following questions, beginning with a suitable question word selected from the list below. To check the correctness of your choice, tell what each question means in English.

wer, who	wann, when
wen, whom	warum, why
was, what	wieviel, how much
wie, how	wie viele, how many
wo, where	wie lange, how long

1. —— ist es im Juni? 2. —— Uhr ist es? 3. —— geht gleich nach Hause? 4. —— bleiben einige Schüler? 5. —— sagst du? 6. —— geht Paul gern auf das Land? 7. —— besucht er dort? 8. —— ist seine Familie? 9. —— bleibt er auf dem Lande? 10. —— kommt er zurück? 11. —— tut er im Feld? 12. —— laden sie auf den Wagen? 13. —— ist das Leben dort? 14. —— Pferde hat der Onkel? 15. —— ist es gesund auf dem Lande?

III. Rewrite each sentence, beginning with the word or phrase in heavy type:

Ex. 1. *a)* Sie arbeiten **jeden Tag** im Feld.
        b) Jeden Tag arbeiten sie im Feld.

1. Sie arbeiten **jeden Tag** im Feld. 2. Es ist kühl **im Frühling.** 3. Es ist **heute** schön. 4. Wir gehen **morgen** in den Park. 5. Wir besuchen die Tante **heute nachmittag.** 6. Hans bleibt **bis Ende August** im Sommerlager. 7. Es ist oft sehr heiß **im Juli.** 8. Die Kinder bleiben **dann** nicht in der Stadt. 9. Es ist besser für sie **auf dem Lande.** 10. Das Leben ist **dort** gesund. 11. Sie trinken **jeden Morgen** Milch.

12. Sie laden Heu **am Nachmittag**. 13. Sie sind hungrig **am Abend**. 14. Paul ist **oft** sehr müde. 15. Er geht **gleich** schlafen. 16. Er schläft **dann** sehr gut.

IV. Combine each of the following pairs of sentences into a single sentence, using a suitable coordinating conjunction from the list below:

         und, and   sondern, but (on the contrary)
         aber, but   denn, for (because)
         oder, or

     Ex. 1. *a)* Er arbeitet schwer. Er ist nicht müde.
            b) Er arbeitet schwer, aber er ist nicht müde.

    1. Er arbeitet schwer. Er ist nicht müde. 2. Hans lernt gut. Er ist sehr klug. 3. Marie hat Angst. Lotte hat auch Angst. 4. Der Hund bellt laut. Paul hat keine Angst. 5. Am Abend singen wir. Wir lesen unsere Bücher. 6. Im Winter ist es nicht warm. Es ist kalt. 7. Wir gehen früh schlafen. Wir sind schläfrig. 8. Paul bleibt nicht zu Hause. Er geht ins Sommerlager. 9. Ich habe keinen Appetit. Ich esse auch nichts. 10. Paul hat immer Hunger. Er ißt zuviel. 11. Anna ist dick. Sie ißt zuviel. 12. Hans ist nicht in der Stadt. Er ist auf dem Lande. 13. Der Lehrer ist froh. Seine Schüler sind fleißig. 14. Das Sommerlager ist im Wald. Ein See ist auch da. 15. Martha sitzt und tut nichts. Sie nimmt alles leicht. 16. Wir gehen spazieren. Wir spielen Tennis.

V. Write the following composition in German. The German expressions for the italicized phrases can be found in the word lists of this and preceding lessons.

FARM OR CAMP?

    1. *In spring* it is nice *out-of-doors*, but we still go *to school*. 2. Our vacations come *in summer, at the end of June*. 3. Then we go *to the country*. 4. *In July* Nature is beautiful. 5. The trees are green, the sky is blue, and the birds are always singing. 6. *In the city* it is often too hot, but *in the country* the air is fresh and cool.

    7. My friend Hans *likes to work in the field*, but *I prefer to go to camp*. 8. *Every day* Hans loads hay on a wagon. 9. *In the evening* he goes to sleep early because he is tired and sleepy. 10. The life is healthy, but he has too much work. 11. Our life is also healthy, but

we don't work; on the contrary, we play. 12. *We go walking* or
we play tennis. 13. Often we go fishing or swimming. 14. *At the
end of August* we come back, happy and healthy!

LESESTÜCK NEUN

WAS KINDER GLAUBEN

Paul, Lotte und die kleine Frieda sind auf
dem Lande. Dort ist es schön. Das Essen ist
gut. Jeden Morgen haben sie Milch, Brot, Eier[1]
und Obst. Jetzt essen sie Frühstück.[2]

[1] eggs

[2] breakfast

„Gib mir **noch ein**[3] Glas Milch, bitte," sagt
Paul.

[3] another

„Die Eier sind gut. Sie sind frisch," sagt
Lotte. „Willst du noch einen Apfel,[4] Frieda?"

[4] apple

„Ja, bitte."

„Hier hast du einen," sagt Lotte.

„Danke. Es ist so schön hier! **Ich bin gern**[5]
auf dem Lande."

[5] I like to be

„Das ist gut."

„Ich gehe jeden Tag ins Feld," sagt die kleine
Frieda. „Dort ist ein Pferd, ein Esel[6] und eine
Kuh."

[6] donkey

„Hast du das Pferd gern?" fragt Paul.

„Ja, das Pferd ist schön und groß und stark."[7]

[7] strong

„Hast du den Esel gern?"

„Nein, der Esel ist klein und grau und faul."

„Hast du die Kuh gern?"

„O ja, **sehr gern**."[8]

[8] (*I like her*) very
much.

„Warum hast du sie gern?"

„Die Kuh gibt Milch. Das ist die weiße
Kuh. Es ist aber noch eine Kuh da. Das ist
die braune Kuh."

„Gibt die[9] nicht Milch?" fragt Lotte.

[9] that one

„Nein," antwortet Frieda, „die braune Kuh
gibt Kaffee!"

Der Mai ist gekommen

EMANUEL GEIBEL

1. Der · Mai ist ge - kom - men, die Bäu - me schla - gen aus,
da · blei - be, wer Lust hat, mit Sor - gen zu Haus!

Wie die Wol - ken dort wan - dern am himm - li - schen ·

Zelt, so · steht auch mir der Sinn in die wei - te, wei - te Welt.

2

Herr Vater, Frau Mutter, daß Gott euch behüt'!
Wer weiß, wo in der Ferne mein Glück mir noch blüht!
Es gibt so manche Straße, da nimmer ich marschiert,
Es gibt so manchen Wein, den ich nimmer noch probiert.

3

Frisch auf drum, frisch auf im hellen Sonnenstrahl,
Wohl über die Berge, wohl durch das tiefe Tal!
Die Quellen erklingen, die Bäume rauschen all;
Mein Herz ist wie 'ne Lerche, und stimmet ein mit Schall.

10

Lektion Zehn

Die Abfahrt *

A. Erster Teil

Es ist Anfang [1] Juli. Hans packt seinen Koffer für die Reise.[2] Seine Mutter reicht [3] ihm Schuhe, Strümpfe und Wäsche.[4] Er legt alles in den Koffer. Dann reicht sie ihm Seife [5] und einen Kamm.

„Wasch dich und kämm dich jeden Morgen," sagt sie, „und schicke [6] mir jede Woche [7] deine Wäsche. Ich wasche sie und schicke sie dir dann zurück."

„Ja, Mutter," sagt Hans.

Dann reicht sie ihm seine Zahnbürste [8] und Zahn= pasta. „Und jeden Morgen und jeden Abend **putze dir die Zähne!**" [9]

„Ja, ja, Mutter!" sagt Hans unglücklich. „Bitte, Mutter, gib mir meine Kamera."

„Warte, ich bringe sie dir."

Sie geht in sein Schlafzimmer und kommt bald zurück. „Hier ist die Kamera, Hans, und hier ist auch der Film."

Die Mutter **fängt an** [10] zu weinen.[11]

„Sei nicht so traurig, Mutter!" sagt Hans. „Ich komme Ende August zurück. Es ist nicht lange."

Er gibt der Mutter einen Kuß.

„Wasch dich und kämm dich und putz dir die Zähne jeden Morgen," wiederholt die Mutter, „und schick mir jede Woche deine Wäsche!"

* The Departure

[1]	(the) beginning (of)
[2]	journey
[3]	hands
[4]	underwear
[5]	soap
[6]	send
[7]	week
[8]	toothbrush
[9]	brush your teeth
[10]	begins
[11]	weep

Vokabeln

NOUNS	VERBS

NOUNS

der **Anfang** beginning
der **Film** film
der **Kamm** comb
der **Koffer** suitcase, trunk
der **Kuß** kiss
der **Schuh** shoe
  pl. die **Schuhe**
der **Zahn** tooth
  pl. die **Zähne**

die **Abfahrt** departure
die **Kamera** camera
die **Reise** journey, trip
die **Seife** soap
die **Wäsche** underwear
die **Woche** week
die **Zahnbürste** toothbrush
die **Zahnpasta** toothpaste

das **Schlafzimmer** bedroom

PHRASES

Anfang Juli (at) the beginning of
  July
jede Woche every week
Kämm(e) dich! Comb your hair!
Putz(e) dir die Zähne! Brush your
  teeth!
Wasch(e) dich! Wash yourself!

VERBS

anfangen to begin
  ich **fange an**
  du **fängst an**
  er **fängt an**
bringen to bring
packen to pack
reichen to hand
schicken to send
weinen to weep, cry

REFLEXIVE VERBS

sich kämmen to comb one's hair
  ich **kämme mich**
  du **kämmst dich,** *etc.*
sich putzen to clean oneself
  ich **putze mich**
  du **putzt dich,** *etc.*
sich waschen to wash oneself
  ich **wasche mich**
  du **wäschst dich**
  er **wäscht sich,** *etc.*

OTHER WORDS

dir (to) you (*fam.*)
ihm (to) him
mir (to) me
unglücklich unhappy

Fragen

1. Warum packt Hans seinen Koffer? 2. Was reicht ihm die Mutter? 3. Was sagt sie? 4. Was reicht sie ihm dann? 5. Was sagt sie nun? 6. Ist Hans glücklich? 7. Warum geht die Mutter in sein Schlafzimmer? 8. Ist die Mutter glücklich? 9. Warum weint sie? 10. Was sagt ihr Hans? 11. Wann kommt er zurück? 12. Wem (*To whom*) gibt er einen Kuß? 13. Was wiederholt die Mutter? 14. Wie oft wäscht sie die Wäsche? 15. Was tut sie dann damit (*with it*)?

B. Zweiter Teil

„Hans, vergiß nicht, uns zu schreiben," sagt ihm der
Vater.

„Ich vergesse nicht," antwortet Hans. „Ich schreibe
euch jede Woche einen Brief." [1]

„Und vergiß nicht, dem Großvater und der Groß=
mutter zu schreiben," sagt ihm die Mutter.

„Ja, ich schicke [2] ihnen [3] auch jede Woche einen Brief."

„Sag mir, Hans, hast du eine Füllfeder? Wenn [4]
nicht, dann leihe [5] ich dir meine."

„Ja, bitte, gib mir deine Füllfeder! Dann schreibe
ich dir jeden Tag eine Karte!"

Marie gibt dem Bruder ihre Füllfeder. Hans gibt
ihr einen Kuß.

„Hast du auch einen Kuß für mich?" fragt der Vater.
Hans küßt den Vater.

„Wann fährt der Zug [6] ab?" fragt die Mutter.

„Um zehn Uhr," sagt Hans.

Er zeigt der Mutter seine Uhr. Sie sagt: „Schnell,[7]
es ist schon spät!"

Hans nimmt seinen Koffer und geht an die Tür.

„Nur noch eine Frage," sagt die Mutter ängstlich.
„Reist du allein?"

„Nein," ist seine Antwort, „Willi kommt mit. Wir
reisen zusammen."

Endlich [8] sagt Hans seinem Vater, seiner Mutter
und seiner Schwester Lebewohl,[9] und sie wünschen ihm
Glück auf der Reise.

1 letter
2 send   3 them
4 If
5 lend
6 train
7 Quick
8 Finally
9 farewell

Vokabeln

NOUNS

der **Brief** letter
der **Großvater** grandfather
der **Zug** train

die **Antwort** answer

die **Frage** question
die **Füllfeder** fountain pen
die **Großmutter** grandmother
die **Karte** card

das **Lebewohl** farewell

VERBS

abfahren to depart, leave
  ich fahre ab
  du fährst ab
  er fährt ab
küssen to kiss
leihen to lend
reisen to travel
ver='gessen to forget
  du vergißt
  er vergißt
wünschen to wish

PHRASES

auf der Reise on the trip
Lebewohl sagen to bid farewell
noch ein another
um zehn Uhr at ten o'clock
Vergiß nicht! Don't forget!
Wann fährt der Zug ab?
  When does the train leave?
wenn nicht if not

ADVERBS

allein alone
ängstlich anxious(ly)
endlich finally
schnell quick(ly)
zu='sammen together

OTHER WORDS

um at
wem (to) whom
wenn if

OPPOSITES

allein — zusammen
Anfang — Ende
Frage — Antwort
glücklich — unglücklich
Großmutter — Großvater

Fragen

1. Was sagt der Vater zu Hans? 2. Wie oft schreibt Hans einen Brief? 3. Was sagt ihm die Mutter? 4. Hat Hans eine Füllfeder? 5. Wer leiht ihm eine? 6. Wie oft schreibt er der Schwester eine Karte? 7. Was gibt ihr Hans? 8. Was gibt Hans dem Vater? 9. Wann fährt der Zug ab? 10. Wem (To whom) zeigt Hans seine Uhr? 11. Reist Hans allein? Wer kommt mit? 12. Was sagt Hans seiner Familie? 13. Warum ist die Mutter ängstlich? 14. Was wünscht die Familie ihm auf der Reise? 15. Was nimmt Hans auf der Reise mit?

JAM-CAN DERBY. Germans are as gadget-minded as Americans. The picture shows a water-wheel race with boats constructed of discarded jam containers.

OFF ON A BIKE RACE. Entrants in the "Tour of Germany" crossing the Elbe River Bridge in Hamburg. The race covers 1864 miles in 13 days.

C. SPELLING NOTES

1. *The German Alphabet*

Das ABC

A	(ah)	**J**	(yot)	**S**	(ess)
B	(bay)	**K**	(kah)	**T**	(tay)
C	(tsay)	**L**	(el)	**U**	(oo)
D	(day)	**M**	(em)	**V**	(fow)
E	(ay)	**N**	(en)	**W**	(vay)
F	(ef)	**O**	(oh)	**X**	(iks)
G	(gay)	**P**	(pay)	**Y**	(ipsilon)
H	(hah)	**Q**	(koo)	**Z**	(tset)
J	(ee)	**R**	(air)		

COMBINED LETTERS

ck (tsay-kah)   ß (ess-tset)

LETTERS WITH UMLAUT

ä (ah-umlaut)   ü (oo-umlaut)
äu (ah-umlaut-oo)   ö (oh-umlaut)

Das Lied vom A–B–C

A, b, c, d, e, f, g— h, i, k, l, m, n, o, p—

q, r, s, t, u, v, w— q, r, s, t, u, v, w—

x, yp-si-lon, z. O weh! kann ja nicht ler-nen das A - B - C.

FREQUENTLY OCCURRING COMBINATIONS

au	(ah-oo)	ch	(tsay-hah)	sp	(ess-pay)
eu	(ay-oo)	ich	(ee-tsay-hah)	st	(ess-tay)
ei	(ay-ee)	ig	(ee-gay)	sch	(ess-tsay-hah)
ie	(ee-ay)	ng	(en-gay)	tsch	(tay-ess-tsay-hah)

2. *The Spelling of* ei *and* ie. Occasionally you may hesitate about the spelling of words like weich or Kreide, as distinguished from words like wieder or nieder. This may be partly due to the complicated rules we have in English regarding *ei* and *ie*. In German the matter can be very simply settled for all time by keeping in mind the following:

i/e Think of the second of these two letters. What is it in English? That is the sound of ie in German. In spelling the combination having this sound, you always know that the e is second.

e/i Think of the second of these two letters. What is it in English? That is the sound of ei in German. In spelling the combination having this sound, you always know that the i is second.

GERMAN SPELLING TEST

A number of errors in any one group indicates that you need practice on the points covered by that group.

a) Words having ch and sch: 1. dich 2. weich 3. Fleisch 4. leicht 5. waschen 6. Mädchen 7. nichts 8. Nachtisch 9. Küche 10. frisch

b) Words ending in d and t: 1. Bild 2. Feld 3. Zeit 4. Hand 5. hart 6. Wand 7. Brot 8. Pult 9. bald 10. Wort

c) Words having sp, st, and sch: 1. scheinen 2. Stuhl 3. spielen 4. Schuhe 5. sprechen 6. schlafen 7. Wäsche 8. spät 9. wünschen 10. stopfen

d) Words having ei and ie: 1. Reise 2. Ziege 3. Kreide 4. frei 5. wieder 6. weiß 7. Brief 8. Seife 9. sieben 10. zeigen

e) Words with and without umlaut: 1. früh 2. schon 3. gut 4. Frau 5. Huhn 6. Fräulein 7. froh 8. schön 9. zählen 10. Kühe

D. Grammar Notes

1. *Indirect Objects.* An analysis of the following sentences will show you the difference between a direct object and an indirect object:

Direct
v   Object

a) Ich schreibe **einen Brief.**

Indirect   Direct
v   Object   Object

b) Ich schreibe **dem Vater einen Brief.**

In sentence *a*, the word Brief (*letter*) is the direct object because it is the direct result of the action of the verb. As we know, the direct object is always in the accusative case (**einen** Brief).

In sentence *b*, the word Brief is still the direct object. The person *to whom* the letter is sent (Vater) is also an object, but this object is not the direct result of the action of writing. As we have seen, the direct result of the action of writing is the letter. Since this second object (Vater) receives the action of the verb *indirectly*, it is said to be an *indirect object*. The easiest way to determine the indirect object is to see whether *to* or *for* can be placed before the noun.

2. *The Dative Case of Articles and* **Ein-**Words. The following sentences will show you the forms of the definite and indefinite articles and the ein-words when used with a noun which is an indirect object. These forms for the *indirect object* are said to be in the *dative case*.

Masculine   Ich schreibe **dem** Vater einen Brief.
    Ich schreibe **einem** Vater einen Brief.
    Ich schreibe **meinem** Vater einen Brief.

Feminine   Ich schreibe **der** Mutter einen Brief.
    Ich schreibe **einer** Mutter einen Brief.
    Ich schreibe **meiner** Mutter einen Brief.

Neuter   Ich schreibe **dem** Mädchen einen Brief.
    Ich schreibe **einem** Mädchen einen Brief.
    Ich schreibe **meinem** Mädchen einen Brief.

Seeing these dative forms together with the forms of the nominative and accusative, which you already know, will make it easier for you to learn when to use them.

DATIVE OF THE DEFINITE ARTICLE		
	Masculine	*Feminine*	*Neuter*
NOMINATIVE	der	die	das
DATIVE	**dem**	**der**	**dem**
ACCUSATIVE	den	die	das

DATIVE OF THE INDEFINITE ARTICLE		
	Masculine	*Feminine*	*Neuter*
NOMINATIVE	ein	eine	ein
DATIVE	**einem**	**einer**	**einem**
ACCUSATIVE	einen	eine	ein

DATIVE OF Ein-WORDS		
	Masculine	*Feminine*	*Neuter*
NOMINATIVE	mein	meine	mein
DATIVE	**meinem**	**meiner**	**meinem**
ACCUSATIVE	meinen	meine	mein

3. *The Dative Case of Personal Pronouns.* In the following sentences you will see the personal pronouns used as indirect objects, and hence in the dative case:

SINGULAR

1st person	Schicke **mir** deine Wäsche! (*me*)
2nd person	Ich leihe **dir** meine Füllfeder. (*you*)
3rd person	{ Er gibt **ihm** einen Kuß. (*him*)
	{ Er gibt **ihr** einen Kuß. (*her*)

PLURAL

1st person	Vergiß nicht, **uns** (einen Brief) zu schreiben! (*us*)
2nd person	Ich schreibe **euch** jede Woche einen Brief. (*you*)
3rd person	Ich schicke **ihnen** auch jede Woche einen Brief. (*them*)

Note: The polite form in the dative is Ihnen, *you*, or *to you*. Like all
the other polite forms, it is the same as the personal pronoun
in the third person plural, only it is capitalized.

A summary of these forms together with the nominative and
accusative will help you learn when to use them.

	SINGULAR		
	Nominative	*Dative*	*Accusative*
1st person	ich	mir	mich
2nd person	du	dir	dich
3rd person	er sie es	ihm ihr ihm	ihn sie es

	PLURAL		
	Nominative	*Dative*	*Accusative*
1st person	wir	uns	uns
2nd person	ihr	euch	euch
3rd person	sie	ihnen	sie

4. *Order of Direct and Indirect Objects.* In English we have a
choice about the order of two nouns used as direct and indirect objects. Either may come before the other. For
example:

| *Ind.* *Dir.*
Obj. *Obj.* | *Dir.* *Ind.*
Obj. *Obj.* |
| I give my *sister* a *pen.* | I give a *pen* to my *sister.* |

In German, however, there is no choice when two nouns are
used as direct and indirect objects. Study the following examples
and see if you can tell which of the two nouns comes first. Is it
the direct or the indirect object?

> Er gibt der Mutter einen Kuß.
> Marie gibt dem Bruder die Füllfeder.
> Er zeigt der Mutter seine Uhr.
> Hans sagt seinem Vater Lebewohl.

From the preceding examples we conclude that, in German, if two nouns are used as direct and indirect objects, *the noun which is the indirect object comes first.*

The same rule holds true if the indirect object is a pronoun.

> *Ex.* Sie reicht **ihm** Schuhe, Strümpfe, *etc.*
> Bitte, Mutter, gib **mir** meine Kamera.
> Sie wünschen **ihm** Glück.
> Er gibt **ihr** einen Kuß.
> Ich schreibe **euch** einen Brief.
> Ich schreibe **ihnen** auch einen Brief.

Only if the *direct* object is a pronoun does it ever come before the indirect object in German.

Ex. Ich schicke **sie** dir zurück.	I'll send **it** back to you.
Warte, ich bringe **sie** dir.	Wait, I'll bring **it** to you.

SUMMARY

a) The indirect object is always in the dative case.

b) The indirect object precedes the direct object unless the direct object is a pronoun.

MEMORY AID

(1)	(2)
Indirect Object (Noun or Pronoun)	*Direct Object* (Noun)
(1)	(2)
Direct Object (Pronoun)	*Indirect Object* (Noun or Pronoun)

Aufgaben

I. Supply the correct ending of the dative case:

1. Hans gibt d– Vater einen Kuß. 2. Die Mutter reicht d– Sohn Schuhe und Strümpfe. 3. Hans schreibt d– Schwester eine Karte. 4. Er schreibt d– Großmutter auch einen Brief. 5. Er schickt d– Mutter seine Wäsche. 6. Die Mutter bringt ihr– Sohn seine Kamera. 7. Vergiß nicht, dein– Familie zu schreiben! 8. Hans schickt sein– Großvater auch einen

HAMBURG, THE LARGEST GER-
MAN SEAPORT. Although it is a
throbbing commercial metropolis,
Hamburg is also one of Europe's
most beautiful cities. In the
middle of the business section is
a large body of water, known as
the Alster, surrounded by trees and stately buildings. The many canals in the
side streets make parts of Hamburg look like Venice.

Brief. 9. Sein– Tante schickt er eine Karte. 10. Wünschen sie ihr– Sohn Glück? 11. Ihr sagt eur– Freund Lebewohl. 12. Wir zeigen unser– Lehrerin die Bücher.

II. Replace each dative noun in heavy type by a corresponding dative pronoun:

Ex. *a)* Sie leiht **dem Bruder** ihre Füllfeder.
    b) Sie leiht **ihm** ihre Füllfeder.

1. Marie bringt **ihrem Lehrer** ein Buch. 2. Er zeigt **der Schülerin** ein Bild. 3. Wir wünschen **unserer Lehrerin** viel Glück. 4. Die Mutter reicht **dem Kind** die Milch. 5. Wer schreibt **dem Onkel** einen Brief? 6. Was bringt er **der Tante?** 7. Sie gibt **ihrem Sohn** alles. 8. Schicke **der Schwester** eine Karte! 9. Was gibt sie **ihrem Bruder?** 10. Hans sagt **dem Vater und der Mutter** Lebewohl.

III. Supply the correct dative pronoun as indicated:

1. Ich zeige (*her*) meine Uhr. 2. Sie leiht (*me*) ihre Füllfeder. 3. Marie, ich schreibe (*you* — familiar) eine Karte! 4. Kinder, vergeßt nicht, (*us*) zu schreiben! 5. Ja, Vater und Mutter, ich schicke (*you*) jede Woche einen Brief. 6. Was sagt (*him*) der Vater? 7. Gibt (*him*) Marie ihre Uhr? 8. Er sagt (*them*) Lebewohl. 9. Der Lehrer reicht (*us*) das Papier. 10. Wer liest (*them*) die Lektion? 11. Bitte, lesen Sie (*me*) einen Satz! 12. Ja, Herr Lehrer, ich zeige (*you* — polite) meine Arbeit.

IV. Complete each sentence, placing the direct and the indirect objects in the correct order:

Ex. *a)* Er schreibt (Brief, Mutter).
    b) Er schreibt der Mutter den Brief.

1. Marie leiht (Füllfeder, Bruder). 2. Die Mutter reicht (Sohn, Kamera). 3. Hans schickt (Karte, Schwester). 4. Wer wünscht (Sohn, Glück)? 5. Vergiß nicht, (Brief, uns) zu schreiben! 6. Sie zeigen (Lehrer, Bücher). 7. Du bringst (Schuhe, mir). 8. Er wünscht (Glück, Schwester). 9. Sie sagen (es, ihm). 10. Sie geben (Vater, es). 11. Marie gibt (sie, Bruder). 12. Hans schreibt (ihnen, ihn).

V. Write the following composition in German. Before beginning, review the phrases and the rules for word order in Lessons 9 and 10.

HANS PACKS HIS SUITCASE

1. It is *the end of June*. 2. Hans is packing his suitcase. 3. His mother hands him the soap. 4. "Wash yourself every day!" says she. 5. "Are you traveling alone?" asks his father anxiously. 6. "No, Father," answers Hans. "Willie is also coming along. We're traveling together." 7. Then Hans says, "Please bring me my camera, Mother." 8. His mother goes into the bedroom, fetches the camera, and comes back. 9. She gives him the camera. 10. Then she gives him the film. 11. Now he is happy because he has his camera. 12. His mother is unhappy and begins to weep. 13. "Don't be sad, Mother," says Hans. "I'll write you a letter *every day!*"

LESESTÜCK ZEHN

DER FREMDE [1] IN HAMBURG

[1] foreigner, stranger

Eines Tages macht ein Fremder eine Reise nach Hamburg. Er trägt einen schweren Koffer und ist müde und hungrig. In der Stadt sucht [2] er ein Restaurant.

[2] looks for

Der Fremde kann aber kein Deutsch. Also geht er zu einem Mann auf der Straße [3] und zeigt mit dem Finger auf den Mund, daß er Hunger hat.

[3] street

Der Mann auf der Straße sagt: „Ach, Sie haben Zahnschmerzen! [4] Sie suchen einen Zahnarzt. [5] Kommen Sie mit mir. Ich bringe Sie zu einem Zahnarzt."

[4] toothache

[5] dentist

Der Zahnarzt fragt: „Was wünschen Sie, mein Herr?"

Der Fremde versteht [6] die Frage nicht und kann dem Arzt auch keine Antwort geben. Er zeigt wieder mit dem Finger auf den Mund, daß er Hunger hat.

[6] understands

„Ach so! Sie haben einen schlechten [7] Zahn!" sagt der Zahnarzt.

[7] bad

Gleich will der Arzt dem Fremden einen Zahn

herausziehen,[8] aber der Unglückliche fängt an
zu schreien.[9]

Da sagt der Arzt: „Ach, der arme [10] Mann
hat große Schmerzen!" [11]   Und er hält ihn noch
fester.

Am Ende muß der Fremde einen guten Zahn
verlieren,[12] weil [13] er kein Deutsch sprechen
kann.

[8] pull out

[9] yell

[10] poor

[11] pain

[12] lose   [13] because

Lektion Elf

Geburtstag *

A. Erster Teil

Heute ist Großvaters Geburtstag. Er ist siebzig Jahre alt, doch [1] ist er gesund und stark.[2]

Natürlich kommt die Familie zu unserem Hause, denn Großvater wohnt [3] **bei uns**.

Unser Wohnzimmer ist hell [4] und freundlich. Es ist **voll Blumen**. Außer [5] der Familie sind auch Freunde da. Alle bringen dem Großvater Geschenke.[6] Vom Bruder bekommt er einen Anzug.[7] Von seiner Schwester bekommt er einen Hut.[8] Hans schenkt ihm eine Krawatte.

[1] yet, however
[2] strong
[3] lives
[4] bright
[5] Besides
[6] presents
[7] suit
[8] hat

„Und von mir bekommst du **ein Paar Schuhe**," sagt Marie.

* Birthday.

Großvater dankt ihnen und sagt: „Das ist sehr nett[9] von euch."

Frieda kommt zu ihm mit einer Schachtel.[10] Groß= vater öffnet sie. Aus der Schachtel nimmt er eine Pfeife.

„Ach, wie nett von dir!" ruft[11] Großvater. „Die Pfeife ist herrlich!"[12]

Nach dem Kaffee sind wir alle **im Garten.** Hier unter dem Baum ist es kühl. Wir sitzen unterm Baum und reden. Der Vater erzählt[13] von seiner Arbeit. Die Mutter kommt mit einem Blumenstrauß[14] zum Großvater und sagt: „Zu deinem Geburtstag, Vater!"

„Ich bin **außer mir**[15] vor Freude," sagt der Groß= vater.

[9]	nice
[10]	(small) box
[11]	exclaims
[12]	splendid
[13]	tells
[14]	bunch of flowers
[15]	beside myself

Vokabeln

NOUNS

der **Anzug** suit
der **Blumenstrauß** bunch of flowers
der **Garten** garden
der **Ge=′burts=tag** birthday
der **Hut** hat

die **Blume** flower
   pl. die **Blumen**
die **Kra=′watte** necktie
die **Schachtel** (small) box

das **Ge=′schenk** gift, present
   pl. die **Geschenke**
das **Paar** pair, couple
das **Wohnzimmer** living room

ADJECTIVES

freundlich friendly
hell bright
herrlich splendid
nett nice
stark strong
voll full

VERBS

be=′kommen to receive, get
er=′zählen to relate, tell
schenken to present
wohnen to dwell, live

ADVERBS

da there
na=′türlich naturally

OTHER WORDS

außer besides, except (for)
bei with, at, near, by
doch yet, but, however
siebzig seventy

PHRASES

außer mir beside myself
bei uns with us, at our house
ein Paar Schuhe a pair of shoes
im Garten in the garden
voll Blumen full of flowers

Fragen

1. Wann ist Großvaters Geburtstag? 2. Wie alt ist er? Wie ist er?
3. Warum kommt die Familie zu uns? 4. Wie ist das Wohnzimmer? 5. Was
sehen wir da? 6. Wer ist da außer der Familie? 7. Was bringen sie alle dem
Großvater? 8. Was bekommt er vom Bruder? von seiner Schwester? 9. Was
schenkt ihm Hans? Marie? Frieda? 10. Was nimmt der Großvater aus der
Schachtel? 11. Womit (*With what*) kommt die Mutter? Was sagt sie?
12. Was antwortet der Großvater?

B. Zweiter Teil

Tante Bertha kommt mit Wein für die Freunde.
Die Kinder bekommen Eis. Aus einer Schachtel
nimmt Tante Bertha Schokolade.

„O, wie schön ist doch ein Geburtstag!" sagt Frieda
zu der Tante.

„Warum?" fragt die Tante.

„Wir gehen nicht **zur Schule**, und es gibt Kuchen,[1]   [1] cake
Eis, Obst und Schokolade!"

„Ja, ja, aber iß nicht zuviel!" sagt die Tante.
„Zuviel ist ungesund!"

„Großvater," sagt Marie, „erzähle von dem Senf!"[2]   [2] mustard

Großvater lacht[3] und fängt an zu erzählen: [3] laughs

„Einmal[4] ist die Familie nicht zu Hause. Ich bin   [4] Once
ganz[5] allein. Ich habe Hunger und gehe in die Küche.   [5] quite, entirely
Es ist dort dunkel[6] und ich sehe nicht gut. Ich nehme   [6] dark
Brot und Butter und fange an zu essen, aber die
Butter beißt.[7] Mein Mund ist heiß. Da sehe ich, es   [7] bites, stings
ist nicht Butter, sondern Senf! Ich fühle mich schwach[8]   [8] weak
und trinke etwas[9] Wasser, aber es hilft mir nicht.   [9] some
Seit[10] dem Tag nehme ich keinen Senf!"   [10] Since

Alle lachen.

Da kommt Onkel Karl mit seiner Geige[11] aus dem   [11] fiddle
Wohnzimmer und sagt: „Kommt, wir singen dem
Großvater ein Lied!"[12]   [12] song

Dann spielt er und wir singen „Heidenröslein."[13]   [13] Little Rose on
                                                                                        the Heath

Heidenröslein

JOHANN WOLFGANG VON GOETHE

1. Sah ein Knab' ein Rös - lein stehn, Rös - lein auf der Hei - den,

war so jung und mor - gen - schön, lief er schnell, es

nah zu sehn, sah's mit vie - len Freu - den.

Rös - lein, Rös - lein, Rös - lein rot, Rös - lein auf der Hei - den.

2

Knabe sprach: ich breche dich,
Röslein auf der Heiden!
Röslein sprach: ich steche dich,
Daß du ewig denkst an mich,
Und ich will's nicht leiden.
Röslein, Röslein, Röslein rot,
Röslein auf der Heiden.

3

Und der wilde Knabe brach
's Röslein auf der Heiden;
Röslein wehrte sich und stach,
Half ihm doch kein Weh und Ach,
Mußt' es eben leiden.
Röslein, Röslein, Röslein rot,
Röslein auf der Heiden.

Vokabeln

NOUNS	VERBS

NOUNS

der Kuchen cake
der Senf mustard
der Wein wine

die Butter butter
die Geige fiddle
die Schoko='lade chocolate

das Eis ice(s), ice cream
das Lied song

ADJECTIVES

dunkel dark
schwach weak
ungesund unhealthy

OPPOSITES

bekommen — schenken
dunkel — hell
lachen — weinen
schwach — stark
ungesund — gesund
voll — leer

VERBS

beißen to bite, sting
(sich) fühlen to feel
helfen to help (*dat.*)
  du hilfst
  er hilft
lachen to laugh

OTHER WORDS

einmal once
etwas some
ganz entirely, quite
seit since

PHRASES

Es hilft mir nicht. It doesn't
  help me.
Ich fühle mich schwach. I feel
  weak.
zur Schule to school
Zuviel ist ungesund. Too much
  is unhealthy.

Fragen

1. Was bringt Tante Bertha für die Freunde? 2. Was bringt sie für die Kinder? 3. Woraus (*Out of what*) nimmt sie die Schokolade? 4. Warum ist ein Geburtstag schön? 5. Was ist ungesund? 6. Wovon (*Of what*) erzählt der Großvater? 7. Warum geht er in die Küche? 8. Wie ist es dort? 9. Was nimmt er? 10. Wie ist die Butter? 11. Warum ist sein Mund heiß? 12. Was nimmt er nicht seit dem Tag? 13. Wer kommt aus dem Wohnzimmer? 14. Was tun Onkel Karl und die anderen? 15. Wie heißt das Lied?

C. Spelling Notes

1. *Capitals.* a) All nouns in German, without exception, are capitalized, not only at the beginning of a sentence but anywhere within the sentence.

Ex. Heute ist Großvaters Geburtstag. Es gibt Kuchen, Eis, Obst und Schokolade.

b) The pronoun of the first person singular (ich) is never written with a capital unless it is the first word in a sentence.

Ex. 1. Es ist dort dunkel und ich sehe nicht gut. 2. Ich trinke etwas Wasser. 3. Seit dem Tag nehme ich keinen Senf.

c) The polite form of address in all its cases (Sie, Ihr, Ihnen) is always written with a capital, not only at the beginning of a sentence but anywhere within the sentence.

Ex. 1. Wie heißen Sie? 2. Sind Sie Herr Braun? 3. Wie geht es Ihnen? 4. Ist das Ihre Frau? 5. Ich wünsche Ihnen viel Glück auf der Reise! 6. Bitte, schreiben Sie mir eine Karte!

2. *Punctuation.* The German names for the more common marks of punctuation are:

. der Punkt (*period*)

? das Fragezeichen (*question mark*)

! das Ausrufungszeichen (*exclamation point*)

, { das Komma / der Beistrich } (*comma*)

: { das Kolon / der Doppelpunkt } (*colon*)

„ " die Anführungszeichen (*quotation marks*)

The use of these punctuation marks (Satzzeichen) is roughly the same as in English. However, the following differences should be noted:

a) The possessive in German does not use an apostrophe before the s.

Ex. Heute ist Großvaters Geburtstag.

b) German uses a colon (Doppelpunkt) before direct quotations.

c) Opening quotation marks are written at the bottom of the line; closing quotation marks are written at the top.

Examples for b and c:

> Der Vater sagt: „Vergiß nicht, uns zu schreiben!"
> „Ach, wie nett von dir!" ruft Großvater.

NOTE: In dictation exercises your teacher will give you the punctuation in German. For opening quotation marks, the words Anführungszeichen unten (*below*) are used; for closing quotation marks, the words are Anführungszeichen oben (*above*).

3. *Division into Syllables.* In writing and printing, it is sometimes necessary to separate part of a word and carry it over to the next line. Just as in English, German uses a hyphen to indicate the point of separation. However, the German hyphen is always a double line. It is known as the Trennungsstrich (*separating dash*).

Ex. Schü=ler, Schul=arbeit.

In general, short words should not be broken up at all. If you must break up a word, you will have to do it according to the rules below. Study carefully the examples given for each rule.

a) Compound words are separated into the words (or prefixes and suffixes) of which they are composed.

Ex. Wohn=zimmer, Geburts=tag, Blei=stift, ver=giß, ge=sund, un= gesund, ängst=lich, war=um, zu=erst.

b) A single consonant always goes with the following vowel.

Ex. schrei=ben, le=gen, Schoko=lade.

c) The combinations ch, sch, ß, st, and th are never broken up. They always go with the following vowel.

Ex. la=chen, Bü=cher, Mäd=chen, wa=schen, schlie=ßen, hei=ßen, Fen= ster, Schwe=ster, Ber=tha.

d) Of two or more consonants coming together, the last one goes with the following vowel.

Ex. war=ten, Leh=rer, rich=tig, sit=zen, Kat=ze, Mes=ser, hüp=fen, Fin= ger, dan=ke, lan=ge. (But note: Fen=ster, Schwe=ster) *e)* In those rare instances when it is necessary to separate ck, it is written and printed as k-k.

Ex. packen becomes pak=ken, schicken becomes schik=ken.

Silbentrennung *

After studying the above rules and examples carefully, divide the following words into syllables. Write them out neatly and remember to use a double hyphen to separate the syllables.

Papier	beißen	schenken	Hausfrau	Nachmittag
unser	Schwester	Kuchen	schicken	Frühling
heute	Schachtel	fleißig	Eßzimmer	Hunger
Bruder	herrlich	Papierbogen	glücklich	putzen
Großmutter	siebzig	stopfen	Arthur	wünschen

Das Diktat

Der Lehrer sagt:

„Wir schreiben jetzt ein Diktat. Schließen Sie die Bücher und legen Sie Feder und Papier nieder. Zuerst schreiben Sie nichts. Sie hören nur, was ich lese, und sehen auf meine Lippen (*lips*). Ich lese zuerst die ganze Geschichte (*story*). Aufpassen! (*Attention!*)"

Der Lehrer liest die Geschichte bis zu Ende. Dann sagt er:

„Jetzt nehmen Sie die Feder in die Hand. Ich lese zuerst einen ganzen Satz, dann lese ich kurze Wortgruppen. Schreiben Sie nichts, bis ich es sage. Nun fangen wir an. Der Titel heißt:

Karl spricht zu laut

Wir warten/schon lange/auf unseren Lehrer./Endlich kommt ein Herr/in das Zimmer./Er ist sehr alt und schwach/und spricht nicht laut genug./Ich höre nicht,/was er sagt./Also frage ich Hans:/„Was sagt er denn?"/

Hans antwortet:/„Unser Lehrer ist krank./Er kommt heute nicht./Wir gehen früh/nach Hause."/

„Das ist doch herrlich!"/rufe ich sehr laut./

„Sie, da!/Wie heißen Sie?"/fragt der Herr./

„Karl Braun,"/antworte ich ängstlich./

Da sagt er:/„Alle Schüler gehen jetzt/nach Hause,/aber Karl Braun bleibt/bis drei Uhr!"/

* *Syllabification.*

D. Grammar Notes

1. *Introduction. Prepositions and Cases.* Words like aus, mit, zu, etc., are called prepositions because they generally stand before a short phrase. *Ex.* aus dem Wohnzimmer, mit einer Schachtel, zu dem Großvater. In order to know which case to use after the German prepositions, we must memorize them according to the case they govern.

2. *Prepositions Governing the Dative Case.* Since we have just finished learning the forms and endings of the dative case in the preceding lesson, we can best begin by memorizing the list of German prepositions that govern the dative case. Learn these prepositions and their meanings so that you can recite and recall them automatically.

Prepositions Governing the Dative Case

aus, out, out of, from	**nach,** after, to, towards
außer, beside(s), except (for)	**seit,** since
bei, by, with, at, near	**von,** of, from
mit, with	**zu,** to, at

Übung

Give the English meaning of each preposition in the phrases below:

aus der Schachtel	außer der Familie	nach dem Kaffee
aus dem Wohnzimmer	außer mir (two meanings)	nach Hause
aus Papier	bei uns (two meanings)	zu Hause
aus Berlin	mit einer Schachtel	zu der Tante
von seiner Arbeit	mit einem Blumenstrauß	zu dem Großvater

3. *Combined Forms: Preposition and Definite Article.* In English we often combine two words into one, especially if the second word is not emphasized. *Ex. don't, I'll, he's,* etc. Examples such as the following show us that German, too, has contracted or shortened forms combining two separate words into one, in this instance, a preposition and a definite article. These contractions generally occur when there is no need to emphasize the definite article.

Full Form: Hier **unter dem** Baum ist es kühl.
Short Form: Wir sitzen **unterm** Baum und reden.

Full Form: **Von dem** Bruder bekommt er einen Anzug.
Short Form: **Vom** Bruder bekommt er einen Anzug.

Full Form: Sie kommt **zu dem** Großvater.
Short Form: Sie kommt **zum** Großvater.

Full Form: . . ., sagt Frieda **zu der** Tante.
Short Form: Wir gehen nicht **zur** Schule.

SUMMARY

bei + dem = beim	zu + dem = zum
unter + dem = unterm	zu + der = zur
von + dem = vom	

4. *Verbs With Dative Objects:* **danken** *and* **helfen.** As we have seen, the objects of certain German prepositions are always in the dative case. It is not surprising, therefore, to find other objects in German which are also in the dative case. Study the examples below:

Großvater dankt **ihnen.**   Grandfather thanks them.
Es hilft **mir** nicht.   It doesn't help me.

What are the verbs in these sentences? What are their objects? What is the case of these objects? We conclude that danken and helfen take dative objects.

Study the following model sentences to see how danken and helfen are used:

SINGULAR

You thank *me.*	Du dankst **mir.**
We thank *you* (fam. and pol.).	Wir danken **dir** (**Ihnen**).
I thank *father* (*him*).	Ich danke **dem Vater** (**ihm**).
He thanks *mother* (*her*).	Er dankt **der Mutter** (**ihr**).
She thanks *the child* (*it*).	Sie dankt **dem Kind** (**ihm**).

PLURAL

Who thanks *us?*	Wer dankt **uns?**
We thank *you* (fam. and pol.).	Wir danken **euch** (**Ihnen**).
He thanks *them.*	Er dankt **ihnen.**

Übung

Read the preceding sentences out loud, substituting the verb helfen for danken. Note that helfen changes its vowel in the second and third persons of the singular:

ich helfe	wir helfen
du hilfst	ihr helft
er (sie, es) hilft	sie helfen

Aufgaben

I. Supply a dative preposition that fits the meaning required by the rest of the sentence:

1. Onkel kommt —— dem Wohnzimmer. 2. Wir sitzen —— dem Baum. 3. Vater erzählt —— seiner Arbeit. 4. Großvater nimmt eine Pfeife —— der Schachtel. 5. —— dem Tag nimmt er keinen Senf. 6. Das ist sehr nett —— dir! 7. Tante Marie kommt —— Eis für die Kinder. 8. —— der Schule gehen wir nach Hause. 9. Was sagt er —— ihr? 10. Wohnt dein Großvater auch —— dir?

II. Replace each dative preposition and article by a short form:

Ex. a) Kommt sie **zu dem** Großvater?
  b) Kommt sie **zum** Großvater?

1. Hans steht bei dem Stuhl. 2. Von dem Lehrer bekommt er ein Buch. 3. Was sagt der Lehrer zu dem Schüler? 4. Zu der Schülerin sagt er nichts. 5. Er geht zu dem Freund. 6. Zu der Tante geht er nicht. 7. Bei dem Haus ist ein Garten. 8. Der Sohn sagt nichts zu dem Vater. 9. Wer erzählt von dem Senf? 10. Gehst du zu der Schule?

III. Supply the endings of the dative case:

1. Er nimmt eine Pfeife aus d— Schachtel. 2. Großvater sagt zu d— Mutter: „Ach, wie schön!" 3. Vater erzählt von sein— Arbeit. 4. Marie kommt aus d— Eßzimmer. 5. Von sein— Bruder bekommt er einen Anzug. 6. Von d— Kind bekommt er eine Pfeife. 7. Er nimmt sie bei d— Hand. 8. Er gibt d— Mädchen einen Kuß. 9. Seit d— Geburtstag ist Großvater froh. 10. Außer ein— Pfeife bekommt er andere Geschenke. 11. Nach d— Schokolade essen wir Obst. 12. Unter d— Baum ist es kühl. 13. Ich spiele dort mit unser— Katze. 14. Bringt ihr eur— Großmutter auch Geschenke? 15. Onkel kommt mit sein— Geige aus d— Wohnzimmer.

IV. Supply the dative pronoun as indicated:

1. Kommst du mit (*me*)? 2. Nein, ich gehe mit (*them*). 3. Was erzählt er von (*her*)? 4. Außer (*us*) sind noch andere da. 5. Hans schenkt (*him*) eine Krawatte. 6. Großvater dankt (*them*). 7. Er wohnt bei (*us*). 8. Wohnt dein Großvater bei (*you* — plural)? 9. Ich bin außer (*me*) vor Freude. 10. Das ist sehr nett von (*you* — familiar). 11. Wo bleibt ihr? Ich höre nichts von (*you*)! 12. Hilft (*him*) das Wasser? 13. Ich helfe (*them*) nicht. 14. Von (*you* — plural) bekomme ich keine Geschenke. 15. Wer kommt mit (*you* — polite) aus dem Garten?

V. Übersetzen Sie ins Deutsche.* (Italicized phrases can be found in the word lists of this and preceding lessons.)

MY BIRTHDAY

1. It is summer and the garden is *full of flowers*. 2. In our living room are also flowers, for today is my birthday. 3. I am *beside myself with joy*. 4. I have a suit, a necktie, and *a pair of shoes*. 5. They are all presents from my family. 6. Besides my family, my friends are here. 7. *There is* chocolate, fruit, and ice cream with cake. 8. My friends are eating and laughing, but I don't eat much. 9. Aunt Bertha says, "*Too much is unhealthy*." 10. My friends say to me, "Where is Lotte?" but I don't answer. 11. She is *in the country*. 12. However, I have a card from her and she wishes me luck.

LESESTÜCK ELF

WEIHNACHTEN [1]	[1] Christmas

Es ist Winter. Die Tage sind kurz und die Nächte lang. Einige Tage vor Weihnachten sieht man [2] in deutschen Städten auf den Straßen [3] viele Tannenbäume.[4] Am Weihnachtsabend aber sind die Tannenbäume nicht mehr auf den Straßen. Sie stehen dann in allen Häusern, denn in Deutschland hat jede Familie einen Weihnachtsbaum.

In unserer Familie warten die Kinder schon lange auf Weihnachten. Endlich ist der Weihnachtsabend da. Es ist schon dunkel. Vater

[2] one

[3] streets [4] fir trees

* *Translate into German.*

THE PLAYGROUND OF GERMANY. Southern Bavaria with its magnificent mountains and splendid lakes is the ideal vacation country, both in winter and in summer. Garmisch near the Swiss border and Berchtesgaden close to Austria, are known to all lovers of skiing and tobogganing. The peasants are skilled craftsmen and make beautiful wood carvings, as at Oberammergau.

und Mutter sind allein im Wohnzimmer. Die
Kinder warten im Eßzimmer.

Sie sind neugierig.[5] Der Weihnachtsmann [5] curious
bringt ihnen Geschenke, wenn sie gut sind.
Wenn nicht, so bringt er ihnen nur eine Rute.[6] [6] switch
Endlich sind die Eltern[7] fertig.[8] Sie öffnen [7] parents [8] ready
die Tür und die Kinder kommen ins Zimmer.

Da steht ein Weihnachtsbaum mit hellen
Lichtern.[9] An dem Baum hängen rote Äpfel. [9] lights
Da sind auch Kuchen und Schokolade. Auf
dem Boden neben[10] dem Baum liegen viele [10] near
Spielsachen.[11] [11] toys

Die Kinder sind außer sich vor Freude!
Diesmal[12] bekommen sie keine Rute, sondern [12] This time
nur Geschenke! Sie küssen die Eltern und
danken ihnen für die Geschenke. Dann singen
sie „O Tannenbaum" und „Stille Nacht."

O Tannenbaum

ERNST ANSCHÜTZ

1. O Tan-nen-baum, o Tan-nen-baum, wie treu sind dei - ne Blät - ter!

Du grünst nicht nur zur Som - mer-zeit, nein, auch im Win - ter, wenn es schneit.

O Tan-nen-baum, o Tan-nen-baum, wie treu sind dei - ne Blät - ter!

2

O Tannenbaum, o Tannenbaum, du kannst mir sehr gefallen.
Wie oft hat nicht zur Weihnachtszeit
Ein Baum von dir mich hoch erfreut!
O Tannenbaum, o Tannenbaum, du kannst mir sehr gefallen!

3

O Tannenbaum, o Tannenbaum, dein Kleid will mich was lehren:
Die Hoffnung und Beständigkeit
Gibt Trost und Kraft zu aller Zeit.
O Tannenbaum, o Tannenbaum, dein Kleid will mich was lehren.

Stille Nacht, heilige Nacht!

JOSEPH MOHR

1. Stil - le Nacht, hei - li - ge Nacht! Al - les schläft,

ein - sam wacht nur das trau - te, hoch-hei - li - ge Paar.

Hol - der Kna - be im lo - cki-gen Haar, schlaf in himm - li - scher

Ruh'! Schlaf in himm - li - scher Ruh'!

2

Stille Nacht, heilige Nacht!
Hirten erst kund gemacht
Durch der Engel Halleluja,
Tönt es laut von fern und nah:
Christ, der Retter, ist da,
Christ, der Retter, ist da!

3

Stille Nacht, heilige Nacht!
Gottes Sohn, o wie lacht
Lieb' aus deinem göttlichen Mund,
Da uns schlägt die rettende Stund'
Christ, in deiner Geburt,
Christ, in deiner Geburt!

12

Lektion Zwölf

Wiederholung

Summary of Pronunciation Rules

1. German does not link the final consonant at the end of one word and the stressed vowel at the beginning of the next. A catch of the breath, known as the *glottal stop*, creates a distinct separation rather than a linkage. (Lektion Sieben)
2. The letters b, d, and g in final position or before f or t, are pronounced like p, t, and f. (Lektion Sieben)
3. The combination ng is always a nasal sound, with the g silent. (Lektion Sieben)
4. Compound words take the *major stress* on the first word of the compound, and a *minor stress* on the second word. (Lektion Acht)
5. Accurate pronunciation is essential to understanding because: (*a*) slight differences in pronunciation may indicate the difference between singular and plural, or (*b*) they may indicate the difference between two almost similar words which, however, have entirely different meanings. (Lektion Acht und Neun)
6. Knowing the German names for the letters of the alphabet is a distinct aid not only in accurate pronunciation but also in spelling. (Lektion Zehn)

Stress

The following German words taken from Lessons 7 through 11 do *not* have the major stress on the first syllable:

Appe-'tit	ge-'fressen	ge-'sund	Schoko-'lade
Sa-'lat	Au-'gust	spa-'zieren	Ge-'schenk
zu-'erst	Na-'tur	ver-'gessen	be-'kommen
be-'ginnen	Ge-'müse	al-'lein	er-'zählen
Mi-'nute	be-'suchen	Ge-'burtstag	na-'türlich

Pronunciation Examples

Glottal Stop: ʒu-'erſt, war-'um, er 'ißt, gib 'acht
Final b, d, g: gelb [gelp], und [unt], Krug [Kruk]
Combined ng: lang, jung, Finger, Angſt

Summary of Grammatical Forms

1. *Personal Pronouns and Possessive Adjectives*

		Nominative	Possessive Adjectives	Dative	Accusative
SING.	*1st pers.*	ich	mein	mir	mich
	2nd pers.	du	dein	dir	dich
	3rd pers. er (*m.*)	fein	ihm	ihn
		ſie (*f.*)	ihr	ihr	ſie
		es (*n.*)	fein	ihm	es

NOTE 1. Possessive forms have the same endings as ein.

		Nominative	Possessive Adjectives	Dative	Accusative
PL.	*1st pers.*	wir	unſer	uns	uns
	2nd pers.	ihr	euer	euch	euch
	3rd pers.	ſie	ihr	ihnen	ſie

NOTE 2. Polite forms are the same as the third person plural, only capitalized.

2. *Verbs, Regular in the Present Tense*

		Model		Examples	
	Infinitive	(stem) + en		ſchreiben	erzählen
SING.	*1st pers.*	ich (stem) + e		ich ſchreibe	erzähle
	2nd pers.	du (stem) + ſt		du ſchreibſt	erzählſt
	3rd pers.	er ſie es (stem) + t		er ſie es ſchreibt	erzählt
PL.	*1st pers.*	wir (stem) + en		wir ſchreiben	erzählen
	2nd pers.	ihr (stem) + t		ihr ſchreibt	erzählt
	3rd pers.	ſie (stem) + en		ſie ſchreiben	erzählen

Familiar Command: (stem) + e!   ſchreibe!   erzähle!
  (Sing.)
Familiar Command: (stem) + t!   ſchreibt!   erzählt!
  (Pl.)
Polite Command: (stem) + en Sie!   ſchreiben Sie!   erzählen Sie!
  (Sing. and Pl.)

VERBS WITH CONNECTING e				
(Stems ending in b, n, or t)				
reben	öffnen	antworten	arbeiten	warten
ich rebe	öffne	antworte	arbeite	warte
bu rebeft	öffneft	antworteft	arbeiteft	warteft
er				
fie rebet	öffnet	antwortet	arbeitet	wartet
es				
wir reben	öffnen	antworten	arbeiten	warten
ihr rebet	öffnet	antwortet	arbeitet	wartet
fie reben	öffnen	antworten	arbeiten	warten

Commands

rebe!	öffne!	antworte!	arbeite!	warte!
rebet!	öffnet!	antwortet!	arbeitet!	wartet!
reben Sie!	öffnen Sie!	antworten Sie!	arbeiten Sie!	warten Sie!

NOTE: lernen, laben, and halten do not take a connecting e.

Ex. bu lernft bu läbft bu hältft
er lernt er läbt er hält

VERBS WITH OMITTED f					
(Stems already end in an f or f-sound)					
fitzen	putzen	effen	reifen	füffen	vergeffen
ich fitze	putze	effe	reife	füffe	vergeffe
bu fitzt	putzt	ißt	reift	füßt	vergißt
er					
fie fitzt	putzt	ißt	reift	füßt	vergißt
es					

NOTE: Forms like bu fitzeft, bu putzeft, bu reifeft, and bu füffeft are occasionally encountered.

3. *Irregular Verbs*

fein		haben	
ich bin	wir find	ich habe	wir haben
bu bift	ihr feib	bu haft	ihr habt
er		er	
fie ift	fie find	fie hat	fie haben
es		es	

Commands:
sei!
seid!
seien Sie!

Commands:
habe!
habt!
haben Sie!

Vowel Changes in 2nd and 3rd Pers. Sing.

	halten	waschen	fahren	tragen	schlafen	laden
ich	halte	wasche	fahre	trage	schlafe	lade
du	hältst	wäschst	fährst	trägst	schläfst	lädst
er sie es	hält	wäscht	fährt	trägt	schläft	lädt

Note: Forms like du wäscht and du wäschest also occur.

	geben	nehmen	helfen	brechen	sprechen	sehen
ich	gebe	nehme	helfe	breche	spreche	sehe
du	gibst	nimmst	hilfst	brichst	sprichst	siehst
er sie es	gibt	nimmt	hilft	bricht	spricht	sieht

Commands

gib!	nimm!	hilf!	brich!	sprich!	sieh!
gebt!	nehmt!	helft!	brecht!	sprecht!	seht!
geben Sie!	nehmen Sie!	helfen Sie!	brechen Sie!	sprechen Sie!	sehen Sie!

Polite Forms

Sie halten, you hold   Sie geben, you give
Sie waschen, you wash   Sie nehmen, you take
Sie fahren, you ride   Sie helfen, you help
Sie tragen, you carry   Sie sprechen, you speak
Sie schlafen, you sleep   Sie sehen, you see

4. *Reflexive Verbs*

	sich setzen		sich waschen		sich kämmen
ich	setze mich	ich	wasche mich	ich	kämme mich
du	setzt dich	du	wäschst dich	du	kämmst dich
er sie es	setzt sich	er sie es	wäscht sich	er sie es	kämmt sich
wir	setzen uns	wir	waschen uns	wir	kämmen uns
ihr	setzt euch	ihr	wascht euch	ihr	kämmt euch
sie	setzen sich	sie	waschen sich	sie	kämmen sich

Commands

setze dich!	wasche dich!	kämme dich!
setzt euch!	wascht euch!	kämmt euch!
setzen Sie sich!	waschen Sie sich!	kämmen Sie sich!

5. *Dative Prepositions and Verbs*
(With all possible dative forms)

DATIVE PREPOSITIONS	DATIVE OF PERSONAL PRONOUNS	
	Singular	*Plural*
aus	1. mir	1. uns
außer	2. dir (Jhnen)	2. euch
bei	⎧ ihm (*m.*)	
mit	3. ⎨ ihr (*f.*)	3. ihnen (Jhnen)
nach	⎩ ihm (*n.*)	
feit		
von	DATIVE OF ARTICLES AND Ein-WORDS	
zu	DEFINITE ARTICLE	INDEFINITE ARTICLE	Ein-WORDS *(Same endings as* ein)
DATIVE VERBS	M. dem	M. einem	mein, dein (Jhr), fein (*m.*),
danken	F. der	F. einer	ihr (*f.*), fein (*n.*), unfer,
helfen	N. dem	N. einem	euer, ihr (Jhr), fein

SUMMARY OF GRAMMATICAL RULES

1. *Normal word order* (S — V) is used: (*a*) in declarative statements when the subject is the first word in the sentence, and (*b*) after the coordinating conjunctions und, aber, fondern, oder, denn. Sondern is used to express *but* (*on the contrary*) after a preceding negative statement.
2. *Inverted word order* (V — S) is used: (*a*) in questions, and (*b*) whenever a word or phrase, not the subject, begins the sentence.
3. The *dative case* is used: (*a*) for indirect objects; (*b*) after the prepositions aus, außer, bei, mit, nach, feit, von, zu; (*c*) after certain verbs such as danken and helfen.
4. The indirect object precedes the direct object unless the direct object is a pronoun.

ACHIEVEMENT TEST — PART ONE
Instructions

Turn back to the Achievement Test, Part One, page 73, and read the instructions carefully. After you have labeled and numbered your answer paper, you are ready to begin this test.

Read all choices before making your selection.

No credit will be given for answers written in the book. All answers must appear on your answer paper only.

A. After each number under A on your answer paper write the *letter* of the word that contains *the same sound* indicated by the heavy black letter or letters in the first word at the left.

> *Example:* 11. hart   *a* danke   *b* oder   *c* Wand   *d* heißen
> *Answer:* 11. *c*

1. kalt   *a* sagen   *b* gehen   *c* legst   *d* Buch
2. hungrig   *a* Stuhl   *b* Mutter   *c* nur   *d* Huhn
3. machen   *a* Kuchen   *b* herrlich   *c* waschen   *d* brechen
4. warten   *a* endlich   *b* Ende   *c* doch   *d* Freunde
5. nett   *a* wen   *b* Senf   *c* Feder   *d* den
6. weich   *a* lachen   *b* weiß   *c* schwach   *d* schläfrig
7. putzen   *a* schreibst   *b* bald   *c* schreibe   *d* bei
8. oder   *a* Vogel   *b* stopfen   *c* voll   *d* Woche
9. laden   *a* wann   *b* Stadt   *c* Tante   *d* Abend
10. sieben   *a* See   *b* Kreide   *c* Leben   *d* Appetit

B. After each number under B on your answer paper write the *letter* of the word that is *opposite in meaning* to the first word at the left.

> *Example:* 11. falsch   *a* fleißig   *b* faul   *c* schwer   *d* richtig
> *Answer:* 11. *d*

1. bekommen   *a* gehen   *b* reisen   *c* fahren   *d* schenken
2. kühl   *a* kalt   *b* warm   *c* warum   *d* heißen
3. Anfang   *a* Sommer   *b* endlich   *c* ängstlich   *d* Ende
4. schwach   *a* schwer   *b* stark   *c* krank   *d* hell
5. weinen   *a* essen   *b* trinken   *c* rufen   *d* lachen
6. hell   *a* voll   *b* stark   *c* dunkel   *d* ganz
7. weich   *a* hört   *b* schwarz   *c* stark   *d* hart
8. immer   *a* morgen   *b* nie   *c* ganz   *d* ihr
9. krank   *a* froh   *b* gesund   *c* böse   *d* ungesund
10. allein   *a* freundlich   *b* einige   *c* zusammen   *d* nichts

C. After each number under C on your answer paper write the *letter* of the word which is approximately *the same in meaning* as the first word at the left.

> *Example:* 11. schenken   *a* geben   *b* nehmen   *c* schicken   *d* trinken
> *Answer:* 11. *a*

1. geben	a schicken	b reichen	c nehmen	d bekommen
2. reden	a rufen	b lesen	c sprechen	d schreiben
3. aber	a sondern	b denn	c und	d oder
4. machen	a packen	b tragen	c lernen	d tun
5. krank	a gesund	b ungesund	c traurig	d faul
6. beginnen	a öffnen	b wiederholen	c anfangen	d schließen
7. froh	a früh	b glücklich	c für	d unglücklich
8. reisen	a fahren	b bleiben	c spazieren	d rufen
9. bringen	a schenken	b mitkommen	c geben	d holen
10. warm	a kalt	b warum	c heiß	d wann

D. After each number under D on your answer paper write the *letter* of the English word which gives *the correct meaning* of the first German word at the left.

Example: 11. jetzt   a tomorrow   b always   c never   d now
Answer: 11. d

1. Ferien	a out of doors	(b) vacation	c free	d ride
2. Wein	a whine	b weep	c dwell	d wine
3. seit	a time	b since	c are	d sees
4. wenn	a if	b whom	c wine	d who
5. mehr	a horse	b me	c more	d to me
6. Morgen	a morning	b tomorrow	c early	d month
7. Paar	a few	b pair	c poor	d farmer
8. Wäsche	a washes	b week	c weak	d laundry
9. Zahn	a ten	b tooth	c see	d do
10. besuchen	a search	b seek	c brush	d visit

E. After each number under E on your answer paper write the correct *definite article* for each noun below.

Example: 11. Schokolade   *Answer:* 11. die

1. Garten	3. Geschenk	5. Geburtstag	7. Großvater	9. Pferd
2. Blume	4. Wohnzimmer	6. Antwort	8. Brief	10. Jahr

Achievement Test — Part Two
Instructions

Follow the same instructions as in Part One. In Part Two, however, each answer will be a single German word.

No credit will be given for answers written in the book.

F. Supply a suitable subject pronoun in each of the following sentences.

Example: 11. Wann gehst —— zur Schule?   *Answer:* 11. du

1. Unser Lehrer ist krank und —— gehen früh nach Hause. 2. Warum hast
—— kein Buch? 3. —— schicke ihnen auch einen Brief. 4. Habt —— etwas
Seife? 5. Paul, wann reist —— aufs Land? 6. Hans ist hier und —— spricht
mit dem Vater. 7. Hilfst —— deiner Mutter? 8. Marie ist zu Hause, aber
—— schläft schon. 9. Kinder, seid —— müde? 10. Hans und Marie, kommt
—— mit?

G. Write out each verb, supplying the correct ending.

Example: 11. Komm– er bald zurück?   *Answer:* 11. Kommt

1. Wir geh– zu der Tante. 2. Komm– ihr mit? 3. Die Schüler sind
froh, denn sie hab– heute frei. 4. Er putz– sich die Zähne. 5. Wasch– ihr
euch die Hände? 6. Hans, red– nicht so viel! 7. Öffn– Sie Ihr Buch?
8. Paul und Lotte, bleib– nicht zu lange weg! 9. Franz und Robert sag– ihrem
Freund Lebewohl. 10. Die Kühe geb– viel Milch.

H. Supply the correct form of the verb that is indicated by the infinitive
in parentheses.

Example: 11. (Sein) wir alle hier?   *Answer:* 11. Sind

1. Ich (erzählen) ihr alles. 2. Wer (sein) der Mann? 3. Warum (reisen)
er nicht gleich ab? 4. Was (halten) du da? 5. Er (antworten) nicht. 6. (Öffnen)
ihr eure Bücher? 7. Einige Schüler (sein) sehr klug. 8. Wann (fahren) der Zug
ab? 9. Gib acht! du (zerbrechen) das Glas! 10. Was (lernen) ihr jetzt?

I.   Replace each article in heavy black type by a suitable possessive adjective.

Example: 11. Seht ihr **den** Hund?   *Answer:* 11. euren

1. Wir haben **die** Mutter gern. 2. **Den** Vater sehen wir nicht so oft. 3. Er
arbeitet bei **dem** Bruder. 4. Wir helfen **dem** Lehrer jeden Tag. 5. Marie leiht
dem Bruder eine Füllfeder. 6. Alle Kinder geben **dem** Großvater Geschenke.
7. Habt ihr **den** Großvater gern? 8. Warum liest du **den** Brief nicht? 9. **Die**
Tante wohnt auch bei uns. 10. Ich besuche **den** Onkel jeden Sommer.

J. Supply the correct German word as indicated in the parentheses.

Example: 11. Er wohnt bei (*them*).   *Answer:* 11. ihnen

1. Wer kommt aus (*the*) Schule? 2. Seit (*that*) Tag habe ich immer Angst.
3. Vater spricht mit (*her*). 4. Habt ihr Blumen bei (*you*)? 5. Außer (*them*)
waren noch zwei Freunde da. 6. Nach (*the*) Eis essen wir Kuchen. 7. Er schreibt
mit (*a*) Bleistift. 8. Großvater dankt (*us*). 9. Oft erzählt er von (*his*) Reise.
10. Meine Freunde helfen (*me*).

Guten Abend, gut' Nacht

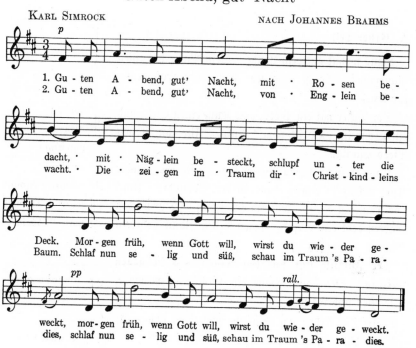

KARL SIMROCK   NACH JOHANNES BRAHMS

1. Gu - ten A - bend, gut' Nacht, mit · Ro - sen be -
2. Gu - ten A - bend, gut' Nacht, von · Eng - lein be -

dacht, · mit · Näg - lein be - steckt, schlupf un - ter die
wacht. · Die · zei - gen im · Traum dir · Christ - kind - leins

Deck. Mor - gen früh, wenn Gott will, wirst du wie - der ge -
Baum. Schlaf nun se - lig und süß, schau im Traum 's Pa - ra -

weckt, mor - gen früh, wenn Gott will, wirst du wie - der ge - weckt.
dies, schlaf nun se - lig und süß, schau im Traum 's Pa - ra - dies.

13

Lektion Dreizehn

Was Hans tut

A. Erster Teil

Hans wohnt auf dem Lande. Sein Vater hat einen Bauernhof. Er ist nicht sehr groß, aber groß genug für ihn.

Der Vater hat ein Pferd, eine Kuh, einen Esel [1] und ein Schwein. Er ist ohne [2] Auto. Für ihn ist das Pferd wichtig.[3]

Hans besucht seinen Vetter [4] Karl in der Stadt. Karl wohnt in einem Haus in der Vorstadt.[5] Um [6] das Haus ist ein Garten und ein Zaun.[7] Durch [8] den Garten geht ein Weg.[9] Gegen [10] den Zaun steht ein Baum.

Die Familie sitzt um den Tisch. Es ist **gegen Mittag**.[11] Karl gibt Hans ein Stück [12] Schokolade. Sie essen und reden.

Karl: Die Arbeit auf dem Bauernhof ist schwer für dich. **Um wieviel Uhr** [13] stehst du auf?

Hans: Ich stehe gewöhnlich [14] **um halb sechs** [15] auf.

Karl: So früh! Ich schlafe bis acht Uhr.

Hans: Das ist spät. Um sechs Uhr bringe ich die Kuh aufs Feld. Um sieben Uhr gebe ich dem Schwein Wasser, Brot und Korn.[16]

[1] donkey
[2] without
[3] important
[4] cousin
[5] suburbs [6] Around
[7] fence [8] Through
[9] path [10] Against
[11] toward noon
[12] piece
[13] At what time
[14] usually [15] at half past five
[16] grain

Karl: Und tust du das ohne Frühstück? [17]

Hans: O ja. Ich frühstücke erst [18] um Viertel [19] nach acht. Um Viertel vor [20] neun gehe ich schnell durch das Feld. Punkt neun Uhr [21] bin ich in der Schule.

[17] breakfast

[18] not till [19] quarter

[20] before

[21] At nine o'clock sharp

Vokabeln

NOUNS

der **Esel** donkey
der **Mittag** noon
der **Vetter** cousin
der **Weg** path, way
der **Zaun** fence

die **Vorstadt** suburb(s)

das **Auto** auto
das **Frühstück** breakfast
das **Korn** grain
das **Stück** piece
das **Viertel** quarter

ADJECTIVE

wichtig important

PREPOSITIONS

durch through
gegen against, toward
ohne without
um around, at
vor before

VERBS

aufstehen to get up
 ich stehe ... auf
 du stehst ... auf
frühstücken to (have) breakfast

ADVERBS

erst not till, only
ge-'wöhnlich usually
halb half

QUESTION WORDS

wen? whom?
wodurch? through what?

PHRASES

gegen Mittag toward noon
Punkt ... Uhr at ... o'clock sharp
um ... Uhr at ... o'clock
um halb sechs at half past five
um Viertel nach ... at a quarter past ...
um Viertel vor ... at a quarter of ...
Um wieviel Uhr? At what time?

Fragen

1. Wo wohnt Hans? 2. Was hat sein Vater? 3. Ist der Bauernhof groß? 4. Hat der Vater ein Auto? 5. Warum ist das Pferd wichtig für ihn? 6. Wen besucht Hans? 7. Wo wohnt Karl? 8. Was ist um sein Haus? 9. Wodurch

IN BEAUTIFUL BAVARIA. Farming is the chief occupation of Bavaria, the largest German state. In its southern part the lovely rolling land and fertile valleys merge into the foothills of the majestic Alps.

(*Through what*) geht der Weg? 10. Wo sitzt die Familie? 11. Wieviel Uhr ist es? 12. Um wieviel Uhr steht Hans auf?

B. **Zweiter Teil. Hans erzählt eine Geschichte** [1]   [1] story

Karl: Gehst du gern in die Schule?

Hans: O ja. Ich lerne auch Deutsch. Unser Lehrer ist sehr gut. Er erklärt [2] alles und macht es klar.[3] Er spricht laut und langsam.[4] Manchmal [5] erzählt er eine Geschichte. Ich finde das sehr interessant. Gewöhnlich lerne ich sie auswendig.[6] Willst du jetzt eine Geschichte hören?

[2] explains
[3] clear   [4] slowly
[5] Sometimes

[6] by heart

Karl: Ja, gerne!

Hans: Gut. Ich erzähle dir eine.

Ein Junge läuft [7] schnell durch den Garten. Er ist ohne Hut und Mantel,[8] denn es ist Sommer. Er geht um den Baum und kommt zu seinem Vater. Der Vater sitzt gegen den Zaun.

[7] is running
[8] coat

„Vater," sagt er, „bitte, gib mir zwanzig [9] Pfennig!"

[9] twenty

„Wofür [10] willst du zwanzig Pfennig, Hänschen?" fragt der Vater. „Willst du etwas [11] kaufen?" [12]

[10] What for

[11] something [12] buy

„Ein Mann steht vor der Tür. Er ist sehr arm.[13] Die zwanzig Pfennig sind für den Mann."

[13] poor

„Aber Hänschen, warum gerade [14] zwanzig Pfennig? Sind nicht dreizehn oder vierzehn oder fünfzehn genug?"

[14] exactly

„Nein, ich brauche [15] zwanzig Pfennig," sagt Hänschen.

[15] need

„Warum?" fragt der Vater noch einmal.

„Der Mann verkauft [16] Eis für zwanzig Pfennig!"

[16] is selling

Vokabeln

NOUNS

der **Junge** boy
der **Mantel** coat
der **Pfennig** penny
die **Ge-'schichte** story

ADJECTIVES

arm poor
interes-'sant interesting
klar clear

OPPOSITES

halb — ganz
Junge — Mädchen
kaufen — verkaufen
langsam — schnell
manchmal — nie (*or* **einmal**)
ohne — mit

VERBS

brauchen to need
er-'klären to explain
finden to find
  du findest
  er findet
kaufen to buy
laufen to run
  du läufst
  er läuft
ver-'kaufen to sell

ADVERBS

auswendig by heart ✓
etwas something
ge-'rade exactly, just
langsam slow(ly)
manchmal sometimes ✓

QUESTION WORD

wofür? what for? for what?

NUMBERS FROM 13 TO 20

13	**dreizehn**	17	**siebzehn**
14	**vierzehn**	18	**achtzehn**
15	**fünfzehn**	19	**neunzehn**
16	**sechzehn**	20	**zwanzig**

Fragen

1. Geht Hans gern in die Schule? 2. Was lernt er da? 3. Wie ist sein Lehrer? 4. Warum ist der Lehrer gut? 5. Wie spricht er? 6. Was erzählt er manchmal? 7. Wie lernt Hans die Geschichte? 8. Wer läuft durch den Garten? 9. Warum ist der Junge ohne Hut und Mantel? 10. Für wen sind die zwanzig Pfennig? 11. Was antwortet der Vater? 12. Warum braucht der Junge gerade zwanzig Pfennig?

C. VOCABULARY NOTES

1. *Word Families.* Grouping your words into families makes it easier for you to learn them and remember their meanings.

It will also help you to figure out the meanings of new words
related to those you already know.

Pronounce the following groups and give their English
meanings:

Word Families Occurring in this Lesson

die Stadt	der Tag	das Stück	der Hans
die Vorstadt	der Mittag	das Frühstück	das Hänschen
klar	lang	jung	vier, vierzehn
erklären	langsam	der Junge	das Viertel
	kaufen	zählen	
	verkaufen	erzählen	

Word Families from Previous Lessons

Related Nouns and Adjectives

die Natur	das Ende	das Glück	die Angst
natürlich	endlich	glücklich	ängstlich

Related Verbs and Nouns

arbeiten	fragen	antworten	waschen	abfahren
die Arbeit	die Frage	die Antwort	die Wäsche	die Abfahrt
anfangen	kämmen	küssen	wohnen	schlafen
der Anfang	der Kamm	der Kuß	das Wohnzimmer	das Schlafzimmer
essen		schenken	erzählen	frühstücken
das Eßzimmer		das Geschenk	die Zahl	das Frühstück

Compound Nouns

der Tag	das Zimmer	der Zahn	die Schule
der Mittag	das Eßzimmer	die Zahnbürste	die Schularbeit
der Nachmittag	das Schlafzimmer	die Zahnpasta	die Frau
der Geburtstag	das Wohnzimmer		die Hausfrau

Other Word Families

schlafen	sieben	das Glück	die Schule
schläfrig	siebzehn	glücklich	der Schüler
das Schlafzimmer	siebzig	unglücklich	die Schülerin
der Freund	die Frau	das Stück	gesund
die Freundin	das Fräulein	das Frühstück	ungesund
freundlich	die Hausfrau	frühstücken	

2. *The Gender of Compound Nouns.* Study the genders of the compound nouns on page 163. Can you see which part of the compound noun determines whether the noun is ber, bie, or bas? The table below will make it clear:

der Tag	die Frau	das Zimmer
der (Mit)tag	die (Haus)frau	das (Eß)zimmer

RULE: *The gender of a compound noun is determined by the last word in the compound.*

3. *Gender Determined by Suffixes.* a) The Diminutive Endings. Some German nouns acquire a change in meaning by adding or "affixing" a few letters which do not form an independent word in themselves. Such additions are called *suffixes.*

The suffixes –chen and –lein are two which are commonly used in German. When these suffixes are added to a noun they usually impart to it the idea of *smallness* or of *endearment.* Thus, by adding –chen to Hans to form Hänschen, the meaning of Hans is changed to "little Hans" or "dear little Hans."

The same suffix is found in the word Mädchen, which suggests the idea of "little maid" and hence, *girl.*

The change from die Frau to das Fräulein suggests the idea of "little woman" and hence, *miss.* What would be the meaning of Schwesterlein? Blüm(e)lein? Vöglein?

Because of the meaning they impart to a noun, these suffixes are called the "diminutive endings." Note the gender of all words having these diminutive endings:

der Hans	die Frau	die Mutter	der Bruder	der Vogel
das Hänschen	das Fräulein	das Mütterchen	das Brüderchen	das Vöglein

	der Mann		die Blume	
	das Männchen		das Blüm(e)lein	

RULE 1. *Nouns having the diminutive endings –chen or –lein are always neuter.*

RULE 2. *In addition to the diminutive ending, the root vowel of the noun usually changes to an umlaut wherever possible* (i.e., a to ä, o to ö, u to ü, and au to äu).

b) The Feminine Suffix. The suffix –in is frequently used in German to indicate the feminine counterpart of a masculine noun.

Ex.   der Lehrer   der Schüler   der Freund
      die Lehrerin   die Schülerin   die Freundin

The plurals of these nouns with –in endings are: die Lehrerinnen, die Schülerinnen, die Freundinnen.

RULE 1. *All German nouns with the suffix –in are feminine.*
RULE 2. *The plural of nouns with –in endings is formed by doubling the final n and adding –en.*

4. *The Negative Prefix.* The opposite of many German adjectives is formed by prefixing un– to the adjective.

Ex.   freundlich   glücklich   gesund
      unfreundlich   unglücklich   ungesund

Many German nouns also form their opposites in this way.

Ex.   das Glück luck, good fortune, happiness
      das Unglück bad luck, misfortune, unhappiness

Wortbildung *

I. Supply der, die, or das before each of the following compound nouns, and give the English meaning of each noun:

Bücherfreund   Mädchenschule   Schuljunge
Arbeitszimmer   Lehrerpult   Spätfrühling
Waschfrau   Hausarbeit   Frühstück
Herbsttag   Großstadt   Sommerferien
Gartenhaus   Hausvater   Geburtstagsgeschenk

II. Select five sets of word families from the following. Write them down in groups, supplying the correct definite article and the English meaning of each word.

* *Word Formation.*

Frau, Lesebuch, Schreibpapier, Tisch, Brötchen, Frauenarbeit, Papier=
bogen, Schulbuch, Fräulein, Schreibtisch, Brotteller, Dünnpapier, Wasch=
frau, Büchlein, Brotmesser, Küchentisch, Bilderbuch, Hausfrau, Schwarz=
brot, Nachtisch, Papier, Kinderbuch, Arbeitstisch, Brot.

III. The following adjectives can be given an opposite meaning by prefixing un–. Copy the list, beginning each adjective with un–. Then
write the new English meanings for each adjective.

klar	interessant	natürlich
gewöhnlich	wichtig	richtig

D. Grammar Notes

1. *Prepositions Governing the Accusative Case.* The examples
below will show you the case of nouns and pronouns after
some of the prepositions used in this lesson.

durch: Ein Junge läuft schnell durch **den** Garten.
            Um Viertel vor neun gehe ich schnell durch **das** Feld.

für: Die zwanzig Pfennig sind für **den** Mann.
            Er ist groß genug für **ihn**.
            Die Arbeit auf dem Bauernhof ist schwer für **dich**.

gegen: Gegen **den** Zaun steht ein Baum.
            Der Vater sitzt gegen **den** Zaun.

ohne: Er ist ohne (das) Auto.
            Tust du das ohne (das) Frühstück?

um: Um **das** Haus ist ein Garten.
            Die Familie sitzt um **den** Tisch.
            Er geht um **den** Baum.

What case is used after the prepositions in the above examples?

RULE: *The prepositions* **durch, für, gegen, ohne,** *and* **um** *always govern
the accusative case.*

The following tabulation will help you review the accusative case
of the articles, ein=words, and pronouns, which must be used after
these prepositions:

	ACCUSATIVE ARTICLES			ACCUSATIVE Ein=Words
	M.	F.	N.	*(Same endings as* ein*)*
	den	die	das	mein, dein, fein, ihr,
durch, through	einen	eine	ein	unfer, euer, ihr, fein
für, for		ACCUSATIVE PRONOUNS		
gegen, against, toward	SINGULAR		PLURAL	
ohne, without				
um, around, at	*1st pers.* mich		*1st pers.* uns	
	2nd pers. dich		*2nd pers.* euch	
	3rd pers. { ihn, fie, es		*3rd pers.* fie	

CAUTION: You must memorize this list so that you can automatically recall each preposition, its meaning, and the fact that it governs the accusative case. Unless you do this *now*, you will confuse these prepositions with those governing the dative case.

2. *Combined Forms of the Accusative Prepositions. a)* Prepositions Combined with the Definite Article. When the meaning of the neuter definite article (das) is not emphasized, the article may be combined with the following prepositions:

durch + das   becomes   durchs
für + das   becomes   fürs
um + das   becomes   ums

b) Preposition Combined with wo−. Note how we form questions involving prepositions:

Statement: Durch den Garten geht ein Weg.
Question: Wodurch geht ein Weg?

Statement: (indefinite)
Question: Wofür willft du zwanzig Pfennig?

Statement: Die zwanzig Pfennig find für den Mann.
Question: Für wen [1] find die zwanzig Pfennig?

From the above we see that the combined forms are:

wo + durch = wodurch: through what
wo + für = wofür: for what

NOTE 1. When the object of a preposition is a person, we must never use a wo=compound. *Ex.* Für wen find die zwanzig Pfennig?

3. *The Numbers* 13–20. An examination of the numbers from thirteen through twenty will show you how they are formed.

13   drei + zehn = dreizehn
14   vier + zehn = vierzehn
15   fünf + zehn = fünfzehn
16   sech(s) + zehn = sechzehn   (The s of sechs is dropped)
17   sieb(en) + zehn = siebzehn   (The en of sieben is dropped)
18   acht + zehn = achtzehn
19   neun + zehn = neunzehn
20   zwanzig

Übungen

I. Do the following problems in German:

> *Ex.*   Frage: Wieviel ist sechs und sieben?
>   Antwort: Sechs und sieben ist dreizehn.

$7 + 8$	$13 + 5$	$8 + 9$	$13 + 5 + 2$
$10 + 10$	$7 + 7$	$12 + 4$	$12 + 2 + 3$
$6 + 11$	$6 + 7$	$3 + 10$	$5 + 8 + 5$
$8 + 8$	$10 + 7$	$8 + 12$	$5 + 5 + 10$
$14 + 5$	$5 + 11$	$7 + 9$	$7 + 4 + 6$

II. Problems in division are done in German according to the following model:

Frage: Wieviel ist neun durch drei?
Antwort: Neun durch drei ist drei.

Using this model, give German questions and answers for the following examples in division:

$12 \div 4$	$16 \div 8$	$18 \div 9$
$14 \div 2$	$20 \div 2$	$12 \div 3$
$9 \div 3$	$16 \div 4$	$(8 + 8) \div 4$
$16 \div 2$	$20 \div 4$	$(13 + 5) \div 9$
$20 \div 5$	$14 \div 7$	$(17 + 3) \div 2$

4. *Telling Time.* You have already learned how to tell time in German for every hour on the hour: Es ist ein Uhr. Es ist zwei Uhr, etc.

In this lesson you have read some expressions of time involving quarter hours and half hours. A study of the following

examples will show you how to tell time on the quarter hour
and on the half hour:

How to Tell Time on the Quarter Hour

Ich frühſtücke erſt **um Viertel nach acht.**
I don't have my breakfast until a quarter past eight.

Um Viertel vor neun gehe ich ſchnell durch das Feld.
At a quarter of nine I quickly go through the field.

Thus we see that:

at a quarter past = um Viertel nach
at a quarter of   = um Viertel vor

Omitting the preposition *at* (um), we get the following:

a quarter past = ein Viertel nach
a quarter of   = ein Viertel vor

Übung

How would you say the following time expressions in German?

4:15	3:45	9:15	5:45	6:15
11:15	8:45	6:45	2:45	12:45
8:15	2:45	7:15	3:15	1:15
5:15	4:45	10:15	1:45	2:15

How to Tell Time on the Half Hour

You were probably puzzled when you read the meaning of the
following:

Ich ſtehe gewöhnlich **um halb ſechs auf.**
I usually get up at half past five.

um halb ſechs = at half past five

If "half past five" is halb ſechs, it is obvious that the Germans
consider the half hour with a view to the coming hour. In other
words, they consider "half past five" as being half the way to six.
This is a very simple idea to imitate.

half past twelve = halb eins
half past one   = halb zwei
half past two   = halb drei, etc., etc.

Übung

Following the preceding model, how would you express the following:

4:30	3:30	12:30
11:30	6:30	2:30
8:30	1:30	7:30
5:30	9:30	10:30

Aufgaben

I. Answer the following questions in complete sentences in German. Give the time to the nearest hour, quarter hour, or half hour.

1. Um wieviel Uhr stehen Sie auf? 2. Um wieviel Uhr frühstücken Sie? 3. Wann gehen Sie in die Schule? 4. Um wieviel Uhr essen Sie in der Schule? 5. Wann ist die Schule aus? 6. Wann kommen Sie gewöhnlich nach Hause? 7. Wann machen Sie Ihre Schularbeit? 8. Um wieviel Uhr essen Sie zu Abend? 9. Gehen Sie früh schlafen? 10. Um wieviel Uhr gehen Sie schlafen?

II. Supply the correct accusative ending for each definite article:

1. Durch d– Garten geht ein Weg. 2. Ohne d– Pferd macht er nichts. 3. Der Vater sitzt gegen d– Zaun. 4. Die Familie sitzt um d– Tisch. 5. Ist das Geschenk für d– Vetter? 6. Der Weg geht auch um d– Haus. 7. Hans läuft durch d– Feld. 8. Für d– Schwein habe ich Korn. 9. Ohne d– Frühstück arbeiten wir nicht. 10. Die zwanzig Pfennig sind für d– Mann.

III. In Exercise II, replace each definite article by (a) an indefinite article, and then (b) by a suitable possessive adjective (i.e., mein, dein, sein, etc.).

IV. Supply the correct accusative form of the pronoun as indicated:

1. Ist die Arbeit schwer für (you — familiar)? 2. Für (me) ist sie nicht schwer. 3. Der Hund geht langsam um (him) herum. 4. Vater, hast du etwas für (us)? 5. Ohne (them) spielen wir nicht. 6. Was hast du gegen (him)? 7. Hans sieht mich nicht und läuft gegen (me). 8. Der Bruder kauft ein Geschenk für (her). 9. Die Schokolade ist für (you — plural). 10. Ohne (you — polite) gehe ich nicht nach Hause.

V. Supply either the dative or accusative endings as required:

1. Der Vater kommt aus d- Haus. 2. Er hat ein Geschenk für sein-
Tochter. 3. Er gibt es d- Sohn. 4. Es ist eine Schachtel mit ein- Brief.
5. Um d- Schachtel ist Papier. 6. „Bitte, gib es dein- Schwester," sagt
der Vater. 7. „Ist es zu ihr- Geburtstag?" fragt der Sohn. 8. „Ja," ist
die Antwort, „und zu dein- Geburtstag bekommst du auch ein Geschenk."
9. Der Sohn geht um d- Haus zu d- Garten. 10. Er sagt zu d-
Schwester: „Ich habe etwas für dich von d- Vater," und reicht sein-
Schwester die Schachtel mit d- Brief.

VI. Übersetzen Sie ins Deutsche:

WHAT I USUALLY DO

1. *At seven o'clock* I get up. 2. It is still early and I am usually
sleepy. 3. *I have breakfast at half past seven.* 4. After my breakfast,
I take my books and go *to school.* 5. I remain there from *half past
eight* until *three o'clock sharp.* 6. *At a quarter of four* I come *home.*

7. *In the afternoon* I work for my father. 8. He gives me twenty
cents for the work. 9. *In the evening* I write my homework. 10. I
have much to do, and the day is too short for me. 11. I am never
tired or sad, because I am young and strong and healthy.

Ergänzen Sie den Satz! *

(A Vocabulary Game)

PREPARATION. As an assignment, each pupil will select from the grammar text one good sentence that contains a key word appearing in the
word list of that lesson. He will write out this sentence on a 3 × 6 slip
of paper, replacing the key word by a dash (Strich). On the rear of
the slip he will write the missing word. The teacher must assign
different parts of the text to various rows of pupils in order to secure
complete coverage and to prevent duplication.

PROCEDURE. *a)* The slips are collected and shuffled. The teacher chooses
two good readers and gives each reader half the number of slips.
  b) The class is divided into two teams, and a scorekeeper is appointed.
  c) The two readers alternate in reading out loud the sentences from the
slips. When they come to the missing word, they say " Strich !" and
complete the rest of the sentence in German.

* *Complete the sentence!*

d) The problem is to supply the missing word in German. **Pupils** recite one at a time in the order of seating, and alternately from one team to the other.

SCORING. If a pupil fails to give the answer within 20 seconds, or **gives** the wrong answer, the scorekeeper records an error for that pupil's team. The team with the lower score is the winner.

LESESTÜCK DREIZEHN

DIE BELOHNUNG [1]   [1] reward

Ein Professor sitzt in seinem Laboratorium.
Er hat ein Dienstmädchen [2] für die Hausarbeit.   [2] servant girl
Sie ist treu und **arbeitet schon lange** [3] für ihn.   [3] has been working a long time
Sie heißt Minna.

Eines Tages geht der Professor langsam in
die Küche. Minna arbeitet um den Ofen.

„Minna," sagt der Professor. „**Du dienst**   [4] You have been serving me for a long time
mir schon lange.[4] Du bist treu und ehrlich.[5]   [5] honest
Ohne dich kann ich nicht ruhig [6] studieren.   [6] quietly
Als Belohnung habe ich etwas für dich."

„Ah!" sagt Minna leise.[7] Sie ist froh. Sie   [7] softly
glaubt,[8] der Professor hat Geld für sie.   [8] believes

„Ja, ja," sagt der Professor. „Du kannst
froh sein. **Denk' dir nur,**[9] heute Punkt zwölf   [9] Just imagine
Uhr entdeckte [10] ich einen neuen Mikrob. Und   [10] discovered
als Belohnung, weil [11] du so treu bist, nenne [12]   [11] because [12] name
ich ihn nach dir!"

14

Lektion Vierzehn

Auf der Bahn [1]

[1] train

A. Erster Teil

Herr und Frau Meyer wohnen in der Vorstadt. Eines Tages sagt Frau Meyer zu ihrem Mann: „Ich gehe heute **in die Stadt**, Heinrich. Ich nehme Anna mit. Ich kaufe ihr Schuhe und ein Kleid.[2] Ich gehe auch **auf die Bank.**"[3]

[2] dress
[3] to the bank

Herr Meyer steckt die Hand in die Tasche.[4] „Ja, tue das," sagt er. „Ich habe keinen Pfennig in der Tasche."

[4] pocket

Zuerst fahren sie **mit der Straßenbahn**[5] **zum Bahnhof.**[6] Dann fahren sie **mit der Eisenbahn**[7] in die Stadt. Auf dem Bahnhof sehen sie Frau Schmidt.

[5] by trolley
[6] to the station
[7] by railroad, by train

„**Guten Morgen!** Wohin[8] gehen Sie, Frau Meyer?"

[8] Where

„Wir gehen in die Stadt," antwortet Frau Meyer. „Ich kaufe Anna ein Kleid. Um wieviel Uhr fährt der Zug?"

„Punkt zehn Uhr. Hier kommt er."

Der Schaffner[9] ruft[10]: „**Alles einsteigen!**"[11]

[9] conductor [10] calls
[11] All aboard!

Sie steigen[12] in den Wagen[13] und legen ihre Sachen[14] auf einen Platz.[15] Frau Meyer setzt sich auf einen Platz neben[16] das Fenster. Bald sitzen auch Frau Schmidt und Anna auf einem Platz neben dem Fenster.

[12] climb, get into
[13] car
[14] things [15] seat
[16] next to

Im Wagen ist es warm. Frau Schmidt ruft den Schaffner und sagt: „Es ist sehr warm hier. Bitte, öffnen Sie das Fenster!" Der Schaffner kommt und öffnet es. „Ich danke Ihnen," sagt Frau Schmidt.

Vokabeln

NOUNS

der **Bahnhof** station
der **Platz** seat, place
der **Schaffner** conductor
der **Wagen** car, coach

die **Bahn** train, railroad
die **Bank** bank
die **Eisenbahn** railroad, train
die **Sache** thing
　　pl. die **Sachen**
die **Straßenbahn** streetcar, trolley
die **Tasche** pocket, (hand)bag

das **Kleid** dress

PREPOSITION

neben next to, beside

QUESTION WORDS

wohin? where (to)? whither? to
　what place?
worauf? on what? upon what?

VERBS

mitnehmen to take along
　ich nehme ... mit
　du nimmst ... mit
rufen to call, cry, shout, exclaim
stecken to put, stick, insert
steigen to mount, climb, rise, get
　into

PHRASES

Alles einsteigen! All aboard!
auf dem Bahnhof at the station
auf der Bahn on the train
auf die Bank to the bank
eines Tages one day
Guten Morgen! Good morning!
in die Stadt to the city, downtown
mit der Eisenbahn by rail(road), by
　train
mit der Straßenbahn by trolley
zum Bahnhof to the station

Fragen

1. Wohin geht Frau Meyer heute? 2. Warum nimmt sie Anna mit?
3. Warum geht sie auch auf die Bank? 4. Wie fahren sie zum Bahnhof?
5. Wen sehen sie auf dem Bahnhof? 6. Was fragt Frau Schmidt? 7. Um
wieviel Uhr fährt der Zug? 8. Was ruft der Schaffner? 9. Worauf legen
sie ihre Sachen? 10. Wohin setzen sie sich?

B. **Zweiter Teil. Wie alt ist Anna?**

„Anna," fragt die Mutter ängstlich, „wohin legst du
deine Handtasche?" [1]　　　　　　　　　　　　　　　　[1] handbag

„Ich lege sie auf die Zeitung," [2] antwortet Anna.　　[2] newspaper
„Worauf?"
„Auf die Zeitung."

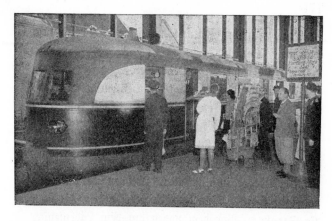

"DER FLIEGENDE HAMBURGER." This famous diesel-powered, streamlined train is about to start from the Zoo Station in Berlin on its daily run to Hamburg.

SCHWEBEBAHN. In the highly crowded industrial area of Wuppertal in northwestern Germany space is so limited that this suspension railway was built to solve the transportation problem. Along one stretch it travels above a canal.

„Gut. Auf der Zeitung, unter dem Mantel, liegt auch mein Schirm." [3]   [3] umbrella

Die Frauen sprechen miteinander.

„Ihr Kleid ist schön," sagt Frau Schmidt.

„Danke. Es ist auch nicht teuer.[4] Es kostet nur zwanzig Mark," sagt Frau Meyer.   [4] expensive

„Das ist billig.[5] Wo kaufen Sie gewöhnlich in der Stadt?" fragt Frau Schmidt.   [5] cheap

„**Bei Berger**, in dem Laden [6] zwischen [7] dem Theater und dem Hotel. Von dem Bahnhof gehen Sie **über die Straße.**[8] Vor dem Laden auf dem Ladenfenster sehen Sie den Namen. Er steht auch über der Tür auf einem Schild." [9]   [6] store   [7] between   [8] across the street   [9] sign

Anna steht auf, geht ein paar Schritte [10] und setzt sich wieder auf einen Platz. Jetzt sitzt sie auf einem Platz hinter [11] der Mutter.   [10] steps   [11] behind

Der Schaffner kommt und sagt: „Fahrkarten,[12] bitte!" Er sieht Anna und fragt: „Wie alt bist du, Kleine?"   [12] Tickets

„Es kommt darauf an," [13] antwortet Anna. „In der Schule bin ich sechs, zu Hause bin ich fünf, und auf der Bahn bin ich nur vier!"   [13] It all depends

Vokabeln

NOUNS

der **Laden** store, shop
der **Name** name
   acc. den **Namen**
der **Schirm** umbrella
der **Schritt** step, pace
   pl. die **Schritte**
die **Fahrkarte** railroad ticket
   pl. die **Fahrkarten**
die **Handtasche** handbag
die **Kleine** little girl
die **Mark** mark(s)

die **Straße** street
die **Zeitung** newspaper
das **Ho-'tel** hotel
das **Ladenfenster** shop window
das **Schild** sign
das **The-'ater** theater

PHRASES

bei Berger at Berger's
Es kommt darauf an. It all depends.

VERBS	OPPOSITES

kosten to cost
liegen to lie, recline

billig — teuer
hinter — vor
in — aus
liegen — stehen
unter — über (*or* **auf**)

PREPOSITIONS

hinter behind
über over, across
unter under
zwischen between

CONTRASTS

legen — liegen
(sich) setzen — sitzen

OTHER WORDS

billig cheap, inexpensive
miteinander with (to) each other
teuer dear, expensive

Fragen

1. Was tun die Frauen auf der Bahn? 2. Wieviel kostet Frau Meyers Kleid?
3. Ist es billig oder teuer? 4. Bei wem kauft Frau Meyer in der Stadt? 5. Wo
ist der Laden? 6. Wo steht der Name? 7. Was ist über der Tür? 8. Was
tut Anna? 9. Worauf setzt sie sich? 10. Wo sitzt sie dann? 11. Was fragt
der Schaffner Anna? 12. Wie antwortet sie?

C. Vocabulary Notes

Word Families. The following additions to your word
families occur in this lesson. Supply the article for each noun
and give the English meaning of each word.

Bahn	Eisenbahn	Tasche	Straße
Bahnhof	Straßenbahn	Handtasche	Straßenbahn
Laden	Karte	steigen	klein
Ladenfenster	Fahrkarte	Alles einsteigen!	Kleine

Wortbildung

I. The following nouns can be formed from nouns you already know.
Supply the article and give the English meaning of each one.

Türschild	Fensterplatz	Banknote
Morgenzug	Stadtviertel	Hauskleid
Abendzeitung	Gartenweg	Schuhmacher
Hotelzimmer	Eisenbahnwagen	Eisenbahnzug
Schuhladen	Schlafwagen	Abendkleid

II. Construct six or more compound nouns from the nouns given below. Then supply the definite article and English meaning of each compound noun.

Zug	Zeitung	Haus	Schule
Tasche	Fenster	Hand	Wagen
Bahn	Mädchen	Straße	Abend
Kleid	Arbeit	Eisenbahn	Laden

D. Grammar Notes

1. *The Nine "Doubtful" Prepositions.* You have already memorized two lists of prepositions, one always governing the dative case, and one always governing the accusative case. In this lesson you have come across some new prepositions, different from the others. Let us see how these new prepositions behave.

1. Anna sitzt auf **einem** Platz.   Anna is sitting on a seat.
2. Anna setzt sich auf **einen** Platz.   Anna sits down on a seat.

1. Herr Meyer hat keinen Pfennig in **der** Tasche.   Mr. Meyer hasn't a penny in his pocket.
2. Er steckt die Hand in **die** Tasche.   He puts his hand into his pocket.

1. Frau Meuer sitzt neben **dem** Fenster.   Mrs. Meyer is sitting next to the window.
2. Sie setzt sich neben **das** Fenster.   She sits down next to the window.

1. Mein Schirm liegt auf **der** Zeitung.   My umbrella is lying on the newspaper.
2. Ich lege den Schirm auf **die** Zeitung.   I put the umbrella on the newspaper.

Other examples of these prepositions from previous lessons are:

1. Der Schüler steht an **der** Tafel.   The pupil is standing at the board.
2. Er geht an **die** Tafel.   He goes to the board.

1. Hans bleibt auf **dem** Lande.   Hans remains in the country.
2. Er geht auf **das** Land.   He is going to the country.

1. Der Lehrer ist in **dem** Zimmer.   The teacher is in the room.
2. Er kommt in **das** Zimmer.   He comes into the room.

Which case is used after the preposition in the first of each of the preceding pairs of sentences? Which case is used after the same preposition in the second of each pair of sentences? The following summary will make it clear:

Dat.	auf einem Platz	*Dat.*	in der Tasche	*Dat.*	neben dem Fenster
Acc.	auf einen Platz	*Acc.*	in die Tasche	*Acc.*	neben das Fenster

RULE: *Certain prepositions such as* an, auf, in, neben, *etc., may govern either the dative or the accusative case.*

A complete list of these prepositions and their meanings follows:

PREPOSITIONS GOVERNING EITHER THE DATIVE OR THE ACCUSATIVE

an, to, at, on	über, over, across
auf, on, upon, to	unter, under, below
hinter, behind	vor, before, in front of
in, in, into	zwischen, between
neben, next to, beside	

CAUTION: This list of the "doubtful" prepositions must be memorized so that you can recall them or recognize them immediately. Failure to do so will lead to confusion with your other lists of prepositions.

2. *Dative or Accusative?* — Wo? *or* Wohin? The preceding rule naturally raises a doubt in your mind as to which case to use after these prepositions. Now you know why we call them the "doubtful" prepositions. Let us see how this doubt can be settled. The clue is given by the verb in each sentence of the above examples. The summary that follows will help you understand how to decide which case to use.

A	B
VERBS AND CASES IN SENTENCES 1	VERBS AND CASES IN SENTENCES 2

VERB	DATIVE	VERB	ACCUSATIVE
sitzt —— auf einem Platz		setzt sich ——→ auf einen Platz	
hat —— in der Tasche		steckt ——→ in die Tasche	
liegt —— auf der Zeitung		legt ——→ auf die Zeitung	
steht —— an der Tafel		geht ——→ an die Tafel	
bleibt —— auf dem Lande		geht ——→ auf das Land	
ist —— in dem Zimmer		kommt ——→ in das Zimmer	

How do the verbs in Column A differ from those in Column B? The arrows indicating *motion toward a goal* give you the clue. Note that there are no arrows in Column A. Is any motion toward a goal expressed by the verbs in Column A? What case is used after the prepositions in Column A? What case is used after the prepositions in Column B? Why?

RULE: *The prepositions* **an, auf, hinter, in, neben, über, unter, vor, zwischen** (*a*) *govern the dative case when the verb in the sentence does not express any motion toward a goal* [1] (i.e., verbs answering the question **Wo?**); (*b*) *they govern the accusative case when the verb in the sentence indicates motion toward some goal or destination* (i.e., verbs answering the question **Wohin?**).

NOTE 1.   The idea of motion toward a goal rather than merely *motion* is emphasized because it is possible to have motion in the same place (as in marking time). For motion in the same place, without a goal, the dative case is used. *Ex.* Er arbeitet auf **dem** Lande. Er schreibt seine Aufgabe in **seinem** Zimmer. In English this distinction is often indicated by a preposition. Compare: He is *in* the water. He jumps *into* the water.

MEMORY AID

Which Case: Dative or Accusative?

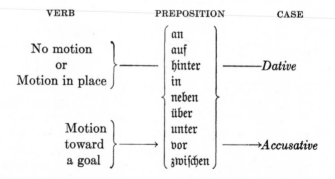

VERB	PREPOSITION	CASE
No motion or Motion in place	an auf hinter in neben über	—Dative
Motion toward a goal	unter vor zwischen	→Accusative

Summary of Dative and Accusative Forms

DEFINITE ARTICLE			INDEFINITE ARTICLE			Ein-WORDS (*Same endings as* ein)
M.	F.	N.	M.	F.	N.	
D. dem	der	dem	einem	einer	einem	mein, dein, sein, ihr,
A. den	die	das	einen	eine	ein	unser, euer, ihr, kein

PRONOUNS

	1st pers.	2nd pers.	3rd pers.			
			M.	F.	N.	
Sing.	D. mir	D. dir	D. ihm	D. ihr	D. ihm	Polite (*sing. & pl.*)
	A. mich	A. dich	A. ihn	A. sie	A. es	D. Ihnen
						A. Sie
Pl.	D. uns	D. euch	D. ihnen			
	A. uns	A. euch	A. sie			

Übung

In each sentence below tell whether you would use the dative or the accusative case after the preposition. Give your reason for each answer.

1. I am going into the store.   2. He sits down on his chair.   3. Who is sitting on the bench?   4. Put it next to the box.   5. It is lying between the table and the door.   6. Write the sentence in(to) your notebook! 7. Is Karl writing at the board?   8. We always play in my room. 9. Take the chalk in(to) your hand!   10. Go behind the desk!   11. He is running about in the garden.   12. Now he is running into the house.

3. *Combined Forms of the "Doubtful" Prepositions.* a) Combinations with the Definite Article. When the definite article is not emphasized, it is often combined with some of these prepositions. The following combinations occur most frequently:

DATIVE: MASCULINE AND NEUTER

an + dem = am   *Ex.* am Morgen, am Fenster
in + dem = im   *Ex.* im Winter, im Zimmer

ACCUSATIVE: NEUTER

an + das = ans   *Ex.* ans Fenster
auf + das = aufs   *Ex.* aufs Land
in + das = ins   *Ex.* ins Zimmer

b) Combinations with wo=. Wo= is often prefixed to these prepositions in order to form question words. As with other wo=compounds, a connecting r is used when the preposition begins with a vowel. The following series of statements and questions will show you how this is done:

Statement: Sie legt die Tasche auf die Zeitung.
Question: Worauf legt sie die Tasche?

Statement: Er geht an die Tafel.
Question: Wohin geht er?

Statement: Sie setzt sich neben das Fenster.
Question: Wohin setzt sie sich?

Statement: Er steckt den Brief unter das Buch.
Question: Worunter steckt er den Brief?

Statement: Das Geschenk liegt in der Schachtel.
Question: Worin [1] liegt das Geschenk?

NOTE 1. Instead of worin, the question word worein is used whenever forward motion is indicated.

Ex. *Statement:* Sie legt das Geschenk in die Schachtel.
Question: Worein legt sie das Geschenk?

Aufgaben

I. Make up German questions based on the statements below:

Ex. *Statement:* Er steckt den Brief in die Tasche.
Question: Worein steckt er den Brief?

Statement: Sie fahren in die Stadt.
Question: Wohin fahren sie?

1. Er legt das Buch auf das Pult. 2. Sie setzt den Krug auf den Tisch. 3. Der Teller ist unter dem Krug. 4. Der Schüler geht an die Tafel. 5. Die Schokolade ist in der Schachtel. 6. Wir legen die Bücher in das Pult. 7. Anna setzt sich neben das Fenster. 8. Frau Meyer geht heute in die Stadt. 9. Wir steigen in den Wagen. 10. Auf der Zeitung liegt ein Schirm.

II. Supply either the dative or accusative endings, as required. To insure 100% accuracy ask yourself these questions before supplying each ending:

a) What is the verb in the sentence?

b) Does it express forward motion (*acc.*) or not (*dat.*)?

c) Is the noun after the preposition der, die, or das?

A. 1. Frau Meyer sitzt neben d- Fenster. 2. Anna sitzt auf d- Platz hinter d- Mutter. 3. Sie legen ihre Sachen auf d- Platz. 4. Der Schaffner kommt in d- Wagen. 5. Frau Meyer wohnt in d- Vor=stadt. 6. Bei wem kauft sie in d- Stadt? 7. Am Morgen fährt sie in d- Stadt. 8. Herr Meyer geht an d- Fenster. 9. Er hat keinen Pfennig in d- Tasche. 10. Anna geht auf d- Straße. 11. Sie spielt auf d- Straße. 12. Vor d- Tür steht die Mutter. 13. Zwischen d- Mutter und d- Vater ist ihr Bruder. 14. Er sieht Anna auf d- Straße. 15. Er geht auch auf d- Straße und spielt neben d- Schwester.

B. 1. In d- Schulzimmer an d- Tafel ist ein Bild. 2. Unter d- Bild steht das Wort „Lehrer." 3. Hans geht an d- Tafel und schreibt das Wort „Esel" über d- Bild. 4. Dann setzt er sich auf d- Schulbank. 5. Da kommt der Lehrer in d- Zimmer. 6. Zuerst steht er vor d- Tür. 7. Hans sitzt auf d- Bank und sagt nichts. 8. Der Lehrer geht zwischen d- Pult und d- Tafel. 9. Er sieht, es ist sein Bild an d- Tafel! 10. Über d- Bild steht das Wort „Esel." 11. Der Lehrer nimmt den Stock in d- Hand. 12. Er hält ihn in d- Hand und kommt vor d- Pult. 13. Hans sieht nicht auf d- Lehrer. 14. Er sitzt ganz still auf d- Bank. 15. Aber der Lehrer sagt nur: „Wer hat seinen Namen über d- Wort ‚Lehrer' geschrieben (*written*)?"

III. In Aufgabe II, replace each definite article: (*a*) by the correct form of the indefinite article; (*b*) by a suitable possessive adjective (ein=word).

IV. Supply either the dative or the accusative case of the pronoun or possessive adjective, as indicated:

1. Hinter (*me*) sitzen Karl und Marie. 2. Dann kommt Elisabeth und setzt sich auch hinter (*me*). 3. Neben (*her*) sitzen nun Karl und Marie. 4. Ich sitze vor (*them*). 5. Vor (*us*) steht der Lehrer. 6. Ein Schüler steht auf und geht hinter (*him*) an die Tafel. 7. Der Lehrer steht nun zwischen (*us*) und (*him*). 8. Der Lehrer sagt: „Über (*you* — familiar) ist ein Bild an der Tafel. Das ist mein Bild." 9. „Was steht an der Tafel unter (*my*) Bild?" 10. Der Schüler antwortet: „Unter (*your* — polite) Bild steht das Wort ‚Lehrer.' "

V. Übersetzen Sie ins Deutsche:

AT THE STATION

1. Today I am going *to the city.* 2. First I go *to the station by trolley.* 3. Then I go *to the city by railroad.* 4. *At the station* I see my friend Otto. 5. He is going *to the bank.* 6. *"What time does the train leave?"* asks he. 7. *"Ten o'clock sharp,"* is my answer. 8. The conductor calls: *"All aboard!"* 9. We climb into the car, put our things on a seat, and sit down next to a window.

LESESTÜCK VIERZEHN

ES IST AUCH GEFÄHRLICH [1] IM BETT!   [1] dangerous

Ein Seemann und ein Geschäftsmann [2] sitzen an einem Tisch und reden. Der Geschäftsmann fragt: „Wohin reisen Sie?"   [2] businessman

„Ich reise nach Afrika," sagt der Seemann. „Das Schiff ist bereit." [3]   [3] ready

„Ich gehe auf kein Schiff," sagt der andere. „Auf dem Wasser ist es zu gefährlich."

„Mein Schiff ist gut. Auf dem Land ist es auch gefährlich," sagt der Seemann.

„Nein, nein," sagt der Geschäftsmann. „Das Wasser ist gefährlich ... Sagen Sie mal, wo ist Ihr Großvater **gestorben**?" [4]   [4] did ... die

„Auf einem Schiff."

„Und Ihr Vater?"

„Auch auf einem Schiff," sagt der Seemann. „Und Sie gehen trotzdem [5] aufs Wasser?"   [5] in spite of that

„Jawohl. Worauf geht ein Seemann gewöhnlich? Nun, sagen Sie mir," fragt der Seemann, „wo ist Ihr Großvater gestorben?"

„Im Bett!"

„Und Ihr Vater?"

„Auch im Bett!"

„Und Sie haben keine Angst zu Bett zu gehen!" ruft der Seemann aus.

Muß i denn

VOLKSLIED

mf

1. { Muß i denn, muß i denn zum Städt-le hin-aus,
   { Wenn i komm, wenn i komm, wenn i wie-der-um komm,

Städt - le hin - aus, und du, mein Schatz, bleibst hier.
wie - der - um komm, kehr i ein, mein Schatz, bei dir.

cresc.

Kann i gleich net all - weil bei dir sein, han i

f

doch mein Freud' an dir. Wenn i komm, wenn i komm, wenn i

p *f*

wie - der-um komm, wie-der-um komm, kehr i ein, mein Schatz, bei dir.

2

Wie du weinst, wie du weinst, daß i wandere muß, wandere muß,
Wie wenn d'Lieb jetzt wär vorbei.
Sind au drauß, sind au drauß der Mädele viel, Mädele viel,
Lieber Schatz, i bleib dir treu.
Denk du net, wenn i en andre seh,
So sei mein Lieb vorbei.
Sind au drauß, sind au drauß der Mädele viel, Mädele viel,
Lieber Schatz, i bleib dir treu.

3

Übers Jahr, übers Jahr, wenn me Träubele schneid't, Träubele schneid't,
Stell i hier mi wiedrum ein;
Bin i dann, bin i dann dein Schätzele noch, Schätzele noch,
So soll die Hochzeit sein.
Übers Jahr, da ist mein Zeit vorbei,
Da g'hör i mein und dein,
Bin i dann, bin i dann dein Schätzele noch, Schätzele noch,
So soll die Hochzeit sein.

15

Lektion Fünfzehn

Den Hund finden wir!

A. Erster Teil

Es regnet [1] während [2] der Nacht.[3] Trotz [4] des Regens geht ein Professor auf die Polizeiwache.[5] Das Gesicht [6] des Professors ist rot.

Der Beamte [7] öffnet die Tür des Zimmers und grüßt den Professor. „Das Wetter ist schlecht,[8] nicht wahr?" [9] sagt er. „Bitte, stellen [10] Sie den Schirm in die Ecke [11] und nehmen Sie Platz."

„Danke sehr. Ich heiße Schmalz."

„Ach, Sie sind wohl [12] der Vater des Studenten Schmalz?"

„Ja, ich bin der Vater des Jungen. Aber ich komme wegen [13] eines Dienstmädchens zu Ihnen. Ein Dienstmädchen ist verschwunden!" [14] Die Stimme [15] des Mannes ist aufgeregt.[16]

„Wessen [17] Dienstmädchen?" fragt der Beamte.

„Mein Dienstmädchen — mit meinem Geld [18] — während des Nachmittags," antwortet der Professor.

„Wie heißt sie?" fragt der Beamte.

„Ich weiß [19] nur ihren Vornamen. Anna heißt sie. Sie ist nur drei Tage bei uns."

[1] It is raining
[2] during [3] night
[4] In spite of
[5] police station
[6] face
[7] official
[8] bad
[9] isn't it? [10] put
[11] corner
[12] probably
[13] on account of
[14] has disappeared
[15] voice
[16] excited
[17] Whose
[18] money
[19] know

Vokabeln

NOUNS

der **Be-'amte** official
der **Pro-'fessor** professor
der **Regen** rain

der **Stu-'dent** student
   gen. des **Studenten**
der **Tag** day
   pl. die **Tage**

der **Vorname** first name
  acc. den **Vornamen**

die **Ecke** corner
die **Nacht** night
die **Poli=′zei=wache** police station
die **Stimme** voice

das **Dienstmädchen** servant girl, maid
das **Geld** money
das **Ge=′sicht** face

PREPOSITIONS

troß in spite of
während during
wegen on account of

QUESTION WORD

wessen? whose?

VERBS

grüßen to greet
regnen to rain

stellen to put, place
ist ver=′schwunden has disappeared
wissen to know

ich weiß	wir wissen
du weißt	ihr wißt
er weiß	sie wissen

OTHER WORDS

′aufge=′regt excited
schlecht bad
wohl probably

PHRASES

auf die Polizeiwache to the police
  station
Danke sehr. Thanks very much.
es regnet it rains, it is raining
Nehmen Sie Platz! Sit down.
  Have a seat.
nicht wahr? isn't it? haven't I?
  aren't you? doesn't it? *etc.*

Fragen

1. Wann regnet es? 2. Wohin geht ein Professor? 3. Wie ist sein Gesicht? 4. Was tut der Beamte? 5. Was sagt er? 6. Wohin stellt der Professor den Schirm? 7. Wie heißt der Professor? 8. Wessen Vater ist er? 9. Warum geht er auf die Polizeiwache? 10. Wessen Dienstmädchen ist verschwunden? 11. Womit ist das Dienstmädchen verschwunden? 12. Warum weiß der Professor nur ihren Vornamen?

B. Zweiter Teil

Der Beamte fragt weiter [1]:

„Ihre Größe?" [2]

„Ich weiß nicht genau." [3]

„Die Farbe [4] des Haares?"

„Ich weiß nicht. Es ist blond oder braun, vielleicht [5] auch schwarz."

„Wissen Sie vielleicht andere Merkmale [6] Ihres Dienstmädchens, Herr Professor?"

[1] further
[2] size, height
[3] exactly
[4] color
[5] perhaps
[6] marks of identification

„Nein ... nein ... aber doch!"[7] Ich weiß ein Merk=
mal."   [7] but yes!

„Und das ist?"

„Sie hat einen Hund mit — ein Hündchen."

„Wessen Hund?"

„Er ist mein Hund."

„Der Name des Hundes?"

„Er heißt Waldi."

„Die Farbe des Hundes?"

„Weiß und schwarz. Über dem Auge[8] links[9] hat er   [8] eye   [9] on the left
einen Fleck.[10] Die Farbe des Fleckes ist schwarz. Auf   [10] spot
der Seite rechts hat er auch ein Fleckchen, das ist auch
schwarz. Sonst[11] ist er ganz weiß. Seine Augen   [11] Otherwise
sind grün. Seine Größe ist ungefähr[12] so."   [12] approximately

„Schön," sagt der Polizeibeamte. „Haben Sie
keine Angst, Herr Professor. Den Hund finden wir
gewiß!"[13]   [13] certainly

Vokabeln

NOUNS	ADVERBS

NOUNS

der **Fleck** spot
der **Poli='zei=be='amte** police official

die **Farbe** color
die **Größe** size, height
die **Seite** side

das **Auge** eye
   pl. die **Augen**
das **Merkmal** mark of identification
   pl. die **Merkmale**

ADJECTIVE

blond blond

PHRASE

Aber doch! But yes! But I do! *etc.*

ADVERBS

ge='nau exactly
ge='wiß certainly, surely
links on the left
rechts on the right
'unge='fähr about, approximately
viel='leicht perhaps, maybe
weiter further

OPPOSITES

aufgeregt — still
blond — schwarz
genau — ungenau (*or* ungefähr)
gewiß — ungewiß (*or* vielleicht)
links — rechts
Nacht — Tag (*or* Morgen)
Professor — Student
schlecht — gut

Fragen

1. Was weiß der Professor nicht genau? 2. Was sagt er von der Farbe ihres Haares? 3. Was hat das Dienstmädchen mit? 4. Ist der Hund groß? 5. Wessen Hund ist er? 6. Wie ist der Name des Hundes? 7. Wie ist die Farbe des Hundes? 8. Was hat der Hund über dem Auge? Auf der Seite? 9. Wie ist seine Farbe sonst? 10. Finden sie das Dienstmädchen oder den Hund?

C. Vocabulary Notes

1. *Word Families.* In this lesson you will find the following additions to your word families. Supply the correct definite article for the compound nouns and the nouns ending in –chen; then give the English meaning of each.

der Beamte (*official*)	das Mädchen (*girl*)	der Name (*name*)
Polizeibeamte	Dienstmädchen	Vorname
der Hund (*dog*)	der Fleck (*spot*)	regnen (*to rain*)
Hündchen	Fleckchen	der Regen

2. *New Compounds.* The following nouns are built up of words you already know. Supply the correct definite article and give the English meaning of each noun.

Hintertür	Regenmantel	Überschuhe	Farbenfleck
Wintertage	Familienname	Mädchenstimme	Sommernacht
Geldstück	Herbstregen	Taschengeld	Gesichtsfarbe
Ledertasche	Schuhgröße		

3. *Forming Nouns from Adjectives.* In this lesson you have come across the noun die Größe. What adjective does it come from? What do you have to do in order to change groß to die Größe? These are the four steps:

a) Use die as the definite article.
b) Change the first letter of the adjective to a capital.
c) Put an umlaut over the vowel of the adjective.
d) Add an –e to the end of the adjective.

Nouns formed in this way are *always feminine.* They have a general or "abstract" meaning: e.g., die Größe = *bigness, greatness, size, magnitude.*

Wortbildung

I. The following adjectives can be made into nouns according to the same model as groß — die Größe. Rewrite each adjective as a noun, supply the definite article, and then give the English meaning. Pronounce the contrasting pairs of adjectives and nouns out loud.

NOTE: Only a, o, and u can take an umlaut.

warm	kurz	schwach
kalt	gut	stark
lang	schwer	frisch
breit	rot	still

II. Read the following story silently, then retell it in your own words in English:

Gehen Sie alle Tage spazieren!

Herr Schäfer arbeitet bei der Post. Jeden Tag trägt er eine Ledertasche voll Briefe, denn er ist Briefträger. In der Wärme des Sommers und in der Kälte des Winters ist er immer im Freien. Auch wenn es regnet, geht er trotz des Regens immer zu Fuß, manchmal auch ohne Regenmantel und ohne

Überschuhe. Trotz der Schwere seiner Ledertasche ist er nie müde, denn die Arbeit im Freien und die frische Luft machen ihn stark. Das zeigt die gesunde Röte seiner Gesichtsfarbe. Während des Tages arbeitet er ohne Pause, zu Mittag und zu Abend ißt er mit großem Appetit, und während der Nacht schläft er sehr gut.

Eines Tages — er ist schon über fünfundzwanzig Jahre bei der Post — fühlt sich Herr Schäfer etwas schwach. Das ist ganz natürlich, denn er ist kein Junge mehr. Trotzdem geht er zum Doktor und erzählt ihm von seiner Schwäche. „Herr Doktor," sagt er, „mein Appetit ist gut und ich schlafe auch gut, aber ich fühle mich etwas schwach und weiß nicht warum."

„Sagen Sie mir nichts mehr," antwortet der Doktor schnell. „Die Farbe Ihres Gesichts ist ungesund! Sie arbeiten nicht genug! Sie bleiben wohl zuviel zu Hause und sind nicht genug im Freien!"

„Aber Herr Doktor . . ."

„Kein Wort mehr! Gehen Sie alle Tage spazieren, dann fühlen Sie sich bald besser!"

D. Grammar Notes

1. *The Possessive Case of Proper Nouns.* In previous lessons you have come across such expressions as:

Karls Vater ist Lehrer.	Karl's father is a teacher.
Maries Mutter ist Hausfrau.	Mary's mother is a housewife.

The –s at the end of Karl and Marie tells us about *whose* father and *whose* mother the statements are being made. Thus, the function of the –s is to indicate *belonging, ownership,* or *possession.*

In the language of grammar, we say that the –s indicates the *possessive* or *genitive* case. (The word "genitive" goes back to a Greek word meaning *origin.*)

How does the English possessive case differ in form from the German genitive in the above examples? Which language uses an apostrophe before the *s*? Which language simply attaches the –s to the noun?

2. *Difference between the English and German Genitive.* In English we have two common ways of indicating possession:

a) *Short:* The dog's color is white.
b) *Long:* The color of the dog is white.

As you have seen in Grammar Note 1, page 191, German also uses the short genitive for proper nouns, although without the apostrophe. However, for common nouns, German uses a long genitive form. The examples below demonstrate how possession (i.e., the genitive case) is indicated in German.

3. *The Genitive of the Definite Article.* In the following sentences we see the genitive of the definite article before nouns of the different genders:

Masc. Gen.   Das Gesicht des Professors ist rot.
              Die Stimme des Mannes ist aufgeregt.

Fem. Gen.   Der Name der Frau ist Anna.

Neut. Gen.   Der Beamte öffnet die Tür des Zimmers.
              Er fragt: „Die Farbe des Haares?"

What is the masculine definite article in the genitive case? the feminine article? the neuter article? Which genders of nouns have endings? Which gender has no ending?

How to Form the Genitive Case of the Definite Article
and the Noun

Masc. Gen.   des *(noun)* + s   or   des *(noun)* + es
Fem. Gen.   der *(noun)* *(no ending)*
Neut. Gen.   des *(noun)* + s   or   des *(noun)* + es

A study of the German sentences above will show you when –s or –es is to be added to the masculine and neuter nouns in the genitive. The rule is summarized in the table below:

Genitive Case of the Noun: –s or –es	
NOUNS OF ONE SYLLABLE	**NOUNS OF MORE THAN ONE SYLLABLE**
Nom. der Mann	*Nom.* der Professor
Gen. des Mannes	*Gen.* des Professors
Nom. das Haar	*Nom.* das Zimmer
Gen. des Haares	*Gen.* des Zimmers

On the beautiful blue Danube. The Danube River, celebrated by the waltz of Johann Strauss, is the second largest river of Europe. It rises in the Black Forest and flows through Southern Germany for the greater part of its 1725 miles. Here is Riedlingen, one of the many picturesque towns it passes on its way to Austria, where it becomes much wider and carries considerable river traffic. Vienna is, of course, the most important city on its banks.

Übungen

I. Give the English meaning of the following genitive phrases:

> *Ex.* der Name des Mädchens, the girl's name
> die Stille der Nacht, the stillness of the night

die Größe des Mannes	der Junge des Professors
der Vater des Kindes	die Seite des Hauses
die Stimme der Frau	die Breite der Tür
der Name der Mutter	die Farbe der Wand
die Farbe des Gesichts	der Vorname der Tochter

II. Express the following genitive phrases in German. Remember that the genitive of masculine and neuter nouns of one syllable ends in –es, and that the genitive of feminine nouns has no ending at all.

> *Ex.* the child's mother, die Mutter des Kindes
> the color of the door, die Farbe der Tür

the professor's dog	the son's money
the mother's coat	the dog's mark of identification
the corner of the room	the sister's name
the daughter's voice	the size of the dress
the color of the spot	the side of the face

4. *The Genitive of* ein *and* ein=*Words.* After you have learned that the genitive case of der, die, das, is des, der, des, the genitive of ein is easy. Just take the letters after the d– (–es, –er,–es) and attach them to ein–. The result is: eines, einer, eines.

Comparing the nominative and genitive cases of ein, we get the following picture:

GENITIVE CASE OF THE INDEFINITE ARTICLE		
MASCULINE	FEMININE	NEUTER
Nom. ein	*Nom.* eine	*Nom.* ein
Gen. eines	*Gen.* einer	*Gen.* eines

The noun after the genitive of the indefinite article takes the same ending it had after des, der, des. Thus:

der Name **des** Mannes	becomes	der Name **eines** Mannes
der Name **der** Frau	becomes	der Name **einer** Frau
der Name **des** Mädchens	becomes	der Name **eines** Mädchens

Since all the ein=words have the same endings as ein, we use the following genitive forms of the ein=words:

GENITIVE CASE OF THE Ein=Words

BEFORE MASCULINE NOUNS	BEFORE FEMININE NOUNS
der Name meines Bruders	der Name meiner Schwester
der Name deines Bruders	der Name deiner Schwester
der Name seines Bruders	der Name seiner Schwester
der Name ihres Bruders	der Name ihrer Schwester
der Name unseres Bruders	der Name unserer Schwester
der Name eueres Bruders	der Name euerer Schwester
der Name ihres Bruders	der Name ihrer Schwester

BEFORE NEUTER NOUNS

der Name meines Kindes
der Name deines Kindes
der Name seines Kindes
der Name ihres Kindes
der Name unseres Kindes
der Name eueres Kindes
der Name ihres Kindes

Übung

Go back to Grammar Note 3, Übung I, and replace each definite article: (*a*) by an indefinite article; (*b*) by an ein=word, using a different one for each phrase.

5. *Irregular Genitives.* The following examples will show you a few nouns which do not follow the usual pattern of genitive endings:

> Sie sind wohl der Vater **des** Studenten Schmalz?
> Ja, ich bin der Vater **des** Jungen.

What is the genitive ending of Student? of Junge? How do these endings differ from the usual pattern of genitive endings?

Some of the frequently used nouns having irregular genitive endings are:

Nom.	der Student	Nom.	der Junge	Nom.	der Knabe
Gen.	des Studenten	Gen.	des Jungen	Gen.	des Knaben

		Nom.	der Name		
		Gen.	des Namens		

6. *Prepositions Governing the Genitive Case.* The following phrases from this lesson contain some new prepositions. Note that these prepositions always govern the genitive case.

während **der** Nacht	während **des** Nachmittags
trotz **des** Regens	wegen **eines** Dienstmädchens

To these should be added the preposition anstatt, meaning *instead of*, and having a short form with the same meaning: statt.

PREPOSITIONS GOVERNING THE GENITIVE CASE

anstatt (statt), instead of	wegen, on account of
während, during	trotz, in spite of

Übungen

I. Give the English meaning of the following prepositional phrases:

anstatt meines Bruders	wegen ihrer Güte
während des Tages	trotz meiner Arbeit
wegen seiner Mutter	anstatt eueres Lehrers
statt des Geldes	wegen unserer Abfahrt
trotz des Wetters	während des Sommers

II. Express the following prepositional phrases in German:

during the winter	in spite of the rain
on account of the weather	during the night
instead of our teacher	instead of my homework

Aufgaben

I. Complete the definite article in the genitive case and add the correct ending of the noun when required:

1. Der Name d— Lehrer— ist Schulze. 2. Wie ist der Name d— Lehrerin? 3. Weißt du auch den Namen d— Schüler—? 4. Ja, sein

Vorname ist Otto, aber ich vergeſſe den Namen d– Familie. 5. Die Farbe d– Tafel ist ſchwarz. 6. Wie ist die Farbe d– Fenſter–? 7. Wie ist die Farbe d– Wand? 8. Da ist die Tür d– Zimmer–. 9. Iſt das die Bank d– Schülerin? 10. Das Geſicht d– Mann– ist rot. 11. Sind Sie der Vater d– Student– Meyer? 12. Ja, ich bin der Vater d– Junge–. 13. Ich weiß nur den Anfang d– Name–. 14. Er ſteht an der Ecke d– Straße. 15. Wer ist die Lehrerin d– Knabe–?

II. Complete the indefinite article in the genitive case and add the correct ending of the noun when required:

1. Die Arbeit ein– Dienſtmädchen– ist nie zu Ende. 2. Die Farbe ein– Wand ist weiß, gelb oder blau. 3. Warum ist der Anfang ein– Schularbeit immer ſchwer? 4. Die Stimme ein– Frau ist gewöhnlich hoch. 5. Nach dem Sommer ist das Geſicht ein– Knab– ganz braun. 6. Der Anzug ein– Lehrer– ist manchmal ſchwarz oder grau. 7. Oft ist die Stimme ein– Mutter ſehr aufgeregt. 8. Die Größe ein– Familie macht der Mutter viel Arbeit. 9. Nicht immer antwortet ein Lehrer auf die Frage ein– Jung–. 10. Die Frage ein– Student– ist nicht immer klug.

III. In Aufgabe I, replace each definite article by a suitable possessive adjective: mein, dein, ſein, etc.

IV. Rewrite the following sentences, changing the words in parentheses to the genitive case:

1. Während (die Nacht) ſchlafe ich gut. 2. Während (der Tag) gehe ich zur Schule. 3. Was tuſt du während (der Nachmittag)? 4. Manchmal bleibe ich zu Hauſe wegen (meine Mutter). 5. Hans bleibt zu Hauſe nur wegen (ſein Brüderchen). 6. Anſtatt (ſeine Schweſter) gibt er acht auf das Kind. 7. Trotz (ſein Freund) geht er nicht auf die Straße. 8. Anſtatt (die Schularbeit) ſchreibt er eine Geſchichte. 9. Während (der Abend) ſitzt er und lieſt die Zeitung. 10. Er hat keine Angſt trotz (unſere Lehrerin).

V. Überſetzen Sie ins Deutſche:

MY FRIEND'S MOTHER

1. My friend's (m. or f.) name is . . . 2. He (She) is . . . years old. 3. He (She) lives in a house next to a park. 4. During the afternoon we play in the park. 5. When *it rains* we play in his (her)

house.   6. During the evening we write our homework together.
7. My friend's (*m. or f.*) mother is always *at home*.   8. The color of
her hair is brown, and her eyes are also brown.   9. When I come
she greets me and says, "*Have a seat.*"   10. Then she gives me cake
and milk.   11. I say, "*Thanks very much,* Mrs. . . ."   12. My
friend's (*m. or f.*) mother is good, *isn't she?*

Wortspiel

SCHULARBEIT

How many German words can you make up by using only letters from
the word above?   This word contains 65 German words that have occurred so far.   You should try at least for a minimum of 40.

RULES: *a*) Words may consist of two or more letters.
  b) Any part of speech may be used, including different persons
  and numbers of the same verb.
  c) Any of the letters in the given word may be used either as
  capitals or as small letters.
  d) All nouns must be capitalized, and all other words must be
  begun with small letters.
  e) In this game umlauts should not be used unless they occur
  in the word given.

PROCEDURE: To do your work systematically, print the word
  SCHULARBEIT at the top of a sheet of paper, taking care to space
  the letters widely.   Draw vertical lines between the letters so that
  each letter will be at the head of a column.   Look for words beginning
  with the first letter, then go to the second letter, and so on.
  At the end of twenty minutes, stop your work and compare your
  list with the complete list of 65 words which you will find below.
  If you find this game interesting, you can select a long word from
  one of the lessons, work out all the possible words it contains, and
  then try the puzzle on some of your classmates.

ANSWER

Sache	hart	ab	reich	brichst
schreibt	haft	aber	reicht	bricht
Schule	hat	ach	reichst	Buch
sehr	Haus	acht	reist	Eis
sei!	Herbst	alt	bei	er
seit	Heu	an	besucht	erst
sich	hier	Arbeit	bis	es

sie	Hut	auch	bist	euch
Stuhl	Uhr	aus	blau	ich
habe	lacht	rauche	brauche	ihr
habt	laut	rauchst	brauchst	ist
halb	leicht	raucht	braucht	Tisch
halte	liest	recht	breit	Tasche

LESESTÜCK FÜNFZEHN

IM GASTHOF [1]

[1] inn

Während des Abends geht ein Herr über eine Brücke [2] und kommt in ein Dorf.[3] Auf der Straße ist es kalt. Der Herr sucht [4] einen Gasthof. Endlich findet er einen neben der Kirche.[5] Der Name des Gasthofs ist: „Fremdenhafen." [6]

[2] bridge [3] village

[4] is seeking

[5] church

[6] "Foreigners' Haven"

Er geht hinein und sagt: „Guten Abend!"

„Guten Abend!" antwortet der Wirt.[7] „Kommen Sie nur herein! Bitte, nehmen Sie Platz!" Die Stimme des Wirtes ist freundlich. Der Gast [8] dankt dem Wirt und setzt sich.

[7] innkeeper

[8] guest

„Haben Sie ein Zimmer für mich?" fragt er.

„O ja, ich habe eines über dem Garten. Das Bett ist gut und die Fenster des Zimmers sind groß und hell."

Der Gast kommt in das Zimmer. Er stellt seinen Koffer auf den Fußboden und setzt sich ans Feuer. Später geht er an den Tisch.

Der Wirt stellt ein Glas Wein auf den Tisch. Dann bringt er das Essen.

Der Gast ißt. Es ist warm in dem Gasthof. Neben dem Feuer liegt der Hund und gähnt.[9] Die Wärme des Feuers macht ihn schläfrig.

[9] yawns

Der Gast sagt zum Wirt: „Wo ist Ihr Dolmetscher?" [10]

[10] interpreter

„Wir haben keinen."

Der Gast zeigt auf ein Schild an der Wand,

worauf steht: „Hier **spricht man** [11] deutsch,   [11] are spoken
englisch, französisch, spanisch, italienisch und
russisch.“

„Nun, wer spricht denn alle die Sprachen?“ [12]   [12] languages
fragt er.

„Die Gäste,“ antwortet der Wirt.

BAVARIAN FISHERMAN. Leather breeches and suspenders are also worn by city dwellers. (Below) IDYLLIC OBERAMMERGAU. In this charming Bavarian village some of the finest wood carving is done. The little town has achieved world renown chiefly through the Passion Play produced every ten years.

16

Lektion Sechzehn

Der Dieb [1] im Hause

[1] thief

A. Erster Teil

Herr Krause hat ein Haus. Daneben [2] steht ein Baum. Er hat auch einen Garten. Dadurch [3] fließt ein Bach.[4] Es ist sehr schön und ruhig [5] im Garten. Im Hause aber ist es nicht immer so.

[2] Beside it
[3] Through it
[4] brook   [5] quiet

Ja, Herr Krause liebt [6] Ruhe im Hause, aber er hat eine Frau, eine Tochter, einen Sohn, einen Hund und einen Papagei.[7] Die Frau spielt Klavier,[8] die Tochter spielt Geige, und der Sohn spielt Flöte. Dabei [9] bellt der Hund und der Papagei schreit.[10] Herr Krause ist sehr unglücklich darüber.[11] Es ist so viel Lärm [12] im Hause!

[6] loves
[7] parrot   [8] piano
[9] With it (all)
[10] screams, yells
[11] about it
[12] noise, racket

Eines Nachts ist alles ruhig. Der Papagei und der Hund sind still. Die Frau, die Tochter und der Sohn schlafen. Herr Krause hat endlich Ruhe. Er freut sich [13] darüber.

[13] is happy

Plötzlich [14] hört er ein Geräusch [15] im Wohnzimmer. Er springt aus dem Bett und geht an den Nachttisch. Darauf [16] liegt ein Revolver. Er nimmt ihn und geht damit [17] in das Wohnzimmer. Darin hört er jemand.[18]

[14] Suddenly
[15] noise, sound
[16] On it
[17] with it [18] someone

Vokabeln

NOUNS

der **Bach** brook
der **Dieb** thief
der **Lärm** noise, racket
der **Nachttisch** night table
der **Papa-'gei** parrot

der **Re-'volver** revolver
die **Flöte** flute
die **Ruhe** quiet, rest

das **Ge-'räusch** noise, sound
das **Kla-'vier** piano

Da=COMPOUNDS	VERBS

Da=COMPOUNDS

dabei thereby, with it, with that, at the same time
dadurch through it, through that, by that means
damit with it, with that
daneben beside it, next to it
darauf thereupon, on it
darin therein, in it, in there
darüber over it, about it

VERBS

fließen to flow
lieben to love, like
schreien to yell, scream

REFLEXIVE VERB

sich freuen to be happy, rejoice
ich freue mich
du freust dich, *etc.*

Wo=COMPOUNDS

wodurch through what, by what means
womit with what
worüber over what, about what

PHRASES

eines Nachts one night
Er freut sich darüber. He is happy about it.
Er ist unglücklich darüber. He is unhappy about it.

OTHER WORDS

jemand someone, somebody
plötzlich suddenly
ruhig quiet, calm, restful

Fragen

1. Was steht neben dem Hause? 2. Wodurch fließt der Bach? 3. Wie ist es im Garten? 4. Ist es auch so im Hause? 5. Was liebt Herr Krause? 6. Wer spielt Klavier? Geige? Flöte? 7. Was tun der Hund und der Papagei dabei? 8. Worüber ist Herr Krause sehr unglücklich? 9. Worüber freut er sich eines Nachts? 10. Was hört er plötzlich? 11. Warum geht er an den Nachttisch? 12. Womit geht er in das Wohnzimmer?

B. Zweiter Teil

Herr Krause ist unruhig.[1] „Wer da?" ruft er. Kurz danach[2] sieht er einen Mann in der Mitte des Zimmers. Herr Krause hebt[3] den Revolver und fragt: „Was machen Sie da?"

Der Mann schweigt.[4]

Da sieht Herr Krause etwas auf dem Fußboden. Es ist ein Bündel. Der Mann steht davor.[5] Jetzt

[1] uneasy
[2] Shortly thereafter
[3] raises
[4] is silent
[5] in front of it

weiß Herr Krause, der Mann ist ein Dieb. Er
spricht mit ihm.

„Was machen Sie mit dem Bündel?"

Der Dieb schweigt.

„Was machen Sie damit?" wiederholt Herr Krause.
„Was ist darin?"

Endlich antwortet der Dieb: „Der Papagei und
der Hund sind darin."

„Sonst nichts?"

„Ja, die Geige und die Flöte sind auch darin," sagt der Dieb ängstlich. „Bitte, rufen Sie nicht die Polizei! Ich gebe Ihnen alles zurück!"

„Nein, nein!" sagt Herr Krause. „Ich rufe niemand.[6] Nehmen Sie nur das Bündel und gehen Sie ruhig fort!"

Der Dieb ist erstaunt.[7] Er nimmt das Bündel und geht damit zum Fenster.

Darauf[8] sagt Herr Krause: „Sagen Sie mir, Herr Dieb, können Sie vielleicht auch das Klavier mitnehmen?"

[6] no one

[7] astonished

[8] Thereupon

Vokabeln

NOUNS

der **Fußboden** floor

die **Mitte** middle, center

die **Poli-'zei** police

das **Bündel** bundle

OTHER WORDS

er-'**staunt** astonished

fort forth, away

niemand no one, nobody

unruhig restless, uneasy

Da-COMPOUNDS

danach after it, after that

davor in front of it

Wo-COMPOUNDS

worauf on what, whereupon

wovor in front of what

VERBS

heben to raise, lift

Können Sie ...? Can you ...?

schweigen to be silent

   ich schweige I am silent

PHRASES

kurz danach shortly after (that)

Wer da? Who's there? Who goes there?

OPPOSITES

darunter — darauf (*or* darüber)

davor — dahinter (*or* danach)

eines Nachts — eines Tages

Fußboden — Decke

jemand — niemand

Lärm — Ruhe

ruhig — unruhig

schweigen — sprechen (*or* schreien)

sich freuen — unglücklich sein

Fragen

1. Was ruft Herr Krause? 2. Wen sieht er im Zimmer? 3. Mit wem spricht Herr Krause? 4. Antwortet der Mann? 5. Wovor steht er? 6. Wer

ist der Mann? 7. Worauf liegt das Bündel? 8. Was ist darin? 9. Warum hat der Dieb Angst? 10. Wen ruft Herr Krause? 11. Womit geht der Dieb zum Fenster? 12. Warum ist er erstaunt?

C. Vocabulary Notes

Misleading Resemblances. The following words are often confused because of slight differences in spelling, pronunciation, or both. Read each pair out loud and then give the English meanings.

Examples from This Lesson

schon — schön	warum — worum	wovor — wovon
Sohn — Sonne	alle — alles	Bach — Buch
schreit — schreibt	wer — wir	Hund — Hand
liebt — lebt	hebt — habt	sieht — zieht
Sie — sie	ihnen — Ihnen	Nachttisch — Nachtisch

Examples from Previous Lessons

weiter — wieder	Wagen — wegen	Zaun — Zahn
Regen — regnen	nehme — Name	Vetter — Wetter
seit — Seite	sitzen — setzen	Weg — weg
liegen — legen	Schritt — schreit	Stück — Stock
Gesicht — Geschichte	jung — Junge	voll — wohl
paar — Paar	Vieh — wie	weint — Wein
sehen — zehn	See — sie	Ferien — Freien
wann — wenn	denn — dann	Ziege — zeige

Examples of Triple Resemblances

lieben — leben — Leben	seit — Seite — seid
schreit — Schritt — schreibt	wann — wenn — wen
wer — wir — wahr	dann — denn — den
Sie — See — sieh	Wetter — Vater — Vetter

Das Diktat

Der Lehrer sagt:

„Wir schreiben jetzt ein Diktat. Schließen Sie die Bücher und legen Sie Feder und Papier nieder. Zuerst schreiben Sie nichts. Sie hören nur, was ich lese, und sehen auf meine Lippen. Ich lese zuerst die ganze Geschichte durch. Aufpassen!" Der Lehrer liest die Geschichte bis zu Ende. Dann sagt er:

FRIESIAN FISHERFOLK. In the North Sea, near the coast, is a string of islands inhabited by sturdy fishermen known as Friesians. The West Friesian islands belong to Holland, the East Friesian to Germany. There are many delightful bathing beaches on these islands, as at Borkum, where this happy young couple are displaying their Sunday finery.

„Jetzt nehmen Sie die Feder in die Hand. Ich lese zuerst einen ganzen Satz, dann lese ich kurze Wortgruppen. Schreiben Sie nichts, bis ich es sage. Nun fangen wir an. Der Titel heißt:

Erste Liebe

Die Schüler haben Ferien. Im Freien ist es nicht schön. Schon seit zehn Uhr scheint die Sonne nicht mehr und es regnet. Das Wetter ist schlecht.

Karls Vater ist unruhig, denn sein Sohn ist noch nicht zu Hause. Karls Vetter Hans wartet auch. Wenn Karl nicht kommt, dann geht Hans weg, denn er hat keine Zeit.

„Wann kommt er denn nach Hause?" fragt der Vetter den Vater.

Der Vater antwortet: „Wer weiß, wann er kommt? Der Junge lebt für sich allein. Wir wissen nie, wo er ist. Der Weg nach Hause ist nicht lang, doch bleibt er lange weg. Ach, ihr Jungen, ihr seid alle schlecht!"

„Vielleicht kommt er spät wegen des Regens," sagt der Vetter.

„Niemand bleibt lange im Regen," sagt der Vater. „Da ist kein Hund auf der Straße!"

Nun, wo bleibt denn der Hans?

Er steht im Regen vor Annas Haus. Niemand sieht ihn, denn er ist auf einer Seite hinter einem Wagen. Er liebt die Anna sehr, doch weiß sie nichts davon. So vergißt er die Zeit, das Wetter, den Vater und den Vetter!

D. Grammar Notes

1. **Da-***Compounds.* *Introduction.* In English we have many prepositions attached to the word *there* to form compounds. Examples are: *thereafter, thereby, therein, thereon, thereupon.* Such compounds are generally found in legal documents but are rarely used in everyday English speech. German, however, contains a fairly complete system of frequently used compounds of this type. You have already seen them in the stories up to this point.

2. *How to Form* **da-***Compounds.* Examples such as (*a*) dabei and (*b*) darüber will remind you how da-compounds are formed. All you have to do is start with da- and add the preposition. The connecting r, you will recall, is used whenever the preposition begins with a vowel (e.g., da + r + über = darüber).

Summary: (a) **da** + preposition (beginning with a consonant)
           (b) **da** + **r** + preposition (beginning with a vowel)

Übung

Form **da**=compounds, using the following prepositions:

aus	von	gegen	hinter	unter
bei	zu	um	in	vor
mit	durch	an	neben	zwischen
nach	für	auf	über	

3. *Meaning of the* **da**=*Compounds.* a) Basic Meanings. The following examples will show you how to figure out the meaning of these compounds:

Ex. Er geht in das Wohnzimmer. **Darin** hört er jemand.

Analysis: We know that **da** = *there*, and in = *in;* therefore the compound means *therein*, or in everyday English, *in there*.
Conclusion: The **da**= in this compound means *there*.

Ex. Herr Krause hat ein Haus. **Daneben** steht ein Baum.

Analysis: We know that **da** = *there*, and neben = *next to*. The meaning we get out of this compound is *there + next to*, or *next to there*. What does the *there* refer to in this example? The house, of course. What would you say in English instead of *there* in referring to the house? We usually say *it*. Hence, **daneben** in this example means *next to it*.
Conclusion: The **da**= in this compound means *it*.

b) Extended Meanings. The basic meaning of **darüber** is *over it*, as in:

Vor dem Laden ist ein Ladenfenster. **Darüber** ist ein Schild.
    In front of the store is a store window. Over it is a sign.

However, a number of phrases in German always occur with a certain preposition which is not always the same that we use in the corresponding English expression.

Ex. Er freut sich **darüber.**   He is happy about it. He rejoices
                            at that.
    Er ist unglücklich **darüber.** He is unhappy about it (that).

Analysis: As we have seen, the basic meaning of über is *over*, but the foregoing examples show us that we say *about* or *at* in the corresponding English expression. Thus, the meaning of darüber is extended to *about it (that)*, or *at that*.

Conclusion: The da= in the above examples can also mean *that*.

The compound dabei is also used in an extended meaning.

Ex. **Dabei** bellt der Hund und der Papagei schreit.

Analysis: The basic meaning of dabei is *with it*. However, the sentences preceding it in the story indicate that a number of actions are taking place.

Conclusion: Hence, the meaning of dabei is extended to *with it all, in the midst of it all*, or *at the same time*.

Übung

Give the meaning of the da=compounds in the following sentences:

1. Großvater öffnet die Schachtel und nimmt eine Krawatte **daraus**. 2. Das Geschenk ist schön. Er dankt Marie **dafür**. 3. Ich habe etwas in meiner Hand. Was ist **darin**? 4. Da ist mein Haus. **Dahinter** ist ein Garten. 5. Jeden Sommer ist Karl auf dem Lande. Er erzählt oft **davon**. 6. Er lernt auch gut in der Schule. Vater ist froh **darüber**. 7. Um drei Uhr ist die Schule aus. Die Schüler warten **darauf**. 8. Nach der Schule spielen wir Ball. Vater sagt nichts **dagegen**. 9. Hans arbeitet nach der Schule. **Dafür** bekommt er zwanzig Pfennig. 10. Marie kämmt sich die Haare und singt ein Lied **dabei**.

4. *How to Use the* **da**=*Compounds.* The da=compounds are generally used to avoid monotonous repetition of nouns referring to things.[1] For example, instead of saying Er hat ein Haus. Neben dem Haus ist ein Baum, we do not repeat the word Haus, but replace it by a da=, to which we attach the preposition that begins the phrase (neben), giving us daneben. Thus, the whole phrase neben dem Haus becomes daneben, and the result is: Daneben ist ein Baum.

Similarly, when saying Da ist ein Bündel. Was ist in dem Bündel? the phrase in dem Bündel becomes darin, giving us Was ist darin?

Note 1. Nouns referring to persons can never be replaced by ba=, since
ba= means *it*. Thus, to avoid repetition of a noun referring to
a person, we must use a suitable pronoun.

> *Ex.* Der Mann ist ein Dieb. (Herr Krause spricht mit dem
> Dieb.) Herr Krause spricht mit ihm.

Übung

Substitute ba=compounds for the following phrases:

durch den Garten	über dem Fenster
auf dem Nachttisch	zwischen dem Haus und dem Garten
gegen den Baum	an der Tafel
vor dem Haus	aus dem Buch
hinter der Tür	mit einem Bleistift

5. **Wo=***Compounds*. The sentences below will show you the use
and the meaning of the wo=compounds:

> *Statement:* Durch den Garten (*or* dadurch) fließt ein Bach.
> *Question:* Wodurch fließt ein Bach?

> *Statement:* Er freut sich über die Ruhe (*or* darüber).
> *Question:* Worüber freut er sich?

When are the wo=compounds used? How are they formed?
What two meanings do you see in the wo= of the compound?

Conclusions: *a*) Wo=compounds are used to form questions about
statements containing prepositional phrases or ba=compounds.

b) They are formed by starting with wo= and attaching the same
preposition used in the original statement (e.g., wodurch). A
connecting r is used when the preposition begins with a vowel
(e.g., worüber).

c) The meaning of the wo= is *where* or *what*.

Übungen

I. Form wo=compounds, using the preposition lists given in Grammar Note 2, page 209.

II. Give the meaning of all the wo=compounds in the Fragen on pages 203
and 205.

III. Make up questions beginning with wo=compounds for the statements in the Übung of Grammar Note 3, page 210.

SUMMARY OF Da=COMPOUNDS

(Extended meanings are in italics.)

daraus, out of it (that, there)

dabei, with it, by it, *in the midst of it all, at the same time*

damit, with it (that)

danach, after that, thereafter

davon, from it, of it, *about it*

dazu, to it, *for it, in addition*

dadurch, through it, *by that means*

dafür, for it (that)

dagegen, against it, *on the contrary*

darum, around it, *for that reason*

daran, to it, at it, *of it*

darauf, on it, thereupon, *after that, for it*

dahinter, behind it (that, there)

darin, in it (that, there)

daneben, next to it

darüber, over it, *about it, at it*

darunter, under it (that, there)

davor, in front of it, before it, *of it*

dazwischen, in between

SUMMARY OF Wo=COMPOUNDS

(Extended meanings are in italics.)

woraus, out of what (where)

wobei, with what, by what, whereby, *at which time*

womit, with what

wonach, after what

wovon, of what, from what

wozu, to what, *for what, for what purpose, why*

wodurch, through what, through where, *by what means*

wofür, for what, wherefore

wogegen, against what

worum, around what, *for what*

woran, to what, at what, *of what*

worauf, on what, whereupon, *for what*

wohinter, behind what

worin, in what, wherein

woneben, next to what

worüber, over what, *about what*

worunter, under what

wovor, in front of what, before what, *of what*

wozwischen, between what

Aufgaben

I. Rewrite the following story, replacing each prepositional phrase in heavy type by a da=compound:

Ex. 1. Herr Krause ist unglücklich darüber.

1. Herr Krause ist unglücklich über den Lärm. 2. Er gibt keinen Pfennig für den Papagei. 3. Mit der Geige hat er auch kein Glück.

4. Er liebt Ruhe und wartet **auf die Nacht.** 5. **Nach dem Lärm** ist es still im Schlafzimmer. 6. Da hört er ein Geräusch **unter dem Schlafzimmer.** 7. Er gibt acht **auf das Geräusch.** 8. Er springt aus dem Bett. **Neben dem Bett** ist ein Nachttisch. 9. Er nimmt einen Revolver **von dem Nachttisch.** 10. **Mit dem Revolver** geht er ins Wohnzimmer. 11. **In dem Wohnzimmer** sieht er einen Dieb. 12. **Auf dem Fußboden** sieht er ein Bündel. 13. Der Dieb steht **vor dem Bündel.** 14. Er trägt das Bündel **von dem Haus,** aber nicht das Klavier. 15. **Mit dem Klavier** ist es nicht so leicht.

II. Make up questions in German for each of the sentences in Aufgabe I, above. Begin each question with a wo=compound.

    Ex. 1. Worüber ist Herr Krause unglücklich?

III. Supply the correct da=compound as indicated:

    1. Ein Bild hängt an der Wand; (*over it*) sind Blumen; (*under it*) ist Großvaters Name. 2. Er hat heute Geburtstag und wir freuen uns alle (*at it*). 3. In der Mitte des Wohnzimmers steht das Klavier mit Blumen (*on it*). 4. (*Next to it*) steht der Tisch. 5. (*In between*) ist ein Stuhl, wo Großvater sitzt, und ich stehe (*behind it*). 6. Auf dem Tisch ist eine Schachtel und (*in front of that*) liegt ein Brief. 7. Die Schachtel hat eine Krawatte (*in it*). 8. Wir geben Großvater das Geschenk und den Brief (*with it*). 9. Er dankt uns (*for it*) und nimmt die Schachtel. 10. Er nimmt die Krawatte (*out of it*) und lacht (*at the same time*).

IV. Supply the correct wo=compound as indicated. Then answer each question with a complete sentence in German.

    1. (*About what*) freuen wir uns? 2. (*On what*) hängt ein Bild? 3. (*On what*) steht das Geschenk? 4. (*In what*) ist die Krawatte? 5. (*For what*) dankt uns der Großvater?

V. Replace each prepositional phrase in heavy type: (*a*) either by a da=compound or (*b*) by the same preposition plus a pronoun, as the meaning requires.

    REMINDER: Da=compounds can only be used when the noun after the preposition is a *thing*. When the noun is a *person*, it must be replaced by a suitable pronoun in the same case. (See Note 1, page 211.)

Ex. a) Ich schreibe **mit dem Bleistift.** Ich schreibe **damit.**
b) Er spricht **mit dem Lehrer.** Er spricht **mit ihm.**

1. Der Onkel erzählt **von der Reise.** 2. Herr Krause erzählt **von dem Dieb.** 3. Herr Meyer freut sich **über seinen Sohn.** 4. Ich warte **auf meinen Freund.** 5. Warten Sie **auf den Zug?** 6. Die Schüler lachen **über die Geschichte.** 7. **Bei meiner Tante** gibt es immer Kuchen und Schokolade. 8. **Nach der Schule** gehen die Kinder spazieren. 9. **Zum Geburtstag** bekomme ich ein Geschenk. 10. Die Blumen sind **für meine Mutter.**

VI. Übersetzen Sie ins Deutsche:

A THIEF IN THE NIGHT

1. The family is in the living room. 2. My cousin Hans says to Father, "Tell us a story!" 3. Father laughs, and *at the same time* begins the story. 4. "All is quiet in the house *one night.* 5. Suddenly I hear a sound in the kitchen. 6. Mother is uneasy and says, 'Someone is in the kitchen!' 7. I shout, 'Who's there?' but no one answers. 8. *Shortly after*, I take my revolver, go into the kitchen, and . . ." 9. "You see a thief!" cries Hans. 10. Father laughs, "No, only the cat, and *I am happy about it!*"

LESESTÜCK SECHZEHN

ROTKÄPPCHEN *

Rotkäppchen ist ein Mädchen. Sie ist klein und hübsch.[1] Weil[2] sie eine rote Kappe trägt, heißt sie Rotkäppchen.

[1] pretty [2] Because

Eines Tages sagt die Mutter: „Geh zur Großmutter. Hier habe ich einen Kuchen. Bring ihr ein Stück davon."

„Ja, Mutter. Aber wo ist der Korb?"[3]

[3] basket

„Dort, beim Tisch; er steht darunter."

Die Mutter nimmt den Korb und legt Kuchen und Obst darein. Sie stellt auch einen Krug Milch dazu. Dann legt sie ein Glas daneben.

* *Little Red Riding Hood.*

„Großmutter soll auch Milch trinken," sagt die Mutter.

Rotkäppchen nimmt den Korb und geht damit fort. Sie kommt an den Waldweg [4] und geht dadurch. Im Walde sieht sie Blumen. „Ach, wie schön," sagt sie. „Ich bringe Großmutter einige davon." Sie pflückt die Blumen und füllt den Korb damit. Plötzlich sieht sie einen dicken Baum. Dahinter ist ein Tier.[5] Es ist der Wolf! Er sagt: „Guten Tag, Rotkäppchen. Wohin gehst du?"

Sie antwortet: „Ich gehe zur Großmutter. Sie ist krank und liegt im Bett."

„Worin?"

„Im Bett. Sie kann nicht gehen."

Der Wolf sagt, „Auf Wiedersehen," und geht schnell zur Großmutter. Er frißt [6] sie auf und legt sich ins Bett. Er liegt darin unter der Decke,[7] als Rotkäppchen hereinkommt. „Wo bist du, Großmutter? Ich sehe dich nicht," sagt das Kind.

„Im Bett," sagt der Wolf.

„Worunter liegst du denn?"

„Ich liege unter der Decke."

„Warum? **Woran denkst du?**" [8] fragt Rotkäppchen.

„Ich denke an dich, mein liebes Kind."

„Aber wovon lebst du, Großmutter?"

„Von Fleisch und Blut!" schreit der Wolf im Bett. Er springt heraus und frißt Rotkäppchen auf. Dann geht er ans Feuer und legt sich daneben.

Rotkäppchens Vater kommt an die Tür und klopft, aber niemand kommt. Da öffnet er die Tür und **tritt ein**.[9] Er sieht den Wolf an dem Feuer. Schnell nimmt er sein Messer und

[4] forest path
[5] animal
[6] devours
[7] blanket
[8] What are you thinking of?
[9] enters

tötet [10] den Wolf damit.   Danach schneidet [11]   [10] kills   [11] cuts
er ihm den Leib [12] auf.   Rotkäppchen ist darin.   [12] body
Sie springt froh heraus.

Der Vater freut sich darüber.   „Sie lebt, sie
lebt!   **Gott sei Dank!**" [13] ruft der Vater.   [13] Thank God!

Aus den „Kindermärchen" von J. und W. Grimm (frei nacherzählt)

17

Lektion Siebzehn

Ohne Medizin schläft er nicht!

A. Erster Teil

Eines Abends ist ein Professor zu Besuch [1] bei einem Freund. Sie sprechen viel und achten nicht auf [2] die Zeit. Nach ein paar Stunden [3] ist es schon spät. Der Professor will nach Hause gehen, aber plötzlich fängt es an zu regnen.

„Darf [4] ich noch ein paar Minuten bleiben?" fragt der Professor.

„Gewiß!" antwortet der Freund. „Sie können jetzt nicht gehen! Es ist doch unmöglich. [5] Im Regen kann man [6] sich leicht erkälten. [7] Wissen Sie was? Sie übernachten hier bei uns!"

„Das ist sehr freundlich von Ihnen," sagt der Professor, „aber ich kann leider [8] nicht bleiben. Morgen früh [9] soll [10] ich an der Universität reden und ich bin gern [11] pünktlich. [12] Darum [13] muß ich jetzt nach Hause eilen." [14]

„Aber nein!" sagt der Freund. „Sie sollen hier bleiben! Sie kommen schon rechtzeitig [15] auf die Universität, denn morgen stehen wir Punkt sieben Uhr auf. Wir mögen nicht im Sommer zu Hause bleiben. Wir wollen aufs Land gehen und der Zug fährt um acht Uhr ab. Wir müssen pünktlich auf dem Bahnhof sein!"

„Gut," antwortet der Professor, „dann dürfen Sie mich hier behalten." [16]

[1] on a visit
[2] pay no attention to
[3] hours
[4] May
[5] impossible
[6] one [7] catch cold easily
[8] unfortunately
[9] Tomorrow morning [10] am to
[11] like to be
[12] punctual
[13] Therefore
[14] hurry
[15] on time
[16] keep

Vokabeln

NOUNS

der **Be='such** visit
der **Punkt** point, period
die **Stunde** hour
  pl. die **Stunden**
die **Universi='tät** university

ADJECTIVES AND ADVERBS

darum therefore, for that reason
leider unfortunately
pünktlich punctual
rechtzeitig on time
unmöglich impossible

INDEFINITE PRONOUN

man one, people (*in general*)

PHRASES

an der Universität at the university
auf die Universität to the university
morgen früh tomorrow morning
zu Besuch on a visit

VERBS

achten (auf) to pay attention (to)
be='halten to keep
eilen to hurry
sich er='kälten to catch cold
  ich erkälte mich
  du erkältest dich
  er erkältet sich
über='nachten to stay overnight

MODAL AUXILIARIES

darf may, am (is) permitted
dürfen may, are permitted

kann can, am (is) able
können can, are able

mag like(s)
mögen like

muß have (has) to, must
müssen have to, must

soll am (is) to
sollen are to

will want(s)
wollen want

Fragen

1. Bei wem ist der Professor eines Abends? 2. Warum achten sie nicht auf die Zeit? 3. Wie lange sprechen sie? 4. Warum kann der Professor nicht nach Hause gehen? 5. Was fragt er den Freund? 6. Warum ist es ungesund, im Regen zu sein? 7. Was soll der Professor bei dem Freund tun? 8. Wann soll der Professor an der Universität reden? 9. Wie ist er gern? 10. Wohin muß er jetzt eilen?

B. Zweiter Teil

Das Gespräch[1] dauert[2] noch **eine halbe Stunde.** Dann sagt der Freund zum Professor: „Darf ich Sie jetzt auf Ihr Schlafzimmer begleiten?"[3]

[1] conversation
[2] lasts

[3] accompany

"ALT HEIDELBERG, DU FEINE." The little town of Heidelberg, the home of Germany's oldest university, is as beautiful and as romantic as ever. Countless tourists visit the famous castle with its gigantic wine cask, and look down upon the arches of the Karl Theodor Bridge spanning the lovely Neckar River.

Der Profeſſor ſieht auf ſeine Uhr und ſagt: „Iſt es
möglich? Halb zwölf! Ja, ja, es iſt ſchon Zeit."

Oben [4] im Schlafzimmer ſagt der Freund: „Hier   [4] Upstairs
dürfen Sie machen, was Sie wollen."

„Ach, wie ſchön!" ruft der Profeſſor.   „Hier mag
ich gern ſchlafen!"

„Das freut mich," [5] ſagt der Freund. „Gute   [5] I'm glad
Nacht!"

„Gute Nacht!" antwortet der Profeſſor.

Der Freund und ſeine Frau ſitzen noch eine Weile [6]   [6] a while longer
unten [7] im Wohnzimmer. Draußen [8] regnet es ſtark,   [7] downstairs
aber drinnen [9] iſt es ſchön und warm. Plötzlich   [8] Outside
klingelt es.[10]   [9] inside
                                                       [10] the bell rings
„Wer kann das ſein?" fragt die Frau.

Ihr Mann ſteht auf, geht zu der Tür und öffnet ſie.
Da ſteht der Profeſſor im Regen!

„Aber Herr Profeſſor, woher [11] kommen Sie denn?"   [11] from where
ruft der Freund erſtaunt.

Ganz ruhig antwortet der Profeſſor: „Ich komme
von zu Hauſe und bringe meine Medizin mit. Die
Medizin muß ich nehmen. Ich kann ſonſt nicht gut
ſchlafen."

Vokabeln

NOUNS

die **Medi-'zin** medicine
die **Weile** while

das **Ge-'ſpräch** conversation

OTHER WORDS

möglich possible
woher from where

OPPOSITES

draußen — drinnen
eilen — langſam gehen

halb — ganz
möglich — unmöglich
oben — unten
pünktlich ⎫
rechtzeitig ⎭ — ſpät
woher — wohin

VERBS

be-'gleiten to accompany, escort
dauern to last, take (time)
klingeln to ring, tinkle
mitbringen to bring (take) along
  ich bringe . . . mit

ADVERBS

draußen outside
drinnen inside
oben above, on top, upstairs
unten below, downstairs

PHRASES

Das freut mich. I am glad.
eine halbe Stunde half an hour
es klingelt the bell rings
noch eine Weile a while longer
sehen (auf) (acc.) to look at

Fragen

1. Wie lange dauert noch das Gespräch? 2. Was sagt der Freund zum Professor? 3. Worauf sieht der Professor? 4. Wohin begleitet der Freund den Professor? 5. Mag der Professor das Schlafzimmer? 6. Wie lange sitzen der Freund und seine Frau im Wohnzimmer? 7. Wie ist es draußen? drinnen? 8. Warum geht der Mann zu der Tür? 9. Wen sieht er draußen vor der Tür? 10. Woher kommt der Professor? 11. Was bringt er mit? 12. Warum muß er die Medizin nehmen?

C. Vocabulary Notes

Word Families. Supply the definite article for all nouns in the word families below. Then give the English meaning of each word or phrase.

Boden	Punkt	Zeit	sprechen	halten
Fußboden	pünktlich	rechtzeitig	Gespräch	behalten
man	Ruhe	Besuch	kalt	mögen
jemand	ruhig	zu Besuch	Kälte	möglich
niemand	unruhig	besuchen	sich erkälten	unmöglich
aus	in	Guten Morgen!		Nacht
außer	darin	eines Morgens		eines Nachts
daraus	drinnen	bis Morgen		Nachttisch
draußen	worin	Morgen — am Morgen		übernachten
woraus	worein	morgen — morgen früh		Mitternacht

Übungen

I. Supply the definite article of nouns and the English meaning of all the following compounds and phrases:

Außenseite	Besuchskarte	Pünktchen
Unruhe	Besuchstunden	nächtlich
Mainacht	Telephongespräch	Abfahrtszeit
heute morgen	über Nacht	Niemandsland
Nachtzug	ruhevoll	Nachttischlampe

II. The following story contains some of the compounds in Übung I as well as a few new ones. Read the story and then retell it in your own words in English. Give only a summary. Do not translate.

Wer ist Fritzchen?

Frau Volkers wohnt in einer Vorstadt Berlins. Eines Nachts klingelt das Telephon. Sie wartet schon stundenlang auf diesen Anruf. Es ist Doktor Morgenländer aus Berlin. In großer Unruhe hört sie ihn sagen: „Sie sollen morgen früh im Krankenhaus sein, Punkt acht Uhr! Besuchstunden sind nur von acht bis neun. Darum müssen Sie mit dem Siebenuhrzug fahren. Sie wollen doch rechtzeitig ankommen, nicht wahr? So notieren Sie sich die Abfahrtszeit des Zuges und auch die Adresse und Telephonnummer des Krankenhauses."

„Aber Herr Doktor, darf ich Sie fragen, wie es dem kleinen Fritzchen geht?"

„Ich habe jetzt leider keine Zeit, Ihnen alles zu erklären."

„Bitte, Herr Doktor, ich mag doch nicht bis über Nacht warten. Können Sie mir nicht sagen, um wieviel Uhr die Operation ist?"

„Leider nicht. Davon weiß ich noch nichts. Auf Wiedersehen!" Damit ist das Telephongespräch zu Ende.

Frau Volkers geht ins Schlafzimmer zu ihrem Nachttisch. Neben der Nachttischlampe steht ein Bild. Sie hebt es an ihre Lippen und küßt es. Darauf fängt sie an, laut zu weinen. „Ach, mein liebes, kleines Baby! Mein Fritzchen! Mein Leben!"

Und wessen Bild ist es, worüber sie weint? Es ist das Bild eines Hündchens!

D. Grammar Notes

1. *The Modal Auxiliaries. Introduction.* In English, as well as in German, there are certain helping verbs or *auxiliaries* which are used to express states of mind or *moods.* Thus, when we say "Who *can* that be?" the verb "can" expresses the mood of probability or possibility. When we say "I *want* to go home!" the verb "want" expresses the mood of wish or desire. Because they express these moods, such verbs are called "mood auxiliaries," or more commonly, *modal auxiliaries.* (The word "modal" is the adjective form of *mood,* and the word "auxiliary" means *helper.*)

2. *The Forms of the Modal Auxiliaries.* The following tabula-

tion will show you the forms of the German modal auxiliaries. They are easy to learn, since so many of the forms
are the same. Note where the forms are the same and where
they are different.

Infin. dürfen	können	mögen	müssen	sollen	wollen
to be permitted to (may)	to be able to (can)	to like	to have to (must)	to be (sup- posed) to	to want to
SINGULAR					
1. ich darf	kann	mag	muß	soll	will
2. du darfst	kannst	magst	mußt	sollst	willst
3. er sie es darf	kann	mag	muß	soll	will
PLURAL					
1. wir dürfen	können	mögen	müssen	sollen	wollen
2. ihr dürft	könnt	mögt	müßt	sollt	wollt
3. sie dürfen	können	mögen	müssen	sollen	wollen

NOTE: The polite forms of the modal auxiliaries are the same as the
third person plural, except that the pronoun is capitalized and the
form may be used in addressing either one or several persons.
They are: Sie dürfen, Sie können, Sie mögen, Sie müssen, Sie sollen,
Sie wollen.

Examine the infinitive forms of the modals. Which infinitives
do not have an umlaut? Which forms follow the infinitive in the
matter of umlauts, singular or plural? Which forms of the singular
are the same? Which forms of the plural are the same?

CONCLUSIONS: *a*) All the infinitives have an umlaut except
sollen and wollen.

b) All the plural forms have an umlaut except sollen and wollen.

c) The first and third persons singular are always the same.

d) The first and third persons plural are always the same.

Übung

Recite each of the following sentences in all persons and numbers:

Ex. Ich darf es nicht tun. Du darfst es nicht tun, *etc., etc.*

1. Ich kann nicht bleiben. 2. Ich mag immer pünktlich sein. 3. Ich muß
jetzt nach Hause gehen. 4. Ich soll an der Universität reden. 5. Ich will aufs

Land fahren. 6. Darf ich es sehen? 7. Muß ich immer warten? 8. Warum
mag ich gern zur Schule gehen? 9. Wann soll ich aufstehen?

3. *The Meaning of the Modal Auxiliaries.* The following
sentences from the story of this lesson will tell you the meaning of the modal auxiliaries:

Modal Auxiliary	General Meaning
dürfen: **Darf** ich noch ein paar Minuten bleiben? *May* I remain a few more minutes? Dann **dürfen** Sie mich hier behalten. Then you *may* keep me here.	Permission (*may, be permitted to*)
können: Ich **kann** leider nicht bleiben. Unfortunately, I *can* not remain.	Possibility, capability (*can, be able to*)
mögen: Ich **mag** immer pünktlich sein. I always *like* to be punctual. Wir **mögen** nicht im Sommer zu Hause blei= ben. We don't *like* to stay at home in the summer.	Liking, preference (*like*)
müssen: Darum **muß** ich jetzt nach Hause eilen. Therefore, I *must* hurry home now. Wir **müssen** auch pünktlich sein. We *have to* be punctual, too.	Necessity, compulsion (*must, have to*)
sollen: Morgen früh **soll** ich an der Universität reden. Tomorrow morning I *am to* speak at the university. Sie **sollen** hier bleiben! You *are to* remain here!	Obligation (*to be [supposed] to*)
wollen: Der Professor **will** nach Hause gehen. The professor *wants* to go home. Wir **wollen** aufs Land gehen. We *want* to go to the country.	Desire, wish (*want*)

Übungen

I. Give the English meaning of each of the sentences in the preceding Übung under Grammar Note 2.

II. Give the English meaning of each of the following sentences:

1. Darf ich jetzt nach Hause gehen? 2. Nein, du sollst hier bleiben. 3. Hier kann ich aber nicht schreiben. 4. Du mußt deine Schularbeiten zu Hause machen. 5. Warum dürfen Sie machen, was Sie wollen? 6. Ich tue, was ich muß. 7. Sie mögen wohl alles tun, nicht wahr? 8. Und du tust nur, was du magst. 9. Soll ich denn hier übernachten? 10. Nein, jetzt kannst du gehen, wenn du willst.

4. *The Delayed Infinitive.* A comparison of English and German sentences containing modal auxiliaries plus an infinitive will show you the differences in word order in the two languages. Observe where the infinitive goes in each of the sentences below.

Key: S = Subject; M = Modal Auxiliary; I = Infinitive; T = Time; P = Place.

$$S \quad M \longrightarrow I \quad P$$

Ex. A English: The professor wants to go home.

$$S \quad M \quad P \quad I$$

German: Der Professor will nach Hause gehen.

$$S \quad M \longrightarrow I \quad P \quad T$$

Ex. B English: I want to go home now.

German:
$$S \quad M \quad T \quad P \quad I$$
Ich will jetzt nach Hause gehen.

In the English sentences where does the infinitive (I) come with respect to the modal auxiliary (M)? Where does the infinitive (I) come in both German sentences?

In Example B there are two adverbs expressing time (T) and place (P). Which of these two comes first in English? Which comes first in German?

CONCLUSIONS: *a)* Unlike English, the German infinitive after a modal auxiliary is *delayed* until the end of the sentence. All remaining parts of the German sentence will therefore come before the infinitive.

b) Unlike English, the German adverb of time always comes *before* the adverb of place.

Übung

Übersetzen Sie ins Deutsche:

(Note that the preposition *to* of the English infinitive is not translated into German. The German infinitive after a modal auxiliary never has a zu before it. Thus *to go* = gehen, *to yell* = schreien, *to talk* = reden, *to tell* = erzählen, *to stay overnight* = übernachten, etc.)

1. I have to go home. 2. We are not permitted to yell. 3. Anna wants to talk now. 4. May I tell a story? 5. May I stay here overnight? 6. You (*familiar*) can't go home now. 7. I can't remain here. 8. I like to remain at home. 9. Do you (*polite*) like to go to school? 10. You (*plural*) have to be here at eight o'clock. 11. I am supposed to visit my cousin, but I don't like to travel by rail. 12. They are always supposed to be punctual, but they can never come on time.

Aufgaben

I. Change each subject and modal auxiliary to the plural. Remember that

the plural of ich	is	**wir** (stem) + **en**		
"	"	"	du	" **ihr** (stem) + **t**
"	"	"	er	
"	"	"	sie	} " **sie** (stem) + **en**
"	"	"	es	

1. Ich kann jetzt nicht nach Hause gehen. 2. Warum kannst du es nicht? 3. Es ist schon spät und ich mag nicht eilen. 4. Darf ich noch eine Weile bleiben? 5. Im Regen kann ich mich leicht erkälten. 6. Gewiß darfst du hier bleiben, wenn du willst. 7. Morgen soll ich um acht Uhr am Bahnhof sein. 8. Darum sollst du bei uns übernachten. 9. Ich muß morgen sehr früh aufstehen, und Anna auch. 10. Sie mag immer pünktlich sein. 11. Magst du es hier bei uns? 12. Anna, er muß hier bleiben!

II. Change each subject and modal auxiliary to the singular:

1. Die Kinder sollen nicht so viel Lärm machen. 2. Wir wollen reden. 3. „Ihr müßt ruhig sein!" ruft der Vater. 4. Die Kinder müssen darauf

achten. 5. Leider können sie nicht lange still bleiben. 6. Sie mögen laut schreien. 7. Darum können wir nicht reden. 8. Da ruft der Vater: „Könnt ihr nicht ohne Lärm spielen? 9. Wenn nicht, sollt ihr zu Bett gehen!" 10. Trotz des Vaters können sie nur eine Weile schweigen. 11. Es dauert nicht lange, bis der Vater ruft: „Ihr wollt nicht auf mich achten und mögt Lärm machen! 12. So dürft ihr jetzt nicht mehr spielen und müßt gleich zu Bett gehen!"

III. Supply the correct form of the modal auxiliary as indicated by the infinitive in parentheses:

1. Mein Freund (sollen) mich um acht Uhr besuchen. 2. Es klingelt und ich frage: „(dürfen) ich die Tür öffnen?" 3. „Du (sollen) warten," sagt die Mutter. 4. „Wer (können) das nur sein? 5. Du (dürfen) nicht öffnen. 6. Ich (müssen) zuerst wissen, wer es ist. 7. (mögen) du vielleicht einen Dieb im Hause haben?" 8. „Natürlich (wollen) ich keinen Dieb im Hause!" sage ich. 9. „Es ist mein Freund. Er (wollen) mich besuchen." 10. „Warum (können) du nicht warten?" fragt die Mutter. 11. „Man (können) nicht immer wissen. 12. Ich (wollen) zuerst sehen, wer da ist. 13. Es (können) auch ein Dieb sein." 14. Ich (mögen) nicht warten, aber ich (müssen). 15. Endlich aber (dürfen) ich die Tür öffnen und mein Freund (können) ins Haus kommen.

IV. Change each subject and modal auxiliary in Aufgabe III to the plural. Omit sentences 4, 11, and 13.

V. Supply the correct form of the modal auxiliary as indicated:

1. Ich (*like*) meinen Freund sehr. 2. Er (*likes*) mich auch. 3. Wir (*are to*) am Nachmittag im Park spielen. 4. Er (*has to*) zuerst nach Hause gehen, denn seine Mutter (*wants to*) wissen, wohin er geht. 5. Ich (*am permitted to*) nach der Schule tun, was ich (*want*), denn meine Mutter ist mir sehr gut. 6. Manchmal frage ich: „(*may*) ich im Park Ball spielen?" 7. Dann antwortet die Mutter gewöhnlich: „Du (*may*) alles tun, was du (*like*) und (*want*), du (*are to*) nur nicht auf der Straße spielen." 8. Mein Freund (*can*) nicht so glücklich sein. 9. Die Schüler (*like to*) nicht mit ihm spielen, denn sie (*have to*) immer auf ihn warten. 10. Ich sage zu ihnen: „Ihr (*must*) zu ihm freundlich sein, sonst (*can*) wir nicht mit euch spielen. 11. Natürlich (*want to*) ihr rechtzeitig beginnen und er (*wants to*) auch pünktlich hier sein, (*can*) es aber nicht!" 12. Die Schüler (*want to*) nicht warten, (*have to*) es aber, denn ohne ihn (*want to*) ich nicht spielen.

VI. Übersetzen Sie ins Deutsche:

DO YOU KNOW WHO I AM?

1. I have to be *at the university tomorrow morning, at nine o'clock sharp*. 2. Father says, "You must get up early. You want to come on time, *don't you?*" 3. *In the morning it is raining;* therefore I have to *take along* my umbrella. 4. On the way I see a girl without an umbrella. 5. "I am going *to the university*," I say. "May I accompany you?" 6. She says, "Thanks," and we walk together and talk. 7. During the conversation I say to her, "Professor Ollendorf is to speak *at nine o'clock*." 8. "Oh, how interesting!" says she. "Do you like to hear him?" 9. "No! I always sleep when he talks!" 10. Thereupon she says, "Do you know who I am? I am Miss Ollendorf, the professor's daughter!"

LESESTÜCK SIEBZEHN

WILHELM TELL

Wilhelm Tell ist ein Jäger.[1] Er hat einen Bogen[2] und kann damit gut schießen.[3] Er tötet[4] den Wolf und den Fuchs im Wald. Tell liebt die Natur und mag nicht im Dorf[5] leben.

[1] hunter
[2] bow   [3] shoot
[4] kills
[5] village

ROTHENBURG, THE JOY OF ARTISTS. Thousands of artists from all over the world have traveled to charming little Rothenburg ob der Tauber to paint its medieval towers and turrets, gateways and gables. One British painter fell so in love with them that he settled there and bequeathed his paintings to the town.

Er hat eine Frau und einen Jungen. Eines
Tages will er in das Dorf gehen, aber seine Frau
sagt:

„Du sollst nicht gehen, Wilhelm. Es ist gefährlich." [6]

„Ich muß gehen," sagt er. „Es ist wichtig."

„Darf ich mitgehen?" fragt Walter.

„Ja, du darfst," sagt der Vater.

Tell nimmt den Kleinen mit. Sie müssen
durch das Feld gehen. Endlich kommen sie ins
Dorf. Dort steht ein Stock; darauf ist ein
Hut. Ein Soldat [7] steht dabei.

„Was soll der Hut bedeuten?" [8] fragt Walter.

„Ich weiß es nicht. Komm, wir müssen
weiter."

Der Soldat **tritt vor.**[9] Er faßt [10] Tell.

„Du mußt den Hut ehren," [11] sagt er.

„Warum?" fragt Tell.

„Der Fürst [12] will es."

„Ich mag es nicht tun," sagt Tell.

„Dann können wir dich nicht gehen lassen.
Du mußt ins Gefängnis [13] gehen."

Walter weint. Da kommt der Fürst an. Er
sitzt auf seinem Pferd und fragt: **„Was ist
hier los?"** [14]

„Tell will den Hut nicht ehren," sagt der
Soldat.

„Also,[15] er will nicht. Gut," sagt der Fürst.
„Dann soll er uns zeigen, wie gut er schießen
kann."

„Er ist der beste Jäger im Land," sagt ein
Mann. „Er kann alles tun."

„Schön," sagt der Fürst. „Der Junge soll
dort beim Baum stehen. Hier, leg diesen Apfel
auf seinen Kopf.[16] Nun, Tell, jetzt darfst du

[6] dangerous

[7] soldier

[8] mean, signify

[9] steps forward
[10] seizes
[11] honor

[12] prince

[13] jail

[14] What's the
matter here?

[15] So

[16] head

zeigen, was du kannst. Schieß den Apfel
herunter."

Tells Gesicht wird [17] weiß. Er ist aber
mutig.[18] Er nimmt den Bogen und schießt.
Der Pfeil [19] trifft [20] den Apfel.

„Hurra!" schreit jeder. „Tell ist der beste
Jäger im Land! Tell ist der Meister!"

[17] becomes
[18] courageous
[19] arrow [20] hits

WALTERS LIED

(aus Schillers Drama *Wilhelm Tell*)

Mit dem Pfeil, dem Bogen,
　　Durch Gebirg [1] und Tal [2]
　　Kommt der Schütz [3] gezogen
　　Früh am Morgenstrahl.[4]

[1] mountain [2] valley
[3] hunter, bowman
[4] dawn

Wie im Reich [5] der Lüfte [6]
　　König ist der Weih,[7] —
　　Durch Gebirg und Klüfte [8]
　　Herrscht [9] der Schütze frei.[10]

[5] kingdom, domain
[6] air
[7] kite (*bird*)
[8] ravines
[9] reigns [10] free

Ihm gehört [11] das Weite,[12]
　　Was sein Pfeil erreicht,[13]
　　Das ist seine Beute,[14]
　　Was da kreucht [15] und fleugt.[16]

[11] belongs [12] space
[13] reaches, gets
[14] booty
[15] creeps [kriecht]
[16] flies [fliegt]

Lektion Achtzehn 18

SUMMARY OF VOCABULARY NOTES

1. The study of *word families* is one of the best ways of increasing vocabulary power because: (*a*) you can recall the meanings of related words more readily than isolated words; (*b*) you can figure out the meanings of new words containing elements you already know; (*c*) you can build new words according to the models you have learned. (Lektion 13)

2. *Rules of Gender.* (*a*) The gender of compound nouns is determined by the last component of the noun. (*b*) The diminutive suffixes –chen and –lein always indicate a neuter noun. (*c*) The suffix –in always indicates a feminine noun. (Lektion 13)

3. *Opposites.* The opposite or *antonym* of many German adjectives and nouns is formed by the prefix un–. (Lektion 13)

4. Many *feminine abstract nouns* can be formed from adjectives by capitalizing the adjective, using an umlaut, and adding an –e. (Lektion 15)

5. The study of words containing *misleading resemblances* increases accuracy of comprehension, pronunciation, and spelling. (Lektion 16)

6. The study of *new compounds* that have not occurred in previous lessons serves: (*a*) as a review of old vocabulary and (*b*) helps you to read and understand new material at sight. (Lektion 17)

STRESS

The following words taken from Lessons 13 through 17 do *not* have the major stress on the first syllable:

Ge='ſchichte   ge='wiß
er='klären   viel='leicht
ver='kaufen   Papa='gei
intereſ='ſant   Re='volver
ge='rade   Poli='zei
ge='wöhnlich   Ge='räuſch
Ho='tel   Kla='vier
The='ater   er='ſtaunt
Be='amte   Be='ſuch
Poli='zei=be='amte   Ge='ſpräch
Pro='feſſor   Medi='zin
Stu='dent   Univerſi='tät
Ge='ſicht   be='gleiten
Poli='zei='wache   be='halten
ver='ſchwunden   über='nachten
ge='nau   (ſich) er='fälten

Summary of Grammatical Forms

1. *Prepositions Governing the Accusative Case*

PREPOSITIONS	ACCUSATIVE ARTICLES			ACCUSATIVE Ein=Words *Same endings as* ein
	M.	F.	N.	
durch	den	die	das	mein, dein, ſein, ihr,
für	einen	eine	ein	unſer, euer, ihr, kein
gegen				
ohne	ACCUS. PERS. PRONS.			INTERROG. PRON.
um	SINGULAR	PLURAL		ACCUS. CASE
	1. mich	1. uns		
	2. dich	2. euch		wen?
	3. { ihn / ſie / es	3. ſie		

COMBINED FORMS

PREPOSITION + ARTICLE	Da + PREPOSITION		Wo + PREPOSITION	
durchs	dadurch	dagegen	wodurch	wogegen
fürs	dafür	darum	wofür	worum
ums				

2. *The Nine "Doubtful" Prepositions*

(Dative or Accusative)

VERB	PREPOSITION	CASE	DATIVE ARTICLES AND Ein=Words			DATIVE PRONOUNS	
			M.	F.	N.		
No motion or motion in place (Wo?)	an	DATIVE	dem	der	dem	mir	uns
			einem	einer	einem	dir	euch
	auf		meinem	meiner	meinem	ihm	
						ihr	ihnen
	hinter					ihm	
	in		INTERROG. PRON. DATIVE CASE				
			wem?				
	neben		ACCUSATIVE ARTICLES AND Ein=Words			ACCUSATIVE PRONOUNS	
			M.	F.	N.		
Forward motion→ (Wohin?) (Worein?)	über	ACCUSA-TIVE	den	die	das	mich	uns
			einen	eine	ein	dich	euch
	unter		meinen	meine	mein	ihn	
	vor					sie	sie
						es	
	zwischen		INTERROG. PRON. ACCUS. CASE				
			wen?				

COMBINED FORMS

PREPOSITION + ARTICLE	Da + PREPOSITION		Wo + PREPOSITION	
am	daran	darüber	woran	worüber
im	darauf	darunter	worauf	worunter
ans	dahinter	davor	wohinter	wovor
ins	darin	dazwischen	worin	wozwischen
aufs	daneben		woneben	

3. *The Genitive Case*

	GENITIVE			
PREPOSITIONS GOVERNING THE GENITIVE CASE	ARTICLES AND Ein=WORDS			Similar to meines, meiner, meines are:
	M.	F.	N.	
anstatt	des	der	des	dein, sein, ihr,
statt	eines	einer	eines	unser, euer, kein
während	meines	meiner	meines	
wegen				
trotz	INTERROG. PRON. GEN. CASE			
	wessen?			

NOUNS IN THE GENITIVE CASE		
MASC. AND NEUT. NOUNS *(one syllable)*	MASC. AND NEUT. NOUNS *(several syllables)*	FEMININE NOUNS
des Mannes	des Vaters	der Frau
eines Mannes	eines Vaters	einer Frau
meines Mannes	meines Vaters	meiner Frau
des Hauses	des Zimmers	der Mutter
eines Hauses	eines Zimmers	einer Mutter
meines Hauses	meines Zimmers	meiner Mutter

IRREGULAR GENITIVES			
N. der Junge	N. der Knabe	N. der Student	N. der Name
G. des Jungen	G. des Knaben	G. des Studenten	G. des Namens

4. Da= *and* Wo=*Compounds*

Da=COMPOUNDS		Wo=COMPOUNDS	
daraus	danach	woraus	wonach
dabei	davon	wobei	wovon
damit	dazu	womit	wozu

NOTE: The other da= and wo=compounds will be found under "Combined Forms" in Tables 1 and 2.

5. Irregular Verbs

finden (du findest, er findet)	aufstehen (ich stehe ... auf)
laufen (du läufst, er läuft)	mitnehmen (ich nehme ... mit)
behalten (du behältst, er behält)	mitbringen (ich bringe ... mit)

wissen	sich freuen (über)	sich erkälten
ich weiß	ich freue mich	ich erkälte mich
du weißt	du freust dich	du erkältest dich
er weiß	er freut sich	er erkältet sich
wir wissen	wir freuen uns	wir erkälten uns
ihr wißt	ihr freut euch	ihr erkältet euch
sie wissen	sie freuen sich	sie erkälten sich

6. Modal Auxiliaries

dürfen	können	mögen	müssen	sollen	wollen
ich darf	kann	mag	muß	soll	will
du darfst	kannst	magst	mußt	sollst	willst
er darf	kann	mag	muß	soll	will
wir dürfen	können	mögen	müssen	sollen	wollen
ihr dürft	könnt	mögt	müßt	sollt	wollt
sie dürfen	können	mögen	müssen	sollen	wollen

SUMMARY OF GRAMMATICAL RULES

1. The *accusative case* is always used after the prepositions **durch, für, gegen, ohne, um.** (Lektion 13)

   Ex. Um den Garten ist ein Zaun.
   Ich habe etwas für dich.

2. The *"doubtful" prepositions* are so called because they may govern either the dative or the accusative case.

   a) If the verb in the sentence indicates rest, or motion in the same place (answering the question Wo?), the object of the preposition will be in the dative case.

   b) If the verb in the sentence indicates motion toward the object of the preposition (answering the questions Wohin? or Worein?), the object of the preposition will be in the accusative case. (Lektion 14)

Ex. Wo ift der Stuhl? Er ift in dem Zimmer.
Wohin gehft du? Ich gehe in das Zimmer.

3. *a)* The *genitive case* is used to indicate possession, and after the prepositions anftatt, ftatt, während, wegen, trotz.

b) The genitive case of proper nouns in the singular is formed by adding an –s to the noun (without an apostrophe).

Ex. Pauls Vater ift Lehrer.

c) For common nouns, the genitive case of the singular usually ends in –es for monosyllabic masculines and neuters, and –s for polysyllabic masculines and neuters. (Feminine nouns have no ending at all in the genitive singular.)

Ex. Der Name des Mannes ift Schmidt.
Der Name des Mädchens ift Marie.
Der Name der Frau ift Elifabeth.

d) Unlike English, a long genitive form is usually used for common nouns in German. (Lektion 15)

Ex. der Name des Mannes, the man's name.

4. *a)* Da=*compounds* are used to avoid monotonous repetition of nouns standing after prepositions and denoting inanimate things.

Ex. Das Buch liegt auf dem Tifch. Es liegt darauf.

b) Since da means *it*, *that*, or *there*, a da=compound can never be used to replace a noun denoting a person. (Lektion 16)

Ex. Ich fpreche mit dem Mann. Ich fpreche mit ihm.

5. *a)* Wo=*compounds* are used to form questions involving the prepositional phrase in a statement. The same preposition as in the original phrase in the statement must be used to form the wo=question word.

Ex. Der Bach fließt durch den Garten. Wodurch fließt der Bach?

b) A wo=compound can never be used if the object of the preposition denotes a person, since wo means *what* or *where*. For questions involving persons, use the same preposition as in the original statement plus an interrogative pronoun (wem — dative, or wen — accusative).

> *Ex.* Ich spreche mit dem Knaben. Mit wem sprichst du?
> Er tut es für die Mutter. Für wen tut er es?

c) Instead of worin, use worein if the verb in the sentence indicates forward motion.

> *Ex.* Er legt die Pfeife in die Schachtel. Worein legt er die Pfeife?

d) For a question involving an indefinite destination or goal, use the question word wohin.

> *Ex.* Wohin gehen Sie?

e) For a question involving arrival from an indefinite place (from the questioner's point of view), use the question word woher. (Lektion 17)

> *Ex.* Woher kommen Sie?

6. a) The *modal auxiliaries* are so called because they are usually used as helping (auxiliary) verbs and express states of mind or "moods" such as: permission (dürfen), possibility, capability, or probability (können), liking (mögen), necessity or compulsion (müssen), obligation (sollen), and desire (wollen).

b) Modals may occur without any other verb in the sentence (the other verb being understood but not expressed).

> *Ex.* Ich kann es. I can do it.

c) Generally, however, the modal is an auxiliary to another verb (the infinitive without zu), which, contrary to English usage, is delayed until the end of the sentence.

> *Ex.* Ich kann es nicht tun. I can not do it.

d) If adverbial elements occur in a sentence after a modal, the adverb of *time* comes *before* the adverb of *place*, and, as always, the infinitive (without zu) is delayed till the end of the sentence. (Lektion 17)

> *Ex.* Ich kann es jetzt in der Schule nicht tun.

ACHIEVEMENT TEST — PART ONE

Instructions

Turn back to the Achievement Test — Part One, page 73, and read the instructions carefully. After you have labeled and numbered your answer paper, you are ready to begin this test.

Read all choices before making your selection.

No credit will be given for answers written in the book. All answers must be on your answer paper only.

A. After each number under A on your answer paper write the *letter* of the word that has its *major stress* on the same syllable as the major stress in the first word at the left.

Example: 11. ge=′wiß *a* öffnen *b* be=′halten *c* stellen *d* Kreide
Answer: 11. *b*

1. Klavier	*a* Student	*b* Viertel	*c* Schule	*d* leider
2. achten	*a* gerade	*b* Professor	*c* hören	*d* Gesicht
3. Brüderchen	*a* erklären	*b* Geräusch	*c* begleiten	*d* liegen
4. Theater	*a* außer	*b* Beamte	*c* Bertha	*d* schreiben
5. Universität	*a* gewöhnlich	*b* Natur	*c* behalten	*d* erkälten
6. Papier	*a* hinter	*b* Lineal	*c* Arbeit	*d* Monat
7. Hotel	*a* Bündel	*b* holen	*c* halten	*d* Papagei
8. übernachten	*a* mitbringen	*b* wiederholen	*c* Nachtisch	*d* Abend
9. verkaufen	*a* laufen	*b* Medizin	*c* Geschichte	*d* Ferien
10. interessant	*a* unmöglich	*b* Ruhe	*c* endlich	*d* Polizei

B. After each number under B on your answer paper write the *letter* of the word that belongs to *the same word family* as the first word on the left.

Example: 11. Zeit *a* seit *b* seid *c* sieht *d* Zeitung
Answer: 11. *d*

1. schreiben	*a* schreit	*b* schreift	*c* schreibt	*d* Schritt
2. nach	*a* Nachttisch	*b* noch	*c* Nachtisch	*d* Nacht
3. Zahnbürste	*a* zehn	*b* Zaun	*c* ziehen	*d* Zahn
4. leben	*a* Lebewohl	*b* lieben	*c* Liebchen	*d* liebst
5. wieder	*a* weiter	*b* Wetter	*c* Wiedersehen	*d* Vetter
6. Hausfrau	*a* froh	*b* Häuschen	*c* Hänschen	*d* früh
7. Eisenbahn	*a* essen	*b* Baum	*c* Eis	*d* Bahnhof
8. Lesebuch	*a* liest	*b* Bach	*c* braucht	*d* Kuchen
9. antworten	*a* warten	*b* interessant	*c* wahr	*d* Wort
10. Wohnzimmer	*a* worin	*b* gewöhnlich	*c* immer	*d* wohin

C. After each number under C on your answer paper write the *letter* of the word that is *opposite in meaning* to the first word at the left.

     Example: 11. ganz   *a* klein   *b* kurz   *c* nein   *d* halb
     Answer: 11. *d*

1. alle	*a* nicht	*b* ein	*c* viele	*d* niemand
2. reden	*a* lachen	*b* schreien	*c* rufen	*d* schweigen
3. unten	*a* über	*b* oben	*c* hoch	*d* vor
4. wohin	*a* worin	*b* woher	*c* worein	*d* woraus
5. davor	*a* dahinter	*b* dafür	*c* dadurch	*d* darüber
6. ruhig	*a* still	*b* Lärm	*c* Geräusch	*d* aufgeregt
7. gewiß	*a* traurig	*b* wegen	*c* vielleicht	*d* dumm
8. liegen	*a* stehen	*b* wahr	*c* lieben	*d* schlafen
9. genau	*a* ungefähr	*b* weiß	*c* schwarz	*d* schlecht
10. billig	*a* kosten	*b* manchmal	*c* teuer	*d* klein

D. After each number under D on your answer paper write the *letter* of the word that is approximately *the same in meaning* as the first word on the left.

     Example: 11. kalt   *a* warm   *b* Regen   *c* kühl   *d* erkälten
     Answer: 11. *c*

1. laufen	*a* fahren	*b* eilen	*c* reisen	*d* spazieren
2. pünktlich	*a* Zeit	*b* rechts	*c* rechtzeitig	*d* Punkt
3. draußen	*a* im Freien	*b* drinnen	*c* daraus	*d* Ferien
4. Student	*a* Lehrer	*b* Stunde	*c* Knabe	*d* Schüler
5. Zeit	*a* Zeitung	*b* will	*c* Weile	*d* seit
6. setzen	*a* heben	*b* sitzen	*c* stellen	*d* stehen
7. Ruhe	*a* Stille	*b* Lärm	*c* rufen	*d* unruhig
8. Straße	*a* Strauß	*b* Weg	*c* weg	*d* wegen
9. froh	*a* früh	*b* Frau	*c* glücklich	*d* klug
10. klar	*a* erklären	*b* Farbe	*c* hell	*d* breit

E. After each number under E on your answer paper write the *letter* of the English word that most accurately represents *the meaning* of the German word on the left.

     Example: 11. Schüler   *a* student   *b* pupil   *c* teacher   *d* school
     Answer: 11. *b*

1. Gesicht	*a* story	*b* weight	*c* face	*d* sight
2. wann	*a* why	*b* whom	*c* when	*d* wan
3. See	*a* see	*b* she	*c* lake	*d* you

4. denn	*a* the	*b* for	*c* thin	*d* den
5. Seite	*a* side	*b* since	*c* are	*d* sees
6. Schritt	*a* writes	*b* shouts	*c* cut	*d* step
7. Zaun	*a* tooth	*b* sound	*c* zone	*d* fence
8. hebt	*a* have	*b* heaped	*c* lifts	*d* lives
9. Stück	*a* piece	*b* stick	*c* breakfast	*d* stuck
10. Sonne	*a* son	*b* sun	*c* his	*d* sonny

ACHIEVEMENT TEST — PART TWO

Instructions

Follow the same instructions as for Part One. In Part Two, however, each answer will be a single German word or phrase.

No credit will be given for answers written in the book.

F. Supply the correct German word as indicated by the English word in parentheses.

> *Example:* 11. Der Knabe läuft durch (*the*) Garten.
> *Answer:* 11. den

1. An (*the*) Wand hängt ein Bild. 2. Lege das Buch auf (*a*) Tisch! 3. Die Tafel ist hinter (*our*) Lehrer. 4. Neben (*the*) Tür ist ein Fenster. 5. Der Student spricht mit (*his*) Professor. 6. Habt ihr keine Milch für (*your*) Kind? 7. Endlich kommt er in (*the*) Haus. 8. Anstatt (*my*) Schwester bleibe ich zu Hause. 9. Zuerst schreibe ich meinen Namen an (*the*) Tafel. 10. Setze dich auf (*your*) Stuhl!

G. Supply the correct German word as indicated by the English word in parentheses.

> *Example:* 11. Wer steht hinter (*me*)?
> *Answer:* 11. mir

1. Für (*me*) ist das sehr interessant. 2. Mit (*whom*) sprichst du? 3. Ohne (*her*) bin ich unglücklich. 4. Wann setzt ihr (*yourselves*)? 5. Hans steht vor (*us*) und lacht. 6. Hast du es gern bei (*him*)? 7. Hinter (*them*) liegt der Hund. 8. Ich setze mich immer neben (*her*). 9. Hans und Fritz, wir können ohne (*you*) nicht spielen! 10. (*Whose*) Buch ist das?

H. Supply the correct da- or wo-compound as indicated by the English words in parentheses.

Examples: 11. Was machst du (*with it*)?
             12. (*With what*) schreibt man?

Answers: 11. damit
             12. womit

1. (*Next to it*) steht eine Schachtel.   2. Das Klavier steht (*in between*). 3. (*Thereupon*) sah er den Dieb.   4. (*In it*) sitzt die Familie.   5. Kurz (*after that*) ist sie verschwunden.   6. (*In what*) liegt das Geschenk?   7. (*Over it*) kann ich das Bild sehen.   8. (*Into what*) legt er die Krawatte?   9. (*About what*) freut er sich?   10. (*Therefore*) muß ich nach Hause eilen.

I. Change: (*a*) each singular subject and modal auxiliary to the plural, and (*b*) each plural subject and modal auxiliary to the singular.

Examples: 11. Ich will heute zu Hause bleiben.
             12. Wollt ihr heute zu Hause bleiben?

Answers: 11. wir wollen
             12. willst du

1. Ich darf noch nicht rauchen.   2. Könnt ihr gut Ball spielen?   3. Sie will immer recht haben.   4. Wir mögen das Buch nicht.   5. Wann sollst du auf dem Bahnhof sein?   6. Dürfen wir hier übernachten?   7. Er muß bald zu Bett gehen. 8. Wie kannst du so viel Lärm machen?   9. Ihr müßt achtgeben!   10. Die Kinder sollen schweigen!

J. Choose the word or phrase that best completes the meaning of the sentence.

Example: 11. Mit einer Feder kann man (singen, reiten, schreiben, weinen).
Answer: 11. schreiben

1. Im Regen muß man (spielen, essen, fließen, eilen).   2. Auf der Bahn darf man nicht (fahren, reisen, rauchen, stehen).   3. Ein Papagei kann (schwimmen, reden, bellen, lesen).   4. Im Winter mag man gewöhnlich (ohne Mantel gehen, im See schwimmen, keine Sonne haben, warm bleiben).   5. Man soll auf der Straße immer (achtgeben, schlafen, Strümpfe stopfen, essen).   6. Ein Schwein will immer (langsam essen, schön singen, schnell fressen, pünktlich sein).   7. In der Schule darf man nicht (lernen, schreiben, schreien, lesen).   8. Zu Hause kann man (Auto fahren, Tennis spielen, spazieren gehen, Radio hören).   9. Kinder dürfen (auf die Universität gehen, eine Pfeife rauchen, im Park spielen, Seife essen). 10. Nach dem Abendessen soll man sich (die Teller zerbrechen, die Zähne putzen, leicht erkälten, ohne Wasser waschen).

THE VIENNESE OPERA. The Opera House of Vienna, known as the "Staats-oper" is one of the largest and most beautiful opera houses in Europe. Vienna, the city where Haydn, Handel, Mozart, Beethoven, Schubert, Brahms, and the Strausses composed, has always been regarded as one of the greatest musical centers in the world.

CULTURAL INFORMATION TEST

(Lessons 1–15)

NOTE. Study the reading selections, songs, and pictures in the book
       before beginning this test.

A. Select from Column II identifying items for each name or thing under
    Column I:

I	II
1. Koch	Berg
2. Bismarck	Fluß
3. Weihnachtsbaum	Pfeife
4. Heidenröslein	Arzt
5. Bunsen	General
6. Einstein	Musiker
7. Von Steuben	Stadt
8. Brahms	Staatsmann
9. Rhein	Lied
10. Meerschaum	Tannenbaum
	Chemiker
	Mathematiker

B. Select things from Column II that can be found in the places listed
    under Column I:

I	II
1. Im Laboratorium	Reisende
2. In der Schule	Schlingel
3. Auf der Post	Lokomotiven
4. Auf dem Bahnhof	Patienten
5. Im Theater	Schutzleute
6. Im Schuhladen	Bauernhöfe
7. Im Krankenhaus	Bunsenbrenner
8. Auf der Polizeiwache	Lehrerpulte
9. Auf der Bahn	Theaterstücke
10. Auf dem Lande	Briefträger
	Ladenfräulein
	Schokolade

C. For each definition in Column I choose the word defined from
    Column II:

I	II

I

1. Die Winterferien
2. Etwas zu essen
3. Was wir zu Hause machen
4. Wo Kinder spielen
5. Etwas, womit man spielt
6. Ein deutsches Geldstück
7. Was man trägt
8. Was man am Bahnhof bekommt
9. Wo man auf dem Lande wohnt
10. Wer zu lange schläft

II

Ball
Kleider
Fahrkarten
Bauernhof
Weihnachten
Kuchen
Schulaufgaben
Faulpelz
Zahnpasta
Spielzimmer
Mark
Dolmetscher

D. Choose the correct answer:

1. (Rhein, Basel, Hamburg) ist eine deutsche Stadt.
2. Die Weihnachten kommen im (Frühling, Winter, Herbst).
3. (Schubert, Bunsen, Kant) war ein berühmter Chemiker.
4. Der Titel eines Volkslieds ist (Wanderschaft, Heidenröslein, Muß i denn).
5. Auf einer Reise kann man in einem (Keller, Bahnhof, Gasthof) übernachten.
6. (Geibel, Helmholtz, Wagner) war ein berühmter Musiker.
7. Von einer Stadt nach der andern fährt die (Straßenbahn, Eisenbahn, Eisbahn).
8. Auf einem Bauernhof sieht man viele (Kühe, Züge, Ladenfenster).
9. Ein deutsches Geldstück ist eine (Franc, Mark, Lira).
10. „Alles einsteigen!" ruft der (Lehrer, Schaffner, Pastor).

E. Supply the missing German name or word:

1. Der Name einer deutschen Stadt ist ——.
2. Der Abend vor Weihnachten heißt ——.
3. Die Frühlingsmonate sind ——, April und Mai.
4. „Heidenröslein" ist ein Gedicht von ——.
5. Der Weihnachtsmann bringt den guten Kindern Geschenke, aber den schlechten Kindern bringt er eine ——.
6. Der Tag zwischen Dienstag und Donnerstag heißt ——.
7. Ein berühmter deutscher Physiker war ——.
8. „Du, du liegst mir im Herzen" ist der Anfang eines ——.
9. Der Name eines berühmten deutschen Arztes ist ——.
10. Der Name eines berühmten Deutsch-Amerikaners ist ——.

MAIN SQUARE OF BREMEN. Bremen, the oldest German seaport, retains many fine buildings in the architectural style characteristic of this region. Parts of the cathedral date back to the XIth century. The beautiful *Rathaus* on the left is renowned because of its *Ratskeller* where German wines are served.

19

Lektion Neunzehn

Die Stadtmusikanten von Bremen *

A. Erster Teil

Ein Bauer [1] sieht seinen Hahn [2] und sagt: „Jener [3] Hahn wird [4] alt. Ich tue [5] ihn morgen in die Suppe." Der Hahn hört ihn und hat Angst. Er fliegt aufs Dach [6] und kräht: „Kikeriki!" Da kommt eine Katze und fragt den Hahn: „Was ist los? [7] Warum schreist du so?"

„Der Bauer will mich schlachten," [8] sagt der Hahn.

„Welcher [9] Bauer?" fragt die Katze.

„Mein Herr," antwortet der Hahn. „Ich werde [10] alt. Darum will er mich in die Suppe tun."

Da sagt die Katze: „Mein Herr will mich auch nicht, denn ich bin alt und kann keine Mäuse fangen. [11] Komm mit mir. Wir können zusammen nach Bremen wandern."

Auf dem Weg sehen sie einen Hund. Dieser [12] Hund heult.

„Warum heulst du?" fragt die Katze diesen Hund. „Welcher Zahn **tut dir weh?**" [13]

„Ich habe kein Zahnweh," sagt der Hund. „Mein Herr liebt mich nicht mehr, denn ich bin alt und schwach."

„Komm mit uns," sagt die Katze. „Jeder [14] von uns kann singen. Also wandern wir nach Bremen und machen wir dort Musik. Dadurch verdienen [15] wir unser Brot in jener Stadt."

* *The City Musicians of Bremen.*

---

[1] peasant [2] rooster
[3] That
[4] is becoming
[5] (will) put

[6] roof

[7] What's the matter?

[8] slaughter

[9] Which

[10] am becoming

[11] catch

[12] This

[13] is hurting you

[14] Each (one)

[15] earn

Vokabeln

NOUNS

der **Bauer** peasant, farmer
der **Hahn** rooster, cock
die **Maus** mouse
 pl. die **Mäuse**
die **Mu-'fik** music
das **Dach** roof
das **Zahnweh** toothache

Der-WORDS

dieser this
jeder each, every
jener that
welcher which

IMITATIVE WORD

kikeri-'ki! cock-a-doodle-doo!

VERBS

fangen to catch
 du fängst
 er fängt
fliegen to fly
heulen to howl, bawl
krähen to crow
schlachten to slaughter
tun to put
ver-'dienen to earn
wandern to wander, hike
wehtun to hurt, ache
 es tut mir weh it hurts me
 es tut dir weh it hurts you
werden to become

ich werde	**wir werden**
du wirst	**ihr werdet**
er wird	**sie werden**

PHRASES

nach Bremen to Bremen
Was ist los? What's the matter?

Fragen

1. Warum hat der Hahn Angst? 2. Wer ist der Bauer? 3. Warum will er den Hahn schlachten? 4. Wie ist die Katze? 5. Was kann sie nicht fangen? 6. Mit welchem Hund spricht die Katze? 7. Warum heult dieser Hund? 8. Wohin wollen sie wandern? 9. Wodurch sollen sie ihr Brot verdienen? 10. Kann jeder von ihnen gut singen?

B. Zweiter Teil

Auf dem Weg sehen sie einen Esel. Der Herr dieses Esels will ihn auch nicht. Also nehmen sie auch dieses Tier[1] mit. Am Abend kommen die vier Tiere in einen Wald.[2] „In diesem Wald können wir übernachten," sagt der Hund und legt sich unter einen Baum. Die Katze und der Esel legen sich auch darunter, aber

[1] animal

[2] forest

der Hahn fliegt auf den Baum. Während der Nacht fängt er an zu schreien.

„Was ist los?" fragt die Katze von unten.

„Ich sehe ein Licht![3] Dort muß ein Haus sein!" [3] light

Da sagt der Hund: „Kommt, wir gehen zu jenem Haus. Ich habe Hunger."

Die Tiere gehen dorthin.[4] In diesem Hause sitzen [4] there
Menschen[5] um einen Tisch und essen. Die Tiere [5] people
werden[6] hungrig. Da sagt die Katze: „Alle Menschen [6] become
haben viel zu essen, doch muß manches[7] Tier **Hunger** [7] many an
leiden."[8] [8] starve

„Ja, du hast recht," sagt der Hund. „Warum singen
wir nicht? Vielleicht geben sie uns etwas zu fressen."[9] [9] eat (*referring to animals*)

Also stellen sich die Tiere an das Fenster und fangen
an zu singen. Der Hahn kräht, der Hund bellt, die
Katze miaut und der Esel schreit: „Jah, iah, iah!"

Die Menschen **fürchten sich vor**[10] solchem[11] Lärm [10] are afraid of
und laufen weg. Darauf gehen die Tiere ins Haus, [11] such
setzen sich an den Tisch und fressen und saufen[12] soviel [12] drink (*referring to animals*)
sie wollen.

Vokabeln

NOUNS

der **Mensch** man, human being
gen. des **Menschen**
pl. die **Menschen**

das **Licht** light
das **Tier** animal
pl. die **Tiere**

Der=WORDS

mancher many a(n)
solcher such

OTHER WORDS

dort=′hin there, to that place
i=′ah! heehaw!

OPPOSITES

Dach — **Fußboden**
dieser — **jener**
jeder — **keiner** (*or* **niemand**)
sich legen — **aufstehen**
Mensch — **Tier**

VERBS

fressen to eat (*referring to animals*)
leiden to suffer
mi=′auen to miaow
saufen to drink (*referring to animals*)

REFLEXIVE VERBS

sich fürchten (vor) (*dat.*) to be afraid
   (of)
   ich fürchte mich
   du fürchtest dich
   er fürchtet sich
sich legen to lie down

ich lege mich
du legst dich
er legt sich

PHRASES

auf dem Weg on the way
Hunger leiden to starve, go hungry

Fragen

1. Wohin kommen die vier Tiere am Abend? 2. Was wollen sie da tun?
3. Welche Tiere legen sich unter den Baum? 4. Was tut der Hahn? 5. Was
sieht er während der Nacht? 6. Was tun die Menschen in diesem Hause? 7. Was
sagt die Katze über Menschen und Tiere? 8. Warum fangen die Tiere an zu
singen? 9. Wovor fürchten sich die Menschen? 10. Warum haben die Tiere
jetzt keinen Hunger?

C. Vocabulary Notes

1. *Idioms with* haben. Three German idioms that have occurred
so far all use the verb haben where the English requires a form
of the verb *to be:*

Hunger haben, to be hungry

ich habe Hunger, I am hungry
du hast Hunger, you are hungry, etc.

Angst haben, to be afraid

ich habe Angst, I am afraid
du hast Angst, you are afraid, etc.

recht haben, to be right

ich habe recht, I am right
du hast recht, you are right, etc.

2. *Word-Order Idioms.* The following German idioms have
opposite word order from the English:

noch einmal, once more
noch nicht, not yet
noch eine Weile, a while longer

seht mal, just see
warte nur, just wait
Punkt acht Uhr, eight o'clock sharp

NOTE: The da= and wo=compounds are also examples of word order
opposite from the English.

Ex. daraus, out of it; woraus, out of what.

3. *Prepositional Idioms.* The following German idioms use prepositions that differ from those used in English. Note the case that follows the prepositions in these idioms.

auf: auf dem Land(e), in the country   auf dem Bahnhof, at the station
auf das (aufs) Land, to the country   auf die Polizeiwache, to the police station
auf die Bank, to the bank   achten auf (*acc.*), to pay attention to
auf die Univerſität, to the university   ſehen auf (*acc.*), to look at
   warten auf (*acc.*), to wait for

bei: bei uns, at our house   bei Berger, at Berger's
bei meiner Tante, at my aunt's   bei euch, at your house

in: in die Stadt, to the city   in die Schule, to school
in der Stadt, in the city   in der Schule, in school

nach: nach Hauſe, home (*when going there*)   nach Bremen, to Bremen
nach der Stadt, to the city   nach Berlin, to Berlin

mit: mit der Eiſenbahn, by rail   mit der Straßenbahn, by trolley

über: ſich freuen über (*acc.*), to be glad about, to rejoice at   glücklich über (*acc.*), happy about
froh über (*acc.*), happy about   unglücklich über (*acc.*), unhappy about
ſprechen über (*acc.*), to talk about

von: erzählen von, to tell about

vor: ſich fürchten vor (*dat.*), to be afraid of   Angſt haben vor (*dat.*), to be afraid of

zu: zu Hauſe, at home   zu Fuß, on foot

Übung

Supply the correct German idiom as indicated by the English words in parentheses:

1. Die Kleine geht (*not yet*) (*to school*). 2. Wir bleiben (*a while longer*) (*at home*). 3. Morgen fahren wir (*by rail*) (*to the country*). 4. Wir warten (*for*) unſere Freunde (*at the station*). 5. Der Profeſſor (*looks at*) ſeine Uhr und geht dann (*on foot*) (*to the university*). 6. Wiederholen Sie das Wort (*once more*) und (*pay attention to*) den Umlaut! 7. (*You are right*), unſer

Großvater wohnt (*at our house*). 8. Ich bin (*unhappy about*) den Lärm, aber ich fürchte mich nicht (*of it*). 9. (*Just wait*), morgen sind wir schon (*in the country*). 10. (*Just see*), die vier Tiere wandern (*to*) Bremen! 11. Wir essen (*at 12 o'clock sharp*), aber (*I am hungry*) und kann (*for it*) nicht warten! 12. (*I am glad about*) meinen Hund, denn er kommt immer rechtzeitig (*home*).

D. Grammar Notes

1. *The* der=*Words.* Study the endings of the words in heavy black type in the following sentences taken from the story of this lesson:

Nom.　　Dieser Hund heult.
Gen.　　Der Herr dieses Esels will ihn nicht.
Dat.　　In diesem Wald können wir übernachten.
Acc.　　„Warum heulst du?" fragt die Katze diesen Hund.

A comparison of the forms of the definite article and of dies– will show you where the endings come from.

Nom.　　der — dieser
Gen.　　des — dieses
Dat.　　dem — diesem
Acc.　　den — diesen

As you can see, all of the above endings on dies– are the same as the endings of the definite article.

Since words like dieser take the same case endings as der, they are called the der=*words*. A list of these der=words is given below.

2. *Differences between* der *and the* der=*Words.* The examples below will show you where the der=word has endings slightly different from those of the definite article.

FEM.　　*Nom.*　　Die (diese) Katze kann keine Mäuse fangen.
　　　　　Acc.　　Wir sehen die (diese) Katze.

NEUT.　　*Nom.*　　Das (dieses) Tier hat Hunger.
　　　　　Acc.　　Also nehmen sie auch das (dieses) Tier mit.

PL.　　　*Nom.*　　Die (alle) Menschen haben viel zu essen.
　　　　　Acc.　　Tiere lieben die (alle) Menschen nicht.

	(1)	(2)		(1)	(2)
Summary: a)	die —	diese		–ie becomes –e	
b)	das —	dieses		–as becomes –es	

3. *Meanings of the* **der-***Words.* Read the following sentences and learn the meaning of each der-word:

MEANING

Alle Menſchen haben viel zu eſſen.	**all–,** all
Dieſer Hund hat kein Zahnweh.	**dieſ–,** this
Jener Hahn wird alt.	**jen–,** that
Jeder Hahn kann krähen.	**jed–,** each, every
Mancher Hund muß Hunger leiden.	**manch–,** many (a)
Solcher Lärm iſt nicht gut.	**ſolch–,** such
Welcher Zahn tut dir weh?	**welch–,** which

4. **Der-***Words Used as Pronouns.* An examination of all the examples given above will show you that the der-words have always occurred before some noun. When so used, they are said to *modify* or "limit" the meaning of the noun before which they stand. Words so used are called *adjectives*, and the der-words in all the previous examples all have the function of adjectives.

However, the der-words can also be used independently of nouns. They can replace the nouns and assume the function of pronouns. Examples of der-words used as pronouns are:

MEANING

Jeder von uns kann ſingen.	each (one)
Mancher hat Hunger.	many a one
Welcher kann ſingen?	which one
Der Hahn und die Katze ſprechen;	
dieſe kann keine Mäuſe fangen,	this one (the latter)
jener iſt auch zu alt.	that one (the former)

5. *How to Use the* **der-***Words.* The various uses of the der-words are illustrated by the sentences below. Study them as models.

MASCULINE   SUMMARY (*Masc.*)

Nom.	Dieſer Hund iſt alt.	*N.*	**dieſer** (jener, jeder)
Gen.	Wer iſt der Herr dieſes Hundes?	*G.*	**dieſes** (jenes, jedes)
Dat.	Sie ſprechen mit dieſem Hund.	*D.*	**dieſem** (jenem, jedem)
Acc.	Sehen Sie dieſen Hund?	*A.*	**dieſen** (jenen, jeden)

FEMININE		SUMMARY (*Fem.*)	
Nom.	Diese Katze ist alt.	*N.*	diese (jene, jede)
Gen.	Wer ist der Herr dieser Katze?	*G.*	dieser (jener, jeder)
Dat.	Sie sprechen mit dieser Katze.	*D.*	dieser (jener, jeder)
Acc.	Sehen Sie diese Katze?	*A.*	diese (jene, jede)

NEUTER		SUMMARY (*Neut.*)	
Nom.	Dieses Tier ist alt.	*N.*	dieses (jenes, jedes)
Gen.	Wer ist der Herr dieses Tieres?	*G.*	dieses (jenes, jedes)
Dat.	Sie sprechen mit diesem Tier.	*D.*	diesem (jenem, jedem)
Acc.	Sehen Sie dieses Tier?	*A.*	dieses (jenes, jedes)

PLURAL		SUMMARY (*Pl.*)	
Nom.	Diese Menschen lieben dich.	*N.*	diese (jene, alle)
Acc.	Liebst du diese Menschen?	*A.*	diese (jene, alle)

Aufgaben

I. Replace each definite article by a correct form of (*a*) dieser and (*b*) jener:

1. Der Hahn ist alt. 2. Die Katze kann keine Mäuse fangen. 3. Der Hund hat kein Zahnweh. 4. Ein Bauer will den Hahn schlachten. 5. Sein Herr will den Esel nicht. 6. Eine Katze spricht mit dem Hund. 7. Das Tier hat nichts zu fressen. 8. Die Tiere sind Freunde des Menschen. 9. Der Mensch ist nicht immer ein Freund des Tieres. 10. In dem Hause haben die Menschen viel zu essen. 11. Die Tiere müssen manchmal Hunger leiden. 12. Sie übernachten in dem Walde.

II. Supply the correct endings:

A. 1. Dies– Herr liebt jen– Esel nicht. 2. Jen– Esel ist unglücklich. 3. Dies– Katze spricht mit jen– Tier. 4. Liebt dies– Esel jen– Katze? 5. Manch– Mensch ißt zu viel. 6. Nach welch– Stadt wandern dies– Tiere? 7. Die Stimme jen– Katze ist sehr hoch. 8. Die Stimme dies– Esel– ist sehr laut. 9. Vor welch– Tier fürchten sich jen– Menschen? 10. Durch solch– Musik verdienen die Tiere ihr Brot.

B. 1. Was will der Vater jed– Sohn–? 2. Was will die Mutter jed– Tochter? 3. Was will der Lehrer jed– Schüler– und jed– Schülerin? 4. Jed– Kind soll gut lernen. 5. Jed– Knabe und jed– Mädchen sollen auf jed– Lehrer und auf jed– Lehrerin achten. 6. In jed– Schulzimmer

soll man jed– Aufgabe richtig machen. 7. Manch– Schüler und manch–
Schülerin können in manch– Schule gut lernen. 8. Aber welch–
Schüler kann bei jed– Lehrer glücklich sein? 9. Manch– Schuljunge hat
in manch– Stunde solch– Angst, er kann auf dies– und jen– Frage nichts
antworten. 10. In jen– Stunde muß wohl dies– Schüler sagen:
„All– Anfang ist schwer!"

III. Supply the correct der-word as indicated:

1. (*Many a*) Mann kann gut verdienen. 2. Das macht (*many a*)
Hausfrau glücklich. 3. (*Every*) Frau hat auch im Hause zu tun. 4. Dann
ist es in (*each*) Zimmer schön und hell. 5. Bei (*such*) Arbeit aber wird
(*many a*) Hausfrau sehr müde. 6. Da sagt der Mann: „Wir nehmen ein
Dienstmädchen für (*that*) Arbeit! 7. Tue nichts, bis (*this*) Dienstmädchen
kommt!" 8. (*Which*) Hausfrau freut sich nicht darüber? 9. Doch arbeiten
nicht (*all*) Dienstmädchen gut. 10. (*This one*) ist manchmal faul und (*that
one*) will mehr Geld haben. 11. (*Many a*) Dienstmädchen sieht (*every*)
Minute auf die Uhr. 12. In (*which*) Hause findet man nicht (*such*) Dienstmädchen?

IV. Übersetzen Sie ins Deutsche:

MEN AND ANIMALS

1. *At home* we have a cat and a dog. 2. Our cat is very smart.
3. When she miaows, I know she *is hungry*. 4. She can also catch
mice. 5. Our dog is big, but *I am not afraid of* him. 6. I *like* to play
with him. 7. He always barks when someone comes. 8. I say to
him: *"What's the matter?"* 9. He *looks at* the door and barks *once
more*. 10. Then I know there is a friend outside. 11. Not every
animal can be so smart. 12. Many an animal is a friend of man.

LESESTÜCK NEUNZEHN

DER TIERARZT [1]

[1] veterinary

Eines Abends hat Emil Meyer einen Aufsatz [2]
zu schreiben. Das Thema dieses Aufsatzes
heißt: „Menschen und Tiere." Leider gibt es
bei Meyers kein einziges [3] Haustier, wovon
Emil etwas erzählen kann. **Nicht einmal** [4] ein

[2] composition

[3] single

[4] Not even

Kätzchen haben sie im Hause. Nun, was tun
manche Knaben, wenn sie Hilfe [5] brauchen?   [5] help
Man geht natürlich zum Vater! Dieser weiß
ja alles! Jedesmal,[6] wenn Emil etwas nicht   [6] Every time
weiß, fragt er den Vater. So auch diesmal.
Doch darf der Vater nicht wissen, warum Emil
zu ihm kommt. Denn der Lehrer hat gesagt:
„Jeder Schüler soll diesen Aufsatz selber [7]   [7] himself
schreiben, ohne jede [8] Hilfe!"   [8] any

Darum fragt Emil den Vater zuerst nichts,
sondern spricht mit ihm **ganz allgemein** [9] über   [9] quite generally
dies und jenes. So kommen sie auch über
Menschen und Tiere zu sprechen. Während
des Gesprächs erzählt der Vater eine Geschichte.
Hat Emil diese Geschichte in seinem Aufsatz
auch erzählt? Dies müssen Sie seinen Lehrer
fragen. Ich weiß es nicht.

„Ja, ja," sagt der Vater, „die Tiere sind wie
die Menschen. Jene werden auch manchmal
krank."

„Hat man Medizin für ein Tier?" fragt Emil.

„O ja, aber erst holt man den Arzt." [10]   [10] doctor

„Den Arzt? Welchen Arzt?"

„Den Arzt für die Tiere, den Tierarzt!"

„Gibt es denn solche?"

„Natürlich!"

„Kann ein Mensch zu einem Tierarzt gehen?"

„Gewöhnlich nicht. Doch hier ist eine Geschichte von solch einem Menschen:

„Eines Sommers ist es sehr heiß in der Stadt.
Ein Mann arbeitet schwer. Plötzlich fühlt er
sich nicht wohl. Am Abend geht er zu einem
Arzt.

‚Herr Doktor,' sagt er, ‚Ich fühle mich nicht
wohl.'

‚Was fehlt Ihnen?' [11] fragt der Arzt.   [11] What's wrong
                                                   with you?

‚Ich arbeite wie ein Pferd, ich esse wie ein
Schwein, ich schlafe wie ein Hund und ich bin
müde wie ein Esel.'

‚Dann gehen Sie lieber [12] zu einem Tierarzt!'   [12] better
sagt der Arzt."

DIE TIERE

Ein gutes Haustier ist der Hund,
Er bellt so laut, er ist gesund.

Die Henne legt ein weißes Ei,[1]   [1] egg
Darüber macht sie viel Geschrei.[2]   [2] din

Der Esel, sagt man, ist sehr faul,
Hat lange Ohren, großes Maul.[3]

[3] mouth (*of animals*)

Das Pferd, das ist ein schönes Tier,
Darauf zu reiten lieben wir.

Die Milch bekommt man von der Kuh,
Sie frißt und frißt und sagt: „Muh, muh!"

Die Katz' spaziert wie eine Frau,
Erhebt den Schwanz [4] und sagt: „Miau!"   [4] tail

Die Ente [5] schwimmt da auf dem Teich,[6]   [5] duck   [6] pond
Ich hab' sie gern — gebraten [7] weich.   [7] roasted

Die Gans [8] ist rein [9] und weiß, doch dumm,   [8] goose   [9] clean
Sie wackelt [10] auf dem Hof [11] herum.   [10] waddles   [11] yard

Doch faul und schmutzig [12] ist das Schwein,   [12] dirty
Na, solch ein Tier möcht' [13] ich nicht sein!   [13] would like

20

Lektion Zwanzig

Zu Hause

A. Erster Teil

In unserer Straße sind viele Häuser. Das Haus, worin wir wohnen, steht **an der Ecke**. Es hat zehn Fenster und drei Türen. Unten sind drei Zimmer und oben vier.

Die Wände in unserem Hause sind grün und die Decken weiß. Im Wohnzimmer haben wir zwei Tische und acht Stühle. Da sind auch Bilder an der Wand.

Wie [1] alle Mütter hat auch unsere Mutter sehr viel zu tun. Sie muß das Essen kochen, die Betten machen, die Fenster putzen, die Böden kehren [2] und alles rein [3] machen. Dazu muß sie noch auf die Kinder achtgeben. Mit der Arbeit wird sie nie fertig. [4] Sieben Tage in der Woche arbeitet sie. Doch ist sie mit ihrem Leben zufrieden, [5] denn sie liebt uns.

Der Vater aber, wie so manche Väter, ist damit unzufrieden. Von Zeit zu Zeit sagt er zur Mutter: „Du hast nur zwei Hände und der Tag nur vierundzwanzig Stunden. Du kannst nicht alles selber [6] tun. Du wirst noch krank! Dieses Jahr können wir doch ein Dienstmädchen nehmen!"

Darauf antwortet die Mutter gewöhnlich: „Nein, die Mädchen arbeiten nicht gut. Sie lassen [7] manches schmutzig. [8] Auch sind die Zeiten schwer und du verdienst zu wenig." [9]

So vergehen [10] die Wochen, die Monate und die Jahre, und Mutter tut alles selber.

[1] Like, As

[2] sweep [3] clean

[4] finished

[5] satisfied

[6] yourself

[7] let

[8] dirty

[9] little

[10] pass

Vokabeln

NOUNS

das **Bett** bed
　pl. die **Betten**
das **Essen** meal, food

ADJECTIVES

fertig finished, done, ready
rein clean, pure
schmutzig dirty
ʹunzu=ʹfrieden dissatisfied
zu=ʹfrieden satisfied

OTHER WORDS

da=ʹzu in addition
manches much, many things
selber oneself, myself, yourself, *etc.*
wenig little, few
wie like, as

VERBS

kehren to sweep
kochen to cook
lassen to let, leave

ich lasse	wir lassen
du läßt	ihr laßt
er läßt	sie lassen

ver=ʹgehen to go by, pass

PHRASES

an der Ecke on the corner
Die Zeiten sind schwer. Times are hard.
in unserer Straße on our street
rein machen to clean

Fragen

1. Was sieht man in unserer Straße? 2. Wo steht unser Haus? 3. Wie viele Fenster hat das Haus? Wie viele Türen? Wie viele Zimmer? 4. Wie sind die Wände und Decken? 5. Was finden wir im Wohnzimmer? 6. Was muß die Mutter tun? 7. Warum ist sie zufrieden? 8. Ist der Vater auch zufrieden? 9. Wovor hat er Angst? 10. Warum nimmt die Mutter kein Dienstmädchen?

B. Zweiter Teil

Im Winter sind die Nächte kalt und wir Kinder müssen zu Hause spielen. Dafür haben wir bei uns ein Spielzimmer. Meine Brüder und ich spielen dort. Unsere Bücher, Bleistifte, Federn und Spielsachen [1] sind alle dort. Manchmal besuchen uns einige Freunde und wir machen unsere Aufgaben [2] zusammen.

Eines Abends kommen Lotte und Marie. Sie sind Schwestern. Wir sprechen zuerst über unsere Schulen und über unsere Lehrer und Lehrerinnen. Zuletzt [3]

[1] toys

[2] (homework) assignments

[3] Lastly

sprechen wir über unsere Eltern.[4] Ich sage zu Lotte
und Marie: „Eure Mutter arbeitet wohl nicht so viel
wie[5] unsere. Zwei Töchter im Hause, das ist schon
eine Hilfe.[6] Wir aber sind drei Söhne. Knaben
können nicht so viel im Hause helfen wie Mädchen."

„Nein, das ist nicht wahr,"[7] sagt Marie. „Unsere
Mutter arbeitet mehr als[8] eure. Mädchen haben
mehr Kleider als Jungen. Darum muß unsere Mutter
immer waschen und reinigen."

„Habt ihr kein Dienstmädchen?" frage ich.

„Nicht alle Tage. Das Mädchen kommt nur
zweimal die Woche."[9]

„Also habt ihr doch ein Dienstmädchen! Wir haben
keines! Wie kannst du sagen, deine Mutter arbeitet
mehr als unsere?"

„Das ist doch die Wahrheit![10] Das Mädchen
kommt Montag und Freitag. Dienstag, Mittwoch
und Donnerstag muß die Mutter selber das Haus
rein machen. Montag und Freitag kocht sie das Essen
fürs Dienstmädchen. Auch Samstag und Sonntag
muß sie alles selber tun, denn das Dienstmädchen
kommt erst am Montag!"

[4] parents	
[5] so much as	
[6] help	
[7] true	
[8] more than	
[9] twice a week	
[10] truth	

Vokabeln

NOUNS

der **Montag** Monday
der **Dienstag** Tuesday
der **Mittwoch** Wednesday
der **Donnerstag** Thursday
der **Freitag** Friday
der **Samstag** Saturday
der **Sonntag** Sunday

die **Aufgabe** assignment, task
   pl. die **Aufgaben**
die **Eltern** parents
die **Hilfe** help

die **Spielsache** plaything, toy
   pl. die **Spielsachen**
die **Wahrheit** truth

das **Kleid** dress
   pl. die **Kleider** dresses, clothes
das **Spielzimmer** playroom

OTHER WORDS

keines none, not any
reinigen to clean
vierundzwanzig twenty-four
wahr true
zu-'letzt lastly, last

OPPOSITES	PHRASES
Kinder — Eltern	alle Tage every day
manches — nichts	einmal (zweimal) die Woche once
rein — schmutzig	(twice) a week
vergehen — bleiben	mehr als more than
wenig — viel	so viel wie as (so) much as
zufrieden — unzufrieden	
zuletzt — zuerst	

Fragen

1. Warum müssen die Kinder im Winter zu Hause spielen? 2. Was haben sie dafür? 3. Wer spielt dort? 4. Was haben sie im Spielzimmer? 5. Worüber sprechen die Kinder? 6. Können Söhne viel im Hause helfen? 7. Warum muß Lottes Mutter soviel arbeiten? 8. Wie oft kommt das Dienstmädchen? 9. Was tut die Mutter während der Woche? 10. Wessen Mutter arbeitet mehr? Warum?

C. Vocabulary Notes

1. *Idioms of Quantity.* Study the following German idioms and note how they differ from the English. Which word used in English does the German idiom omit?

ein Stück Brot	a piece of bread	ein Paar Schuhe	a pair of shoes
ein Glas Wasser	a glass of water	voll Blumen	full of flowers

Übung

Give the following in German:

1. a piece of chalk. 2. a piece of paper. 3. a glass of milk. 4. full of pictures. 5. a pair of stockings.

2. *Idioms of Time.* Study the following idioms and note how the German differs from the English.

a)	Sie kommt nur zweimal die Woche.	(*twice a week*)
b)	Eines Tages gehen wir in die Stadt.	(*one day*)
c)	Die Mutter arbeitet jeden Tag.	(*every day*)
d)	Am Abend ist sie noch nicht fertig.	(*in the evening*)
e)	Am Montag kommt das Dienstmädchen.	(*on Monday*)

Übungen

I. Give the following in German:

1. once a week. 2. on Tuesday. 3. one morning. 4. in the afternoon. 5. every evening.

II. Beantworten Sie die folgenden Fragen in ganzen Sätzen auf deutsch (*Answer the following questions in complete sentences in German*):

1. Wie oft essen Sie jeden Tag? 2. Wieviel Brot essen Sie zu Mittag? 3. Wieviel Milch trinken Sie? 4. Wie viele Schuhe tragen Sie jetzt? 5. Wie viele Schuhe haben Sie zu Hause? 6. Wie viele Tage hat die Woche? 7. Wie viele Monate hat das Jahr? 8. Wie viele Fenster hat Ihr Haus? 9. Wie oft gehen Sie jede Woche zur Schule? 10. Wie lange fahren Sie jeden Morgen zur Schule? 11. Wie viele Stunden sind Sie jeden Tag in der Schule? 12. Wie oft haben Sie Schulaufgaben zu machen? 13. Wie lange lernen Sie schon Deutsch? 14. Wie oft gehen Sie jede Woche am Abend aus? 15. Ungefähr wie lange dauert die Reise mit der Eisenbahn von New York nach Washington, D.C.?

D. GRAMMAR NOTES

1. *The Plural of Nouns. Introduction.* In Lesson 8, Grammar Note 2, you learned a few simple facts about the plural of German nouns. By this time you have had enough plurals to be able to make some generalizations and to work out a few useful rules. Before beginning, let us review what we already know about plurals.

Examples

The plural is formed by:	SINGULAR	PLURAL
I. *a)* no change at all	das Fenster	die Fenster
b) umlaut	der Vater	die Väter
II. *a)* adding –e	der Freund	die Freunde
b) adding –e + umlaut	die Hand	die Hände
III. *a)* adding –er	das Kind	die Kinder
b) adding –er + umlaut	das Buch	die Bücher
IV. *a)* adding –n	die Schule	die Schulen
b) adding –en	die Tür	die Türen

If you consider the different German plurals according to their endings alone, you can see that there are only four differ**e**nt ways of forming the plural. Arranged in order of increasing complexity these four ways are:

I. —   II. -e   III. -er   IV. -(e)n

2. *Plurals of Group I.* The following is a list of frequently occurring nouns that form their plural according to the pattern of Group I. Study these nouns carefully and note: (*a*) their genders, (*b*) their endings, and (*c*) which take an umlaut in the plural and which do not.

	SINGULAR	PLURAL
Masculines and Neuters ending in -el	der Mantel der Onkel der Vogel	die Mäntel die Onkel (no umlaut) die Vögel
Masculines ending in -en	der Boden der Garten der Wagen	die Böden die Gärten die Wagen (no umlaut)
Masculines and Neuters ending in -er	der Bruder das Fenster der Lehrer der Schüler der Vater das Zimmer	die Brüder die Fenster die Lehrer die Schüler die Väter die Zimmer
Neuter Diminutives ending in -chen and -lein	das Mädchen das Fräulein	die Mädchen die Fräulein
Only two Feminines	die Mutter die Tochter	die Mütter die Töchter

SUMMARY — GROUP I

Rules of Membership: Belonging to Group I [plural symbol (̈)] are:

a) Many masculines and neuters ending in -el, -en, -er.

b) All neuter diminutives ending in -chen, -lein.

c) Only two feminines: **Mutter** and **Tochter**.

Rules of Umlaut: Whether or not nouns in Group I take an umlaut in the plural must be memorized. Keep the following in mind:

a) If a noun already has umlaut in the singular, the umlaut is retained in the plural. (*Ex.* Schüler, Mädchen, Fräulein)

b) The vowels e and i never take an umlaut. (*Ex.* Lehrer, Zimmer, Fenster)

c) **Mutter** and **Tochter,** the only two feminines in Group I, both take umlaut in the plural. (*Ex.* die Mütter, die Töchter)

d) In this list, **Onkel** and **Wagen** have no umlaut in the plural.

3. *Plurals of Group II.* All the nouns below form their plurals according to the pattern of Group II. Study these nouns carefully and note: (*a*) their genders, (*b*) the number of syllables in each noun, and (*c*) which take an umlaut in the plural and which do not.

	SINGULAR	PLURAL
Monosyllabic Masculines	der Baum	die Bäume
	der Brief	die Briefe
	der Freund	die Freunde
	der Schuh	die Schuhe (no umlaut)
	der Sohn	die Söhne
	der Stuhl	die Stühle
	der Tag	die Tage (no umlaut)
	der Tisch	die Tische
Monosyllabic Feminines	die Hand	die Hände
	die Nacht	die Nächte
	die Stadt	die Städte
	die Wand	die Wände
Monosyllabic Neuters	das Jahr	die Jahre (no umlaut)
	das Pferd	die Pferde
	das Tier	die Tiere
Dissyllabic Masc. and Neut.	der Abend	die Abende (no umlaut)
	der Bleistift	die Bleistifte
	der Monat	die Monate (no umlaut)
	das Geschenk	die Geschenke

SUMMARY — GROUP II

Rules of Membership: Belonging to Group II [plural symbol (⸚)e] are:

a) A large number of monosyllabic masculines.

b) A few monosyllabic feminines and neuters.

c) A few dissyllabic masculines and neuters.

Rules of Umlaut: Occurrence of umlaut in the plurals of Group II must be memorized. Keep the following in mind:

a) All the feminines in Group II have umlaut. (*Ex.* Hände, Nächte, Städte, Wände)

b) There is no umlaut in the plurals of Schuh, Tag, Jahr, Abend, Monat.

4. *Plurals of Group III.* The nouns below form their plurals according to the pattern of Group III. Study them carefully and note: (*a*) gender, (*b*) number of syllables, and (*c*) umlaut.

	SINGULAR	PLURAL
	das Bild	die Bilder
	das Buch	die Bücher
	das Feld	die Felder
Monosyllabic Neuters	das Haus	die Häuser
	das Kind	die Kinder
	das Kleid	die Kleider
	das Wort	die Wörter
Monosyllabic Masculines	der Mann	die Männer
	der Wald	die Wälder

SUMMARY — GROUP III

Rules of Membership: Belonging to Group III [plural symbol (⸚)er] are:

a) Most monosyllabic neuters (except the few in Group II).

b) A few monosyllabic masculines.

c) No feminines at all.

Rules of Umlaut: Use umlaut wherever possible, i.e.,

the vowel a changes to ä
the vowel o changes to ö
the vowel u changes to ü
the diphthong au changes to äu

5. *Plurals of Group IV*. The following nouns form their plural according to the pattern of Group IV. Study them carefully and note: (*a*) their gender, and (*b*) when they use –n and when they use –en to form the plural.

	SINGULAR	PLURAL
Feminines ending in –e (add only –n)	die Blume	die Blumen
	die Frage	die Fragen
	die Minute	die Minuten
	die Schule	die Schulen
	die Straße	die Straßen
	die Stunde	die Stunden
	die Woche	die Wochen
Feminines ending in –er (add only –n)	die Feder	die Federn
	die Schwester	die Schwestern
Monosyllabic Feminines (add –en)	die Frau	die Frauen
	die Tür	die Türen
	die Uhr	die Uhren
	die Zeit	die Zeiten
Feminines ending in –in (add –nen)	die Freundin	die Freundinnen
	die Lehrerin	die Lehrerinnen
	die Schülerin	die Schülerinnen
Masc. and Neut. ending in –e or –er (add only –n)	das Auge	die Augen
	der Bauer	die Bauern
	der Junge	die Jungen
	der Knabe	die Knaben
	der Name	die Namen
Monosyllabic Masc. and Neut. (add –en)	das Bett	die Betten
	der Herr	die Herren
	der Mensch	die Menschen
Miscellaneous (add –en)	der Student	die Studenten
	der Professor	die Professoren [1]
	die Zeitung	die Zeitungen
	die Universität	die Universitäten

NOTE 1. The stress of nouns ending in –or in the singular shifts to the –or in the plural. *Ex.* der Pro-'feſſor — die Profeſ-'ſoren.

SUMMARY — GROUP IV

Rules of Membership: Belonging to Group IV [plural symbol –(e)n] are:

a) Most feminines (except the two in Group I and a few in Group II).

b) A few masculines and neuters.

Rule of Umlaut: No umlaut is used to form the plural of Group IV.

Rules of –n or –en:

a) Nouns ending in –e, –el, –er, add only –n.

b) All monosyllabic nouns add –en.[2]

NOTE 2. Feminines ending in –in in the singular double the n before adding –en. *Ex.* die Freundin — die Freundinnen.

GENERAL SUMMARY — GROUPS I–IV

Because of the many exceptions it is impractical to learn the plurals according to rules alone. Accuracy in using the correct plural will largely depend on intensive memory work and constant practice. However, the following rules are widely applicable and should be memorized:

1. RULES WITH NO EXCEPTIONS

a) Only two feminines belong to Group I [(¨)]

> *Ex.* die Mutter — die Mütter
> die Tochter — die Töchter

b) All neuter diminutives belong to Group I [(¨)].

> *Ex.* das Mädchen — die Mädchen
> das Fräulein — die Fräulein

c) All feminines have umlaut in Group II [(¨)e].

> *Ex.* die Hand — die Hände
> die Nacht — die Nächte
> die Stadt — die Städte
> die Wand — die Wände

d) There are no feminines at all in Group III [(ᵘ)er].
e) Use umlaut wherever possible in Group III [(ᵘ)er].
f) Do not use umlaut in Group IV [-(e)n].

2. RULES WITH MINOR EXCEPTIONS

a) Most monosyllabic neuters belong to Group III [(ᵘ)er].

> *Some exceptions:* das Jahr — die Jahre
> das Pferd — die Pferde
> das Tier — die Tiere

b) Most feminines belong to Group IV [-(e)n].

> *Some exceptions:* See 1a and 1c of this General Summary.

SPELLING TEST

The plurals of the 25 nouns in this test follow the Rules of Membership and Umlaut. The singular of each noun will be dictated to you by your teacher. You are to supply the correct plural of each noun.

1. der Vater	7. die Nacht	13. das Fräulein	19. der Mann
2. die Frage	8. der Stuhl	14. die Freundin	20. das Haus
3. das Jahr	9. der Onkel	15. das Tier	21. die Mutter
4. das Kind	10. die Tochter	16. das Pferd	22. das Mädchen
5. die Stadt	11. die Hand	17. die Feder	23. die Wand
6. das Buch	12. der Knabe	18. die Frau	24. die Schule

25. der Professor

Aufgaben

I. Rewrite the following sentences, using the plural of the noun in parentheses:

1. Die (Freund) gehen in den Park. 2. Es ist zehn (Minute) nach drei.
3. Mit ihnen sind einige (Knabe) und (Mädchen) von der Schule. 4. Die
(Mutter) und die (Vater) sagen: „Spielt nicht auf der Straße!" 5. „Die
(Straße) sind voll (Pferd) und (Wagen)!" 6. Die (Lehrer) und die
(Lehrerin) sagen das auch. 7. Die (Tochter) tun, was die Eltern sagen.
8. Manche (Sohn) tun es aber nicht. 9. Viele (Junge) spielen lieber auf
der Straße. 10. Leider tun die (Kind) nicht, was sie sollen.

II. Change each of the following sentences to the plural:

Ex. Singular: Das Haus ist schön.
　　 Plural:　 Die Häuser sind schön.

NOTE: Ein– and kein– should be omitted or replaced by viele.

A. 1. Das Fenster ist hoch. 2. Die Tür ist breit. 3. Das Zimmer hat kein Bild. 4. Das Wohnzimmer hat einen Stuhl. 5. Der Boden ist nicht immer rein. 6. Wie ist die Tür? 7. Das Mädchen arbeitet nicht viel. 8. Die Mutter muß das Haus rein machen. 9. Der Vater ist damit unzufrieden. 10. So vergeht der Tag, die Woche, der Monat und das Jahr.

B. Observe the following pattern when changing to the plural:

ich — mein — mir — mich　change to　wir — unser — uns — uns
du — dein — dir — dich　change to　ihr — euer — euch — euch

er — sein — ihm — ihn ⎫
　　　　　　　　　　　　⎬ change to　sie — ihr — ihnen — sie
sie — ihr — ihr — sie ⎭

1. Mein Bleistift schreibt gut. 2. Schreibt deine Feder auch gut? 3. Sein Freund hat auch eine Feder. 4. Der Junge will mir helfen. 5. Zuerst spreche ich über meine Lehrerin. 6. Zuletzt spricht er über seinen Lehrer. 7. Mein Vater ist nicht zufrieden. 8. Mein Bruder schreibt für mich. 9. Auch meine Schwester arbeitet für mich. 10. Kann ein Mädchen so gut lernen wie ein Knabe?

C. 1. Der Tag ist kurz und die Nacht ist lang. 2. Eine Minute ist oft wie eine Stunde. 3. Diese Zeit ist schwer für mich. 4. Mein Haus ist groß, aber mein Spielzimmer ist klein. 5. Das Zimmer ist für ein Kind, nicht für einen Schüler. 6. Manchmal mag ich ein Buch lesen oder einen Brief schreiben. 7. Meine Schwester aber singt sehr laut. 8. Mein Brüderchen kann nicht schlafen und fängt an zu heulen. 9. Da kommt die Mutter und sagt zu mir: „Junge, warum schläfst du nicht?" 10. Eine Tochter hat es gut, aber ein Sohn hat es schwer.

III. Change each of the following sentences to the singular:

1. Die Bauern wohnen auf dem Lande. 2. Meine Onkel sind Bauern. 3. Meine Tanten sind Bäuerinnen. 4. Meine Vetter sind Bauernjungen. 5. Ihre Schwestern sind Bauernmädchen. 6. Meine Brüder und ich besuchen sie alle Jahre. 7. Sie haben Pferde, Kühe und viele Felder. 8. Auf dem Lande vergehen die Tage sehr schnell. 9. Die Abende sind kurz. 10. Dann erzählen meine Onkel viele Geschichten. 11. Wir haben keine

Aufgaben zu machen. 12. Nach ein paar Stunden sind wir schläfrig. 13. Wir gehen in unsere Schlafzimmer. 14. Da sind die Wände und Fenster, die Böden und Decken sehr rein. 15. Wir gehen bald schlafen, denn die Betten sind weich und warm.

IV. Übersetzen Sie ins Deutsche:

EARLY OR LATE?

1. My brothers, my sister, and I have a playroom in our house.
2. Karl and his sisters visit us *twice a week*, usually Wednesday and Friday. 3. We boys do our homework together. 4. The girls *talk about* their girl friends and about clothes. 5. After two hours our homework is finished. 6. I *look at* my watch and say, "It is ten o'clock; that's still early." 7. Karl *looks at* his watch and says, "Yes, but it's already late." 8. My little brother says to us, "Your watches are bad." 9. "Why do you say that?" I ask astonished. 10. He says, "By your watch it is early, and by his watch it is late!"

LESESTÜCK ZWANZIG

DER RATTENFÄNGER [1] VON HAMELN

[1] rat catcher

Hameln ist eine alte Stadt. Die Leute [2] sind unglücklich, denn es sind viele Ratten dort. Die Häuser, die Läden und die Kirchen [3] sind voll davon. Die Frauen haben Angst, die Kinder weinen. Die Männer wissen nicht, was zu tun. Es wird **immer schlimmer.**[4]

[2] people

[3] churches

[4] worse and worse

Eines Tages kommt ein Fremder [5] in die Stadt. Er hat eine Feder am Hut. Er spielt eine Pfeife.

[5] stranger

Er geht in das Rathaus,[6] wo die Männer sitzen. Sie reden über die Ratten. „Was sollen wir tun? Die Zimmer, die Keller,[7] die Gärten und die Straßen sind voll davon."

[6] town hall

[7] cellars

Der Fremde steht auf und sagt: „Ich kann die Ratten wegjagen.[8] Sie müssen aber fünfhundert Taler zahlen." [9]

[8] chase away

[9] pay

„Das wollen wir gern tun, wenn Sie die Ratten
aus Hameln wegjagen."

„Schön," sagt der Fremde. „Gehen Sie ruhig
nach Hause. Warten Sie nur vierundzwanzig
Stunden, dann sind die Ratten weg. Die
Häuser, die Kirchen, die Läden und die Straßen
sind morgen rein."

„Wunderbar!" sagen die Männer. „Herr-
lich!" [10] sagen die Frauen. „Hurra!" rufen die   [10] Splendid
Kinder.

Der Fremde nimmt seine Pfeife und spielt
darauf. Er geht durch die Straßen. Überall [11]   [11] All over
laufen Ratten heraus. Sie hören die Pfeife und
folgen [12] dem Manne. Die Häuser, die Keller,   [12] follow
die Kirchen und die Läden werden leer. Die
Ratten laufen durch die Straßen, aus der Stadt,
auf die Felder, bis an den Strom. Dann lau-
fen sie in das Wasser und ertrinken.[13] Hameln   [13] drown
ist frei!

Der Fremde kommt wieder ins Rathaus. Er
will sein Geld, aber die Männer wollen nicht
zahlen. Sie sind froh, denn die Ratten sind
weg. Also trinken sie und singen, und die
Frauen und Kinder lachen.

Da geht der Fremde zornig [14] weg. Wieder   [14] angry
geht er durch die Straßen und spielt seine Pfeife.
Diesmal kommen die Kinder schnell und folgen
ihm. Er geht aus der Stadt, auf die Felder und
kommt an den Strom. Die Kinder folgen ihm.
Sie laufen ins Wasser und ertrinken. Niemand
sieht den Fremden.

In Hameln weinen sie nun. Väter und Mütter
sind sehr traurig. Die Ratten sind weg, aber
die Söhne und Töchter sind auch weg.

THE PIED PIPER OF HAMELN.   In the quaint old town of Hameln in Hanover
you can still see the house in which the contract was made with the rat catcher.
In this picture a cave is shown in which, according to one version of the legend,
the children disappeared when the rat catcher did not receive his promised fee.
(From an exhibit at the Berlin Museum.)

Wanderschaft

WILHELM MÜLLER   NACH KARL ZÖLLNER

1. Das Wan - dern ist des Mül - lers Lust, das Wan - dern ist des

Mül - lers Lust, das Wan - dern! Das muß ein schlech - ter

Mül - ler sein, dem nie - mals fiel das Wan - dern ein, dem

nie - mals fiel das Wan - dern ein, das Wan - dern.

2

Vom Wasser haben wir's gelernt,
Vom Wasser haben wir's gelernt,
     Vom Wasser:
Das hat nicht Rast bei Tag und Nacht,
Ist stets auf Wanderschaft bedacht,
Ist stets auf Wanderschaft bedacht,
     Das Wasser.

3

O Wandern, Wandern, meine Lust,
O Wandern, Wandern, meine Lust,
     O Wandern!
Herr Meister und Frau Meisterin,
Laßt mich in Frieden weiter ziehn,
Laßt mich in Frieden weiter ziehn
     Und wandern.

21

Lektion Einundzwanzig

Kein Wunder!

A. Erster Teil

Es gibt in einer Stadt sehr viel Krankheit.[1] Viele Menschen werden plötzlich krank. Die Farbe ihrer Gesichter wird blaß.[2] Der Ton ihrer Stimmen wird schwach. Sie verlieren[3] die Kraft[4] ihrer Arme und Beine[5] und werden hilflos wie Kinder. Ja, sie sind mehr tot[6] als lebendig.[7]

Jeder Arzt[8] in dieser Stadt hat viele Patienten, denn die Kranken sind überall.[9] Die Familien der Kranken **lassen Ärzte holen.**[10] Aber die Ärzte haben wegen ihrer Patienten zu viel zu tun. Sie können nicht immer kommen. **Auch wenn**[11] sie kommen, sterben[12] viele dieser Kranken. Die Zahl[13] der Toten wird sehr groß. Bald fragen sich die Leute[14]: „Wie viele Patienten unserer Ärzte sind schon tot?" Bei dieser Frage hat jeder Angst.

Deswegen[15] kommen die Leute eines Tages zusammen und bestimmen[16]: jeder Arzt muß ein Schild vor seinem Hause haben. Die Schilder der Ärzte müssen Zahlen tragen: drei, fünf, acht, zwölf, **und so weiter.**[17] Jedes Schild zeigt also[18] die Zahl der Toten für jeden Arzt.

Ist die Zahl der Toten klein, so ist der Arzt gut. Ist aber die Zahl der Toten groß, dann läßt man diesen Arzt nicht holen. Nun haben die Leute nicht so viel Angst, denn sie wissen, welchen Arzt sie wollen.

[1] sickness

[2] pale

[3] lose [4] strength

[5] legs

[6] dead [7] alive

[8] doctor

[9] everywhere

[10] send for doctors

[11] Even when

[12] die [13] number

[14] people

[15] On that account

[16] decide

[17] and so forth

[18] therefore

Vokabeln

The symbol after each noun shows you the plural.

NOUNS

der Arm, –e arm
der Arzt, ⁼e doctor
der Kranke, –n sick person
der Patient, –en [Patsi-'ent] patient
der Ton, ⁼e tone, sound
der Tote, –n dead person

die Kraft, ⁼e strength
die Krankheit, –en sickness
die Leute people (*pl. only*)
die Zahl, –en number

das Bein, –e leg

ADJECTIVES

blaß pale
hilflos helpless
le-'bendig alive
tot dead

VERBS

be-'stimmen to decide
sterben to die
du stirbst
er stirbt
ver-'lieren to lose

PHRASES

auch wenn even when (if)
einen Arzt holen lassen to send for a
doctor
ich lasse einen Arzt holen
du läßt einen Arzt holen
er läßt einen Arzt holen
mehr tot als lebendig more dead
than alive
und so weiter and so forth (*abbrev.*
usw. = etc.)

ADVERBS

also therefore, thus
deswegen on that account, for that
reason
überall everywhere, all over

Fragen

1. Was gibt es in einer Stadt?   2. Wie werden die Menschen plötzlich?
3. Was wird blaß? Was wird schwach?   4. Was verlieren die Menschen?
5. Wie sind sie dann?   6. Warum können die Ärzte nicht immer kommen?
7. Warum haben die Leute Angst?   8. Was bestimmen sie?   9. Was müssen
die Schilder der Ärzte tragen?   10. Welche Zahl zeigt jedes Schild?

B. Zweiter Teil

Eines Tages wird ein Herr in der Stadt plötzlich
krank. Nirgends[1] kann er einen Arzt finden. Also   ¹ Nowhere
kommt er nach Hause und legt sich ins Bett. Dann

ruft er seinen Diener [2] und sagt: „Gehe in die Stadt und hole einen Arzt! Aber gib acht auf die Zahlen der Schilder! Die Zahl muß klein sein!"

Der Diener läuft durch die Straßen der Stadt und sieht auf die Zahlen der Ärzte. Alle Zahlen sind groß: zwölf, fünfzehn, achtzehn, usw.[3] Endlich aber findet er ein Schild mit der Zahl drei. Er bringt diesen Arzt zu seinem Herrn.

[3] etc.

Der Arzt ist noch jung. Er geht an das Bett und sagt: „Zeigen Sie mir Ihre Zunge.[4] Sagen Sie A! Husten Sie!"[5] Darauf fühlt er das Herz.[6] Endlich sagt er: „Die Farbe Ihrer Augen ist nicht gut. Sie sollen mehr Wasser trinken."

[4] tongue
[5] Cough! [6] heart

Der Kranke fragt: „Sind Sie einer der Doktoren unserer Stadt?"

„Ja," antwortet der Arzt.

„Und wie viele Ihrer Patienten sind tot?"

„Drei."

„Nur drei? Das ist wunderbar![7] Sie sind noch sehr jung. Seit wann sind Sie Doktor?"

[7] wonderful

„Seit gestern."[8]

[8] yesterday

Vokabeln

NOUNS

der **Diener,** —, servant
der **Doktor** doctor
   pl. die **Dok-'toren**

die **Zunge,** –n tongue

das **Herz,** –en heart
das **Wunder,** —, wonder

OPPOSITES

Arzt } — **Patient** (*or* der **Kranke**)
Doktor }

Diener — Herr
gestern — heute
lebendig — tot
nirgends — überall
sterben — leben
verlieren — finden

OTHER WORDS

gestern yesterday
husten to cough
nirgends nowhere
wunderbar wonderful

Fragen

1. Warum kommt der Herr nach Hause? 2. Wen ruft er? 3. Was soll der Diener tun? 4. Worauf soll er achtgeben? 5. Wie sind alle Zahlen der Ärzte? 6. Was findet der Diener endlich? 7. Was sagt der Arzt über die Farbe der Augen? 8. Wer ist der Arzt? 9. Wie viele seiner Patienten sind tot? 10. Seit wann ist er Doktor?

C. Vocabulary Notes

1. *Feminine Nouns Ending in* –e. The following verbs all form feminine nouns ending in –e (plural –n). Study these nouns and learn their English meanings. This will be easy, since you already know the meanings of the verbs from which they are formed.

VERB	NOUN
geben, to give	die Gabe, the gift
helfen, to help	die Hilfe, the help
sagen, to say	die Sage, the legend, saga
sprechen, to speak	die Sprache, speech, language

Übung

Each of the following verbs forms a feminine noun ending in –e, somewhat similar to the models above. However, in the list below there are no vowel changes from the verb to the noun. For each verb give the noun form and its English meaning.

Ex. sagen, to say, — die Sage, legend, saga

eilen	lieben	reisen
fragen	reden	stellen

2. *Feminine Nouns Ending in* –heit. The following adjectives all form feminine nouns ending in –heit (plural –en). Nouns formed in this way all have an *abstract* or *general* meaning. Since you already know the meanings of the adjectives, it will be easy for you to remember the meanings of the new nouns.

ADJECTIVE	NOUN
dunkel, dark	die Dunkelheit, darkness
gewiß, certain	die Gewißheit, certainty
rein, pure	die Reinheit, purity
schön, beautiful	die Schönheit, beauty

Übungen

I. Using the preceding list as a model, give the noun form and its English meaning for each of the following adjectives:

Ex. frei, free — die Freiheit, freedom

dumm	gesund	krank
faul	klar	wahr

II. The following story contains nouns formed according to the models in Vocabulary Notes 1 and 2. If you have studied the models and have practiced forming new nouns, you will have no difficulty in understanding the story. Read it carefully and then retell it in English in your own words. Do not give a word-for-word translation.

Der böse Bruder

Wegen meiner Krankheit muß ich im Bett bleiben. Während des Tages kann ich durchs Fenster die Schönheiten der Natur sehen: die Bäume, den blauen Himmel und die Vöglein. Diese fliegen in großer Eile hoch in der Luft. Sie freuen sich über ihre Freiheit. Am Abend aber wird es dunkel und ich kann draußen nichts sehen. Dann liege ich in der Dunkelheit und frage mich: „Wie lange dauert noch diese Krankheit? Wann habe ich meine Gesundheit wieder?" Auf meine Fragen finde ich keine Antwort und diese Ungewißheit macht mich traurig.

Plötzlich kommt mein Bruder Walter zu mir ins Krankenzimmer und hält mir eine Rede. Er sagt: „Das ist doch Faulheit, so lange im Bett zu bleiben! Ich muß dir die Wahrheit sagen: Krankheit ist Faulheit! Man liegt den ganzen Tag im Bett und tut nichts!"

Ich bin zu schwach, ihm zu antworten. Da liege ich hilflos und sprachlos, bis die Mutter kommt und sagt: „Walter, laß den Jungen in Ruhe! Zu einem Kranken soll man nicht so reden! Ohne Liebe werden die Kranken nie wieder gesund. Die Gesundheit ist eine Gabe vom Himmel und nicht jeder kann sie haben. Was du sagst ist keine Wahrheit. Es ist die reine Dummheit!"

D. GRAMMAR NOTES

1. *Genitive Plural of the Definite Article and the Noun.* The following phrases illustrate the genitive plural of the definite article with nouns of the different genders. You have already learned the genitive singular of the articles and nouns

in the left-hand column. Note how the genitive plural in
the right-hand column differs from the singular.

MASCULINE ARTICLES AND NOUNS — GENITIVE CASE

SINGULAR	PLURAL
der Patient des Arztes	die Patienten der Ärzte
die Kraft des Armes	die Kraft der Arme

FEMININE ARTICLES AND NOUNS — GENITIVE CASE

SINGULAR	PLURAL
der Ton der Stimme	der Ton der Stimmen
die Straßen der Stadt	die Straßen der Städte

NEUTER ARTICLES AND NOUNS — GENITIVE CASE

SINGULAR	PLURAL
die Farbe des Auges	die Farbe der Augen
die Zahl des Schildes	die Zahlen der Schilder

SUMMARY

GENITIVE SINGULAR	GENITIVE PLURAL *(All genders)*
M. des	
F. der	der
N. des	

Übungen

I. Give the English meaning of the following genitive phrases:

die Zahl der Türen   die Augen der Frauen
die Beine der Stühle   die Diener der Herren
der Vater der Schüler   die Schüler der Lehrerinnen
die Namen der Töchter   die Schüler der Schulen
die Farbe der Bilder   die Freundinnen der Mädchen

II. Change each phrase above to the singular and give its meaning.

III. Give the following phrases in German:

the people of the cities   the strength of the men
the father of the children   the color of the eyes

the names of the doctors	the legs of the tables
the tone of the questions	the number of the pencils
the sickness of the patients	the color of the books

2. *Genitive Plural of the* ein=*Words.* Study the following table of the ein=words in the genitive case, singular and plural. Note that the ending of the ein=words in the genitive plural is always –er.

MASCULINE Ein=WORDS AND NOUNS — GENITIVE CASE

SINGULAR	PLURAL
1. der Patient meines Arztes	1. die Patienten unserer Ärzte
2. der Patient deines Arztes	2. die Patienten eurer Ärzte
3. { M. der Patient seines Arztes / F. der Patient ihres Arztes }	3. die Patienten ihrer Ärzte

FEMININE Ein=WORDS AND NOUNS — GENITIVE CASE

SINGULAR	PLURAL
1. der Ton meiner Stimme	1. der Ton unserer Stimmen
2. der Ton deiner Stimme	2. der Ton eurer Stimmen
3. { M. der Ton seiner Stimme / F. der Ton ihrer Stimme }	3. der Ton ihrer Stimmen

NEUTER Ein=WORDS AND NOUNS — GENITIVE CASE

SINGULAR	PLURAL
1. die Farbe meines Auges	1. die Farbe unserer Augen
2. die Farbe deines Auges	2. die Farbe eurer Augen
3. { M. die Farbe seines Auges / F. die Farbe ihres Auges }	3. die Farbe ihrer Augen

---

NOTE: Except for capitalization, the polite forms of the ein=words are the same as the third person feminine for each singular, and the third person plural for each plural.

> *Ex.* Sing. die Kraft Ihres Armes (the strength of your arm)
> Pl. die Kraft Ihrer Arme (the strength of your arms)

Übungen

I. Give the English meaning of the following genitive phrases:

die Frauen unserer Doktoren	die Stimmen Ihrer Schülerinnen
der Vater ihrer Kinder	die Namen meiner Schwestern
die Zahl meiner Schüler	die Kraft eurer Stimmen
die Freunde deiner Brüder	die Zahl unserer Spielsachen
die Hilfe seiner Söhne	die Dächer eurer Häuser

II. Change each phrase in Übung I to the singular and give its meaning.

III. Give the following phrases in German:

my brothers' friends (i.e., the friends of my brothers)
his sisters' friends (i.e., the friends of his sisters)
your (*fam.*) friends' dog (i.e., the dog of your friends)
your (*pol.*) daughters' dresses (i.e., the dresses of your daughters)
her children's teacher (i.e., the teacher of her children)
our teachers' questions (i.e., the questions of our teachers)
your (*pl.*) pencils' color (i.e., the color of your pencils)

3. *Genitive Plural of* ber*-Words and Nouns.* The genitive plural of the ber-words and nouns is shown in the right-hand column below. Note that each ending of the genitive plural is –er.

MASCULINE Der-WORDS AND NOUNS — GENITIVE CASE

SINGULAR	PLURAL
der Patient dieses Arztes	die Patienten dieser Ärzte
der Patient jenes Arztes	die Patienten jener Ärzte

FEMININE Der-WORDS AND NOUNS — GENITIVE CASE

SINGULAR	PLURAL
die Straßen dieser Stadt	die Straßen dieser Städte
die Straßen jener Stadt	die Straßen jener Städte

NEUTER Der-WORDS AND NOUNS — GENITIVE CASE

SINGULAR	PLURAL
die Zahl dieses Schildes	die Zahl dieser Schilder
die Zahl jenes Schildes	die Zahl jener Schilder

EXAMPLES OF OTHER Der-WORDS — GENITIVE PLURAL

Die Leute **aller Städte** arbeiten schwer.   (*of all cities*)
Die Diener **einiger Herren** sind faul.   (*of some masters*)
Die Mütter **mancher Kinder** haben Angst.   (*of many children*)
Die Patienten **solcher Ärzte** sind glücklich.   (*of such doctors*)
Die Lehrer **vieler Schüler** sterben jung.   (*of many pupils*)

Übungen

I. Übersetzen Sie ins Englische:

die Namen dieser Mädchen   die Herren aller Diener

der Bruder jener Schüler   die Zahlen einiger Schilder
die Schulen dieser Stadt   die Arbeit solcher Leute
die Milch jener Kühe   die Dächer mancher Häuser

II. Übersetzen Sie ins Deutsche:

the doctors of these people	the children of all parents
the color of those walls	the streets of many cities
the number of such houses	the dresses of some girls
the sickness of these patients	the fathers of those boys

4. *Genitive Plural after Prepositions.* The column on the left is a review of the genitive prepositions and the genitive singular of nouns. The column on the right shows you the genitive plural after these prepositions.

GENITIVE CASE AFTER PREPOSITIONS	
SINGULAR	PLURAL
(an)statt **des Mannes**	(an)statt **der Männer**
trotz **meiner Lehrerin**	trotz **meiner Lehrerinnen**
während **dieser Stunde**	während **dieser Stunden**
wegen **eines Kindes**	wegen **einiger Kinder**

Übung

Übersetzen Sie ins Deutsche:

instead of these doctors	on account of their patients
in spite of his teachers	during these nights
during the days	in spite of our illnesses
instead of such pupils	during my lessons
in spite of some people	on account of the number of dead

Aufgaben

I. Supply the genitive plural in German as indicated:

1. Die Mutter (*of the*) Kinder hat Angst. 2. Viele (*of the*) Leute in der Stadt sind krank. 3. Sie läßt den Arzt (*of her*) Kinder holen. 4. Wegen der Zahl (*of his*) Patienten kann ihr Arzt nicht kommen. 5. Deswegen läßt sie den Arzt (*of her*) Freundinnen holen. 6. Sie fragt ihn: „Herr Doktor, wie viele (*of your*) Patienten haben diese Krankheit?" 7. Er sagt: „Die Zahl (*of such*) Kranken ist klein." 8. Der Vater und die

Mutter (*of these*) Kinder freuen fich. 9. Der Ton (*of their*) Stimmen wird froh. 10. Die Angst (*of the*) Eltern (*of these*) Kinder ist zu Ende.

II. Rewrite the sentences in Aufgabe I, changing each genitive plural to the genitive singular. Omit sentences 2, 4, 6, 7.

III. Change each sentence to the plural: (NOTE: Change ein to einige.)

A. 1. Die Mutter eines Kindes ist unruhig. 2. Das Gesicht ihres Knaben ist blaß. 3. Er verliert die Kraft seiner Stimme. 4. Während der Nacht hustet er. 5. Das Herz des Jungen klopft. 6. Die Farbe seines Auges ist rot. 7. Wegen dieser Krankheit braucht er einen Arzt. 8. Der Vater des Kranken läßt einen Arzt holen. 9. Die Zahl des Arztes ist wichtig. 10. Deswegen muß der Vater die Größe der Zahl wissen.

B. 1. Der Diener eines Herrn ist sehr faul. 2. Wenn es klingelt, soll der Diener die Tür des Hauses öffnen. 3. Wenn es regnet, soll er das Fenster des Zimmers schließen. 4. Die Arbeit seines Tages ist nicht lang. 5. Doch tut er nichts während seiner Arbeitsstunden. 6. Das Dienstmädchen dieses Herrn aber ist sehr fleißig. 7. Die Farbe ihres Kleides ist immer weiß. 8. Die Hand des Mädchens ist immer rein. 9. Die Freude seines Herzens ist groß.

IV. Übersetzen Sie ins Deutsche:

SICKNESS IN THE FAMILY

1. *One morning* my brothers come into my bedroom. 2. They say: "There are spots on your face! They are red! 3. You are sick! We *are sending for the doctor!*" 4. The tone of their voices is serious. 5. I lose the strength of my arms and legs. 6. I am *more dead than alive*. 7. Mother comes, *looks at* the color of the spots and says: "Go and *wash yourself!*" 8. *Shortly after*, the spots are gone and my face is clean. 9. Mother goes into my brothers' playroom. 10. "Give me your pens," she says. 11. She writes with Peter's pen. 12. "The color of this ink is red!" says Mother.

LESESTÜCK EINUNDZWANZIG

DIE JAHRESZEITEN [1]   [1] seasons

Das Jahr hat dreihundertfünfundsechzig [2]   [2] 365
oder dreihundertsechsundsechzig Tage. Der

An Enjoyable Afternoon in the Alps. Here atop the Kreuzeck, which is reached by a cable car, happy tourists are watching gay Bavarians in native garb performing a peasant dance. Above them are snow-clad peaks; down below in the valley nestles picturesque Garmisch.

Tag hat vierundzwanzig Stunden. Die Teile des Tages sind der Morgen, der Mittag, der Nachmittag, der Abend und die Nacht.

Die Tage der Woche sind: Sonntag, Montag, Dienstag, Mittwoch, Donnerstag, Freitag und Samstag (oder Sonnabend).

Die Woche hat sieben Tage. Sonntag ist der erste Tag, Montag ist der zweite Tag, Dienstag ist der dritte Tag, Mittwoch ist der vierte Tag, Donnerstag ist der fünfte Tag, Freitag ist der sechste Tag und Samstag ist der siebte (oder siebente) Tag.

Sechs Tage sind Werktage. Sonntag ist Ruhetag. Wir gehen Montag, Dienstag, Mittwoch, Donnerstag und Freitag in die Schule. Am Sonntag gehen wir nicht in die Schule. Während der Woche arbeiten wir; Sonntags ruhen wir.

Das Jahr hat zwölf Monate. Jeder Monat hat dreißig oder einunddreißig Tage. Der Februar hat achtundzwanzig Tage. Wie viele Tage hat der Februar in einem Schaltjahr? [3]   [3] leap year

Die zwölf Monate sind: Januar, Februar, März, April, Mai, Juni, Juli, August, September, Oktober, November und Dezember.

Die Jahreszeiten heißen: der Frühling, der Sommer, der Herbst und der Winter.

Im Frühling ist es schön. Der Himmel ist blau. Wegen des Regens sind die Felder grün. Die Blumen blühen.[4] Die Vögel singen. Die Bäume wachsen.[5]   [4] blossom   [5] grow

Im Sommer ist es warm. Die Tage sind lang, die Nächte sind kurz. Trotz des Regens ist es schön. Während der Ferien bleiben wir auf dem Lande. In der Stadt ist es zu heiß.

Im Herbst ist es kühl und windig. Wir gehen

wieder in die Schule. Trotz der Aufgaben freuen wir uns. Statt der Spiele [6] und Spaziergänge [7] haben wir jetzt Arbeit. Aber Arbeit macht das Leben süß! Im Herbst kommt auch die Ernte [8]; dann gibt es Obst und Gemüse.

Der Winter ist kalt. Oft gibt es Eis und Schnee. Während der langen Nächte ist es schön im Hause zu bleiben. Wir sitzen am Feuer und lesen oder hören Musik am Radio. Trotz der kalten Tage freuen wir uns, denn Weihnachten [9] kommt. Dann haben wir keine Schule und können **uns vergnügen.**[10] Wir sind froh und die Lehrer sind auch froh.

[6] games
[7] walks
[8] harvest
[9] Christmas
[10] enjoy ourselves

Reim

Dreißig Tage hat November,
April, Juni und September.
Februar hat viermal sieben,
Alle, die noch übrig blieben,
Haben einunddreißig.

22

Lektion Zweiundzwanzig

Der Mäuseturm *

A. Erster Teil

Bei der Stadt Bingen am Rhein steht ein Turm.
Man erzählt viele Geschichten davon. Unter den
Geschichten ist diese:

In Bingen wohnt ein Bischof. Er heißt Hatto.
Dieser Bischof wohnt in einem Schloß.[1] Er ist sehr
reich[2] und viele Leute dienen[3] ihm. Aber er ist auch
sehr schlecht.

Im Juli eines Jahres regnet es sehr wenig. Die
Felder werden trocken.[4] Im August dieses Jahres
regnet es dann sehr viel und in den Feldern ist es zu
naß.[5] Deswegen ist die Ernte[6] im September sehr
schlecht. Oktober, November und Dezember kommt
die Hungersnot[7] ins Land. Hunderte von Männern,
Kindern und Frauen haben seit Monaten wenig zu
essen und sie hungern.[8]

Nur Bischof Hattos Keller[9] sind voll Korn und
Fleisch. Also gehen die Leute zu ihm und sagen: „Wir
sind arm und haben nichts zu essen. Unsere Kinder
hungern. Geben Sie uns von dem Brot und dem
Fleisch in Ihren Kellern."

Aber der Bischof ist böse und gibt den Leuten nichts.
„Geht weg von meinen Türen!" sagt er. „Geht zu
euren Kindern!"

Die Leute gehen traurig nach Hause. Die Kinder
sind hungrig. Sie weinen und **bitten um**[10] Brot.

* The Mouse Tower.

[1] castle
[2] rich   [3] serve
[4] dry
[5] wet   [6] harvest
[7] famine
[8] starve
[9] cellars
[10] ask for

Aber die Eltern können ihren Kindern nichts geben.

Der Biſchof ißt und trinkt und iſt immer ſatt,[11]   [11] full
aber den Armen [12] gibt er nichts.   [12] to the poor

Vokabeln

NOUNS	VERBS
der **Arme**, –n poor man	**bitten** (um) (*acc.*) to ask for
der **Biſchof**, ⸺e bishop	**dienen** (*dat.*) to serve
der **De='zember** December	**hungern** to starve
der **Keller**, —, cellar	
der **No='vember** November	
der **Ok='tober** October	PREPOSITION
der **Turm**, ⸺e tower	
	unter among
die **Ernte**, –n harvest	
die **Hungersnot** famine	
	PHRASES
das **Hundert**, –e hundred	
das **Schloß**, ⸺er castle	**am Rhein** on the Rhine
	bei der Stadt Bingen near the town
ADJECTIVES	of Bingen
	ſeit Monaten for months
naß wet	**Sie bitten um Brot.** They ask for
reich rich	bread.
ſatt full	
trocken dry	

Fragen

1. Was ſteht bei Bingen am Rhein? 2. Wie heißt der Biſchof? 3. Wo
wohnt er? 4. Wer dient ihm? 5. Warum iſt die Ernte ſchlecht? 6. Was
kommt ins Land? 7. Warum gehen die Leute zum Biſchof? 8. Gibt er ihnen
etwas? Warum nicht? 9. Worum bitten die Kinder? 10. Iſt der Biſchof
auch hungrig?

B. Zweiter Teil

Eines Tages hört der Biſchof einen Lärm vor ſeinen
Türen. Er ſagt zu ſich: „Da kommen ſie ſchon wieder
und bitten um Brot. Ich antworte dieſen Leuten
nicht!"

THE FAMOUS MOUSE TOWER AT BINGEN. In this quaint structure on the banks of the Rhine, according to legend, Bishop Hatto was consumed by mice. History tells us that it was really a *Mautturm*, i.e., a tower for collecting tolls. (Below) "O DU WUNDERSCHÖNER DEUTSCHER RHEIN." Its vine-clad slopes and historic castles have been celebrated in a thousand legends, poems and songs.

Aber es ist nicht der Lärm von Menschen, sondern
von Tierchen. Er geht an das Fenster. Da sieht er
Tausende von Mäusen. Sie rennen durch den Garten,
bis an [1] die Türen.

[1] up to

Der Bischof befiehlt [2] seinen Dienern: „Macht die
Türen zu!" Aber die Diener können ihm nicht helfen.
Die Mäuse kommen durch die Fenster. Sie springen
auf die Stühle. Von den Stühlen springen sie auf
den Tisch. Sie fressen alles auf. [3]

[2] commands

[3] devour

Der Bischof hat Angst. Er läuft schnell hinunter [4]
zum Rhein. Aber die Mäuse folgen [5] ihm. Er springt
in ein Boot und geht zu einem Turm auf einer Insel. [6]
„Hier bin ich sicher," [7] denkt [8] er.

[4] down

[5] follow

[6] island

[7] safe   [8] thinks

Die Mäuse aber schwimmen durch das Wasser, bis
an den Turm. Sie gehen durch die Tür; sie gehen
die Treppe hinauf. [9] Der Bischof ist hoch oben im
Turm, aber die Mäuse finden ihn. Sie rennen in das
Zimmer und springen auf ihn. Dann fressen sie ihn
auf!

[9] up the stairs

So geht es mit solchen Menschen. Sie helfen den
Armen nicht und dann hilft ihnen auch niemand. Sie
müssen am Ende sterben. So stirbt der Bischof Hatto
in dem Turm. Und seitdem [10] trägt dieser Turm den
Namen „Mäuseturm."

[10] since then

Vokabeln

NOUNS

die **Insel**, –n island
die **Treppe**, –n stairs
das **Tausend**, –e thousand
das **Tierchen**, —, little animal

PHRASES

bis an (*acc.*) up to
die Treppe hinauf up the stairs
Macht die Türen zu! Close the doors!

Sie fressen alles auf. They devour
everything.
zu sich to himself
zum Rhein to the Rhine

OPPOSITES

hinauf — **hinunter**
naß — **trocken**
reich — **arm**
satt — **hungrig**

VERBS

auffreſſen to devour
  er frißt ... (auf)
be=ʹfehlen (dat.) to command
  er befiehlt
denken to think
folgen (dat.) to follow
hin=ʹaufgehen to go up
  er geht ... hinauf
hin=ʹunterlaufen to run down
  er läuft ... hinunter

rennen to run
ſpringen to jump
zumachen to close
  er macht ... zu

OTHER WORDS

ſeit=ʹdem since then
ſicher safe, sure

Fragen

1. Was hört der Biſchof eines Tages? 2. Was ſagt er zu ſich? 3. Wie viele Mäuſe ſieht er durchs Fenſter? 4. Was befiehlt der Biſchof ſeinen Dienern? 5. Warum können ſie ihm nicht helfen? 6. Was tun die Mäuſe? 7. Wohin geht der Biſchof im Boot? 8. Wo finden die Mäuſe den Biſchof? 9. Was tun ſie? 10. Welchen Namen trägt dieſer Turm jetzt?

C. Vocabulary Notes

1. Review of Numerals 1–20

1	eins	6	ſechs	11	elf	16	ſechzehn
2	zwei	7	ſieben	12	zwölf	17	ſiebzehn
3	drei	8	acht	13	dreizehn	18	achtzehn
4	vier	9	neun	14	vierzehn	19	neunzehn
5	fünf	10	zehn	15	fünfzehn	20	zwanzig

2. Numerals above 20.

Note how the German numerals above twenty and between units of ten follow the pattern of the nursery rhyme, "Four and twenty blackbirds ..." These German numerals are each written out as a single word.

21	einundzwanzig	27	ſiebenundzwanzig	40	vierzig
22	zweiundzwanzig	28	achtundzwanzig	41	einundvierzig
23	dreiundzwanzig	29	neunundzwanzig	50	fünfzig
24	vierundzwanzig	30	dreißig	60	ſechzig
25	fünfundzwanzig	31	einunddreißig	70	ſiebzig
26	ſechsundzwanzig	32	zweiunddreißig	80	achtzig

90 neunzig
100 hundert
101 hunderteins
200 zweihundert
201 zweihunderteins
221 zweihunderteinundzwanzig

1 000 tausend
1 001 tausendeins
10 000 zehntausend
100 000 hunderttausend
1 000 000 eine Milli='on
2 000 000 zwei Milli='onen

Übung

Lesen Sie die folgenden Zahlen auf deutsch:

33	141	256	888	7 275
44	151	267	999	8 966
55	161	278	1 010	9 889
66	171	289	2 000	10 187
77	181	298	2 200	20 000
88	191	333	2 975	30 089
99	202	444	3 554	50 000
111	222	555	4 443	60 775
121	234	666	5 332	70 667
131	245	777	6 776	98 989

3. The Four Arithmetical Operations

Die Addition [Additsi='on]

Ad='dieren Sie: 4   +   4   =   8
                    Vier plus vier ist   acht.
          oder: Vier und vier macht acht.

Lesen Sie auf deutsch:

14 + 13 = 27   324 + 276 = 600
33 + 42 = 75   434 + 444 = 878
244 + 122 = 366   3 024 + 975 = 3 999

Die Subtraktion [Subtraktsi='on]

Subtra='hieren Sie: 5   —   3   =   2
                      Fünf minus drei ist zwei.
          oder: Fünf weniger drei ist zwei.

Lesen Sie auf deutsch:

12 − 3 = 9   233 − 118 = 115
21 − 4 = 17   581 − 270 = 311
198 − 113 = 85   7 876 − 918 = 6 958

Die Multiplikation [Multiplikatsi-'on]

Multipli'zieren Sie: 4 × 4 =   16
Vier mal vier ist   sechzehn.
oder: Vier mal vier gibt sechzehn.

Lesen Sie auf deutsch:

10 × 3 = 30	56 × 21 = 1 176
11 × 6 = 66	107 × 16 = 1 712
21 × 18 = 378	175 × 111 = 19 425

Die Division [Divisi-'on]

Divi-'dieren Sie: 9   ÷   3 = 3
Neun dividiert durch drei ist drei.
oder: Neun durch   drei ist drei.

Lesen Sie auf deutsch:

21 ÷ 7 = 3	600 ÷ 25 = 24
33 ÷ 3 = 11	1 320 ÷ 44 = 30
144 ÷ 12 = 12	5 459 ÷ 53 = 103

4. *How to Read Dates.* Note that the dates, like the numerals, are written out as single words.

Fragen	Antworten
Wann? In welchem Jahre?	Im Jahre (1776) siebzehnhundertsechsundsiebzig Im Jahre (1812) achtzehnhundertzwölf Im Jahre (1914) neunzehnhundertvierzehn
Seit wann? Seit welchem Jahre?	Seit (dem Jahre) (1789) siebzehnhundertneunundachtzig Seit (dem Jahre) (1848) achtzehnhundertachtundvierzig Seit (dem Jahre) (1918) neunzehnhundertachtzehn

Lesen Sie die folgenden Daten auf deutsch:

843	1555	1809	1933
1077	1588	1830	1939
1492	1607	1863	1941
1517	1648	1870	1945
1525	1791	1898	1950

Übungen

Lesen Sie die folgenden Sätze und geben Sie alle Zahlen auf deutsch:

1. Die Minute hat —— Sekunden. 2. Die Stunde hat —— Minuten. 3. Der Tag hat —— Stunden. 4. Das Jahr hat —— Tage. 5. Ein Schaltjahr (*leap year*) hat —— Tage. 6. Der Monat hat —— oder —— Tage. 7. In einem Schaltjahr hat der Februar —— Tage. 8. Die Sommerferien dauern ungefähr —— Wochen. 9. Mein Schultag dauert —— Stunden. 10. Der Werktag für Arbeiter dauert —— Stunden. 11. Zu Weihnachten (*Christmas*) haben wir —— bis —— Tage Ferien. 12. Zu Ostern (*Easter*) haben wir —— bis —— Tage Ferien. 13. Ich bin —— Jahre alt. 14. Ich bin im Jahre —— geboren. 15. Mein Vater ist —— Jahre alt. 16. Er ist im Jahre —— geboren. 17. Ich gehe schon seit —— Jahren in die Schule. 18. Ich muß noch —— Jahre zur Schule gehen. 19. Im Jahre —— kam Kolumbus nach Amerika. 20. George Washington war Präsident von —— bis ——.

D. Grammar Notes

1. *Dative Plural of Definite Articles and Nouns.* Study the right-hand column to see how the dative plural is formed. On the left you can compare the dative plural with the dative singular.

Definite Article and Noun — Dative Case	
SINGULAR	PLURAL
M. von dem Stuhl	M. von den Stühlen
F. vor der Tür	F. vor den Türen
N. in dem Feld	N. in den Feldern

Why must the dative case be used in all of the above phrases? What is the definite article for all genders in the dative plural? What ending appears on each noun in the dative plural?

SUMMARY

DAT. SING.	DAT. PL. (*All genders*)
M. dem F. der N. dem	den (*noun*) + –(e)n

Übung

Change each dative phrase to the plural:

mit der Feder	in der Ecke	nach der Stunde
in dem Haus	bei der Wand	seit dem Tag
auf dem Stuhl	mit dem Mann	zu dem Vater
neben der Tür	außer der Frau	über dem Fenster
an der Tafel	hinter dem Bild	unter dem Tisch

2. *Dative Plural of* der-*Words and Nouns.* As you would expect, the dative plural ending of der-words and nouns is the same as that of the definite article.

Der-WORDS AND NOUNS — DATIVE CASE

SINGULAR	PLURAL
M. von diesem (jenem) Stuhl	M. von diesen (jenen) Stühlen
F. vor dieser (jener) Tür	F. vor diesen (jenen) Türen
N. in diesem (jenem) Feld	N. in diesen (jenen) Feldern

The same ending of the dative plural (–en) is also used on the other der-words: all–, einig–, manch–, solch–, viel–, welch–.

NOTE: The der-word jeder, because of its meaning (*each*), can only modify a singular noun and hence does not occur in the plural.

Übung

In the Übung above, change each definite article to a der-word, and then give each phrase in the plural. Use only dies–, jen–, manch–, or welch–. After each plural phrase give the English meaning.

3. *Dative Plural of Possessive Adjectives and Nouns.* Study the following examples of the possessive adjectives in the dative plural. Note that the characteristic ending of the dative plural of both adjective and noun is always –n.

POSSESSIVE ADJECTIVES AND NOUNS — DATIVE CASE

MODIFYING SINGULAR NOUNS	MODIFYING PLURAL NOUNS
M. von meinem (unserem) Stuhl	M. von meinen (unseren) Stühlen
F. vor deiner (eurer) Tür	F. vor deinen (eueren) Türen
N. in seinem (ihrem) Feld	N. in seinen (ihren) Feldern
Polite: in Ihrem Keller	Polite: in Ihren Kellern

NOTE: The dative plural of euer may be euren or eueren.

Übung

In the Übung at the end of Grammar Note 1, change each definite article to a possessive adjective. Use a different possessive adjective for each phrase, and the word fein– for the last; then change each phrase to the plural. After each plural phrase give its English meaning.

4. *How to Use the Dative Plural.* In previous lessons you learned that the dative case is used: (*a*) after certain prepositions, (*b*) for indirect objects, and (*c*) after certain verbs. This also applies to the dative plural. Examples are given below.

(*a*) Dative Plural after Prepositions

In den Feldern ist es zu naß.
Seit Monaten haben sie wenig zu essen.
Er sieht Tausende von Mäusen.
Er hört einen Lärm vor seinen Türen.
Sie gehen zu ihren Häusern.

Reminder: The dative case is used after: (*a*) the dative prepositions aus, außer, bei, mit, nach, seit, von, zu, and (*b*) the "doubtful" prepositions (only when the sentence does *not* express forward motion) an, auf, hinter, in, neben, über, unter, vor, zwischen.

(*b*) Dative Plural of Indirect Objects

	Indir. Obj.	*Dir. Obj.*	
Der Bischof gibt	den Leuten	nichts.	
Die Eltern können	ihren Kindern	nichts	geben.
Er ist immer satt, aber	den Armen	gibt er	nichts.

Reminder: Only when the direct object is a pronoun does it come before the indirect object.

	Dir. Obj.	*Indir. Obj.*
Er gibt	es	den Kindern.
Er gibt	es	ihnen.

(*c*) Dative Plural after Verbs

Ich antworte diesen Leuten nicht.
Der Bischof befiehlt seinen Dienern: ...
Sie helfen den Armen nicht.

REMINDER: The following verbs govern the dative case:

DATIVE VERBS

antworten, to answer	**danken,** to thank	**folgen,** to follow
befehlen, to command	**dienen,** to serve	**helfen,** to help

Ex.   Wir folgen **unseren Freunden.**
      Sie dienen **ihren Herren** gut.
      Er dankt **den Kindern** für das Geschenk.

Aufgaben

I. Rewrite each sentence, changing the words in parentheses to the dative plural:

1. Von (der Turm) erzählt man viele Geschichten. 2. Unter (die Geschichte) ist eine von einem Bischof. 3. Er wohnt in einem Schloß mit (viele Diener). 4. In (das Feld) ist es erst zu trocken und dann zu naß. 5. Die Bauern haben kein Glück mit (ihre Ernte). 6. Außer (die Eltern) müssen auch die Kinder hungern. 7. Hunderte von (Vater und Mutter) haben Angst wegen ihrer Kinder. 8. Viele von (die Leute) gehen zum Bischof. 9. Er will (der Arme) nicht helfen. 10. Die Eltern können (ihre Kinder) kein Brot geben.

II. Change each sentence to the plural: (Change ein to a number, einige, or viele. Fixed phrases like Was ist los? and Es gibt do not change.)

A. 1. Der Herr hört eine Maus vor der Tür. 2. Er fragt sich: „Was ist los mit dem Diener? 3. Die Leute dienen ihrem Herrn sehr schlecht!" 4. Er steht vor dem Fenster. 5. Da sieht er eine Maus. 6. Er hat Angst vor der Maus. 7. Er befiehlt dem Diener: „Mach die Tür zu!" 8. Der Diener antwortet dem Herrn nicht. 9. Der Mann läuft aus dem Schloß. 10. Auch auf der Insel ist er nicht sicher.

B. 1. Wie spricht der Bischof mit dem Bauer? 2. Ist der Bauer mit seinem Sohn und mit seiner Tochter da? 3. Der Herr antwortet diesem Mann nicht. 4. Diesem Menschen will er nichts geben. 5. Wie ist es in seinem Keller? 6. Was sieht er vor seinem Fenster? 7. Bald ist die Maus im Zimmer; dann ist sie auf dem Stuhle und endlich auf dem Tisch. 8. Die Maus folgt dem Mann. 9. Gibt es einen Turm auf deinem Hause? 10. Was denkst du von dieser Geschichte?

III. Change to the singular:

1. Die Schwestern sitzen vor ihren Schreibtischen. 2. Auf den Tischen sind Papierbögen, Federn und Bleistifte. 3. Mit den Federn schreiben sie Briefe. 4. Manchmal reden sie von ihren Freundinnen. 5. Außer diesen Freundinnen reden sie noch von ihren Schulen, Lehrern und Lehrerinnen. 6. Neben den Schwestern sitzen die Brüder. 7. Sie bitten um einige Federn und Papierbögen. 8. Die Schwestern geben sie den Brüdern. 9. Diese danken den Schwestern dafür und schreiben dann einige Briefe. 10. Dann sagen die Brüder: „Gebt uns jetzt die Adressen von euren Freundinnen!"

IV. Rewrite each of the following sentences, placing the direct and indirect objects in the parentheses in correct order:

1. Die Eltern wollen (das Brot, ihren Kindern) geben. 2. Der Bischof will (nichts, den Armen) geben. 3. Wer gibt (es, den Leuten)? 4. Schenkt der Bischof (das Korn, ihnen)? 5. Bringen die Eltern (Brot und Fleisch, den Kindern)? 6. Wer bringt (die Mäuse, dem Bischof)? 7. Wer bringt (sie, ihm)? 8. Gibt deine Mutter (das Essen, deinen Brüdern)? 9. Die Schwester schickt (einen Brief, den Freundinnen). 10. Sie schickt (ihn, den Freundinnen).

V. In the following sentences some verbs govern the accusative and others the dative. Supply German words in the correct case for the English words in the parentheses.

1. Was fragst du (*your teachers*)? 2. Antworten sie immer (*the pupils*)? 3. Was befiehlt der Lehrer (*his pupils*)? 4. Schließt (*your books*) und gebt acht! 5. Einige Knaben dienen (*the girls*). 6. Die Mädchen danken (*the boys*) dafür. 7. Nach der Schule folgen diese Knaben (*their girl friends*) nach Hause. 8. Sie tragen (*their books*) für sie. 9. Diese Knaben helfen auch (*their mothers*). 10. Helft ihr auch (*your mothers*)?

VI. Übersetzen Sie die folgende Geschichte ins Deutsche:

THE MOUSE TOWER

1. This story *tells about* a tower, about a bishop, and about many mice. 2. The tower stands *near the town of Bingen on the Rhine*. 3. The bishop's *name is* Hatto, and he lives in a castle with many servants. 4. He eats very much and is always full, but he gives nothing to the poor. 5. One year the harvest is bad and hundreds

of people are starving. 6. They go to the bishop and *ask for* bread. 7. The bishop is rich and has bread and meat in his cellars, but he gives the people nothing. 8. *Shortly after that,* thousands of mice run into the castle. 9. Hatto goes to a tower on an island, but the mice follow him and *devour him.* 10. The stories of such people tell us we must help the poor.

Spielen wir „Summ!"

PREPARATION. The class is divided into two teams, A and B. Two score-keepers are appointed, one for each team. The scorekeepers are at the front board, and the two teams are lined up facing each other at opposite sides of the room.

PROCEDURE. Pupils count off in German in the order in which they are lined up, but alternately from one team to the other: A — eins, B — zwei, A — drei, B — vier, etc. Any pupil who gets 7, any number containing 7 (17, 27, etc.), or any multiple of 7 (14, 21, 28, etc.) must call out "Summ!"

SCORING. The scorekeepers will record the errors of each team. The team with the lower score is the winner.

LESESTÜCK ZWEIUNDZWANZIG

DIE ELEFANTENJAGD [1]

[1] elephant hunt

Ein Amerikaner, ein Engländer, ein Deutscher, ein Franzose und ein Russe sitzen in einem Gasthof [2] in der Schweiz.[3] Sie trinken. Der Kellner [4] ist ein Schweizer.

[2] inn [3] Switzerland [4] waiter

Sie reden von vielen Dingen: von der Jagd, von dunklen Wäldern und wilden Tieren. Zuletzt reden sie von Elefanten. Sie interessieren sich sehr dafür. Es wird spät.

Da sagt der Engländer: „Jetzt müssen wir aber gehen. Ich sage Ihnen was: jeder soll den Elefanten studieren und dann ein Buch darüber schreiben. Nächstes Jahr können wir wieder hier zusammenkommen. Jeder soll seine Arbeit mitbringen."

Alle sind damit zufrieden. Jeder geht nach Hause: der Amerikaner nach den Vereinigten Staaten, der Engländer nach England, der Franzose nach Frankreich, der Deutsche nach Deutschland und der Russe nach Rußland.

Der Engländer geht nach Afrika auf die Jagd und schießt [5] einen Elefanten. Dann schreibt er ein kleines Buch darüber mit dem Titel: „Die Elefantenjagd in Afrika."

Der Franzose setzt sich in einen Tiergarten [6] in Paris und beobachtet [7] den Elefanten im Käfig.[8] Dann schreibt er einen kurzen Aufsatz [9]: „Über die Liebe des Elefanten."

Der Russe bleibt in seinem Zimmer in Moskau, denkt darüber nach, sieht sehr traurig aus und schreibt ein dickes Buch mit dem Titel: „Der Elefant — existiert er?"

Der Deutsche geht nach Hause und kauft Hunderte von Büchern über den Elefanten. Täglich sitzt er hinter Bergen [10] von Büchern und Papieren. Er arbeitet von früh bis spät. Nach zehn Monaten ist er noch lange nicht fertig. Er schreibt ein Werk von drei Bänden [11] mit dem Titel: „Eine kurze Einleitung [12] zur Philosophie des Elefanten."

Aber der Amerikaner, in Amerika, schreibt eine Serie Artikel für eine Zeitung unter dem Titel: „Größere und bessere Elefanten!"

[5] shoots

[6] zoo

[7] observes

[8] cage

[9] essay

[10] mountains

[11] volumes

[12] introduction

23

Lektion Dreiundzwanzig

Was ist ein Mörder? [1]

[1] murderer

A. Erster Teil

In der Stadt Königsberg lebt ein Philosoph mit dem Namen Immanuel Kant. Wie alle Philosophen ist auch Kant nicht reich. Er lehrt [2] an der Universität. Der Name dieses Philosophen ist sehr berühmt [3] und er hat deswegen viele Studenten. Einige seiner Nachbarn [4] lieben ihn, denn sein Herz ist gut und seine Gedanken [5] sind tief.[6] Andere aber hassen [7] ihn, denn er ist zu klug für sie. Er stellt immer viele **Fragen** [8] und diese Fragen können sie nicht beantworten.

Eines Tages spaziert ein Herr auf einer Straße in Königsberg. Plötzlich läuft ein Mensch **an ihm vorbei.**[9] Die Augen dieses Menschen sind wild **vor Angst.** Soldaten [10] folgen ihm. Sie wollen diesen Menschen fangen. Einer der Soldaten ruft zu dem Herrn: „Fangen Sie ihn! Fangen Sie ihn!" Die Stimme des Soldaten ist aufgeregt.

Der Herr aber ist **tief in Gedanken** und bewegt [11] sich nicht. Das Gesicht des Herrn ist ruhig und er **hat keine Eile.**[12] Ja, wir wissen schon, der Name dieses Herrn ist Immanuel Kant!

[2] teaches

[3] famous

[4] neighbors

[5] thoughts [6] deep
[7] hate
[8] asks questions

[9] past him

[10] Soldiers

[11] moves

[12] is in no hurry

Vokabeln

NOUNS

der **Ge-'danke** thought
  gen. des **Gedankens**
  pl. die **Gedanken**

der **Mörder** murderer
der **Nachbar** neighbor
  gen. des **Nachbars**
  pl. die **Nachbarn**

der Philo='foph philosopher
gen. des Philofophen
pl. die Philofophen
der Sol='dat soldier
gen. des Soldaten
pl. die Soldaten

die Eile hurry, haste

OTHER WORDS

be='rühmt famous
tief deep, profound
vor='bei past
wild wild

VERBS

be='antworten (*acc.*) to answer
fich be='wegen to move
  ich bewege mich
  du bewegft dich

haffen to hate
lehren to teach
fpa='zieren to walk, stroll

PHRASES

an ihm vorbei past him
Eile haben to be in a hurry
  Er hat keine Eile. He is in no
  hurry.
eine Frage beantworten to answer a
  question
eine Frage ftellen to ask a question
  Er ftellt viele Fragen. He asks
  many questions.
tief in Gedanken deep in thought
vor Angft with fear

Fragen

1. Wer lebt in der Stadt Königsberg? 2. Wo lehrt er? 3. Warum hat er viele Studenten? 4. Warum lieben ihn viele feiner Nachbarn? 5. Warum haffen ihn andere? 6. Wer läuft an dem Herrn vorbei? 7. Was wollen die Soldaten tun? 8. Was ruft einer von ihnen? 9. Warum bewegt fich der Herr nicht? 10. Wie ift der Name diefes Herrn?

B. Zweiter Teil

„Sind Sie taub [1] und blind!?" ruft der Soldat. „Haben Sie keine Ohren,[2] keine Augen?" fragt er den Herrn. „Warum fangen Sie den Mörder nicht?"

„Ein Mörder? Was verftehen [3] Sie darunter?[4] Was ift ein Mörder?" fragt Kant.

„Was für [5] eine Frage! Halten Sie mich für einen Narren?"[6] ruft der Soldat böfe und will zuerft auf die Frage nicht antworten.

„Nein," antwortet Kant ruhig, „ich will nur wiffen: was ift ein Mörder?"

[1] deaf

[2] ears

[3] understand   [4] by that

[5] What kind of

[6] Do you take me for a fool?

„Ein Mörder ist ein Mensch, der [7] tötet." [8]   [7] who   [8] kills

„Also ein Fleischer?" [9]   [9] butcher

„Nein, nein, Sie alter Narr! Ein Mörder tötet Menschen!"

„Ach, ja. Ich weiß: also ein Soldat!"

„Esel! Ein Soldat tötet nur während eines Krieges! [10] Ein Mörder aber tötet in einer Zeit des Friedens!" [11]   [10] war   [11] peace

„Also ein Scharfrichter?" [12]   [12] executioner

„Dummkopf! [13] Ein Scharfrichter tötet Menschen in einem Gefängnis! [14] Ein Mörder tötet einen Menschen in seinem Hause!"   [13] Numbskull   [14] prison

„Ach, ja! Jetzt ist es mir klar: also ein Arzt!"

Vokabeln

NOUNS

der **Dummkopf**, ⁼e numbskull
der **Fleischer**, —, butcher
der **Friede** peace
   gen. des **Friedens**
der **Krieg**, ⁻e war
der **Narr** fool
   gen. des **Narren**
   pl. die **Narren**
der **Scharfrichter** executioner
das **Ge-'fängnis** prison, jail
   gen. des **Gefängnisses**
   pl. die **Gefängnisse**
das **Ohr**, ⁻en ear

ADJECTIVES

blind blind
taub deaf

VERBS

töten to kill
ver-'stehen to understand

PHRASES

auf eine Frage antworten to answer a question
halten . . . für to take for
   Halten Sie mich für einen Narren? Do you take me for a fool?
was für what kind of
   Was verstehen Sie darunter? What do you understand by that?

OPPOSITES

Friede — **Krieg**
hassen — **lieben**
lehren — **lernen**
tief — **hoch**
vor Angst — **vor Freude**

Fragen

1. Was ruft der Soldat? 2. Wen soll Kant fangen? 3. Was fragt der Philosoph? 4. Warum ist der Soldat böse? 5. Hält Kant den Soldaten für einen Narren? 6. Welche Definition gibt der Soldat zuerst? 7. Was tötet ein Fleischer? 8. Wann tötet ein Soldat? ein Mörder? 9. Wo tötet ein Scharfrichter? 10. Welche Antwort gibt Kant zuletzt?

C. Vocabulary Notes

Word Families. The following word families have occurred since the last summary of word families in the Vocabulary Notes of Lesson 17. Supply the definite article for each of the nouns below and then give the English meaning of each word or phrase.

dienen	Hunger	Hunger leiden	helfen
verdienen	Hungersnot	hungern	Hilfe
Diener	Hunger haben	hungrig	hilflos
antworten	eilen	leben	Wunder
beantworten	Eile	Leben	wunderbar
Antwort	Eile haben	lebendig	wundervoll
wahr	zufrieden	lehren	spielen
nicht wahr?	unzufrieden	Lehrer	Spielsache
Wahrheit	Friede	lernen	Spielzimmer
weh tun	krank	tot	rein
es tut mir weh	Krankheit	töten	rein machen
Zahnweh	der Kranke	der Tote	reinigen
seit	essen	leiden	gehen
seit Monaten	fressen	Hunger leiden	zu Fuß gehen
seitdem	auffressen	leider	vergehen
sich freuen	fangen	Zahl	bitte
Freude	Gefängnis	zählen	bitten
spazieren	Tier	Bauer	wegen
spazieren gehen	Tierchen	Bauernhof	deswegen

Übungen

I. The words and compounds on page 306 are built of words and according to rules that you already know. Supply the definite article of nouns and give the English meaning of each word.

Wunderkind	Eilzug	Arbeitsfreude
Lehrstunde	Musiklehrer	Bitte
Zufriedenheit	Klavierspielen	totmüde
Hausdiener	Abendessen	zahllos

II. The following passage contains the compounds listed above as well as a few new ones. If you have learned the meanings of these compounds, you should be able to read the passage and understand it. After you read it, retell it in your own words.

Das Wunderkind

Wir sind in der Stadt Salzburg im Jahre 1762. Im Hause des Violinisten Leopold Mozart hört man Klavierspielen. Mozarts sechsjähriges Söhnchen Wolfgang spielt auf dem Klavier zusammen mit der um fünf Jahre älteren Schwester Maria Anna. Wenn ein Kind schon mit sechs Jahren so herrlich spielt, ist es ein Wunderkind. Der Vater steht dabei und sieht das Kinderpaar mit großer Zufriedenheit an. Auch die Hausdiener stehen hinter der Tür und hören, wie die Kinder spielen. Das Abendessen wird schon kalt, aber die Familie hat keine Eile, ins Eßzimmer zu gehen. Zuerst müssen die Kinder das lange Konzertstück zu Ende spielen.

So geht es jeden Tag in diesem Hause. Täglich machen die Kinder ihre Musikübungen. Auf die Bitte des Vaters bleiben sie stundenlang am Klavier. Leopold Mozart ist ein wunderbarer Musiklehrer und so bekommen die Kinder zahllose Lehrstunden vom Vater selber. Die Arbeitsfreude des Vaters und der Kinder ist groß. Nach monatelanger Arbeit sind sie endlich fertig.

Nun fangen die Kinder an, Konzertreisen durch ganz Europa zu machen. Es ist noch nicht der Tag der Eisenbahnen und Eilzüge, und das Reisen ist sehr langsam und schwer. Manchmal sind die Kinder vor dem Anfang eines Konzerts totmüde. Doch spielen sie herrlich vor dem Publikum.

In wenigen Jahren ist der Name des Wunderkindes überall berühmt. Heute hört jeder Musikfreund gern die vielen Opern, Symphonien und Konzertstücke von Wolfgang Amadeus Mozart.

D. Grammar Notes

1. *Declension of Regular Nouns.* In the previous lesson you completed the study of all the cases of nouns both in the singular and plural. We can now tabulate these cases to

SALZBURG. Every year tens of thousands of tourists stream to the picturesque little Austrian town of Salzburg, close to the Bavarian border, to enjoy the world-renowned concerts given there. The music of Mozart is featured, for it was in Salzburg that the brilliant composer was born and brought up.

give us a complete picture of German nouns. In this way you can tell at a glance how German nouns behave according to their use (i.e., case) in the sentence.

MASCULINE NOUNS

SINGULAR	PLURAL
N. Der Mann ist arm.	N. Die Männer sind arm.
Hier ist der Mann.	Hier sind die Männer.
G. Der Name des Mannes ist Schmidt.	G. Der Name der Männer ist Schmidt.
Wegen des Mannes bin ich hier.	Wegen der Männer bin ich hier.
D. Ich gebe dem Mann etwas.	D. Ich gebe den Männern etwas.
Ich spreche mit dem Mann.	Ich spreche mit den Männern.
Ich helfe dem Mann.	Ich helfe den Männern.
A. Ich besuche den Mann.	A. Ich besuche die Männer.
Ich habe etwas für den Mann.	Ich habe etwas für die Männer.

FEMININE NOUNS

SINGULAR	PLURAL
N. Die Frau ist arm.	N. Die Frauen sind arm.
Hier ist die Frau.	Hier sind die Frauen.
G. Der Name der Frau ist Schmidt.	G. Der Name der Frauen ist Schmidt.
Wegen der Frau bin ich hier.	Wegen der Frauen bin ich hier.
D. Ich gebe der Frau etwas.	D. Ich gebe den Frauen etwas.
Ich spreche mit der Frau.	Ich spreche mit den Frauen.
Ich helfe der Frau.	Ich helfe den Frauen.
A. Ich besuche die Frau.	A. Ich besuche die Frauen.
Ich habe etwas für die Frau.	Ich habe etwas für die Frauen.

NEUTER NOUNS

SINGULAR	PLURAL
N. Das Kind ist arm.	N. Die Kinder sind arm.
Hier ist das Kind.	Hier sind die Kinder.
G. Der Name des Kindes ist Schmidt.	G. Der Name der Kinder ist Schmidt.
Wegen des Kindes bin ich hier.	Wegen der Kinder bin ich hier.
D. Ich gebe dem Kind(e) [1] etwas.	D. Ich gebe den Kindern etwas.
Ich spreche mit dem Kind(e).	Ich spreche mit den Kindern.
Ich helfe dem Kind(e).	Ich helfe den Kindern.
A. Ich besuche das Kind.	A. Ich besuche die Kinder.
Ich habe etwas für das Kind.	Ich habe etwas für die Kinder.

NOTE 1. Monosyllabic neuters, and occasionally masculines, often have an extra –e, known as the *dative* –e.

To summarize the above cases, you merely pick out the nouns from the rest of the sentence and list them in a column in the order of their different cases. This is known as *declining* the noun. The word *decline* comes from a Latin word meaning "to lean down." Thus, when we decline a noun, we go *down* the column of cases. This column of cases is called the *declension* of the noun. Giving the declension of a noun outside of a sentence saves space and enables you to observe and learn the noun more easily.

DECLENSION OF A MASCULINE NOUN

SINGULAR	PLURAL
N. der Mann	N. die Männer
G. des Mannes	G. der Männer
D. dem Mann	D. den Männern
A. den Mann	A. die Männer

DECLENSION OF A FEMININE NOUN

SINGULAR	PLURAL
N. die Frau	N. die Frauen
G. der Frau	G. der Frauen
D. der Frau	D. den Frauen
A. die Frau	A. die Frauen

DECLENSION OF A NEUTER NOUN

SINGULAR	PLURAL
N. das Kind	N. die Kinder
G. des Kindes	G. der Kinder
D. dem Kind(e)	D. den Kindern
A. das Kind	A. die Kinder

Übung

Give the declension of the following nouns:

der Lehrer	das Haus	die Straße
die Frage	die Tür	der Wald
das Zimmer	der Bleistift	das Mädchen

2. *Declension of Irregular Nouns.* Certain nouns with irregular genitive forms have already occurred in previous lessons.

Examples are: der Knabe — des Knaben; der Name — des Namens. An example from this lesson is shown in the following sentences having various cases of the word der Mensch:

  N. Der Mensch läuft an ihm vorbei.
  G. Die Augen dieses Menschen sind wild.
  D. Was wollen die Soldaten mit dem Menschen?
  A. Die Soldaten wollen diesen Menschen fangen.

We can conclude from these examples that nouns like der Mensch are irregular not only in the genitive case but also in the other cases of the singular. The complete declension of such irregular nouns follows. Note that they all form their plurals according to the pattern of Group IV: –(e)n.

(Gen. –en; Pl. –en)	(Gen. –n; Pl. –en)	(Gen. –ns; Pl. –n)
SINGULAR	SINGULAR	SINGULAR
N. der Mensch	N. der Herr	N. der Name
G. des Menschen	G. des Herrn	G. des Namens
D. dem Menschen	D. dem Herrn	D. dem Namen
A. den Menschen	A. den Herrn	A. den Namen
PLURAL	PLURAL	PLURAL
N. die Menschen	N. die Herren	N. die Namen
G. der Menschen	G. der Herren	G. der Namen
D. den Menschen	D. den Herren	D. den Namen
A. die Menschen	A. die Herren	A. die Namen

Übungen

I. The following nouns are declined according to the model of der Mensch (Gen. –en; Pl. –en). Give the declension of each.

    der Student   der Soldat   der Philosoph

II. Certain nouns derived from adjectives and ending in –e are also declined according to the model of der Mensch, except that they have the –e even in the nominative singular. Give the complete declension of each.

           der Junge   der Kranke
           der Arme   der Tote

III. The following nouns are declined according to the model of der
Name (*Gen.* –ns; *Pl.* –n). Give the declension of each.

der Friede (*no pl.*)   der Gedanke

3. *Principal Parts of a Noun.* From the above examples it
should be clear that most case forms of nouns are the same.
Thus, if we memorize only those case forms which indicate
whether a noun is irregular or not, we can easily supply
the rest of the declension. These significant case forms are
called the *principal parts of the noun.* They are:

a) *Nominative singular* (tells you the gender of the noun)
b) *Genitive singular*   (tells you if the noun is regular or
                           irregular)
c) *Nominative plural*   (tells you how the plural is formed)

PRINCIPAL PARTS — REGULAR NOUNS

NOTE: Feminine nouns have no endings in the singular. Hence only the
nominative plural is indicated after all feminine nouns.

der Lehrer, –s, —   die Frage, –n
die Mutter, ⸗   der Tisch, –es, –e
die Frau, –en   der Wald, –es, ⸗er
die Nacht, ⸗e   das Mädchen, –s, —

PRINCIPAL PARTS — IRREGULAR NOUNS

der Mensch, –en, –en   der Arme, –n, –n
der Student, –en, –en   der Kranke, –n, –n
der Soldat, –en, –en   der Tote, –n, –n
der Narr, –en, –en   der Name, –ns, –n
der Philosoph, –en, –en   der Friede, –ns (*no pl.*)
der Herr, –n, –en   der Gedanke, –ns, –n
der Knabe, –n, –n   das Herz, –ens, –en
der Junge, –n, –n

Übung

Give the principal parts of the following nouns:

| Zimmer | Bild | Brüderchen | Garten | Tochter |
| Fenster | Knabe | Seite | Jahr | Professor |

Aufgaben

I. Supply the correct case of the nouns in parentheses:

A. 1. Wie ist der Name dieses (Herr)? 2. Bitte, wie ist der Anfang seines (Name)? 3. Er ist ein Philosoph mit dem (Name) Kant. 4. Die Klarheit seiner (Gedanke) zeigt den (Philosoph). 5. Er hat das Gesicht eines (Student) aber die (Gedanke) eines (Philosoph). 6. Einige seiner (Nachbar) halten ihn für einen (Philosoph), andere für einen (Narr). 7. Die Zahl seiner (Student) und (Studentin) ist groß. 8. Er ist berühmt wegen seiner (Gedanke). 9. Doch hassen viele Leute den (Name) dieses (Mensch). 10. Sie können die Fragen des (Philosoph) nicht beantworten.

B. 1. Was wollen die (Soldat) mit dem (Mensch)? 2. Einer der (Soldat) spricht mit dem (Herr). 3. Warum ist die Stimme dieses (Soldat) aufgeregt? 4. Zuerst sieht Kant den (Soldat) nicht, denn er ist tief in (Gedanke). 5. Endlich aber spricht er mit dem (Soldat), aber nur wegen eines (Gedanke). 6. Er hält den (Soldat) für keinen (Narr). 7. Der Soldat soll nur dem (Philosoph) auf seine Frage antworten; dieser aber will dem (Mensch) nicht folgen. 8. Vielleicht will er dem (Arme) helfen. 9. Der Mörder hat das Gesicht eines (Tote). 10. Die Angst seines (Herz) ist groß.

II. Change the following sentences in the above exercises to the plural:
In I A — Nos. 1, 4, 5, 9.   In I B — Nos. 2, 3, 5, 6, 7, 8, 9, 10.

III. Change each sentence to the singular:

1. In den Zeiten des Friedens ist das Leben der Menschen glücklich.
2. Die Herren der Häuser rauchen ihre Pfeifen und lesen ihre Zeitungen.
3. Die Jungen spielen in den Gärten. 4. Manche Knaben sind Studenten auf den Universitäten. 5. Die Mütter dieser Knaben haben Ruhe in ihren Herzen. 6. Dann sind die Menschen die Herren ihrer Gedanken. 7. Während der Kriege aber sind nur die Herzen der Narren glücklich. 8. Die Armen hungern und die Kranken sterben. 9. In den Städten sieht man die Gesichter der Armen und der Toten. 10. Die Mütter der Soldaten sind unglücklich; die Angst ihrer Herzen ist groß.

IV. Übersetzen Sie ins Deutsche:

WHO IS THE FOOL?

1. A philosopher is famous on account of the number of his students. 2. His thoughts are profound and he *asks* many *questions*.

3. One of the philosopher's students cannot *answer* these *questions*.
4. The philosopher *takes him for a fool.*   5. *One day*, the philosopher
says to the student, "I have a question for you.   6. Answer only one
question, yes, only one, and I'm satisfied.   7. The question is: how
many hairs has a horse?"   8. The student's answer follows quickly,
"One million, nine hundred seventy-six thousand, five hundred
eighty-three!"   9. "How do you know that?" asks the philosopher
astonished.   10. "But that is another question," says the student,
"and I have to answer only one question!"

LESESTÜCK DREIUNDZWANZIG

EINE KRIMINALGESCHICHTE

Einmal lebte ein reicher, alter Herr auf einem
Schloß in Ostpreußen.[1] Seine Frau **war gestorben**[2] und er hatte keine Kinder. Deswegen
wohnte er, außer einer alten Hausdienerin, ganz
allein. Einige Verwandte[3] dieses Herrn
wohnten in Amerika, aber sie hatten ihn schon
längst vergessen. In Deutschland hatte er nur
einen Verwandten, das war sein Neffe[4] aus
Berlin. Diesen Neffen liebte er sehr. Manchmal schrieb er an seinen Neffen Briefe.

Nun war der Neffe ein böser Mensch. Er
nahm einige dieser Briefe, lernte die Hand-
schrift[5] des Onkels und schrieb ein falsches
Testament, wonach er das ganze Geld des
Onkels bekommen sollte. Dann reiste er heim-
lich[6] nach Ostpreußen und tötete den Alten.

Aber die Hausdienerin ging zur Polizei und
erklärte, das Testament sei ein falsches, und der
Neffe habe seinen Onkel wegen seines Geldes
ermordet.

Wie sie das wußte ist sehr einfach: ihr Herr
konnte nicht schreiben. Sie hatte selber alle
Briefe für ihren Herrn geschrieben![7]

Da hat man den Neffen für einen Mörder

[1] East Prussia

[2] had died

[3] relatives

[4] nephew

[5] handwriting

[6] secretly

[7] written

AN ANCIENT CASTLE: BURG LINN. In a land filled with medieval castles, Burg Linn is of special interest because it preserves the historic development of castle construction from Roman days to the XVIIth century. It is near Krefeld, on the lower Rhine, the town from which the first German immigrants came in 1683 and founded Germantown, Pennsylvania.

erklärt und er mußte ins Gefängnis. Später
hat man ihn gehängt. Doch war die Geschichte
nicht zu Ende. Kurz danach fand man das
echte [8] Testament des Onkels, das er sich noch
lange vor dem Tod [9] **hatte schreiben lassen.**[10]
Er hatte seinem Neffen alles hinterlassen!

[8] genuine

[9] death [10] had had
written

Lektion Vierundzwanzig

24

Wiederholung

SUMMARY OF VOCABULARY NOTES

1. The study of *German idioms* (*a*) prevents errors in translating from English to German, and (*b*) enables you to express yourself in idiomatic German. (Lektionen 19–20)

   Examples:

Verbal Idiom:	Ich habe recht.	I *am* right.
Word-Order Idiom:	Sagen Sie es noch einmal.	Say it *once more.*
Prepositional Idiom:	Wir gehen aufs Land.	We're going *to the country.*
Idiom of Quantity:	Er will ein Stück Brot.	He wants *a piece of bread.*
Idiom of Time:	Sie kommt am Abend.	She comes *in the evening.*

2. For *indefinite time* German uses the *genitive case*. (Lektion 20)

   Ex. Eines Tages fühlt er sich krank. *One day* he feels sick.

3. For *definite time* German uses the *accusative case*. (Lektion 20)

   Ex. Das tun wir jeden Tag. We do that *every day.*

4. *Idiom Summary* (Lektionen 21–23). The following summary covers idioms that have occurred in Lessons 21 through 23. Other idioms to be studied in this review lesson will be found in the Vocabulary Notes of Lessons 19 and 20.

VERBAL IDIOMS

auf eine Frage antworten *or*
eine Frage beantworten
to answer a question

eine Frage stellen
to ask a question

Eile haben
to be in a hurry

einen Arzt holen lassen
to send for a doctor

PREPOSITIONAL IDIOMS

bis an (*acc.*), up to
bitten um (*acc.*), to ask for (*a thing*)
halten für (*acc.*), to take for
seit Monaten, for months
vor Angst, with fear
was für, what kind of

5. Many *feminine nouns ending in* -e (pl. -n) are formed from verbs. (Lektion 21)

Ex. helfen — die Hilfe (*aid*)   fragen — die Frage (*question*)
       eilen — die Eile (*haste*)   reisen — die Reise (*trip*)
       lieben — die Liebe (*love*)   reden — die Rede (*talk*)

6. Many *feminine abstract nouns ending in* -heit (*pl.* -en) are formed from adjectives. (Lektion 21)

Ex. dumm — die Dummheit (*stupidity*)   klar — die Klarheit (*clarity*)
       faul — die Faulheit (*laziness*)   krank — die Krankheit (*sickness*)
       gesund — die Gesundheit (*health*)   wahr — die Wahrheit (*truth*)

7. German numerals above twenty and between units of ten follow the "four and twenty blackbirds" principle. (Lektion 22)

Ex. 21 einundzwanzig   61 einundsechzig
       31 einunddreißig   71 einundsiebzig
       41 einundvierzig   81 einundachtzig
       51 einundfünfzig   91 einundneunzig

8. The four arithmetical operations in German are expressed as follows: (Lektion 22)

a) Die Addition: Vier und vier ist acht (4 + 4 = 8).
b) Die Subtraktion: Fünf weniger drei ist zwei (5 − 3 = 2).
c) Die Multiplikation: Vier mal vier ist sechzehn (4 × 4 = 16).
d) Die Division: Neun durch drei ist drei (9 ÷ 3 = 3).

STRESS

The following German words from Lesson 19 through Lesson 23 do *not* have their major stress on the first syllable:

da=′hin   Pati=′ent [Patsi-′ent]   be=′fehlen   be=′antworten
Mu=′sik   be=′stimmen   seit=′dem   sich be=′wegen
ver=′dienen   ver=′lieren   Ge=′danke   spa=′zieren
zu=′letzt   le=′bendig   Philo=′soph   ver=′stehen
ver=′gehen   über=′all   Sol=′dat   be=′rühmt
zu=′frieden   hin=′auf   Ge=′fängnis   vor=′bei
Dok=′toren (*pl.*)   hin=′unter

SUMMARY OF GRAMMATICAL FORMS

1. *Declension of the Definite Article*

| | SINGULAR | | PLURAL |
Masc.	*Fem.*	*Neut.*	*(All genders)*
N. der	N. die	N. das	N. die
G. des	G. der	G. des	G. der
D. dem	D. der	D. dem	D. den
A. den	A. die	A. das	A. die

2. *Declension of the der=Words*

| | SINGULAR | | PLURAL |
Masc.	*Fem.*	*Neut.*	*(All genders)*
N. dieser	N. diese	N. dieses	N. diese
G. dieses	G. dieser	G. dieses	G. dieser
D. diesem	D. dieser	D. diesem	D. diesen
A. diesen	A. diese	A. dieses	A. diese

a) Declined like dieser are:

alle, all   mancher, many (a)
einige, some, a few   solcher, such (a)
jeder, each, every   welcher, which
jener, that

b) Because of their meanings, jeder (*each, every*) is used only in the singular, and einige (*some, a few*) is used only in the plural.

c) Used as pronouns, the der=words have the following meanings;

dieser, this (one), the latter   mancher, many (a one)
jener, that (one), the former   solcher, such (a one)
jeder, each (one), everyone   welcher, which (one)

3. Declension of the Indefinite Article

	SINGULAR		PLURAL
Masc.	*Fem.*	*Neut.*	*(All genders)*
N. ein	N. eine	N. ein	N. (keine)
G. eines	G. einer	G. eines	G. (keiner)
D. einem	D. einer	D. einem	D. (keinen)
A. einen	A. eine	A. ein	A. (keine)

NOTE: Because of its meaning, ein has no plural.

4. Declension of the ein=Words

POSSESSIVE ADJECTIVES

	SINGULAR		PLURAL
Masc.	*Fem.*	*Neut.*	*(All genders)*
N. mein	N. meine	N. mein	N. meine
G. meines	G. meiner	G. meines	G. meiner
D. meinem	D. meiner	D. meinem	D. meinen
A. meinen	A. meine	A. mein	A. meine

NOTE: Declined like mein are dein, sein, ihr, unser, euer, ihr (*pl.*), Ihr (*pol.*), kein.

5. Declension of Regular Nouns

GROUP I [*Pl.* (⸚)]

SINGULAR

N. der Onkel	der Vater	das Mädchen	die	⎫	die	⎫
G. des Onkels	des Vaters	des Mädchens	der	⎬ Mutter	der	⎬ Tochter
D. dem Onkel	dem Vater	dem Mädchen	der		der	
A. den Onkel	den Vater	das Mädchen	die	⎭	die	⎭

PLURAL

N. die Onkel	die Väter	die	⎫	die Mütter	die Töchter
G. der Onkel	der Väter	der	⎬ Mädchen	der Mütter	der Töchter
D. den Onkeln	den Vätern	den		den Müttern	den Töchtern
A. die Onkel	die Väter	die	⎭	die Mütter	die Töchter

Group II [*Pl.* (⸚)e]

SINGULAR

N.	der Tag	die ⎫		der Sohn	der Monat	das Jahr
G.	des Tages	der ⎬ Nacht		des Sohnes	des Monats	des Jahres
D.	dem Tag	der		dem Sohn	dem Monat	dem Jahr(e)
A.	den Tag	die ⎭		den Sohn	den Monat	das Jahr

PLURAL

N.	die Tage	die Nächte	die Söhne	die Monate	die Jahre
G.	der Tage	der Nächte	der Söhne	der Monate	der Jahre
D.	den Tagen	den Nächten	den Söhnen	den Monaten	den Jahren
A.	die Tage	die Nächte	die Söhne	die Monate	die Jahre

Group III [*Pl.* (⸚)er]

SINGULAR

N.	das Kind	das Buch	das Haus	das Gesicht	der Mann
G.	des Kindes	des Buches	des Hauses	des Gesichts	des Mannes
D.	dem Kind(e)	dem Buch(e)	dem Haus(e)	dem Gesicht	dem Mann(e)
A.	das Kind	das Buch	das Haus	das Gesicht	den Mann

PLURAL

N.	die Kinder	die Bücher	die Häuser	die Gesichter	die Männer
G.	der Kinder	der Bücher	der Häuser	der Gesichter	der Männer
D.	den Kindern	den Büchern	den Häusern	den Gesichtern	den Männern
A.	die Kinder	die Bücher	die Häuser	die Gesichter	die Männer

Group IV [*Pl.* -(e)n]

SINGULAR

N.	die ⎫		die ⎫		die ⎫		die ⎫		der	Professor
G.	der ⎬ Frage		der ⎬ Frau		der ⎬ Freundin		der ⎬ Schwester		des	Professors
D.	der		der		der		der		dem	Professor
A.	die ⎭		die ⎭		die ⎭		die ⎭		den	Professor

PLURAL

N.	die ⎫		die ⎫		die ⎫		die ⎫		die ⎫	
G.	der ⎬ Fragen		der ⎬ Frauen		der ⎬ Freundinnen		der ⎬ Schwestern		der ⎬ Professoren	
D.	den		den		den		den		den	
A.	die ⎭		die ⎭		die ⎭		die ⎭		die ⎭	

NOTE: Feminines ending in –in add –nen in the plural.

6. *Declension of Irregular Nouns* [*Pl.* -(e)n]

SINGULAR

N. der	Herr	der	Knabe	der	Junge	der	Arme	der	Mensch
G. des	} Herrn	des	} Knaben	des	} Jungen	des	} Armen	des	} Menschen
D. dem		dem		dem		dem		dem	
A. den		den		den		den		den	

PLURAL

N. die	} Herren	die	} Knaben	die	} Jungen	die	} Armen	die	} Menschen
G. der		der		der		der		der	
D. den		den		den		den		den	
A. die		die		die		die		die	

SINGULAR

N. der	Student	der	Soldat	der	Name	der	Gedanke	das	Herz
G. des	} Studenten	des	} Soldaten	des	Namens	des	Gedankens	des	Herzens
D. dem		dem		dem }	Namen	dem }	Gedanken	dem	Herzen
A. den		den		den		den		das	Herz

PLURAL

N. die	} Studenten	die	} Soldaten	die	} Namen	die	} Gedanken	die	} Herzen
G. der		der		der		der		der	
D. den		den		den		den		den	
A. die		die		die		die		die	

7. *Irregular Verbs*

befehlen (du befiehlst, er befiehlt)	lassen (du läßt, er läßt)
fangen (du fängst, er fängt)	laufen (du läufst, er läuft)
fressen (du frißt, er frißt)	sterben (du stirbst, er stirbt)
helfen (du hilfst, er hilft)	werden (du wirst, er wird)

SUMMARY OF GRAMMATICAL RULES

1. The four cases of articles, nouns, and other declined words indicate the various uses of these words in a sentence.

   a) The *nominative case* indicates that the word is (1) either the subject of the sentence, or (2) in the predicate nominative.[1]

NOTE 1. The predicate nominative can usually be recognized by the fact that the verb in the sentence does not transmit any action and therefore cannot have an object in the accusative case. Compare these two sentences:

   Ich sehe den Mann. (den Mann is the object)
   Wer ist der Mann? (der Mann is the predicate nominative)

Examples of the Nominative Case

Sing. Der (dieser, ein) Mann ist reich. (subject)
Pl.   Die (diese, keine) Männer sind reich. (subject)

Sing. Wer ist der (dieser, mein) Mann? (predicate nominative)
Pl.   Wer sind die (diese, seine) Männer? (predicate nominative)

b) The *genitive case* indicates (1) possession, or (2) use after a
genitive preposition.

Examples of the Genitive Case

Sing. Der Vater des (dieses, eines) Jungen ist hier. (possession)
Pl.   Der Vater der (dieser, meiner) Jungen ist hier. (possession)

Sing. Der Arzt kommt wegen des (dieses, eines) Kranken. (gen. prep.)
Pl.   Der Arzt kommt wegen der (dieser, seiner) Kranken. (gen. prep.)

c) The *dative case* indicates (1) an indirect object, (2) use after
a dative preposition, or (3) use after a dative verb.

Examples of the Dative Case

Sing. Ich gebe dem (diesem, einem) Mann das Geld. (indir. obj.)
Pl.   Ich gebe den (diesen, keinen) Männern das Geld. (indir. obj.)

Sing. Wir sprechen mit dem (diesem, unserem) Freund. (dat. prep.)
Pl.   Wir sprechen mit den (diesen, unseren) Freunden. (dat. prep.)

Sing. Sie helfen dem (diesem, ihrem) Lehrer. (dative verb)
Pl.   Sie helfen den (diesen, ihren) Lehrern. (dative verb)

d) The *accusative case* indicates (1) a direct object, or (2) use
after an accusative preposition.

Sing. Sie sehen den (diesen, einen) Hund. (dir. obj.)
Pl.   Sie sehen die (diese, ihre) Hunde. (dir. obj.)

Sing. Was hast du für den (diesen, ihren) Mann? (acc. prep.)
Pl.   Was hast du für die (diese, ihre) Männer? (acc. prep.)

2. The following verbs govern the dative case:

antworten, to answer	**dienen,** to serve
befehlen, to command	**folgen,** to follow
danken, to thank	**helfen,** to help

EXAMPLES OF VERBS GOVERNING THE DATIVE CASE

Ich kann dem Lehrer (ihm) nicht antworten.
Der Herr befiehlt seinen Dienern (ihnen).
Großvater dankt den Kindern (ihnen).
Das Mädchen dient der Mutter (ihr).
Die Soldaten folgen dem Menschen (ihm).
Wer will der Lehrerin (ihr) helfen?

3. The der=words may be used: (a) as modifiers, or (b) as pronouns.

Ex. a) Dieser Mensch hat Hunger. (modifier, meaning *this*)
b) Dieser hat Hunger. (pronoun, meaning *this one*)

4. The plural of most German nouns is formed according to one of four possibilities:

Group I requires no ending to form the plural. Umlaut may occasionally occur.

Ex. der Onkel, –s, —   der Garten, –s, ᴗ
der Mantel, –s, ᴗ   das Mädchen, –s, —
die Mutter, ᴗ   die Tochter, ᴗ

Group II takes an –e to form the plural. Umlaut may occur.

Ex. der Tag, –es, –e   das Jahr, –es, –e
die Nacht, ᴗe   der Monat, –s, –e
der Abend, –s, –e   der Baum, –es, ᴗe

Group III takes –er to form the plural. Umlaut is used when possible.

Ex. das Kind, –es, –er   der Mann, –es, ᴗer
das Dach, –es, ᴗer   der Wald, –es, ᴗer
das Buch, –es, ᴗer   das Haus, –es, ᴗer

Group IV takes –(e)n to form the plural. Umlaut is never used.

Ex. die Stunde, –n   die Woche, –n
die Frau, –en   die Schwester, –n
die Minute, –n   die Zeit, –en
der Knabe, –n, –n   der Herr, –n, –en

Achievement Test — Part One

(For instructions, see Achievement Test, page 73.)

A. Dictation (to be selected by the teacher). 10 credits.

B. After each number under B on your answer paper write the *letter* of the word that belongs to *the same word family* as the first word at the left.

> *Example:* 11. Hunger   *a* jung   *b* ungern   *c* hungern   *d* hängen
> *Answer:* 11. *c*

1. Diener	*a* deiner	*b* verdienen	*c* dieser	*d* deinem
2. Wahrheit	*a* während	*b* wir	*c* wahr	*d* wer
3. bitten	*a* Betten	*b* bitte	*c* besser	*d* Bild
4. Friede	*a* frei	*b* Freude	*c* zufrieden	*d* früh
5. Leben	*a* lieben	*b* leiden	*c* lebendig	*d* leider
6. Essen	*a* Eisen	*b* ist	*c* ißt	*d* Eis
7. Tierchen	*a* dir	*b* Tür	*c* Tier	*d* dich
8. eilen	*a* Weile	*b* Eile	*c* spielen	*d* Eltern
9. reinigen	*a* rennen	*b* einige	*c* rein	*d* regnen
10. seit	*a* seid	*b* sieht	*c* seitdem	*d* Zeit

C. After each number under C on your answer paper write the *letter* of the word that is *opposite in meaning* to the first word at the left.

> *Example:* 11. Diener   *a* Bischof   *b* Herr   *c* Arzt   *d* Vater
> *Answer:* 11. *b*

1. Mensch	*a* Tier	*b* Junge	*c* Kind	*d* Knabe
2. Dach	*a* Wand	*b* Boden	*c* Zimmer	*d* Decke
3. dieser	*a* jeder	*b* jener	*c* mancher	*d* euer
4. rein	*a* schwarz	*b* hell	*c* schmutzig	*d* draußen
5. vergehen	*a* kommen	*b* fahren	*c* bleiben	*d* sitzen
6. nirgends	*a* manchmal	*b* überall	*c* immer	*d* nie
7. heute	*a* am Morgen	*b* gestern	*c* zuletzt	*d* lachen
8. sterben	*a* Leben	*b* leben	*c* lieben	*d* essen
9. arm	*a* satt	*b* froh	*c* reich	*d* Bein
10. hassen	*a* hungern	*b* leben	*c* trocken	*d* lieben

D. After each number under D on your answer paper write the *letter* of the word that has about *the same meaning* as the first word at the left.

> *Example:* 11. Doktor   *a* Kranke   *b* Patient   *c* Arzt   *d* Philosoph
> *Answer:* 11. *c*

1. Friede	a Krieg	b Freude	c still	d Ruhe
2. Dummkopf	a Mädchen	b klug	c Knabe	d Narr
3. Angst haben	a unsicher	b fürchten	c freuen	d hilflos
4. Patient	a Arzt	b Kranke	c Zahnweh	d Doktor
5. holen	a weinen	b verlieren	c bringen	d lassen
6. kehren	a reinigen	b lieben	c krähen	d kämmen
7. heulen	a holen	b weinen	c miauen	d gesund
8. manche	a Weile	b mache	c Mann	d viele
9. schlachten	a lachen	b weinen	c töten	d schlagen
10. gewiß	a wissen	b sicher	c weiß	d sich

E. After each number under E on your answer paper write the *letter* of the English word that most accurately represents *the meaning of the German word* at the left.

Example: 11. Treppe   a trip   b trap   c stare   d stairs
Answer: 11. d

1. Insel	a donkey	b angel	c single	d island
2. Keller	a color	b killer	c tower	d cellar
3. Schloß	a close	b slept	c castle	d cattle
4. Kraft	a cunning	b sick	c power	d poor
5. Bein	a bone	b leg	c been	d am
6. befehlen	a fail	b serve	c order	d fall
7. fertig	a finished	b Friday	c certain	d fiery
8. verstehen	a pass	b arise	c stand	d understand
9. Licht	a light	b easy	c laughs	d likes
10. verdienen	a serve	b earn	c sell	d command

ACHIEVEMENT TEST — PART TWO

(Each answer is a single word or phrase.)

F. Write the correct plural form of the noun in parentheses:

1. Die (Bild) sind sehr schön. 2. In unseren (Zimmer) ist es immer rein.
3. Die (Schülerin) helfen dem Lehrer. 4. Auf den (Straße) ist es still.
5. Während der (Nacht) ist es manchmal kalt. 6. Die (Zeit) sind schwer.
7. Diese (Mantel) sind zu teuer. 8. Meine (Schwester) heißen Bertha und
Marie. 9. Paul und Hans haben gute (Mutter). 10. Ihre (Vater) sind auch
sehr gut.

G. Supply the correct form of the verb in parentheses:

1. Warum (helfen) du deiner Mutter nicht? 2. Es (werden) kalt draußen.
3. Der Vater (lassen) den Sohn alles tun. 4. Die Maus (fressen) das Brot.

5. Der Bischof (laufen) die Treppe hinauf. 6. Niemand (helfen) ihm. 7. Am Ende (sterben) er ganz allein. 8. Der Herr (befehlen) seiner Katze. 9. Dann (fangen) sie eine Maus. 10. Danach (werden) die Katze satt.

H. Supply the correct case endings:

1. Die Dächer d– Häuser sind rot. 2. Wir schreiben heute mit unser– Bleistiften. 3. Die Freude jen– Lehrerinnen ist groß. 4. Wegen mein– Eltern bleibe ich zu Hause. 5. Die Kinder spielen in ihr– Gärten. 6. Seit einig– Stunden spielen sie dort. 7. Jeder dies– Schüler kann gut lesen. 8. Fürchten sie sich vor dies– Tieren? 9. Viele Mädchen helfen ihr– Lehrern. 10. Was befiehlt der Herr sein– Dienern?

I. Supply the German idiom as indicated by the English words in parentheses:

1. Das Kind will (*a glass of milk*). 2. (*In the morning*) stehen wir früh auf. 3. Geht ihr morgen (*to the country*)? 4. Ich höre das Wort nicht und der Lehrer sagt es (*once more*). 5. Vater (*is right*). 6. (*One day*) bin ich bei meiner Tante auf Besuch. 7. Karl macht seine Aufgaben (*every day*). 8. Unser Dienstmädchen kommt (*twice a week*). 9. Warum (*is he afraid*)? 10. Nach der Schule gehen wir (*home*).

J. Select the word or phrase that best completes the meaning of each sentence:

1. Der Bauer will den (Hahn, Esel, Hund) in die Suppe tun. 2. Die Stadtmusikanten sind (Menschen, Tiere, Vögel). 3. Die Mutter nimmt kein Dienstmädchen, denn (die Zeiten sind gut, der Vater verdient zu wenig, die Hausarbeit ist zu schwer). 4. Die Leute bestimmen: jeder Arzt muß (einen Toten, ein Schild, einen Diener) vor seinem Hause haben. 5. Der junge Arzt ist seit (gestern, Wochen, Jahren) Doktor. 6. Wegen des Regens sind die Felder (trocken, warm, naß). 7. Der Mäuseturm steht bei der Stadt (Bremen, Salzburg, Bingen). 8. Der Bischof ißt und trinkt und ist immer (gut, satt, sicher). 9. Ein Wunderkind kann schon mit (sechs, sechzehn, sechsundzwanzig) Jahren Klavier spielen. 10. Kant war ein berühmter (Soldat, Mörder, Philosoph).

Wählen Sie eine Nummer!

This is a mind-reading game known as "Choose a number from one to ten!" The teacher can first try it out on various pupils. After the class has been sufficiently mystified, the method can be demonstrated on the board before the entire class. Volunteers can then try it out on their classmates.

PROCEDURE: The "mind reader" asks a "subject" to choose any number from one to ten. While the mind reader's back is turned, the subject writes his chosen number on the board so the entire class can see it, and then quickly erases it. The mind reader then asks the subject to add, subtract, and divide, according to the steps shown below. The whole class participates silently. It is not necessary to use the exact numbers shown below. Any numbers simple enough for mental arithmetic may be used.

1. Wählen Sie eine Nummer von eins bis zehn.
2. Addieren Sie sechs.
3. Subtrahieren Sie zwei.
4. Subtrahieren Sie die erste Nummer.
5. Dividieren Sie durch zwei.
6. Das Ergebnis ist zwei!

EXPLANATION: The mind reader does not have to know the original number chosen by the subject since this number is canceled out by step 4. All the mind reader has to do is to keep track of his own arithmetical operations, steps 2, 3, and 5.

25

Lektion Fünfundzwanzig

Wurst wider Wurst *

A. Erster Teil

An einer Ecke verkaufte ein Mann warme Würst=chen.[1] Er kochte sie in einem großen Topf [2] auf einem Ofen.

Ein Vagabund stellte sich vor den Ofen. Er schaute nach [3] dem Topf, denn er war hungrig. Er hatte aber kein Geld. Der Vagabund beobachtete [4] den Dampf [5] über dem Topf. Er beugte den Kopf [6] nieder, streckte seine Nase [7] hervor und atmete [8] den Geruch [9] der Würstchen ein.

„Ach!" sagte er glücklich.

Da faßte [10] ihn der Wurstmann und sagte: „Jetzt aber müssen Sie bezahlen!" [11]

„Bezahlen? Wofür?" fragte der Vagabund er=staunt.

„Für den Geruch," antwortete der Wurstmann. „Der Geruch gehört [12] zu den Würstchen!"

Der Vagabund lachte, aber das machte den Wurst=mann zornig.[13] „Du Dieb, du!" brüllte [14] er.

Ein Schutzmann [15] hörte den Lärm und eilte an die Ecke. „Was ist hier los?" fragte er.

Der Wurstmann erklärte dem Schutzmann die Sache: „Ich verlangte mein Geld, aber er bezahlte nicht!"

Der Vagabund aber sagte: „Ich bezahle nicht! Der Geruch ist frei!"

[1] "hot dogs" [2] pot

[3] looked at

[4] observed [5] steam

[6] head

[7] nose [8] breathed
[9] odor

[10] seized

[11] pay

[12] belongs

[13] angry [14] roared

[15] policeman

* Tit for Tat

Vokabeln

NOUNS

der **Dampf**, –es, ⸚e steam
der **Ge-'ruch**, –s, ⸚e odor
der **Kopf**, –es, ⸚e head
der **Ofen**, –s, ⸚, stove
der **Schutzmann**, –s, ⸚er policeman
der **Vaga-'bund**, –en, –en tramp, hobo
der **Wurstmann**, –s, ⸚er "hot-dog" man

die **Nase**, –n nose

das **Würstchen**, –s, —, frankfurter

VERBS

atmete . . . ein breathed in, inhaled
be-'obachten to observe, watch
beugen to bend, bow
be-'zahlen to pay
brüllen to bellow, roar
fassen to seize, grasp
ge-'hören to belong
kochen to cook, boil
schauen (nach) to look (at)
streckte . . . hervor stuck . . . out, extended
ver-'langen to demand, ask for

ADJECTIVE

zornig angry

PHRASES

Er atmete den Geruch ein.
He inhaled the odor.

Er stellte sich vor den Ofen.
He stood before the stove.

Er streckte seine Nase hervor.
He stuck his nose out.

Fragen

1. Was verkaufte der Mann an der Ecke? 2. Was war auf dem Ofen? 3. Wer stellte sich vor den Ofen? 4. Warum schaute er nach dem Topf? 5. Was atmete er ein? 6. Was sagte der Wurstmann? 7. Wofür muß der Vagabund bezahlen? 8. Warum muß er dafür bezahlen? 9. Wer eilte an die Ecke? 10. Warum bezahlte der Vagabund nicht?

B. Zweiter Teil

Der Wurstmann und der Vagabund redeten beide [1] zugleich.[2] Sie machten den Schutzmann zornig. Er brüllte: „Ruhe! Ruhe! Kommt zum Richter!"[3] Also folgten sie ihm zum Richter.

[1] both
[2] at the same time
[3] judge

Noch einmal erklärte der Wurstmann die Sache und verlangte [4] sein Geld. „Der Geruch gehört zur Wurst.[5] Er atmete den Geruch ein, aber er bezahlte nicht. Er ist also ein Dieb!"

„Nein, nein, ich bin kein Dieb!" antwortete der Vagabund. „Ich bezahlte nicht, das ist wahr. Aber der Geruch ist frei! Man kann ihn nicht sehen!"

„Nein, er gehört zur Wurst!" erwiderte [6] der Wurst= mann und wieder verlangte er sein Geld.

Der Richter war sehr klug. Er sagte zum Wurst= mann: „Nun, er atmete nur den Geruch ein, nicht wahr?"

„Jawohl,[7] Herr Richter," antwortete der Wurst= mann.

„Was kostet der Geruch?" fragte der Richter dann.

„Eine Mark," war die Antwort.

„Schön," sagte der Richter und reichte dem Vaga= bunden ein Markstück. „Lassen Sie den Wurstmann dieses Markstück riechen." [8]

Der Vagabund steckte dem Wurstmann das Geld= stück unter die Nase.

Darauf sagte der Richter: „Nun sind Sie bezahlt!" [9]

[4] demanded
[5] sausage
[6] replied
[7] Yes indeed!
[8] smell
[9] paid

Vokabeln

NOUNS

der **Richter,** —s, —, judge

die **Wurst,** ⸚e sausage

das **Geldstück,** —s, —e coin

das **Markstück,** —s, —e one-mark piece

OTHER WORDS

beide both

ja=′wohl! yes indeed!

wider (acc.) against

zu=′gleich at the same time

VERBS

be=′zahlt paid

er=′widern to reply

riechen to smell

stecken to stick, put

PHRASES

beide zugleich both at once

Man kann ihn nicht sehen. It can't be seen.

warme Würstchen "hot dogs"

Wurst wider Wurst tit for tat

OPPOSITES

beide — einer
erwidern — fragen
Kopf — Fuß

Fragen

1. Wie redeten der Wurstmann und der Vagabund? 2. Was sagte der Schutz=
mann? 3. Wohin folgten ihm die zwei Männer? 4. Was verlangte der Wurst=
mann? 5. Warum sagte er: „Der Vagabund ist ein Dieb."? 6. Warum sagte
der Vagabund: „Der Geruch ist frei."? 7. Wieviel verlangte der Wurstmann?
8. Was reichte der Richter dem Vagabunden? 9. Was muß der Wurstmann
riechen? 10. War der Richter klug?

C. Vocabulary Notes

Building Vocabulary Power. One of the best ways of learning
and reviewing words is to arrange them under some general
classification to which they all belong. For example, how many
nouns can you recall which are parts of the body? How many
verbs can you recall which can be used in sentences with these
nouns? The following examples illustrate some of the possibilities.

Ex. I.

Parts of the Body	Verbs
der Kopf, –es, ⸚e	beugen
das Haar, –es, –e	kämmen
die Nase, –n	riechen
das Ohr, –es, –en	hören
der Mund, –es, ⸚e	öffnen
die Hand, ⸚e	fassen
der Finger, –s, —	zeigen
das Bein, –(e)s, –e	strecken

FRAGEN	ANTWORTEN
Was beugt er jetzt?	Jetzt beugt er den Kopf.
Womit riecht man?	Man riecht mit der Nase.
Womit hört man?	Man hört mit den Ohren.
Was kämmt sie sich?	Sie kämmt sich die Haare.

Lübeck. The harbor city of Lübeck was, like Hamburg and Bremen, a Hanseatic town. The photograph represents the Marienkirche and the Holstentor. Such historic gateways are common in older German cities and have been preserved despite the increase in traffic. Lübeck is the birthplace of Thomas Mann, the distinguished novelist who became an American citizen.

Ex. II.   Articles of Clothing   Verbs

    die Krawatte, –n   ſchenken
    der Anzug, –(e)s, ⸚e   reinigen
    der Mantel, –s, ⸚   kaufen
    der Strumpf, –es, ⸚e   ſtopfen
    der Schuh, –(e)s, –e   putzen

        FRAGEN   ANTWORTEN

Was ſchenkt er dem Vater?   Er ſchenkt dem Vater eine Krawatte.
Wem kaufſt du einen Mantel?   Ich kaufe der Mutter einen Mantel.

Übungen

I. Using Example I as a model, make up similar questions and answers for the remaining nouns: Mund, Hand, Finger, Bein.

II. Make up five short questions and answers following the models in Example II.

    Now that you have learned how to list nouns and verbs under a general classification and know how to use them in German sentences, you can imitate this procedure by yourself.

III. List the principal parts of five nouns, and supply verbs under each of the following classifications. Then construct short questions and answers as in the models above.

    a) die Tiere; *b)* das Essen; *c)* im Hause; *d)* die Familie; *e)* in der Klasse

D. Grammar Notes

1. *Regular and Irregular Verbs.* In English, the past tense (= time) of most verbs is formed in either of two ways:

Present	Past	The past is formed by
a) talk	talked	*a)* an addition or *affix*
b) sing	sang	*b)* an internal vowel change

Verbs which form their past tense by an addition (Type *a*) are called *regular*, since all such verbs form their past tense by the same method.

However, there is great variety in the way verbs of Type *b* form their past tense. The internal vowel change is not always the same (e.g., sing — sang; blow — blew; rise — rose; find — found, etc.). For this reason, verbs which form their past tense by an internal vowel change (Type *b*) are called *irregular*.

In general, German verbs follow the same scheme, as shown in the following examples:

	PRESENT	PAST	The past is formed by
Regular:	a) ich sage	ich sagte	a) an addition or *affix*
Irregular:	b) ich singe	ich sang	b) an internal vowel change

In this lesson we are going to study only the past tense of *regular* verbs (Type *a*). Let us see what their endings are.

2. *The Past Tense of Regular Verbs.*[1]   A comparison of the present and the past tenses of regular verbs will show you how the past tense is formed.

NOTE 1.   German grammarians use the term *weak* (schwach) for regular verbs, and the term *strong* (stark) for irregular verbs.

PRESENT	PAST	PAST ENDINGS
SINGULAR	SINGULAR	SINGULAR
1. ich frage	1. ich fragte	1. (*stem*) + te
2. du fragst	2. du fragtest	2. (*stem*) + test
3. { er / sie / es } fragt	3. { er / sie / es } fragte	3. (*stem*) + te
PLURAL	PLURAL	PLURAL
1. wir fragen	1. wir fragten	1. (*stem*) + ten
2. ihr fragt	2. ihr fragtet	2. (*stem*) + tet
3. sie fragen	3. sie fragten	3. (*stem*) + ten

Which is the characteristic letter that begins each ending of every regular verb in the past tense? In which persons and numbers are the past endings the same? How does the third person singular of the present differ from the third person singular of the past?

Übung

The verbs in the following sentences have exactly the same pattern as fragen. Give each sentence in all persons and numbers, first in the present and then in the past, as shown in the model.

PRESENT	PAST
Ich ſage es heute.	Ich ſagte es geſtern.
Du ſagſt es heute.	Du ſagteſt es geſtern.
Er ſagt es heute.	Er ſagte es geſtern.
etc.	etc.

1. Ich ſage es. 2. Ich koche das Eſſen. 3. Ich kaufe warme Würſtchen. 4. Ich ſtelle mich vor den Ofen. 5. Warum bezahle ich nicht? 6. Ich erkläre ihm die Sache. 7. Mache ich es klar? 8. Ich folge dem Schutzmann. 9. Reiche ich ihm das Geldſtück? 10. Ich ſtecke es ihm unter die Naſe.

3. *The Connecting –e– in the Past Tense.* A study of the stems of the following verbs will show you that it is impossible to add the characteristic –t– of the past tense and get a pronounceable combination. For this reason a connecting –e– is inserted before the ending of the past tense.

INFINITIVE	STEM	PAST TENSE
reden	red–	ich redete, du redeteſt, er redete, wir redeten, ihr redetet, ſie redeten
atmen	atm–	ich atmete, du atmeteſt, er atmete, wir atmeten, ihr atmetet, ſie atmeten
öffnen	öffn–	ich öffnete, du öffneteſt, er öffnete, wir öffneten, ihr öffnetet, ſie öffneten
antworten	antwort–	ich antwortete, du antworteteſt, er antwortete, wir antworteten, ihr antwortetet, ſie antworteten
(ſich) fürchten	fürcht–	ich fürchtete mich, du fürchteteſt dich, er fürchtete ſich, wir fürchteten uns, ihr fürchtetet euch, ſie fürchteten ſich

SUMMARY: Verbs with stems ending in **d, m, n,**[1] **t** require a connecting –e– before adding the ending of the past tense.

NOTE 1. The verbs lernen (stem lern–) and dienen (stem dien–) are exceptions: ich lernte, du lernteſt, er lernte; ich diente, du dienteſt, er diente, etc.

Übung

The verbs in the following sentences all require the connecting –e– to form their past tense. Give each sentence in all persons and numbers as in the model below.

PRESENT	PAST
Ich arbeite heute nicht.	Ich arbeitete gestern nicht.
Du arbeitest heute nicht.	Du arbeitetest gestern nicht.
Er arbeitet heute nicht.	Er arbeitete gestern nicht.
etc.	etc.

1. Ich arbeite heute nicht. 2. Ich beobachte den Wurstmann. 3. Ich fürchte mich nicht vor ihm. 4. Worauf warte ich?

4. *The Past Tense of* sein *and* haben. The verbs sein and haben are irregular in the past tense. However, these verbs are used so frequently that they should be memorized at once.

sein				**haben**			
PRESENT		PAST		PRESENT		PAST	
SINGULAR				SINGULAR			
1.	ich bin	ich	**war**	1.	ich habe	ich	**hatte**
2.	du bist	du	**warst**	2.	du hast	du	**hattest**
3.	er sie } ist es	er sie } **war** es		3.	er sie } hat es	er sie } **hatte** es	
PLURAL				PLURAL			
1.	wir sind	wir	**waren**	1.	wir haben	wir	**hatten**
2.	ihr seid	ihr	**wart**	2.	ihr habt	ihr	**hattet**
3.	sie sind	sie	**waren**	3.	sie haben	sie	**hatten**

Übung

Give the following sentences in all persons and numbers, first in the present and then in the past. Use gestern for the past.

1. Ich bin heute in der Schule. 2. Ich habe heute viel zu tun. 3. Bin ich heute krank? 4. Warum habe ich heute keinen Hunger?

5. *Difference between the English and the German Past Tense.*
The English past tense is more complicated than the German
past tense. Helping verbs are often used in English for the
past tense, but never in German. Studying these differences
will help you when translating from English into German.

English Past Tense	German Past Tense
(Often uses helping verbs)	*(Has only a single verb)*
He sold "hot dogs." He was selling "hot dogs."	Er verkaufte warme Würstchen.
Did he sell "hot dogs"? Was he selling "hot dogs"?	Verkaufte er warme Würstchen?

6. *A Study List of Regular Verbs.* The following list contains
all the regular verbs that have occurred so far. Starred
verbs require the *connecting –e–* in the past tense.

Present	Past	Present	Past
er achtet*	er achtete	er freut sich	er freute sich
beobachtet*	beobachtete	er frühstückt	er frühstückte
er antwortet*	er antwortete	er fühlt (sich)	er fühlte (sich)
beantwortet*	beantwortete	er glaubt	er glaubte
er arbeitet*	er arbeitete	er grüßt	er grüßte
er atmet* (ein)	er atmete (ein)	er haßt	er haßte
er begleitet*	er begleitete	er heult	er heulte
er bellt	er bellte	er holt	er holte
er bestimmt	er bestimmte	wiederholt	wiederholte
er besucht	er besuchte	er hört	er hörte
er beugt	er beugte	gehört	gehörte
er bewegt (sich)	er bewegte (sich)	er hungert	er hungerte
er bezahlt	er bezahlte	er hüpft	er hüpfte
er braucht	er brauchte	er hustet*	er hustete
er brüllt	er brüllte	er kauft	er kaufte
er tanft	er tanfte	verkauft	verkaufte
es dauert	es dauerte	er kehrt	er kehrte
er dient	er diente	es klingelt	es klingelte
verdient	verdiente	er kocht	er kochte
er eilt	er eilte	es kostet*	es kostete
er erkältet* sich	er erkältete sich	er kräht	er krähte
er erwidert	er erwiderte	er küßt	er küßte
er faßt	er faßte	er lacht	er lachte
er fischt	er fischte	er lebt	er lebte
er folgt	er folgte	er legt (sich)	er legte (sich)
er fragt	er fragte	er lehrt	er lehrte

PRESENT	PAST	PRESENT	PAST
er lernt	er lernte	er setzt (sich)	er setzte (sich)
er liebt	er liebte	er spaziert	er spazierte
er macht (zu)	er machte (zu)	er spielt	er spielte
sie miaut	sie miaute	er steckt	er steckte
er öffnet*	er öffnete	er stellt (sich)	er stellte (sich)
er packt	er packte	er stopft	er stopfte
er putzt	er putzte	er streckt	er streckte
er raucht	er rauchte	er tötet*	er tötete
er redet*	er redete	er übernachtet*	er übernachtete
es regnet*	es regnete	er verlangt	er verlangte
er reicht	er reichte	er wandert	er wanderte
er reinigt	er reinigte	er wartet*	er wartete
er reist	er reiste	er weint	er weinte
er sagt	er sagte	er wohnt	er wohnte
er schaut	er schaute	er wünscht	er wünschte
er schenkt	er schenkte	er zählt	er zählte
er schickt	er schickte	erzählt	erzählte
er schlachtet*	er schlachtete	er zeigt	er zeigte

Aufgaben

I. Change each sentence to the past tense. Words like jetzt, nun, and heute should be changed to dann or gestern.

A. 1. Heute stellt der Wurstmann den Topf auf den Ofen. 2. In dem Topf ist Wasser. 3. Nach ein paar Minuten kocht das Wasser. 4. Nun steckt er die Würstchen in den Topf. 5. Es dauert nicht lange und die Würstchen sind fertig. 6. Jedes Würstchen kostet nur einige Pfennige, aber er verlangt eine Mark dafür. 7. Er verdient das, denn er arbeitet schwer. 8. Nun atmet er den Geruch der Würstchen ein und freut sich darüber. 9. Heute hat er keinen Hunger, denn er frühstückt um sieben Uhr und es ist erst neun. 10. Der Wurstmann wartet ruhig und hat keine Eile.

B. 1. Nun stellt sich ein Vagabund vor den Ofen. 2. Ich bin auch dabei und beobachte den Vagabunden. 3. Er hat kein Geld und ist sehr hungrig. 4. Seine Kleider sind alt. 5. Der Arme sagt nichts, sondern schaut nach dem Topf. 6. Er fragt auch nicht, was die Würstchen kosten, sondern streckt die Nase hervor und atmet den Geruch ein. 7. Der Wurstmann beugt sich über den Topf, aber er hört den Vagabunden. 8. Er faßt den Armen und verlangt Geld für den Geruch der Würstchen. 9. Ich beobachte alles und es macht mich zornig. 10. Der Geruch gehört nicht zu den Würstchen.

C. 1. Der Vagabund lacht und der Wurſtmann brüllt. 2. Ich hole
einen Schußmann und erkläre ihm die Sache. 3. Der Wurſtmann
ſagt: „Ich verkaufe die Würſtchen.“ 4. Der Vagabund antwortet:
„Richtig, Sie verkaufen Würſtchen, aber nicht den Geruch von Würſt=
chen! 5. Der Geruch iſt frei; er gehört zu der Luft!“ 6. Beide reden
zugleich und wir hören nicht, was ſie ſagen. 7. Zornig brüllt der
Schußmann: „Genug! Genug!“ 8. Sie erklären es dem Schußmann.
9. Sie folgen dem Schußmann zur Polizeiwache. 10. Dort wiederholen
ſie die Sache vor dem Richter.

II. Change each sentence below to the present tense:

1. Die Geſichter der Vagabunden machten mich immer traurig. 2. Sie
hatten nichts zu eſſen und lebten wie die Tiere. 3. Darum fragte ich meinen
Freund: „Lehrte dich dieſe Geſchichte etwas? 4. Warſt du nicht auch manchmal
hungrig? 5. Liebteſt du nicht auch den Geruch von Würſtchen?“ 6. „Ja,
aber ich bezahlte nie für den Geruch,“ antwortete er. 7. „Warum lachteſt
du denn?“ fragte ich dann. 8. „Du redeteſt wie ein Dummkopf,“ erwiderte
er. 9. „Solche Fragen ſtellte man nicht.“ 10. „Was wünſchteſt du denn?
Ich bin doch kein Philoſoph!“ antwortete ich. 11. „Du und der Wurſtmann
hattet unrecht,“ ſagte er. 12. „Du holteſt den Schußmann, aber du hatteſt
nichts damit zu tun, und der Vagabund brauchte auch nicht zu bezahlen!“

III. Überſetzen Sie ins Deutſche:

UNCLE OTTO

1. On the corner a "hot-dog" man was selling "hot dogs." 2. I stood
before his wagon and inhaled the odor of the frankfurters. 3. That
made me *as hungry as* a horse, but unfortunately I had no money.
4. Suddenly I heard a voice behind me. 5. It was my Uncle Otto.
6. I greeted him and he greeted me, *both at once*. 7. Then he bought
two "*hot dogs.*" 8. The "hot-dog" man *asked for* one mark and my
uncle paid. 9. *After that*, Uncle Otto handed me a frankfurter and I
thanked him. 10. We strolled together on the street, each of us
with a "hot dog," and talked and laughed like two youngsters.

LESESTÜCK FÜNFUNDZWANZIG

DER KÖNIG [1] UND DER NEUE SOLDAT   [1] king

König Friedrich Wilhelm von Preußen war
ein strenger [2] Herr. Sein Heim war wie eine   [2] stern

Kaserne.[3] Jeder mußte früh aufstehen, wenn man die Trompete hörte. Sogar[4] im Schloß waren die Betten hart und die Zimmer kahl.[5] Das Essen war sehr einfach.[6] Die königliche Familie aß, was die Soldaten aßen. Der König trank gern Bier und rauchte Tabak.

    Nichts liebte der König mehr als seine Armee. Er hatte besonders[7] große Soldaten gern und organisierte ein Regiment von „langen Kerlen."[8] Viele Ausländer gehörten zu diesem Regiment. Sie kamen aus allen Ländern und viele konnten kein Deutsch.

    Eines Tages kam ein großer Engländer an. Der Korporal erklärte ihm auf englisch: „Morgen kommt der König. Wenn er einen neuen Soldaten sieht, bleibt er stehen. Er stellt dann immer drei Fragen. Sie müssen nur drei deutsche Worte als Antworten lernen. Die erste Frage ist: ‚Wie alt sind Sie?' Dann antworten Sie: ‚Einundzwanzig.' Die zweite Frage ist: ‚Wie viele Jahre dienen Sie?' Sie antworten einfach: ‚Zwei.' Die dritte Frage ist: ‚Sind Ihnen **Verpflegung und Unterkunft**[9] recht?' Darauf sagen Sie: ‚Beide.' "

    Der Soldat lernte die drei Worte.

    Am nächsten Tag kam der König. Er stellte die Fragen, aber die zweite stellte er zuerst.

    „Wie viele Jahre dienen Sie?"

    „Einundzwanzig!" sagte der Soldat.

    „Wie alt sind Sie?" fragte der König erstaunt.

    „Zwei!" antwortete der Soldat.

    Das war dem König zu viel. „Entweder[10] sind Sie verrückt[11] oder ich!" brüllte er ganz wütend.[12]

    „Beide!" antwortete der Soldat ruhig.

[3] barracks
[4] Even
[5] bare
[6] simple
[7] especially
[8] "long fellows"
[9] rations and quarters
[10] Either
[11] crazy
[12] furious

26

Lektion Sechsundzwanzig

„Ich tat¹ dem Esel nichts!" ¹ did

A. Erster Teil

Eines Nachmittags ging ein Bauer mit seinem Esel
auf der Straße. Der Esel trug ein Bündel Holz² auf ² wood
dem Rücken.³ Der Tag war heiß und der Bauer ³ back
wurde⁴ durstig. ⁴ became

Auf dem Wege sah er ein Wirtshaus⁵ und da sagte ⁵ inn
er zu sich: „Ich lasse den Esel **ein bißchen**⁶ ruhen. ⁶ a bit
Seine Last⁷ ist schwer." ⁷ load

Also ließ er den Esel still stehen. Mittlerweile trat
der Bauer in das Wirtshaus und trank dort ein Glas
Bier. Das Bier war gut und der Bauer war nicht
mehr durstig. Er sprach mit dem Wirt⁸ und bald ⁸ innkeeper
vergaß er seinen Esel. Der Esel blieb ruhig draußen.

Gerade zu dieser Zeit kamen einige Knaben aus der
Schule und sahen den Esel auf der Straße. Sie gingen
zu dem Esel und standen vor ihm. Ein Junge sprach:
„Seht den Esel, wie dumm er ist!" Dann nahm
er einen Stein und warf⁹ ihn auf den Esel. Die ⁹ threw
Jungen fingen an, das Tier zu quälen.¹⁰ Sie zogen¹¹ ¹⁰ torture ¹¹ pulled
an seinen Schwanz,¹² schlugen¹³ es mit ihren Büchern ¹² tail ¹³ struck
und riefen: „Esel! Esel!" Der Esel wurde sehr un-
ruhig, denn sie taten ihm weh, und er begann zu
schreien.

Der Lehrer hörte den Lärm und trat aus der Tür.
Die Jungen sahen ihn und liefen schnell weg. Nur
ein Junge blieb stehen. Das war der Willi. Er blieb ¹⁴ he was only look-
da, denn **er sah nur zu.**¹⁴ ing on

Vokabeln

NOUNS

der **Rücken,** –s, —, back
der **Schwanz,** –es, ⸗e tail
der **Stein,** –s, –e stone
der **Wirt,** –es, –e innkeeper, host
die **Last,** –en load
das **Bier,** –s, –e beer
das **Holz,** –es, ⸗er wood
das **Wirtshaus,** –es, ⸗er inn, tavern

PHRASES

ein bißchen a little
er sah nur zu he was only looking on
gerade zu dieser Zeit just at this (that) time

OTHER WORDS

durstig thirsty
mittlerweile meanwhile

VERBS

ließ let
quälen to torture
ruhen to rest
schlagen to strike, hit
  pres. **er schlägt**
  past **er schlug**
tat did
treten to step
  pres. **er tritt**
  past **er trat**
ver=′gessen to forget
  pres. **er vergißt**
  past **er vergaß**
werfen to throw
  pres. **er wirft**
  past **er warf**
wurde became
ziehen to pull, draw
  pres. **er zieht**
  past **er zog**

Fragen

1. Wer ging eines Nachmittags auf der Straße? 2. Was trug der Esel auf dem Rücken? 3. Warum wurde der Bauer durstig? 4. Was sah er auf dem Wege? 5. Was trank er im Wirtshaus? 6. Warum vergaß er seinen Esel? 7. Woher kamen die Jungen zu dieser Zeit? 8. Was fingen sie an zu tun? 9. Warum liefen die Jungen plötzlich weg? 10. Warum blieb nur der Willi stehen?

B. Zweiter Teil

Der Lehrer war sehr zornig. Er ging zu Willi, ergriff[1] ihn und hielt ihn fest. „Wie kannst du das Tier so quälen?" schalt[2] er.

„Ich tat dem Esel nichts!" antwortete Willi. „Die andern taten es! Ich stand da und sah nur zu!"

„Unverschämter Bengel!"[3] schrie der Lehrer. „Du quälst das Tier und lügst[4] noch dazu!" Dabei gab er dem Willi eine Ohrfeige.[5]

[1] grabbed
[2] scolded
[3] Impudent brat
[4] lie
[5] slap

In his Sunday best. Many of the peasants in the various regions of Germany still wear picturesque costumes, especially on festive occasions. Here is a peasant of Kinzigtal in the Black Forest dressed for church.

A cozy old inn. Everywhere in Germany one finds neat and comfortable inns, where one may secure good food and lodging at very reasonable rates.

Der Kleine fing an zu weinen und lief weg. An der Ecke traf[6] er den Pastor.

„Was ist los, Willi?" fragte ihn der Pastor. „Warum weinst du?"

„Der Lehrer schlug mich und ich tat dem Esel doch nichts!" antwortete Willi.

„Unverschämter Bengel!" rief der Pastor ärgerlich.[7] Er ergriff den Willi und gab ihm eine Ohrfeige.

Nun schrie Willi noch lauter. Er riß[8] sich vom Pastor los und lief nach Hause.

Auf dem Wege fragte er sich: „Warum bekam[9] ich auch vom Pastor eine Ohrfeige?" Er fand aber keine Antwort auf seine Frage. Er verstand[10] die Sache gar nicht.[11]

[6] met

[7] angrily

[8] tore

[9] received

[10] understood

[11] not at all

Vokabeln

NOUNS

der **Bengel,** –s, —, brat
der **Pastor,** –s pastor
   pl. die **Pa-'storen**
die **Ohrfeige,** –n slap, box on the ear

OTHER WORDS

ärgerlich angry, angrily
fest tight, fast

PHRASES

er riß sich . . . los he tore himself
   loose
gar nicht not at all
noch dazu in addition
noch lauter still louder
unverschämter Bengel impudent brat

VERBS

er-'greifen to grasp, grab
   pres. **er ergreift**
   past **er ergriff**
lügen to lie (*tell a falsehood*)
   pres. **er lügt**
   past **er log**
reißen to tear
   pres. **er reißt**
   past **er riß**
treffen to meet
   pres. **er trifft**
   past **er traf**

OPPOSITES

ein bißchen — viel
lauter — stiller
ruhen — arbeiten (*or* **gehen**)
treten — laufen (*or* **eilen**)

Fragen

1. Wie war der Lehrer?   2. Wen hielt er fest?   3. Was sagte er zu dem Kleinen?   4. Welche Antwort bekam er vom Willi?   5. Was schrie der Lehrer

dann? 6. Was gab er dem Willi? 7. Wen traf der Willi an der Ecke? 8. Was antwortete der Junge auf die Frage des Pastors? 9. Warum schrie Willi noch lauter? 10. Welche Frage stellte er sich?

C. Vocabulary Notes

Misleading Resemblances. Many German verbs are distinguished from each other only by a slight vowel or consonant difference. Failure to observe these slight differences often leads to confusion. The following tabulation will help you learn to tell the difference between certain regular and irregular verbs and between the present and the past of certain irregular verbs. Read each group from left to right. Give the English meaning of each form after you read it.

	legen, to put	liegen, to lie (recline)	lügen, to lie (tell a falsehood)	
Pres.	er legt	er liegt	er lügt	
Past	er legte	er lag	er log	
	reisen to travel	reißen to tear	sehen to see	ziehen to pull
Pres.	er reist	er reißt	er sieht	er zieht
Past	er reiste	er riß	er sah	er zog
	lesen to read	lassen to let	(sich) setzen to sit down	sitzen to sit
Pres.	er liest	er läßt	er setzt (sich)	er sitzt
Past	er las	er ließ	er setzte (sich)	er saß
	schlachten to slaughter	schlagen to strike	haben to have	heben to lift
Pres.	er schlachtet	er schlägt	er hat	er hebt
Past	er schlachtete	er schlug	er hatte	er hob
	reichen to hand	riechen to smell	lieben to love	leben to live
Pres.	er reicht	er riecht	er liebt	er lebt
Past	er reichte	er roch	er liebte	er lebte
	fangen to catch	singen to sing	leiden to suffer	leihen to lend
Pres.	er fängt	er singt	er leidet	er leiht
Past	er fing	er sang	er litt	er lieh

Pronounce the following pairs and give their English meanings:

leben — lieben	haben — heben
legen — liegen	reisen — reißen
lesen — lassen	liegen — lügen

Übung

The following story contains verbs with misleading resemblances.
Read the story and then retell it in your own words in English.

Herr Meyer zählt Kühe

Herr Schmidt und Herr Meyer lebten in der Stadt. Am Sonntag hatten
sie es gern, aufs Land zu reisen, denn sie liebten es dort. Ihre Frauen aber saßen
lieber zu Hause und ließen die Männer nicht fort.

An einem Samstagabend liegt Herr Meyer auf dem Sofa und liest die Zeitung.
Seine Frau sitzt neben ihm. Plötzlich legt er die Zeitung nieder, setzt sich auf und
sagt: „Diesmal habt ihr Frauen nichts zu sagen!" Er hebt die Zeitung wieder
auf und reicht sie ihr. „Sieh da! Lies, was dort steht! Morgen wird das
Wetter schön sein. Ich ziehe mit Herrn Schmidt aufs Land!" Damit reißt er ihr
die Zeitung aus den Händen und tritt ärgerlich aus dem Zimmer.

Am Morgen saßen die Herren Schmidt und Meyer in der Bahn und schauten
durchs Fenster. „Ist es nicht herrlich?" fragte Herr Meyer. „Jawohl," antwortete
Herr Schmidt und atmete tief ein.

Plötzlich fuhren sie sehr schnell an einem Felde vorbei. Da waren viele Kühe.
Herr Meyer sagte: „In jenem Felde waren sechsundneunzig Kühe." Erstaunt
fragte Herr Schmidt: „Wie kannst du das so genau wissen? Du lügst ja! Wir
fuhren so schnell vorbei, du hattest keine Zeit, die Kühe zu zählen."

„Doch, doch!" erwiderte Herr Meyer. „Es war sehr leicht. Ich zählte nicht
die Kühe, sondern nur ihre Beine und dividierte dann durch vier!"

D. Grammar Notes

1. *The Past Tense of Irregular Verbs.* As already explained
   in the previous lesson (Grammar Note 1), irregular verbs
   form their past tense chiefly by an internal vowel change.
   The endings of the past also differ somewhat from those of
   the present, as shown by the comparison of the two tenses
   in the following table.

PRESENT	PAST	PAST TENSE ENDINGS OF IRREGULAR VERBS
SINGULAR	SINGULAR	SINGULAR
1. ich sehe (*I see*)	1. ich sah (*I saw*)	1. ich ——
2. du siehst	2. du sahst	2. du ——st
3. { er / sie / es } sieht	3. { er / sie / es } sah	3. { er / sie / es } ——
PLURAL	PLURAL	PLURAL
1. wir sehen	1. wir sahen	1. wir ——en
2. ihr seht	2. ihr saht	2. ihr ——t
3. sie sehen	3. sie sahen	3. sie ——en

Which persons and numbers of the irregular verbs in the past tense have the same ending (or lack of an ending)? Which persons and numbers of the irregular verbs in the past tense have the same endings as in the present? Which forms in the past have no endings at all? How can you tell the difference between the present and past tenses of irregular verbs when the endings are the same?

Übung

Give each of the following sentences in all persons and numbers as shown in the example below. First complete the present tense and then do the past.

PRESENT	PAST
Ich nehme heute meinen Bleistift.	Ich nahm gestern meinen Bleistift.
Du nimmst heute deinen Bleistift.	Du nahmst gestern deinen Bleistift.
etc.	etc.

1. Ich nehme (nahm) heute (gestern) meinen Bleistift. 2. Ich gebe (gab) ihn heute (gestern) meinem Freund. 3. Ich schreibe (schrieb) heute (gestern) nicht. 4. Ich singe (sang) heute (gestern) vor Freude. 5. Wann beginne (begann) ich heute (gestern) meine Arbeit?

2. *Consonant Changes from Present to Past.* In addition to the internal vowel change, certain irregular verbs also have consonant changes which must be noted. Study the past

tense of the following verbs and note: (a) the vowel change, and (b) the consonant change.

PRESENT	PAST	VOWEL CHANGE	CONSONANT CHANGE
ich bitte	ich bat	short i to long a	tt to t
ich gehe	ich ging	long e to long i	h to ng
ich greife	ich griff	long ei to short i	f to ff
ich komme	ich kam	short o to long a	mm to m
ich leide	ich litt	long ei to short i	d to tt
ich sitze	ich saß	short i to long a	tz to ß
ich stehe	ich stand	long e to short a	h to nd
ich treffe	ich traf	short e to long a	ff to f
ich tue	ich tat	long u to long a	(add –t)
ich bin	ich war	short i to long a	(complete change)

Übung

Give each of the following sentences first in the present and then in the past:

1. Er bittet um Brot. 2. Er greift nach dem Stück Brot. 3. Leidet er Hunger? 4. Wir gehen nach Hause. 5. Stehst du vor dem Fenster? 6. Wir sitzen nicht, sondern wir stehen. 7. Wen triffst du an der Ecke? 8. Ich komme ins Haus. 9. Seid ihr müde? 10. Was tut Hans in der Schule?

3. *The Connecting* –e– *in the Past Tense of Irregular Verbs.*
   a) Many irregular verbs with stems ending in an f-sound (or sch-sound) generally use a connecting –e– in the past tense before the –st ending of the second person singular. Examples are:

INFIN.	STEM	PRESENT	PAST
essen	ess–	du ißt	du aßest
beißen	beiß–	du beißt	du bissest*
heißen	heiß–	du heißt	du hießest
lesen	les–	du liest	du lasest
lassen	lass–	du läßt	du ließest*
reißen	reiß–	du reißt	du rissest
sitzen	sitz–	du sitzt	du saßest*
schließen	schließ–	du schließt	du schlossest
waschen	wasch–	du wäschst	du wuschest

NOTE: In the forms marked with an asterisk (*) the connecting –e– is especially important in order to prevent confusion with other verbs. For example:

du bist (*you are*)	du bissest (*you bit*)
du liest (*you read*)	du ließest (*you let*)
du sahst (*you saw*)	du saßest (*you sat*)

b) All irregular verbs with stems ending in –d or –t will also require the connecting –e– in order to obtain a pronounce-able combination with the t=ending of the second person plural. With these verbs the connecting –e– in the second person plural will therefore appear both in the present and in the past.

INFIN.	STEM	PRESENT	PAST
bitten	bitt–	ihr bittet	ihr batet
finden	find–	ihr findet	ihr fandet
laden	lad–	ihr ladet	ihr ludet
leiden	leid–	ihr leidet	ihr littet
treten	tret–	ihr tretet	ihr tratet
werden	werd–	ihr werdet	ihr wurdet

The verb stehen acquires a d in the past (ich stand), and the verbs haben and tun acquire a t (ich hatte, ich tat). Consequently, these verbs also have the connecting –e– in the second person plural of the past tense.

Ex. ihr habt — ihr hattet; ihr steht — ihr standet; ihr tut — ihr tatet.

Übung

Change each of the following sentences to the past tense:

1. Du reißt es los.   2. Du sitzt auf dem Stuhl.   3. Du liest die Zeitung. 4. Dann schließt du die Augen.   5. Du beißt dir die Zunge.   6. Warum läßt du ihn los?   7. Du wäschst dir die Hände.   8. Danach ißt du den Apfel.   9. Heißt du Johann?   10. Ihr findet es nicht.   11. Worum bittet ihr?

4. *The Verbs* sein, haben, *and* werden. The verbs sein, haben, and werden are so frequently used that they should be memorized at once in all of their forms. They are all more or less ir-regular.

sein, to be		haben, to have		werden, to become	
PRES.	PAST	PRES.	PAST	PRES.	PAST
ich bin	war	habe	hatte	werde	wurde
du bist	warst	haft	hatteft	wirft	wurdeft
er ⎫ sie ⎬ ift es ⎭	war	hat	hatte	wird	wurde
wir sind	waren	haben	hatten	werden	wurden
ihr seid	wart	habt	hattet	werdet	wurdet
sie sind	waren	haben	hatten	werden	wurden

Übung

Change each of the following sentences to the past tense:

1. Wir sind draußen.   2. Es wird kalt.   3. Wir haben keine Mäntel.   4. Ift euch auch kalt?   5. Wirft du ärgerlich darüber?   6. Seit wann habt ihr Ferien? 7. Du bist sehr klug.   8. Wie viele Stunden ift er in der Schule?   9. Habt ihr keine Bücher?   10. Wie lange seid ihr hier?

5. *A Study List of Irregular Verbs in the Past Tense.* Many irregular verbs have the same vowel change and hence can be arranged into more or less uniform groups, as you will see below in the Study List. However, the different groups have different vowel changes, and some of the irregular verbs that have occurred so far have an individual pattern different from that of the other groups. There are no rules that will apply to all instances. Therefore you must memorize the past tense of all irregular verbs. The arrangement in groups makes it easier for you to do this.

a — u		a — ie	
PRESENT	PAST	PRESENT	PAST
ich fahre	ich fuhr	ich halte	ich hielt
ich lade	ich lud	ich lasse	ich ließ
ich schlage	ich schlug	ich schlafe	ich schlief
ich trage	ich trug		
ich wasche	ich wusch	a — i	
		ich fange (an)	ich fing (an)

e — a

PRESENT	PAST	PRESENT	PAST
ich befehle	ich befahl	ich breche	ich brach
ich gebe	ich gab	ich esse	ich aß
ich lese	ich las	ich vergesse	ich vergaß
ich nehme	ich nahm	ich helfe	ich half
ich sehe	ich sah	ich spreche	ich sprach
ich stehe	ich stand	ich sterbe	ich starb
ich verstehe	ich verstand	ich treffe	ich traf
ich trete	ich trat	ich werfe	ich warf

ei — ie

PRESENT	PAST
ich bleibe	ich blieb
ich heiße	ich hieß
ich leihe	ich lieh
ich scheine	ich schien
ich schreibe	ich schrieb
ich schreie	ich schrie
ich schweige	ich schwieg
ich steige	ich stieg

ei — i

PRESENT	PAST
ich beiße	ich biß
ich greife	ich griff
ich leide	ich litt
ich reiße	ich riß

ie — o

PRESENT	PAST
ich fliege	ich flog
ich rieche	ich roch
ich schließe	ich schloß
ich verliere	ich verlor
ich ziehe	ich zog

i — a

PRESENT	PAST
ich beginne	ich begann
ich bin	ich war
ich bitte	ich bat
ich finde	ich fand
ich schwimme	ich schwamm
ich singe	ich sang
ich sitze	ich saß
ich springe	ich sprang
ich trinke	ich trank

MISCELLANEOUS

PRESENT	PAST	PRESENT	PAST
ich gehe	ich ging	ich liege	ich lag
ich habe	ich hatte	ich lüge	ich log
ich hebe	ich hob	ich rufe	ich rief
ich komme	ich kam	ich tue	ich tat
ich bekomme	ich bekam	ich werde	ich wurde
ich laufe	ich lief		

Aufgaben

I. Supply the past tense of the verbs in parentheses:

A. Der Esel (bleiben) vor dem Wirtshaus. 2. Sein Herr (lassen) ihn ein bißchen ruhen. 3. Der Esel (tragen) ein Bündel Holz. 4. Das Tier (sein) auch müde. 5. Der Bauer (werden) durstig. 6. Er (gehen) ins Wirtshaus. 7. Dort (trinken) er ein Glas Bier und (sprechen) mit dem Wirt. 8. Er (treten) nicht wieder zur Tür. 9. Den Esel (sehen) er nicht mehr. 10. Bald (vergessen) er das Tier.

B. 1. Die Jungen (kommen) gerade aus der Schule. 2. Was (sehen) sie auf der Straße? 3. Was (tun) sie? 4. Wovor (stehen) sie? 5. Wer (nehmen) einen Stein und (werfen) ihn? 6. Woran (ziehen) die Knaben? 7. Womit (schlagen) sie den Esel? 8. Was (rufen) sie? 9. Wie (werden) der Esel? 10. Endlich (beginnen) der Esel zu schreien und er (schreien) sehr laut, denn sie (tun) ihm weh.

C. 1. Wo (sein) der Lehrer? 2. Woraus (treten) er? 3. Wen (sehen) die Jungen? 4. Was (tun) die Jungen? 5. Wer (laufen) nicht weg? 6. Warum (bleiben) er stehen? 7. Der Lehrer (sein) zornig und (schelten) auf den Jungen. 8. Er (ergreifen) den Willi und (halten) ihn fest. 9. Der Willi (bekommen) Ohrfeigen vom Lehrer und auch vom Pastor. 10. Er (finden) keine Antwort auf seine Frage und (verstehen) die Sache nicht.

II. Change each of the following sentences to the past tense:

A. 1. Der Bauer spricht mit dem Wirt. 2. Was hat der Esel auf dem Rücken? 3. Das Tier wird sehr müde. 4. Wie ist der Herr des Tieres? 5. Manchmal bleiben die Tiere draußen. 6. Mittlerweile gehen ihre Herren ins Wirtshaus und trinken dort Bier. 7. Was hört der Lehrer? 8. Was tun die Knaben? 9. Warum quälen sie das Tier? 10. „Ihr Knaben seid unverschämt!" ruft der Lehrer.

B. 1. Hast du diese Geschichte gern? 2. Wir lesen auch solche Geschichten in unserer Klasse. 3. Was liest du gewöhnlich zu Hause? 4. Sitzt du mit deinem Buch beim Fenster? 5. Ich sehe, du läßt deine Bücher nie aus den Händen. 6. Du bist wohl am Abend sehr müde. 7. Wirst du schläfrig und schließt dann die Augen? 8. Die Mutter sagt: „Du wäschst dir das Gesicht und dann schläfst du nicht beim Lesen." 9. Bei ihr heißt es immer: „Du ißt früh zu Abend, gehst früh zu Bett und stehst dann früh auf." 10. Ich antworte dann: „Du bist zu streng und läßt mich nicht später schlafen gehen."

III. A. Change each sentence in Aufgabe I A to the plural.
  B. Change each sentence in Aufgabe I C to the plural. Omit sentences 3, 4, and 5.

IV. Übersetzen Sie ins Deutsche:

IN THE PLAYROOM

1. There were three children in our family. 2. *At that time* I was fourteen years old, my brother Peter was twelve, and my little sister Anna only seven. 3. As usual I sat at the table in our playroom, wrote my assignments, and forgot everything. 4. Suddenly my brother hit my little sister and she began to cry. 5. Mother stepped into the room and Anna yelled *still louder*. 6. Mother went to Peter, grabbed him, and gave him a slap. 7. *Shortly after that*, Anna became quiet and began to play. 8. She climbed on a chair and miaowed like a cat. 9. Then she jumped, but she fell on the floor and began to scream. 10. Peter *was only looking on*, but he got another slap.

LESESTÜCK SECHSUNDZWANZIG

FRIEDRICH DER GROSSE

Friedrich, der Sohn Friedrich Wilhelms, war ganz anders als sein Vater. Er hatte Blumen und Bücher gern, schrieb Gedichte [1] auf französisch und spielte gern Musik. Später, als er selber König wurde, spielte er sehr gut Flöte und gab sogar [2] Flötenkonzerte.

Sein Vater sah das nicht gern und tat alles, um aus dem Sohn einen rauhen [3] Soldaten zu machen.

In seiner Jugend [4] bekam Friedrich Geigenunterricht.[5] Eines Tages kam Friedrich zu früh zu seinem Musiklehrer. Er mußte warten und hörte einen anderen Schüler spielen. Der Prinz hörte zu. Er merkte, daß der andere sehr gut spielte.

Nach der Stunde trat Friedrich ins Zimmer.

[1] poems

[2] even

[3] tough

[4] youth

[5] violin lessons

Er sprach zum Lehrer: „Der Schüler hat sehr gut gespielt!"

„Ja, er spielt gut," sagte der Lehrer.

„Er spielt besser als ich."

„Ja, das ist wahr, **Eure Hoheit.**"[6]   [6] Your Highness

„Warum spielt er besser?" fragte der Prinz.

„Er hat **noch einen**[7] Lehrer, Eure Hoheit."   [7] another

„Noch einen Lehrer? Wo ist er? Den muß ich auch haben!" rief der Prinz.

„Das ist unmöglich, Eure Hoheit," antwortete der Lehrer.

„Warum ist es unmöglich? Sofort[8] will ich   [8] At once
ihn haben!" schrie der Prinz noch lauter, denn er war wütend.[9]   [9] furious

Da ging der Lehrer in die Ecke und nahm einen Rohrstock[10] hervor. Er zeigte diesen   [10] cane
dem Prinzen und sprach: „Dies ist der andere Lehrer!"

Der gute Kamerad

LUDWIG UHLAND

1. Ich hatt' ei - nen Ka - me - ra - den, ei - nen bes - sern findst du nit. Die · Trom - mel schlug zum Strei - - te, er · ging an mei - ner · Sei - te in glei - chem Schritt und · Tritt, in glei - chem Schritt und · Tritt.

2

Eine Kugel kam geflogen.
Gilt's mir oder gilt es dir?
Ihn hat es weggerissen,
Er liegt mir vor den Füßen,
Als wär's ein Stück von mir,
Als wär's ein Stück von mir.

3

Will mir die Hand noch reichen,
Derweil ich eben lad'.
Kann dir die Hand nicht geben,
Bleib du im ew'gen Leben,
Mein guter Kamerad,
Mein guter Kamerad!

27

Lektion Siebenundzwanzig

Ein Brief

A. Erster Teil

Mainz, den 10. Juli

Lieber Karl!

Nein, ich habe Dich nicht vergessen! Diese Woche habe ich einfach [1] keine Minute gehabt zum Schreiben. Jetzt aber kann ich's Dir erzählen: ich habe endlich eine Rheinfahrt [2] gemacht! Es war ein Vergnügen [3] von Anfang bis Ende!

Vorgestern hatte es geregnet, aber gestern war das

[1] simply

[2] trip on the Rhine
[3] pleasure

Wetter herrlich. Mein Bruder und ich hatten lange
auf diesen Tag gewartet. Wir haben den Dampfer [4]   [4] steamer
in Düsseldorf genommen und haben die Fahrt bis
nach Mainz gemacht.

Der Rhein ist sehr romantisch! An den Ufern [5] sind   [5] banks
Berge [6] und Schlösser. Wir haben viele Städte ge=   [6] hills
sehen, unter ihnen auch Köln, Bonn und Koblenz.

Auf der Fahrt haben wir uns sehr vergnügt. [7] Wir   [7] enjoyed
haben getrunken und gegessen und haben mit den
Reisenden [8] gesprochen. Wir haben auch viele Auf=   [8] travelers
nahmen gemacht. [9] Später haben wir im Baedeker [10]   [9] took pictures
vieles über diesen Fluß [11] gelesen, denn ich habe mich   [10] *name of a famous guidebook*
geschämt, so wenig davon zu wissen.   [11] river

Vokabeln

NOUNS

der **Berg,** –es, –e hill, mountain
der **Dampfer,** –s, —, steamer
der **Fluß,** –es, ″e river
der **Reisende,** –n, –n traveler
der **Rhein,** –s the Rhine

die **Aufnahme,** –n snapshot
die **Fahrt,** –en trip
die **Rheinfahrt** trip on the Rhine

das **Ufer,** –s, —, bank (*of a river*)
das **Ver='gnügen,** –s, —, pleasure

OTHER WORDS

einfach simple, simply
ro='mantisch romantic
vorgestern day before yesterday

REFLEXIVE VERBS

sich schämen to be ashamed
ich habe mich geschämt
du hast dich geschämt, *etc.*
sich vergnügen to enjoy oneself
ich habe mich vergnügt
du hast dich vergnügt, *etc.*

PHRASES

auf der Fahrt on the trip
Aufnahmen machen to take pictures
   Ich habe Aufnahmen gemacht. I
      took pictures.
bis nach up to
eine Fahrt machen to take a trip
   Ich habe eine Fahrt gemacht. I
      took a trip.
unter ihnen among them
von Anfang bis Ende from begin-
      ning to end

Fragen

1. Was habe ich endlich gemacht? 2. Wie war die Fahrt? 3. Wann hatte
es geregnet? 4. Worauf hatten mein Bruder und ich gewartet? 5. Wie war

"Der Gipfel des Berges funkelt im Abendsonnenschein." As the beautiful Rhine steamer glides past the promontory known as the Lorelei, everyone cranes his neck, as if he actually expected to see the golden-haired siren celebrated in Heine's poem.

das Wetter gestern? 6. Was haben wir in Düsseldorf genommen? 7. Bis nach welcher Stadt haben wir die Fahrt gemacht? 8. Welche Städte haben wir gesehen? 9. Was haben wir auf der Fahrt getan? 10. Mit wem haben wir gesprochen?

B. Zweiter Teil

Vom Baedeker haben wir gelernt: „Der Rhein ist breit und tief. Er trägt viele Schiffe. Sie fahren von Holland nach Basel. Der Rhein beginnt in den Alpen und fließt in die Nordsee. Man erzählt viele Sagen[1] vom Rhein."

[1] tales

Wir hatten so eine Weile gelesen und hatten dann alles vergessen. Aber warte, ich habe Dir noch nicht alles erzählt! Plötzlich haben einige Reisende gerufen: „Dort ist der Lorelei=Felsen!"[2]

[2] Lorelei Rock

Da haben wir einen Felsen gesehen. Er lag gerade vor uns, groß und breit. An dieser Stelle,[3] nahe bei der Stadt Bingen, ist der Fluß schmal und gefährlich.[4] Manche von den Reisenden haben ihre Kameras ge= öffnet und haben Aufnahmen gemacht. Das haben wir auch getan.

[3] spot

[4] dangerous

Später haben wir alle das Lied von Heinrich Heine, „Die Lorelei," gesungen. Ich hatte dieses Lied schon manchmal gehört, aber diesmal habe ich es besonders[5] schön gefunden. Jetzt kann ich sagen: „Ich habe auch einmal diesen Ort[6] besucht!"

[5] especially

[6] place

Mit herzlichen Grüßen,

Dein

Albert

Vokabeln

NOUNS

der **Felsen,** –s, —, rock, cliff
der **Gruß,** –es, ⁀e greeting
der **Ort,** –es, –e place, locality
die **Alpen** the Alps

die **Nordsee** the North Sea
die **Sage,** –n tale, legend
die **Stelle,** –n spot, place

das **Märchen,** –s, —, fairy tale, legend

ADVERBS

besonders especially
diesmal this time
herzlich hearty, cordial(ly)
nahe near
nahe bei near
später later

OPPOSITES

romantisch — unromantisch
später — früher (*or* jetzt)
Vergnügen — Qual

Fragen

1. Was trägt der Rhein? 2. Wohin fahren die Schiffe? 3. Was erzählt man von dem Rhein? 4. Was haben einige Reisende plötzlich gerufen? 5. Wo liegt der Lorelei=Felsen? 6. Wie ist der Fluß an dieser Stelle? 7. Was haben wir auch getan? 8. Welches Lied haben wir gesungen? 9. Von wem ist das Lied? 10. Warum habe ich es diesmal besonders schön gefunden?

Die Lorelei

HEINRICH HEINE   NACH FRIEDRICH SILCHER

1. Ich weiß nicht, was soll es be - deu - ten, daß ich so trau - rig bin; ein Mär - chen aus al - ten Zei - ten, das kommt mir nicht aus dem Sinn. Die Luft ist kühl und es dun - kelt, und ru - hig fließt der Rhein; der Gip - fel des Ber - ges fun - kelt im A - bend - son - nen - schein.

2

Die schönste Jungfrau sitzet
Dort oben wunderbar,
Ihr goldnes Geschmeide blitzet,
Sie kämmt ihr goldenes Haar.
Sie kämmt es mit goldenem Kamme
Und singt ein Lied dabei;
Das hat eine wundersame,
Gewaltige Melodei.

3

Den Schiffer im kleinen Schiffe
Ergreift es mit wildem Weh;
Er schaut nicht die Felsenriffe,
Er schaut nur hinauf in die Höh'.
Ich glaube, die Wellen verschlingen
Am Ende Schiffer und Kahn;
Und das hat mit ihrem Singen
Die Lorelei getan.

C. VOCABULARY NOTES

A Review of Reflexive Verbs. The following reflexive verbs have occurred so far. Study the verbs and their English meanings. Note: (*a*) that they are all regular verbs, and (*b*) that the reflexive pronoun is seldom translated into English.

The verb ſich ſeßen is given in all forms as a model. For the other verbs, only the principal parts are given.

INFINITIVE **ſich ſeßen,** to sit down

PRESENT

ich	ſeße mich	I sit down	Seße ich mich?	Do I sit down?
du	ſeßt dich	you sit down	Ich ſeße mich nicht.	I don't sit down.
er		he	PAST Ich ſeßte mich.	I sat down.
ſie	ſeßt ſich	she } sits down		
es		it	PERF. Ich habe mich geſeßt.	I sat down.
wir	ſeßen uns	we sit down		
ihr	ſeßt euch	you sit down	*Pol. Sing. and Pl.* Sie ſeßen ſich.	You sit down.
ſie	ſeßen ſich	they sit down		

IMPERATIVE FORMS (COMMANDS)

Familiar Sing.	ſeße dich!	
Familiar Pl.	ſeßt euch!	} sit down!
Pol. Sing. and Pl.	ſeßen Sie ſich!	

INFIN.	fich bewegen, to move		fich erfälten, to catch cold
PRES.	er bewegt fich		er erfältet fich
PAST	er bewegte fich		er erfältete fich
PERF.	er hat fich bewegt		er hat fich erfältet
IMP.	bewege dich!		erfälte dich nicht!
	bewegt euch!		erfältet euch nicht!
	bewegen Sie fich!		erfälten Sie fich nicht!

INFIN.	fich freuen, to rejoice		fich fürchten, to be afraid
PRES.	er freut fich		er fürchtet fich
PAST	er freute fich		er fürchtete fich
PERF.	er hat fich gefreut		er hat fich gefürchtet
IMP.	freue dich!		fürchte dich!
	freut euch!		fürchtet euch!
	freuen Sie fich!		fürchten Sie fich!

INFIN.	fich legen, to lie down		fich fchämen, to be ashamed
PRES.	er legt fich		er fchämt fich
PAST	er legte fich		er fchämte fich
PERF.	er hat fich gelegt		er hat fich gefchämt
IMP.	lege dich!		fchäme dich!
	legt euch!		fchämt euch!
	legen Sie fich!		fchämen Sie fich!

INFIN.	fich ftellen, to stand		fich vergnügen, to enjoy oneself
PRES.	er ftellt fich		er vergnügt fich
PAST	er ftellte fich		er vergnügte fich
PERF.	er hat fich geftellt		er hat fich vergnügt
IMP.	ftelle dich!		vergnüge dich!
	ftellt euch!		vergnügt euch!
	ftellen Sie fich!		vergnügen Sie fich!

The reflexive verbs fich kämmen, fich wafchen, and fich putzen follow the regular pattern of the verbs above, except when an object appears in the sentence. This object is in the accusative case, and the reflexive pronoun is replaced by a dative pronoun indicating possession. Note the following contrasting examples:

Ich kämme mich.	*but*	Ich kämme mir die Haare.	
Ich habe mich gekämmt.	*but*	Ich habe mir die Haare gekämmt.	
Du kämmft dich.	*but*	Du kämmft dir die Haare.	
Du haft dich gekämmt.	*but*	Du haft dir die Haare gekämmt.	
Kämm(e) dich!	*but*	Kämm(e) dir die Haare!	
Ich wafche mich.	*but*	Ich wafche mir die Hände.	
Ich habe mich gewafchen.	*but*	Ich habe mir die Hände gewafchen.	
Du wäfchft dich.	*but*	Du wäfchft dir die Hände.	
Du haft dich gewafchen.	*but*	Du haft dir die Hände gewafchen.	
Wafch(e) dich!	*but*	Wafch(e) dir die Hände!	

Übungen

I. Recite the forms of the preceding reflexive verbs and give the English meaning of each form.

II. Supply the reflexive or dative pronoun in each sentence below:

1. Wir setzen ——. 2. Warum setzt ihr —— nicht? 3. Hast du —— gewaschen? 4. Hast du —— den Kopf gewaschen? 5. Hast du —— die Haare gekämmt? 6. Ja, ich habe —— schon gekämmt. 7. Warum bewegst du —— nicht? 8. Ich habe —— erkältet. 9. Lege —— ins Bett! 10. Ich schäme —— sehr.

III. Supply the correct form of the verb as indicated:

1. Wir (*have*) uns sehr (*enjoyed*). 2. (*Have*) du dich darauf (*rejoiced*)? 3. Ich (*have*) mich (*seated*). 4. Die Kinder (*have*) sich vor uns (*stood*). 5. Sie (*have*) sich vor dem Hund (*feared*). 6. „(*Shame*) euch!" habe ich gerufen. 7. Das Tier (*has*) sich ruhig auf den Boden (*laid*). 8. Es (*has*) sich die Zähne mit der Zunge (*cleaned*). 9. Kinder, (*fear*) euch nicht!

D. GRAMMAR NOTES

1. *The Perfect Tense* (*Compound Past*). The following examples show you how the perfect tense is formed in German:

AUXILIARY		PAST PART.
Ich habe	endlich eine Rheinfahrt	gemacht.
Wir haben	viele Städte	gesehen.
Die Reisenden haben	ihre Kameras	geöffnet.

Why is the perfect tense called a *compound tense?* Which verb is used as the auxiliary? What is the tense of this verb? What is the name of the second verb form in the perfect tense? What prefix does each past participle have? What is the position of the past participle in the sentence?

SUMMARY: The perfect tense (compound past) is formed by the present tense of the auxiliary haben, plus the past participle of the verb being used. Other words in the sentence follow the auxiliary, and the past participle is delayed until the end. A complete model of the perfect tense follows:

	SINGULAR		PLURAL
1.	Ich habe es gesehen.		Wir haben es gesehen.
2.	Du hast es gesehen.		Ihr habt es gesehen.
3.	Er Sie } hat es gesehen. Es		Sie haben es gesehen.

2. *The Past Participle.* Study the past participles in the sentences below. Note how they differ.

a) Regular Verbs   Wir haben Aufnahmen **gemacht.**
　　　　　　　　　Vom Baedeker haben wir vieles **gelernt.**

b) Irregular Verbs   Wir haben einen Felsen **gesehen.**
　　　　　　　　　Wir haben mit den Reisenden **gesprochen.**

c) Prefix Verbs   Ich habe diesen Ort **besucht.**
　　(be, er, ver)   Ich habe Dir noch nicht alles **erzählt!**
　　　　　　　　　Ich habe Dich nicht **vergessen!**

What is the ending of the past participle of regular verbs? of irregular verbs? What happens to the prefix ge– if the verb already has a prefix such as be–, er–, or ver–?

PAST PARTICIPLE

SUMMARY: *a*) Regular Verbs   ge——(e)t
　　　　　b) Irregular Verbs   ge——(e)n
　　　　　c) Prefix Verbs   prefix——(e)t (if regular)
　　　　　　　　　　　　　　prefix——(e)n (if irregular)

The tabulation below will show you how to form the past participle of the regular verbs in this lesson. Note that the connecting –e– is used when the stem ends in t or n (except lernen — gelernt).

INFIN.	STEM	PAST PART.
haben	hab–	gehabt
hören	hör–	gehört
lernen	lern–	gelernt
machen	mach–	gemacht
öffnen	öffn–	geöffnet
regnen	regn–	geregnet
warten	wart–	gewartet

Übung

Give the past participles of the following regular verbs:

lehren	legen	fragen	arbeiten	wohnen
setzen	antworten	zeigen	kaufen	zählen
stellen	lachen	reden	lieben	frühstücken

3. *The Past Participle of Irregular Verbs — Principal Parts of the Verb.* Because of vowel changes, it is impossible to predict what the past participle of an irregular verb will be. All you can tell in advance is that the ending of the past participle will always be –(e)n. Therefore you must memorize those forms of the irregular verb that will tell you the vowel changes. These forms are known as the *principal parts of the verb.*

INFIN.	PRESENT	PAST	PERFECT	IMPERATIVE
essen	er ißt	er aß	er hat gegessen	iß!
finden	er findet	er fand	er hat gefunden	finde!
lesen	er liest	er las	er hat gelesen	lies!
nehmen	er nimmt	er nahm	er hat genommen	nimm!
rufen	er ruft	er rief	er hat gerufen	rufe!
sehen	er sieht	er sah	er hat gesehen	sieh!
singen	er singt	er sang	er hat gesungen	singe!
sprechen	er spricht	er sprach	er hat gesprochen	sprich!
trinken	er trinkt	er trank	er hat getrunken	trinke!
tun	er tut	er tat	er hat getan	tue!

Übung

Supply the past participle of the verb in parentheses:

1. Hast du es (nehmen)? 2. Nein, ich habe es nicht (sehen). 3. Wer hat mit dir (sprechen)? 4. Niemand. Ich habe nur laut (lesen). 5. Warum hat Hans (rufen)? 6. Er hat das nicht (tun). 7. Wir haben nur laut (singen). 8. Ich habe das Brot und die Milch auf dem Tisch (finden). 9. Ihr habt das Brot nicht (essen) und die Milch nicht (trinken).

4. *Principal Parts of Prefix Verbs.* The prefixes be–, er–, ge–, and ver– are called *inseparable prefixes* because they are never separated from the verbs with which they are used. Hence they will always occur in every form of the verb which has them. Note also that they do not take the customary prefix

ge– in the past participle. The past participle of verbs with such prefixes will end either in –(e)t or –(e)n, depending on whether the verb is regular or irregular.

INFIN.	PRESENT	PAST	PERFECT	IMPERATIVE
beſuchen	er beſucht	er beſuchte	er hat beſucht	beſuche!
erzählen	er erzählt	er erzählte	er hat erzählt	erzähle!
gehören	es gehört	es gehörte	es hat gehört	gehöre!
vergeſſen	er vergißt	er vergaß	er hat vergeſſen	vergiß!

5. *Principal Parts of Reflexive Verbs.* Note the position of the reflexive pronoun in the various forms and tenses of reflexive verbs.

INFIN.	PRESENT	PAST	PERFECT	IMPERATIVE
ſich bewegen	er bewegt ſich	er bewegte ſich	er hat ſich bewegt	bewege dich!
ſich freuen	er freut ſich	er freute ſich	er hat ſich gefreut	freue dich!
ſich ſchämen	er ſchämt ſich	er ſchämte ſich	er hat ſich geſchämt	ſchäme dich!
ſich ſetzen	er ſetzt ſich	er ſetzte ſich	er hat ſich geſetzt	ſetze dich!

Übung

Give the principal parts of the following verbs:

verkaufen	verdienen	begleiten	ſich ſtellen
beobachten	erwidern	beſtimmen	bezahlen
beantworten	ſich erkälten	ſich ſetzen	vergeſſen

6. *The Past Perfect Tense.* The formation of the past perfect tense in German is quite simple after you have learned the perfect tense. All you have to do is to use the past tense of the auxiliary haben.

PERFECT	PAST PERFECT
ich habe gehört	ich hatte gehört
du haſt vergeſſen	du hatteſt vergeſſen
er hat gehabt	er hatte gehabt
es hat geregnet	es hatte geregnet
wir haben geleſen	wir hatten geleſen
ihr habt geſprochen	ihr hattet geſprochen
ſie haben geſungen	ſie hatten geſungen

7. *The Meaning of the Past Tenses.* The past, the perfect, and
the past perfect tenses are all *past* tenses, that is, they
indicate that the idea of the verb occurred in the past or
refers to the past.

a) The *past tense* is used in connected statements about the
past. It is the tense usually used in narratives and
stories.

> *Ex.* Zu dieſer Zeit wohnte ich mit meinen Eltern in Berlin.
> Ich war erſt vier Jahre alt und ging noch nicht zur Schule.

The past tense is also used to indicate a continuous action in
the past.

> *Ex.* Es regnete. It was raining.

b) The *perfect tense* is generally used in conversation about
the past.

> *Ex.* Auf der Fahrt haben wir Lieder geſungen.

This tense is translated by the simple past in English.

Ex. We *sang* songs on the trip.

CAUTION: Do not use the English perfect tense to translate the
German perfect tense! It is incorrect English to say, "We
have sung songs on the trip." English uses the perfect tense
to indicate an idea begun in the past and still continuing in the
present. In such instances the Germans use ſeit or ſchon
with the *present* tense.

> *Ex.* Wie lange wohnen Sie ſchon hier? How long *have* you *been
> living* here?
> Seit wann ſind Sie hier? Since when *have* you *been* here?
> Ich bin ſeit vier Jahren hier. I *have been* here for four years.

c) The *past perfect tense* (e.g., es hatte geregnet) differs sharply
from the other past tenses in that it indicates an idea *prior
to* or *preceding* another idea mentioned in the past. Thus,
of two ideas, both in the past, the one which came first is
expressed by the past perfect tense.

Ex. Vorgeſtern **hatte** es **geregnet,** aber geſtern war das Wetter
herrlich. The day before yesterday it had rained, but
yesterday the weather was splendid.

What happened the day before yesterday (vorgeſtern) ob-
viously preceded what happened yesterday (geſtern), and is expressed in the past perfect tense.

Aufgaben

I. Supply the correct form of the auxiliary **haben:** (*a*) for the perfect
tense, and (*b*) for the past perfect tense:

1. Es —— vorgeſtern geregnet. 2. Geſtern —— ich einfach keine
Minute gehabt. 3. Wir —— dich nicht vergeſſen. 4. —— du meinen
Brief geleſen? 5. Ihr —— wohl auch eine Rheinfahrt gemacht. 6. ——
dein Vater ſchon einmal den Lorelei=Felſen geſehen? 7. Mein Bruder
und ich —— dieſen Ort beſucht. 8. Unſere Freunde —— Aufnahmen
gemacht. 9. —— ihr einmal Aufnahmen von den Ufern des Rheins
gemacht? 10. —— deine Eltern unſere Aufnahmen geſehen?

II. Supply the correct past participle of the verb in parentheses:

1. Zuerſt haben wir den Dampfer in Düſſeldorf (nehmen). 2. Die
Rheinfahrt haben wir bis nach Mainz (machen). 3. Wir haben viele Berge
und Schlöſſer (ſehen). 4. Zu Mittag haben wir (eſſen) und (trinken).
5. Mein Bruder und ich haben mit den Reiſenden (ſprechen). 6. Ich habe
mich (ſchämen), ſo wenig zu wiſſen. 7. Was haben die Reiſenden (rufen)?
8. Ich hatte lange darauf (warten). 9. Manche haben ihre Kameras
(öffnen). 10. Wir haben das auch (tun). 11. Dann hat einer die Sage
vom Lorelei=Felſen (erzählen). 12. Ich habe das Lied auch (ſingen) und
habe es, wie immer, ſchön (finden). 13. Meine Eltern hatten dieſen Ort
ſchon (beſuchen). 14. Sie haben oft davon (ſprechen). 15. Seitdem haben
ſie es nie (vergeſſen).

III. Change each sentence: (*a*) to the past tense, (*b*) to the perfect
tense, and (*c*) to the past perfect tense:

A. 1. Vom Baedeker lernen wir manches. 2. Man erzählt viele Sagen vom
Rhein. 3. Lieſt du oft ſolche Sagen? 4. Nein, ich leſe nur die Zeitung.
5. Ich finde aber Reiſegeſchichten ſehr intereſſant. 6. Dann beſuche
ich viele Städte. 7. Ich ſpreche über dies und jenes mit den Reiſenden.

Cologne and its famous cathedral. The most perfect example of Gothic architecture is the beautiful cathedral of Cologne (Köln) on the Rhine. Its crypt is said to contain the remains of the Three Wise Men of the East. The name of the city has become universally known because it designates the perfume manufactured there — cologne.

8. Tust du das auch? 9. Nein, mein Bruder und ich vergnügen uns mit dem Radio. 10. Da hört ihr wohl auch Reisegeschichten. B. 1. Wir haben in unserer Familie wenig Geld. 2. Im Sommer mache ich keine Reisen. 3. In Reisebüchern aber lesen mein Bruder und ich vieles über Deutschland. 4. Manchmal regnet es und ich habe viel Zeit. 5. Ich nehme dann mein Buch. 6. Gewöhnlich lese ich eine Reisegeschichte. 7. Hast du Reisegeschichten auch gern? 8. Meine Schwestern lesen lieber Liebesgeschichten. 9. Sie sprechen immer davon. 10. Sie freuen sich sehr darüber.

IV. Übersetzen Sie ins Deutsche:

A TRIP ON THE RHINE

1. At last we *have taken a trip on the Rhine!* 2. My brother and I had waited for this day. 3. In the morning it had rained. 4. In spite of the rain we took the steamer at ——. 5. Later the weather was fine. 6. *On the trip* we spoke with the travelers. 7. At a place *near* the town of —— we saw the Lorelei Rock. 8. Many of the travelers *took pictures.* 9. Then we all sang Heinrich Heine's song, "——." 10. We enjoyed ourselves *from beginning to end.*

LESESTÜCK SIEBENUNDZWANZIG

DER KÖLNER DOM [1]

Am Rhein steht die alte Stadt Köln, berühmt wegen des Kölnischen Wassers [2] und weil [3] dort ein wunderbarer Dom ist. Dieser Dom ist 700 Jahre alt.

Es hat lange gedauert, den Dom zu bauen.[4]
Eines Morgens im Frühling hat der Baumeister [5] davor gestanden [6] und hat sich über die Arbeit gefreut. Da hat sich ein Fremder [7] vor ihn gestellt und hat gesagt: „Das dauert aber noch viele Jahre, bevor der Dom fertig ist."

„O, doch nicht so lange," hat der Baumeister geantwortet.

„Nun, ich wette,[8] ich kann einen Kanal von

[1] cathedral

[2] eau de cologne (*toilet water*) [3] because

[4] build

[5] architect

[6] stood

[7] stranger

[8] bet

Trier nach Köln bauen, bevor der Dom fertig ist."

Die zwei machen eine Wette und der Baumeister verspricht [9] dem Fremden seine Seele,[10] wenn er verliert. Der Baumeister lacht, denn kein Mensch kann so schnell einen Kanal bauen.

Den ganzen Sommer hat der Baumeister an dem Dom gearbeitet. Eines Morgens im Herbst hat er auf dem Turm gestanden und Enten [11] gehört. Er hat hinunter geschaut und hat einen Kanal neben dem Dom gesehen. Auf dem Wasser waren drei Enten.

Da weiß der Baumeister, daß er die Wette verloren [12] hat. Der Fremde war der Teufel und er will jetzt seine Seele haben. Also springt der Baumeister vom Turm in den Kanal, denn der Teufel soll ihn nicht lebendig haben. Im gleichen Moment schlägt Blitz [13] in sein Haus ein und verbrennt die Pläne.[14] Der Dom bleibt Hunderte von Jahren unvollendet. So erzählt die Sage.

[9] promises [10] soul

[11] ducks

[12] lost

[13] lightning
[14] plans

28

Lektion Achtundzwanzig

Der Faulpelz *

A. Erster Teil

Gestern abend war ich spät zu Bett gegangen.[1] Ich war müde gewesen[2] und war nach einigen Minuten eingeschlafen.[3] Ich hatte kaum[4] sechs Stunden geschlafen, da bin ich plötzlich aufgewacht,[5] zitternd vor Kälte.[6] Die Decke[7] war auf den Boden gefallen. Es war Winter und die Luft im Zimmer war sehr kalt geworden.[8] So habe ich die Decke wieder über mich gezogen[9] und bin noch eine Weile im Bett geblieben.

Um acht Uhr ist die Mutter in mein Zimmer gekommen. Sie ist ans Bett getreten, um mich aufzuwecken.[10] „Aufstehen! Aufstehen! Faulpelz!" hat sie gesagt.

„Ich stehe gleich[11] auf," habe ich schläfrig geantwortet und sie ist wieder aus dem Zimmer gegangen. Ich

* Lazybones.

[1] had gone
[2] had been
[3] fallen asleep
[4] hardly
[5] awakened
[6] shivering with cold   [7] blanket
[8] had become
[9] pulled
[10] in order to wake me up
[11] right away

bin aber nicht gleich aufgestanden, denn ich war wieder
schläfrig geworden.

Zehn Minuten sind vergangen und die Mutter ist
wieder an die Tür gekommen. „Kommst du bald,
Günther?" hat sie geduldig[12] gefragt. „Vater ist   [12] patiently
schon in die Stadt gefahren."

„Ich komme gleich," habe ich gesagt. Dann bin ich
aber wieder eingeschlafen.

Vokabeln

NOUNS

der Faulpelz, –es, –e lazybones

die Decke, –n blanket, cover

die Kälte, –n cold

OTHER WORDS

ge='duldig patient(ly)

gleich right away, at once, immediately

kaum hardly, scarcely

zitternd shivering

PAST PARTICIPLES

aufgestanden arisen
aufgewacht awakened
eingeschlafen fallen asleep
geblieben remained
gegangen gone
gewesen been
geworden become
gezogen pulled
vergangen gone by

VERBS

aufstehen to get up, arise
  Pres. er steht ... auf
  Past er stand ... auf
  Perf. er ist ... aufgestanden

aufwachen to awaken (*by oneself*)
  Pres. er wacht ... auf
  Past er wachte ... auf
  Perf. er ist ... aufgewacht

aufwecken to wake up (*someone*)
  Pres. sie weckt mich ... auf
  Past sie weckte mich ... auf
  Perf. sie hat mich ... aufgeweckt

einschlafen to fall asleep
  Pres. er schläft ... ein
  Past er schlief ... ein
  Perf. er ist ... eingeschlafen

fallen to fall
  Pres. er fällt
  Past er fiel
  Perf. er ist ... gefallen

PHRASES

gestern abend last evening
um mich aufzuwecken in order to
  wake me up
zitternd vor Kälte shivering with
  cold

Fragen

1. Wann war ich gestern abend zu Bett gegangen? 2. Warum war ich so schnell eingeschlafen? 3. Wie lange hatte ich geschlafen? 4. Wie bin ich plötzlich aufge= wacht? 5. Warum war es mir so kalt geworden? 6. Wer ist in mein Zimmer gekommen? 7. Warum ist sie ans Bett getreten? 8. Was hat sie gesagt? 9. Warum bin ich auch diesmal nicht aufgestanden? 10. Warum bin ich nicht gleich gekommen?

B. Zweiter Teil

Nach zehn Minuten war die Mutter ungeduldig ge= worden. Sie ist ins Zimmer geeilt und hat gerufen: „Jetzt habe ich die Geduld [1] verloren! Zweimal habe ich dich schon geweckt und jedesmal bist du wieder einge= schlafen! Schäme dich, du Faulpelz!"

Da bin ich schnell aus dem Bett gesprungen. Es war so kalt im Zimmer, ich bin beinahe [2] auf den Boden gefallen. Dann bin ich ins Badezimmer [3] ge= laufen. Dort habe ich mich schnell gewaschen und ge= kleidet.[4] Endlich bin ich ins Eßzimmer gegangen. Mutter hat mir das Frühstück gegeben und hat gesagt: „Warum bist du nicht früher [5] aufgestanden? Heute morgen kommst du sicher zu spät!"

„O nein, Mutter, ich komme nicht zu spät," habe ich lächelnd [6] geantwortet.

Da hat Mutter ungeduldig gefragt: „Wie kannst du denn rechtzeitig in die Schule kommen? Es ist ja [7] schon neun Uhr!"

Da habe ich lachend [8] geantwortet: „Ich habe heute morgen keine Schule! Das Gebäude [9] ist geschlossen,[10] denn sie wollen Kohlen sparen!" [11]

„Na, so was!" [12] hat die Mutter gesagt.

[1] patience

[2] nearly
[3] bathroom

[4] dressed

[5] earlier

[6] smiling(ly)

[7] indeed

[8] laughing(ly)
[9] building [10] closed
[11] save
[12] Well, of all things!

Vokabeln

NOUNS

die **Ge='duld** patience
die **Kohle, -n** coal

das **Badezimmer, -s, —,** bathroom
das **Ge='bäude, -s, —,** building

ADJECTIVES AND ADVERBS	VERBS

ADJECTIVES AND ADVERBS

bei='nahe nearly, almost
früher earlier, sooner
ge='schloffen closed
ja indeed, why
jedesmal each (every) time
lächelnd smiling(ly)
lachend laughing(ly)
'unge='duldig impatient(ly)

VERBS

sich kleiden to dress oneself
Pres. er kleidet sich
Past er kleidete sich
Perf. er hat sich ... gekleidet
sparen to save
Pres. er spart
Past er sparte
Perf. er hat ... gespart

PHRASES

heute morgen this morning
Na, so was! Well, of all things!

OPPOSITES

aufstehen — zu Bett gehen
aufwachen — einschlafen
geduldig — ungeduldig
gleich — später
heute morgen — gestern abend

Fragen

1. Wie war die Mutter geworden? 2. Wohin ist sie geeilt? 3. Was hat die Mutter verloren? 4. Wievielmal hat sie mich schon geweckt? 5. Was habe ich jedesmal wieder getan? 6. Woraus bin ich gesprungen? 7. Wohin bin ich gelaufen? 8. Was habe ich dort getan? 9. Was hat die Mutter im Eßzimmer gesagt? 10. Warum habe ich heute morgen keine Schule?

C. Vocabulary Notes

The Present Participle. The examples below show you the present participle of the verb in both English and German.

> Then I answered, *laughing* . . .
> Da habe ich lachend geantwortet . . .

From these examples you can see that the present participle of the English verb ends in *–ing*. The German equivalent is recognized by the final –d tacked on to the infinitive. Further examples in German are:

INFIN.	PRES. PART.	ENG. MEANING
atmen	atmend	breathing
folgen	folgend	following
fragen	fragend	questioning
klopfen	klopfend	beating, knocking
lächeln	lächelnd	smiling

Übung

For each of the following verbs give the present participle and its English meaning:

rufen	treten	wiederholen
sprechen	vergessen	zittern

Present participles are used either as adjectives or adverbs. Sometimes there is no proper English equivalent in *–ing* for the German present participle. In such instances we use an English adjective or adverb that conveys approximately the same meaning as the German present participle. Study the English meanings of the participles below.

PRES. PART.	ENG. MEANING
dauernd	constant(ly)
fließend	fluent(ly)
schweigend	silent(ly)
sich schämend	ashamed

Übungen

I. Give the English meaning of each word or phrase in heavy black type in the story below.

II. Read the story silently, without translating, and then retell it in your own words in English.

Der Mensch ist ein vergeßliches Tier

Heinrich war ein fleißiger aber nicht sehr kluger Schüler. Abends blieb er **dauernd** bei seinen Büchern und machte seine Schularbeiten. Nachmittags spielte er Ball. Auf dem Spielplatz war seine Stimme immer **laut und froh rufend.** Ja, mit seinen Schulkameraden sprach er schnell und **fließend,** aber in der Klasse war die Sache ganz anders. Da vergaß er immer, was er zu Hause gelernt hatte, denn er wurde sehr nervös, wenn der Lehrer ihn etwas fragte. Dann stand der Heinrich **mit klopfendem Herzen** auf und, **schwer atmend,** antwortete er gewöhnlich **mit zitternder Stimme:** „Ich — ich — ich weiß nicht, Herr Lehrer." Oder manchmal stand er gar nicht auf, sondern blieb **schweigend, sich tief schämend,** da sitzen. Und der Lehrer sagte dann immer: „Ach, Heinrich, wie kannst du so dumm sein?"

Eines Tages aber wurde der Heinrich plötzlich klug. Wie kam das? Nun, einige von uns hatten ihn während der Mittagspause ein paar kluge Antworten gelehrt. Später faßen wir in der Klaſſe, **kaum atmend,** und hörten **das** folgende Geſpräch:

Der Lehrer: Heinrich, warum vergißt du alles ſo ſchnell?

Heinrich (lächelnd): Ich habe nichts vergeſſen, Herr Lehrer!

Der Lehrer (dem Heinrich näher tretend): Wie kann das ſein, wenn du keine Frage beantworten kannſt?

Heinrich (in fragendem Ton): Sie haben uns geſtern geſagt: „Der Menſch iſt ein vergeßliches Tier."

Der Lehrer (ungeduldig): Ja, ja, das habe ich geſagt. Was nun?

Heinrich (ruhig weiter ſprechend): Sie haben auch geſagt: „Wir vergeſſen mehr als wir lernen."

Der Lehrer: Ganz richtig! Das habe ich beſonders für dich geſagt!

Heinrich: Wozu ſoll ich denn lernen, wenn ich alles gleich vergeſſe? Alſo habe ich nichts gelernt! Nun, ſagen Sie mir, Herr Lehrer, wie kann ich etwas vergeſſen, wenn ich nichts gelernt habe?

Der Lehrer: Ach, Heinrich, wie kannſt du ſo dumm ſein?

Heinrich (wie ein Papagei wiederholend): Das iſt leicht, Herr Lehrer. Ich wiederhole nur, was Sie geſagt haben!

D. Grammar Notes

1. *The Perfect Tenses with* ſein. The following examples from this lesson show you that not all German verbs use a form of haben as the auxiliary for the perfect tenses.

> Da bin ich ſchnell aus dem Bett **geſprungen.**
> Warum biſt du nicht früher **aufgeſtanden?**
> Vater iſt ſchon in die Stadt **gefahren.**

English always uses a form of the verb *have* as the auxiliary of the perfect tenses. In German, however, a form of the verb ſein (*to be*) is used for the perfect tenses of certain verbs. Since this differs from English usage, we must make a special study of such German verbs.

2. *When to Use* ſein *as an Auxiliary.* A few typical examples of verbs with ſein will help you formulate a rule about the use of ſein as an auxiliary.

GROUP A

Ich bin ins Eßzimmer gegangen.	(*a*) Verbs indicate a *change of*
Die Decke ist auf den Boden gefallen.	*place* and (*b*) have *no object*
Die Mutter ist in mein Zimmer ge= kommen.	

GROUP B

Da bin ich plötzlich aufgewacht.	(*a*) Verbs indicate a *change of*
Die Luft ist kalt geworden.	*condition* and (*b*) have *no object*
Da bin ich wieder eingeschlafen.	

What change of place is indicated by each of the verbs in Group A? Note that each phrase in Group A: ins Eßzimmer, auf den Boden, in mein Zimmer, merely indicates the *destination* of the subject, but is *not the direct object* of the verb. Verbs like gehen, fallen, and kommen take no object in German. Such verbs are called *intransitive* because *they do not transmit* any action to an object.

What is the change of condition indicated by each of the verbs in Group B? Why can all the verbs in Group B be called *intransitive* verbs?

RULE: *In German, verbs which are (a) intransitive and (b) which indicate a change of place or condition use* sein *as the auxiliary in the perfect tenses.*

NOTE: Verbs must comply with both specifications (*a*) and (*b*) of this rule. If they comply with only one specification, they will take haben as an auxiliary.

> *Ex.* Ich hatte kaum sechs Stunden geschlafen. (The verb schlafen is intransitive, but does not indicate any change of place or condition.)

> *Ex.* Ich habe die Decke über mich gezogen. (The verb ziehen indicates a change of place, but in this sentence it is transitive, i.e., it has a direct object.)

Compare: A. Ich habe geschlafen. — Ich habe gestanden.

               B. Ich bin eingeschlafen. — Ich bin aufgestanden.

Explain why haben is used in A, and sein in B.

Übung

Tell whether you would use haben or fein as the auxiliary for each of the following verbs. Explain each choice.

laufen	kaufen	springen	schlagen
machen	fingen	steigen	einschlafen
eilen	treten	stellen	schlafen
aufwecken	aufwachen	sparen	wandern

3. **Bleiben** *and* **fein.** The verbs bleiben and fein do not follow (*a*) and (*b*) of the foregoing rule, but nevertheless they take fein as an auxiliary, as shown in the principal parts below:

INFIN.	PRESENT	PAST	PERFECT	IMPERATIVE
bleiben	er bleibt	er blieb	er ift geblieben	bleibe!
fein	er ift	er war	er ift gewefen	fei!

Ex. Ich bin noch eine Weile im Bett geblieben.
Ich war müde gewefen.

4. *The Perfect and Past Perfect with* **fein.** The perfect and past perfect tenses of verbs with fein are formed according to the same principle as the perfect tenses with haben.

For the *perfect tense*, use the present tense of fein plus the past participle of the verb in question.

Ex. Ich bin fpät zu Bett gegangen.

For the *past perfect tense*, use the past tense of fein plus the past participle of the verb in question.

Ex. Ich war fpät zu Bett gegangen.

Übung

Supply first the present and then the past tense of the auxiliary fein in each of the following sentences:

1. Ich —— fpät zu Bett gegangen. 2. Du —— müde gewefen. 3. —— er bald eingeschlafen? 4. Warum —— wir fo schnell aufgewacht? 5. Das Zimmer —— kalt geworden. 6. Unfere Decken —— auf den Boden gefallen. 7. —— ihr im Bett geblieben?

5. *Principal Parts of Verbs with* ſein. The following list contains all of the verbs requiring the auxiliary ſein that have occurred so far:

INFINITIVE	PRESENT	PAST	PERFECT	IMPERATIVE
aufſtehen	er ſteht auf	ſtand auf	iſt aufgeſtanden	ſtehe auf!
aufwachen	er wacht auf	wachte auf	iſt aufgewacht	wache auf!
bleiben	er bleibt	blieb	iſt geblieben	bleibe!
eilen	er eilt	eilte	iſt geeilt	eile!
einſchlafen	er ſchläft ein	ſchlief ein	iſt eingeſchlafen	ſchlafe ein!
fahren	er fährt	fuhr	iſt gefahren	fahre!
fallen	er fällt	fiel	iſt gefallen	falle!
fliegen	er fliegt	flog	iſt geflogen	fliege!
fließen	er fließt	floß	iſt gefloſſen	fließe!
folgen	er folgt	folgte	iſt gefolgt	folge!
gehen	er geht	ging	iſt gegangen	gehe!
kommen	er kommt	kam	iſt gekommen	komme!
laufen	er läuft	lief	iſt gelaufen	laufe!
reiſen	er reiſt	reiſte	iſt gereiſt	reiſe!
rennen	er rennt	rannte	iſt gerannt	renne!
ſchwimmen	er ſchwimmt	ſchwamm	iſt geſchwommen	ſchwimme!
ſein	er iſt	war	iſt geweſen	ſei!
ſpringen	er ſpringt	ſprang	iſt geſprungen	ſpringe!
ſteigen	er ſteigt	ſtieg	iſt geſtiegen	ſteige!
ſterben	er ſtirbt	ſtarb	iſt geſtorben	ſtirb!
treten	er tritt	trat	iſt getreten	tritt!
vergehen	er vergeht	verging	iſt vergangen	vergehe!
verſchwinden	er verſchwindet	verſchwand	iſt verſchwunden	verſchwinde!
wandern	er wandert	wanderte	iſt gewandert	wandere!
werden	er wird	wurde	iſt geworden	werde!

Aufgaben

I. Supply the correct form of the auxiliary ſein: (*a*) in the present, and (*b*) in the past:

1. Mutter —— ins Zimmer gekommen. 2. Ich —— plötzlich aufge=
wacht. 3. Das Fenster —— offen geblieben. 4. Den Kindern —— kalt
geworden. 5. Kinder, ihr —— zu ſpät zu Bett gegangen! 6. Wir ——
nicht müde geweſen. 7. —— du bald auch eingeſchlafen? 8. Nein, ich
—— nicht gleich eingeſchlafen und —— darum lange im Bett geblieben.
9. Wer —— ans Bett getreten, um uns aufzuwecken? 10. Mutter, ——
du ungeduldig geworden?

II. Give the past participle of each verb in parentheses:

A. 1. Ich bin aus dem Bett (ſpringen). 2. Dann bin ich ins Badezimmer
(laufen). 3. Mutter iſt ins Zimmer (kommen). 4. Sie iſt ans Bett

(gehen). 5. Ich bin aber nicht mehr da (sein). 6. Ich war schon (aufwachen) und dann gleich (aufstehen). 7. Mutter ist ungeduldig (werden), denn die Decke war auf den Boden (fallen) und die Fenster waren offen (bleiben). 8. Ich war ins Eßzimmer (eilen). 9. Ich bin nicht lange am Tisch (bleiben). 10. Kaum fünfzehn Minuten waren (vergehen). 11. Vater war schon in die Stadt (fahren). 12. Dann bin ich auch an die Tür (treten) und gleich zur Schule (gehen).

B. 1. Die Tiere waren nach Bremen (wandern). 2. In einem Walde sind sie zu einem Hause (kommen). 3. Der Hahn ist aufs Dach (fliegen). 4. Die Katze ist über den Zaun in den Garten (springen). 5. Der Esel ist auf die Treppe (steigen). 6. Der Hund ist draußen (bleiben). 7. Die Tiere sind hungrig (sein). 8. Die Leute im Hause waren ängst= lich (werden). 9. Sie sind schnell vom Tisch (aufstehen) und aus dem Haus (laufen). 10. Die Tiere sind ihnen nicht (folgen), sondern sind ins Haus (rennen).

III. Change each of the following sentences to: (*a*) the past, (*b*) the perfect, and (*c*) the past perfect tense. In each instance you must decide whether the verb takes haben or sein as the auxiliary.

1. Mein Bruder kommt ins Zimmer. 2. Da ist es sehr kalt, denn die Fenster sind offen. 3. Ich schlafe sehr ruhig. 4. Er wird plötzlich unge= duldig. 5. „Warum bleibt der Faulpelz so lange im Bett?" fragt er sich. 6. Zuerst tut er nichts, sondern steht nur da. 7. Ein paar Minuten ver= gehen, dann geht er zum Fenster und schließt es. 8. Ich bleibe noch im Bett und endlich verliert er die Geduld. 9. Also tritt er ans Bett und weckt mich auf. 10. Ich bin so erstaunt, ich springe aus dem Bett und falle mit der Decke auf den Boden.

IV. Übersetzen Sie ins Deutsche:

HOW IS IT POSSIBLE?

1. *This morning* Father came into Peter's room and said, "Get up, lazybones! It is seven o'clock!" 2. Peter had not yet awakened because *last evening* he had gone to bed very late. 3. He had im- mediately fallen asleep because he had been very tired. 4. He had been in bed scarcely seven hours and was still sleepy. 5. "I haven't slept eight hours yet," he said impatiently. 6. "That's nothing," Father answered, "I went to bed at one and awoke at five!" 7. "You have slept only four hours! Aren't you sleepy?" asked

Peter. 8. "No," answered Father, "in my four hours I have slept eight hours!" 9. "How is it possible?" asked Peter, astonished. 10. "It's easy!" Father said, laughing. "I breathe twice as fast as you!"

LESESTÜCK ACHTUNDZWANZIG

SIEGFRIED

Eines Tages ist der junge Siegfried in den Wald gelaufen. Er ist mit den Hasen[1] ge-   [1] rabbits
sprungen und hat mit den Vögeln gesungen.

Als es Abend wurde, ist er hungrig geworden. Da ist er an ein kleines Haus gekommen. Es war eine Schmiede.[2] Darin war ein Feuer und   [2] smithy
der Schmied stand davor.

„Brauchen Sie einen Arbeiter?" hat Siegfried gefragt.

„Du bist ja nur ein Knabe, aber du siehst gesund und stark aus," hat der Schmied gesagt. „Du kannst hier bleiben." Da ist Siegfried bei dem Schmied geblieben.

Am nächsten Morgen, nach dem Frühstück, ist Siegfried mit dem Schmied an das Feuer getreten. Der Schmied hat ihm einen Hammer gegeben. Siegfried hat damit mit solcher Kraft auf das Eisen[3] geschlagen, daß es in Stücke   [3] iron
gebrochen ist. Da ist der Schmied zornig geworden. Er hat gesagt: „Gehe mal in den Wald, bei der Linde,[4] und hole einen Sack   [4] linden tree
Kohlen." Der Schmied wußte, daß dort ein großer Drache[5] war.   [5] dragon

Siegfried ist fröhlich[6] in den Wald gegangen.   [6] cheerfully
Als er den Drachen gesehen hat, hat er ihn mit einem Baum geschlagen. Dann hat er mehr Bäume auf ihn geworfen[7] und ein Feuer darauf   [7] (p.p. of werfen)
gemacht.

Das Feuer hat das Fett des Drachen geschmolzen. Siegfried hat seinen Finger hineingetan. Er ist erstaunt gewesen, zu beobachten, daß das Fett hart geworden war.

Da hat er sich schnell ausgekleidet und hat sich im Fett gebadet. Während [8] er badete, ist ein Blatt [9] von der Linde auf ihn gefallen. Es ist ihm auf den Rücken zwischen den Schultern gefallen.

Dann ist er aus dem Bad getreten. Nun hatte er eine Hornhaut.[10] Kein Schwert [11] konnte ihn verwunden — außer an einer Stelle, wo das Lindenblatt gefallen war.

[8] While
[9] leaf

[10] horny skin (*a skin as hard as the dragon's scales*)
[11] sword

29

Lektion Neunundzwanzig

Ein Telephongespräch

A. Erster Teil

(Es ist sieben Uhr abends. Karl Meyer telephoniert seinem Freund Arthur Schmidt. Neben dem Telephon steht Karls Schwester Klara.)

„Hallo, Arthur? Wir werden morgen **einen Aus= flug machen.**[1] Es wird schön sein. Wirst du mit= kommen?"

„Ja! Wohin werdet ihr gehen?"

„Aufs Land! Wir werden mit dem acht Uhr Zug fahren. In der Vorstadt werden wir aussteigen[2] und zu Fuß weitergehen."

[1] go on an excursion

[2] get off

„Nimmst du deinen Badeanzug [3] mit?"

„O ja, wir werden baden gehen und vielleicht auch rudern.[4] Sage mir, Arthur, hast du eine Kamera?"

„Ja, ich werde sie mitbringen. Wird deine Schwester auch da sein?"

„Aha, du Schlingel![5] Ich kenne[6] dich! Mach' dir nur keine Sorgen darüber![7] Gewiß kommt sie mit! Sie freut sich darauf."

„Was werden wir da draußen[8] essen?"

„O, allerlei![9] Wir werden Brötchen,[10] Schinken,[11] Obst und Limonade in unseren Rucksäcken[12] mitnehmen."

[3] bathing suit

[4] rowing

[5] rascal [6] know

[7] Just don't worry about that!

[8] out there

[9] all sorts of things [10] rolls [11] ham

[12] knapsacks

Vokabeln

NOUNS

der **Ausflug**, –s, ⸚e excursion
der **Badeanzug**, –s, ⸚e bathing suit
der **Rucksack**, –s, ⸚e knapsack
der **Schinken**, –s, —, ham
der **Schlingel**, –s, —, rascal

die **Limo='nade**, –n lemonade
die **Sorge**, –n worry, trouble

das **Brötchen**, –s, —, roll
das **Tele='phon**, –s, –e telephone
  (*also spelled* Telefon)
das **Tele='phon=ge='spräch**, –s, –e telephone conversation

PHRASES

da draußen out there
einen Ausflug machen to go on an excursion (trip)
sich Sorgen machen to worry
Sie freut sich darauf. She is looking forward to it (with pleasure).

OTHER WORDS

abends in the evening
allerlei all sorts of things

VERBS

aussteigen to get off (*a vehicle*)
  er steigt ... aus
  er stieg ... aus
  er ist ... ausgestiegen
baden to bathe
  er badet
  er badete
  er hat ... gebadet
kennen to know, be acquainted with
  er kennt
  er kannte
  er hat ... gekannt
rudern to row
  er rudert
  er ruderte
  er hat (ist) ... gerudert
telepho='nieren to telephone
  er telephoniert
  er telephonierte
  er hat ... telephoniert
weitergehen to go on, go further
  er geht ... weiter
  er ging ... weiter
  er ist ... weitergegangen

GLASS TRAIN. This unusual electric train runs through the Bavarian Alps to Garmisch, the famous winter sports resort. Its sides and roof are built of glass so as to allow the best possible view of the mountain scenery.

CLIMBING MOUNTAINS IN COMFORT. Cable cars transport tourists from green valleys to snow-covered mountain tops. In a cozy café on the peak one may have his afternoon coffee while gazing at the magnificent scenery.

Fragen

1. Wieviel Uhr ist es? 2. Wem telephoniert Karl? 3. Wer steht neben dem Telephon? 4. Was werden Karl und seine Schwester morgen machen? 5. Wohin werden sie gehen? 6. Warum nimmt Karl seinen Badeanzug mit? 7. Was wird Arthur mitbringen? 8. Nach wem fragt Arthur? 9. Worauf freut sich Karls Schwester? 10. Worin werden sie das Essen tragen?

B. Zweiter Teil

(Karl ist noch am Telephon. Er spricht mit Arthur.)

„Wir werden auch genug für dich haben."

„Nein, das geht nicht.[1] Ich werde selber für mein Essen sorgen,[2] sonst[3] wird Mutter böse werden. Ich kann auch etwas in meinem Rucksack mitnehmen."

„Wie du willst."

„Können wir nicht ein Feuer machen? Ich werde meine Mutter um Würste und Kartoffeln[4] bitten, dann werden wir sie da draußen rösten. Weißt du was, ich habe noch eine Idee! Darf ich meinen Vetter Heinrich mitbringen? Er spielt ziemlich[5] gut Gitarre. Er wird sie mitnehmen."

„Wunderbar! Dann können wir beim Feuer sitzen und Volkslieder singen!"

„Da werden aber die Hasen[6] und die Eichkätzchen[7] erschrecken[8] und wegrennen."

„Nein, sie werden nicht erschrecken, wenn wir schön singen!"

„Also, du wirst morgen früh um acht Uhr am Bahnhof sein, nicht wahr?"

„Warum so früh? Morgens bin ich immer so schläfrig!"

„Faulpelz! Du kannst übermorgen[9] lange schlafen, aber morgen bist du Punkt acht Uhr am Bahnhof, hörst du?"

„Jawohl! Also, auf Wiedersehen!"

„Auf Wiedersehen, bis morgen!"

[1] that won't do
[2] take care of
[3] otherwise
[4] potatoes
[5] rather
[6] rabbits [7] squirrels
[8] get scared
[9] day after tomorrow

Vokabeln

NOUNS

der Haſe, -n, -n rabbit, hare

die Gi=′tarre, -n guitar

die J=′dee, -n [ee-day, ee-day-en] idea

die Kar=′toffel, -n potato

das Eichkätzchen, -s, —, squirrel

das Feuer, -s, —, fire

das Volkslied, -s, -er folk song

ADVERBS

alſo well then

morgens in the morning

ſonſt otherwise, else

übermorgen day after tomorrow

ziemlich rather, quite

VERBS

er=′ſchrecken to get scared

er erſchrickt

er erſchrak

er iſt . . . erſchrocken

röſten to roast

er röſtet

er röſtete

er hat . . . geröſtet

ſorgen (für) to take care (of)

er ſorgt

er ſorgte

er hat . . . geſorgt

wegrennen to run away

er rennt . . . weg

er rannte . . . weg

er iſt . . . weggerannt

OPPOSITES

abends — morgens

ausſteigen — einſteigen

fahren — zu Fuß gehen

Freude — Sorge

übermorgen — vorgeſtern

PHRASE

Das geht nicht. That won't do.

Fragen

1. Was ſagt Karl zuerſt? 2. Was wird Arthur in ſeinem Ruckſack mit= nehmen? 3. Worum wird er ſeine Mutter bitten? 4. Warum will er ein Feuer machen? 5. Wen will Arthur mitbringen? 6. Was kann der Vetter tun? 7. Was werden die Freunde beim Feuer tun? 8. Warum werden die Haſen und Eichkätzchen wegrennen? 9. Um wieviel Uhr werden die Freunde am Bahnhof ſein? 10. Mit welchen Worten beenden ſie das Telephongeſpräch?

C. Vocabulary Notes

Word Families. The following is a summary of word fam- ilies that have occurred in Lessons 25 through 29. Supply the definite article of each noun, and give the English meaning of each word or phrase.

RELATED VERBS AND NOUNS

fließen	grüßen	nehmen	riechen
Fluß	Gruß	Aufnahme	Geruch
ruhen	sorgen	stellen	Vergnügen
Ruhe	Sorge	Stelle	sich vergnügen

baden	reisen	fahren	Kleid	Telephon
Badeanzug	Reise	Fahrt	Kleider	am Telephon
Badezimmer	der Reisende	Rheinfahrt	sich kleiden	telephonieren

RELATED VERBS

achten	rennen	stehen	steigen
beobachten	wegrennen	aufstehen	aussteigen, einsteigen
lachen	schlafen	zählen	gehen
lächeln	einschlafen	bezahlen	hinaufgehen, weitergehen

COMPOUND WORDS

diesmal	gestern	Lied	Rücken
jedesmal	vorgestern	Volkslied	Rucksack
faul	gleich	Ohr	Stück
Faulpelz	zugleich	Ohrfeige	Geldstück

Telephon	Weile	wider	Wurst	Wirt
Telephongespräch	mittlerweile	erwidern	Wurstmann	Wirtshaus

MISCELLANEOUS WORDS

Geduld	alle	Dampf	Herz	kalt	sich schämen
geduldig	allerlei	Dampfer	herzlich	Kälte	unverschämt

DIMINUTIVES

Wurst	Katze	Brot
Würstchen	Eichkätzchen	Brötchen

Übungen

I. The following words are related to many of the word families listed above. You can easily figure out the meaning of the new words by comparing them with related words that you already know. Give the English meaning of each word.

Telephonbuch	Badmantel	Ferienreise	Ungeduld
Telephonnummer	Badeort	Morgenruhe	zahllos

II. The following story contains many words from the word families, from the list of new words, and a few new words that can be easily understood because of their resemblance to English. Read the story through silently, without translating, and then retell it in your own words in English.

Im siebenten Himmel

Dem Herrn Hofbäcker klingt es immer in den Ohren. Gegen dieses Geräusch half aber kein Aspirin, denn es kam vom Telephon. Seine Frau hatte zahllose Freundinnen und telephonierte ihnen jeden Tag. Manchmal blieb sie stundenlang am Telephon und hatte unendliche Telephongespräche über allerlei, über Haushalt und Küche, Kleider und Kinder, Wetter und Politik, Ferienreisen und Badeorte, und so weiter, und so weiter, ohne Ende.

Herr Hofbäcker beobachtete das mit großer Ungeduld. Oft sagte er: „Schon genug! Schon genug! Wie kann man so dauernd reden? Vergiß nicht, ich muß für jedes Telephongespräch bezahlen. Du wirst mich noch ins Armenhaus bringen! Wenn das so weitergeht, werde ich dafür sorgen, daß unser Name und unsere Telephonnummer nicht mehr im Telephonbuch stehen! Hörst du?" Aber Frau Hofbäcker sprach ruhig weiter und machte sich keine Sorgen über ihren Mann.

Eines Morgens ist Herr Hofbäcker sehr erschrocken aufgewacht. Das Telephon klingelte wieder. Nun war es mit seiner Morgenruhe zu Ende. Diesmal verlor er die Geduld. Er sprang ärgerlich aus dem Bett, nahm seinen Badmantel und lief die Treppe hinunter, bis er in den Keller kam. Und wie er tief unten im Keller saß, hinter geschlossenen Türen, und das Vergnügen hatte, die Stimme seiner Frau nicht mehr zu hören, sagte er zu sich ironisch: „Hier im Keller bin ich im siebenten Himmel!"

D. GRAMMAR NOTES

1. *The Future Tense.* In English, when we wish to refer to future time, we use the auxiliaries *shall* or *will*.

> *Ex.* I *shall* be at the station at nine o'clock. When *will* you be there?

The following sentences show you how the future tense is formed in German. Note which words are used to express the ideas of *shall* and *will*.

AUX.		INFIN.
Ich werde	sie	mitbringen.
Du wirst	am Bahnhof	sein.
Er wird	die Gitarre	mitnehmen.
Sie wird	auch da	sein.
Es wird	schön	sein.
Wir werden	einen Ausflug	machen.
Ihr werdet	aufs Land	gehen.
Sie werden	nicht	erschrecken.

What verb is used as the auxiliary in each of the above future tenses? What form of verb completes the future tense in each sentence?

SUMMARY: In German the future tense is formed by combining the present of werden with the infinitive of the verb.

Übung

Supply the correct form of the auxiliary werden in each sentence:

1. —— du mitkommen? 2. Wir —— einen Ausflug machen. 3. Ich —— meine Schwester auch mitnehmen. 4. —— du deinen Vetter auch mitbringen? 5. Klara und ich —— für das Essen sorgen. 6. Was —— ihr in euren Rucksäcken haben? 7. —— Heinrich für uns spielen? 8. Er —— seine Gitarre gewiß mitnehmen. 9. Die Vöglein —— nicht wegfliegen. 10. Sie —— mit uns singen.

2. *The Delayed Infinitive.* What is the position of the infinitive in each sentence in the future tense listed in Grammar Note 1, above? Compare the following sentences to see how this differs from English:

	AUX.	INFIN.		
English: She	will	be	there	too.

	AUX.	——→	INFIN.	
German: Sie	wird	auch	da	sein.

CONCLUSION: Unlike English, the German infinitive which completes the future tense is delayed until the end of the sentence.

Übung

Read each of the following sentences, using the future tense as shown in parentheses. Make sure you delay the infinitive until the end of each sentence.

1. Sie (wird . . . sein) bald hier. 2. Wir (werden . . . warten) auf sie. 3. Heinrich (wird . . . mitbringen) seine Gitarre. 4. Karl (wird . . . mitnehmen) Würste und Kartoffeln in seinem Rucksack. 5. Ihr (werdet . . . mitnehmen) eure Badeanzüge. 6. Wer (wird . . . machen) ein Feuer? 7. Karl und Klara (werden . . . rösten) die Kartoffeln und Würste. 8. Du (wirst . . . tun) das auch. 9. Wir (werden . . . essen und singen) alle beim Feuer. 10. Dann (werden . . . gehen) wir baden.

3. *The Two Meanings of* werden. Since the verb werden has hitherto been used in its basic meaning of *become*, we must distinguish this meaning from its meaning as an auxiliary of the future tense (i.e. *shall* or *will*). Compare the following two sentences and you will see the two different meanings of werden:

Ich werde schläfrig.   Ich werde bald einschlafen.
I'm becoming sleepy.   I shall soon fall asleep.

Note that werden means *become* when there is no following infinitive in the sentence. If there is a following infinitive at the end of the sentence, then werden is used as the auxiliary of the future tense and therefore must mean *shall* or *will*.

Übung

Translate each of the following sentences into English:

1. Wir werden unruhig. 2. Mutter wird böse. 3. Wir werden spät nach Hause kommen. 4. Das wird nicht schön sein. 5. Wirst du schon hungrig? 6. Das Essen wird bald fertig sein. 7. Wirst du alles essen? 8. Es wird schön draußen. 9. Werdet ihr zu Hause bleiben? 10. Nein, nach dem Essen werden wir schläfrig und darum werden wir ein bißchen spazieren gehen.

Aufgaben

I. Rewrite each sentence and supply the correct form of the auxiliary
werden:

1. Was —— du morgen tun? 2. Ich —— einen Ausflug machen.
3. —— deine Schwester auch mitkommen? 4. Ja, sie —— mit mir
gehen. 5. —— dein Vetter auch da sein? 6. Ja, er —— auch seine Gi=
tarre mitnehmen. 7. Wie —— wir aufs Land gehen? 8. Ihr —— uns
am Bahnhof treffen. 9. Wir —— zuerst mit dem Zug fahren. 10. In der
Vorstadt —— viele Reisende aussteigen. 11. Sie —— dann zu Fuß
weitergehen. 12. Das —— wir auch tun. 13. Glaubst du, es ——
morgen schön sein? 14. Ich und Klara —— für das Essen sorgen. 15. Du
und dein Vetter —— euch darauf freuen.

II. Write out each sentence, using the future tense indicated in parentheses. Remember that the infinitive comes *last!*

1. Ich (werde . . . mitnehmen) Brot und Schinken. 2. (Wirst . . . mit=
bringen) du auch etwas? 3. Worin (wirst . . . tragen) du die Kartoffeln
und Würste? 4. Wer (wird . . . machen) das Feuer? 5. Wir (werden . . .
rösten) da draußen die Kartoffeln und Würste. 6. (Wird . . . mitbringen)
dein Vetter seine Kamera und seine Gitarre? 7. Ihr (werdet . . . freuen)
euch darauf. 8. Ich und Klara (werden . . . sein) auch darüber sehr froh.
9. Wir (werden . . . sitzen, essen und singen) alle beim Feuer. 10. Die
Tierchen im Walde (werden . . . haben) keine Angst vor uns.

III. Rewrite each sentence in the future tense:

A. 1. Karl spricht mit Arthur am Telephon. 2. Sie machen morgen einen
Ausflug. 3. Klara und Heinrich sind auch da. 4. Wer sorgt für das
Essen? 5. Hast du deine Gitarre? 6. Ich bringe meine Kamera mit.
7. Ihr sitzt beim Feuer und ich mache Aufnahmen. 8. Dann spielst
du Gitarre und wir singen. 9. Die Hasen und Eichkätzchen erschrecken
nicht. 10. Wir machen uns keine Sorgen darüber. 11. Später gehen
wir baden, denn wir haben unsere Badeanzüge. 12. Wir essen und
trinken allerlei und vergnügen uns sehr.

B. 1. Ich schlafe immer sehr lange. 2. Mutter ist böse. 3. Manchmal
verliert sie die Geduld. 4. Vater fährt um acht Uhr in die Stadt.
5. Ich bleibe immer noch im Bett. 6. Komme ich heute spät in die
Schule? 7. Mutter wird ungeduldig. 8. Sie weckt mich auf. 9. Es
ist bald neun Uhr und ich schäme mich. 10. Gleich springe ich aus dem

Bett und laufe ins Badezimmer. 11. Dort wasche ich mich und kleide mich. 12. Ich eile ins Eßzimmer, denn es wird spät.

IV. After the correction of Exercise III B, change each of the sentences to the plural.

V. Übersetzen Sie ins Deutsche:

THE EXCURSION

1. "Will you come along?" said Karl *on the telephone.* 2. "Where will you go?" asked Arthur. 3. "We'll *go on an excursion* to the country," answered Karl. 4. "What will you do *out there?*" 5. "Oh, *all sorts of things:* we'll take our bathing suits along and we'll go bathing." 6. "I'll *take care of* the food; otherwise Mother will be angry." 7. "I'll have rolls with ham and also some fruit in my knapsack." 8. "Tell me, Karl, will your sister go with us?" 9. "*Don't worry*, you rascal! She'll be there." 10. "Fine! Then I'll surely come along!"

LESESTÜCK NEUNUNDZWANZIG

BARBAROSSA

Barbarossa war ein Kaiser im Mittelalter.[1]   [1] Middle Ages
Er hieß Barbarossa, weil [2] er einen roten Bart [3]   [2] because [3] beard
hatte. Er bekam den Namen in Italien, wo er
oft war.

Jetzt ruht er im Kyffhäuser, erzählt die Sage.[4]   [4] legend
Der Kyffhäuser ist ein Berg in Thüringen.[5]   [5] Thuringia
Durch die Bäume sieht man nur einen Turm.
Das Schloß ist in den Berg gesunken.

Dort unten sitzt der alte Kaiser auf einem
Thron aus Gold. Sein Bart ist lang und weiß;
er ist dreimal um den Tisch gewachsen.[6] Der   [6] grown
Kaiser schläft.

Zu seinen Füßen schläft ein Knabe. In den
anderen Zimmern des Schlosses schlafen die
Ritter [7] und die Diener. Im Stall schlafen die   [7] knights
Pferde. Alles schläft.

KYFFHÄUSER MONUMENT. The cave in the hillside in Thuringia where the Emperor Barbarossa, according to legend, is sleeping at a stone table, has become a national shrine. This is the monument which has been erected on the spot.

Alle [8] hundert Jahre wacht der Kaiser auf,   [8] Every

reibt [9] sich die Augen und weckt den Knaben.   [9] rubs

Dann sagt er:

   „Geh hinaus und sieh, ob [10] die Raben [11] noch   [10] whether   [11] ra-

um den Berg fliegen."   vens

   Der Knabe geht hinaus, kommt zurück und

sagt: „Die Raben fliegen noch um den Berg,

Eure Majestät!"

   „Dann muß ich noch hundert Jahre schlafen,"

sagt der Kaiser und schläft wieder ein.

   Eines Tages wird der Knabe sagen: „Die

Raben fliegen nicht mehr um den Berg."

   Dann wird der Kaiser von seinem Thron auf-

stehen, die Trompeten werden blasen, die Ritter

werden zu ihm treten und die Diener werden

die Pferde aus den Ställen bringen. Jeder

Ritter wird sein Schwert [12] nehmen, auf sein   [12] sword

Pferd steigen und hinter dem Kaiser durch den

Berg reiten. Stolz [13] werden sie aus dem Kyff-   [13] Proudly

häuser kommen und in den Wald reiten.

   Dann wird Kaiser Barbarossa das Reich [14]   [14] empire

wieder einigen.[15] So erzählt die Sage.   [15] unite

Wiederholung

SUMMARY OF VOCABULARY NOTES

1. Arranging words in *related groups* under a general classification helps you remember them and use them. (Lektion 25)

    Examples of useful classifications under which you can list your vocabulary are:

a) Parts of the Body	*g)* Trades and Professions
b) Articles of Clothing	*h)* Names of Animals
c) Family and Relatives	*i)* Expressions of Time
d) Things to Eat	*j)* Expressions of Quantity
e) Household Objects and Rooms	*k)* Activities
f) Things in the Classroom	

2. A study of *misleading resemblances* between verbs helps you review your vocabulary and prevent confusion. (Lektion 26)

    Examples of misleading resemblances are:

a) legen — liegen — lügen	*f)* haben — heben
b) reifen — reißen	*g)* lieben — leben
c) lesen — laffen	*h)* reichen — riechen
d) sehen — ziehen	*i)* schlagen — schlachten
e) (sich) setzen — sitzen	*j)* fangen — singen

3. A review of *reflexive verbs* shows you that: (*a*) they are mostly regular, and (*b*) the reflexive pronoun is not always translated into English. (Lektion 27)

    Ex.

sich setzen, to sit down	sich schämen, to be ashamed
sich bewegen, to move	sich stellen, to stand
sich erfälten, to catch cold	sich vergnügen, to enjoy oneself
sich freuen, to rejoice	sich fämmen, to comb one's hair
sich fürchten, to be afraid	sich kleiden, to dress oneself
sich legen, to lie down	sich waschen, to wash oneself

4. *a*) The German *present participle* — infinitive + b — generally
corresponds in meaning to the English present participle —
verb + *ing*. (Lektion 28)

> *Ex.* folgend, following   lachend, laughing
>   lächelnd, smiling   zitternd, shivering

b) Since there are no English equivalents ending in *–ing* for
some German present participles, you must study the meaning
of the following:

> dauernd, constant(ly)   schweigend, silent(ly)
> fließend, fluent(ly)   sich schämend, ashamed

5. The study of *word families* (*a*) helps you recall or figure out the
meaning of related words, (*b*) serves as a review of the major
vocabulary of preceding lessons, and (*c*) enables you to read and
understand new material containing new words related to those
you already know. (Lektion 29)

STRESS

The following words from Lessons 25–29 do not take their
major stress on the first syllable:

Ge-'ruch   ge-'hören   Ver-'gnügen   ge-'buldig   Kar-'toffel
Vaga-'bund   ver-'langen   sich ver-'gnügen   Ge-'bäube   Limo-'nabe
be-'obachten zu-'gleich   be-'sonbers   Trom-'pete   Tele-'phon
be-'zahlen   ver-'gessen   ro-'mantisch   Gi-'tarre   telepho-'nieren
er-'wibern   *pl.* die Pa-'storen   Ge-'bulb   J-'bee   er-'schrecken

SUMMARY OF GRAMMATICAL FORMS

1. *a*) Complete Conjugation of a Regular Verb

PRESENT	PAST	PERF. (PAST PERF.)	FUTURE
ich frage	fragte	habe (hatte) ... gefragt	werde ... fragen
bu fragst	fragtest	hast (hattest) ... gefragt	wirst ... fragen
er fragt	fragte	hat (hatte) ... gefragt	wird ... fragen
wir fragen	fragten	haben (hatten) ... gefragt	werden ... fragen
ihr fragt	fragtet	habt (hattet) ... gefragt	werdet ... fragen
sie fragen	fragten	haben (hatten) ... gefragt	werden ... fragen

For a complete list, see pp. 337–338.

b) *Regular Verb with Connecting –e–*
(Stems ending in b, m, n, t)

PRESENT	PAST	PERF. (PAST PERF.)	FUTURE
ich warte	wartete	habe (hatte) ... gewartet	werde ... warten
du wartest	wartetest	haft (hatteft) ... gewartet	wirft ... warten
er wartet	wartete	hat (hatte) ... gewartet	wird ... warten
wir warten	warteten	haben (hatten) ... gewartet	werden ... warten
ihr wartet	wartetet	habt (hattet) ... gewartet	werdet ... warten
fie warten	warteten	haben (hatten) ... gewartet	werden ... warten

For a complete list, see pp. 337–338.

2. a) *Complete Conjugation of an Irregular Verb*

PRESENT	PAST	PERF. (PAST PERF.)	FUTURE
ich fpreche	fprach	habe (hatte) ... gefprochen	werde ... fprechen
du fprichft	fprachft	haft (hatteft) ... gefprochen	wirft ... fprechen
er fpricht	fprach	hat (hatte) ... gefprochen	wird ... fprechen
wir fprechen	fprachen	haben (hatten) ... gefprochen	werden ... fprechen
ihr fprecht	fpracht	habt (hattet) ... gefprochen	werdet ... fprechen
fie fprechen	fprachen	haben (hatten) ... gefprochen	werden ... fprechen

For a complete list, see pp. 350–351.

b) *Irregular Verb Conjugated with* fein
(Intransitive verbs denoting change of place or condition)

PRESENT	PAST	PERF. (PAST PERF.)	FUTURE
ich gehe	ging	bin (war) ... gegangen	werde ... gehen
du gehft	gingft	bift (warft) ... gegangen	wirft ... gehen
er geht	ging	ift (war) ... gegangen	wird ... gehen
wir gehen	gingen	find (waren) ... gegangen	werden ... gehen
ihr geht	gingt	feid (wart) ... gegangen	werdet ... gehen
fie gehen	gingen	find (waren) ... gegangen	werden ... gehen

For a complete list, see p. 380.

3. Complete Conjugation of a Reflexive Verb

PRESENT	PAST	PERF. (PAST PERF.)
ich setze mich	setzte mich	habe (hatte) mich gesetzt
du setzt dich	setztest dich	hast (hattest) dich gesetzt
er setzt sich	setzte sich	hat (hatte) sich gesetzt
wir setzen uns	setzten uns	haben (hatten) uns gesetzt
ihr setzt euch	setztet euch	habt (hattet) euch gesetzt
sie setzen sich	setzten sich	haben (hatten) sich gesetzt

FUTURE

ich werde mich setzen	wir werden uns setzen
du wirst dich setzen	ihr werdet euch setzen
er wird sich setzen	sie werden sich setzen

For a complete list, see pp. 361–362.

4. Complete Conjugation of Verb with Inseparable Prefix
(be-, er-, ge-, ver-)

PRESENT	PAST	PERF. (PAST PERF.)	FUTURE
ich beginne	begann	habe (hatte) begonnen	werde beginnen
du beginnst	begannst	hast (hattest) begonnen	wirst beginnen
er beginnt	begann	hat (hatte) begonnen	wird beginnen
wir beginnen	begannen	haben (hatten) begonnen	werden beginnen
ihr beginnt	begannt	habt (hattet) begonnen	werdet beginnen
sie beginnen	begannen	haben (hatten) begonnen	werden beginnen

For a complete list, see p. 366.

5. Complete Conjugation of Verb with Separable Prefix

PRESENT	PAST	PERF. (PAST PERF.)	FUTURE
ich stehe auf	stand auf	bin (war) aufgestanden	werde aufstehen
du stehst auf	standst auf	bist (warst) aufgestanden	wirst aufstehen
er steht auf	stand auf	ist (war) aufgestanden	wird aufstehen
wir stehen auf	standen auf	sind (waren) aufgestanden	werden aufstehen
ihr steht auf	standet auf	seid (wart) aufgestanden	werdet aufstehen
sie stehen auf	standen auf	sind (waren) aufgestanden	werden aufstehen

Other verbs of this type are: aufwachen, einschlafen, mitkommen, wegrennen.

6. *Complete Conjugation of* haben

PRESENT	PAST	PERF. (PAST PERF.)	FUTURE
ich habe	hatte	habe (hatte) gehabt	werde haben
du haft	hatteft	haft (hatteft) gehabt	wirft haben
er hat	hatte	hat (hatte) gehabt	wird haben
wir haben	hatten	haben (hatten) gehabt	werden haben
ihr habt	hattet	habt (hattet) gehabt	werdet haben
fie haben	hatten	haben (hatten) gehabt	werden haben

7. *Complete Conjugation of* fein

PRESENT	PAST	PERF. (PAST PERF.)	FUTURE
ich bin	war	bin (war) gewefen	werde fein
du bift	warft	bift (warft) gewefen	wirft fein
er ift	war	ift (war) gewefen	wird fein
wir find	waren	find (waren) gewefen	werden fein
ihr feid	wart	feid (wart) gewefen	werdet fein
fie find	waren	find (waren) gewefen	werden fein

8. *Complete Conjugation of* werden

PRESENT	PAST	PERF. (PAST PERF.)	FUTURE
ich werde	wurde	bin (war) geworden	werde werden
du wirft	wurdeft	bift (warft) geworden	wirft werden
er wird	wurde	ift (war) geworden	wird werden
wir werden	wurden	find (waren) geworden	werden werden
ihr werdet	wurdet	feid (wart) geworden	werdet werden
fie werden	wurden	find (waren) geworden	werden werden

SUMMARY OF GRAMMATICAL RULES

The grammar rules in Lessons 25–29 deal mainly with the formation and use of the three past tenses and the simple future tense of German verbs. If you have studied the preceding Summary of Grammatical Forms, you will have learned more about the formation of tenses than you can learn from any summary of rules. Any questions that you may have as to the why and wherefore of tense endings, word order, auxiliaries, etc., can be answered by consulting the pages given in the following outline.

1. *Formation of Past Tense: a)* Regular Verbs, pp. 334–335; *b)* Irregular Verbs, pp. 346–349; *c)* Connecting –e–, pp. 335–336, and pp. 348–349.
2. *Formation of Perfect Tense: a)* Regular Verbs, pp. 363–364; *b)* Irregular Verbs, pp. 364–365; *c)* Word Order, p. 363; *d)* With ſein as Auxiliary, pp. 377–379.
3. *Formation of Past Perfect Tense: a)* Regular Verbs, pp. 366–367; *b)* Irregular Verbs, pp. 366–367; *c)* With ſein as Auxiliary, pp. 377–379.
4. *Use of the Past Tenses: a)* pp. 367–368; *b)* Difference between English and German Usage, pp. 367–368.
5. *Formation of Future Tense: a)* pp. 390–392; *b)* Word Order, pp. 391–392; *c)* Two Meanings of werden, p. 392.

SUMMARY OF IDIOMS
(Lessons 25–29)

(For previous idiom summaries, see Vocabulary Notes, Lessons 19 and 20, and Summary of Vocabulary Notes, Lesson 24.)

1. VERBAL IDIOMS

    a) **Aufnahmen machen,** to take pictures *or* snapshots

        Ex. Wir machten viele Aufnahmen.

        We took many pictures.

    b) **einen Ausflug machen,** to go on an excursion

        Ex. Gestern haben wir einen Ausflug gemacht.

        Yesterday we went on an excursion.

    c) **eine Fahrt machen,** to take a trip

        Ex. Endlich habe ich eine Rheinfahrt gemacht!

        I finally took a trip up the Rhine.

    d) **ſich Sorgen machen,** to worry

        Ex. Mach dir nur keine Sorgen darüber!

        Just don't worry about that!

2. PREPOSITIONAL IDIOMS

    a) **auf der Fahrt,** on the trip

        Ex. Auf der Fahrt ſprachen wir mit den Reiſenden.

        On the trip we spoke to the travelers.

b) **bis nach,** up to

> *Ex.* Wir machten die Fahrt bis nach Mainz.
> We took the trip up to Mainz.

c) **schauen nach,** to look at

> *Ex.* Er schaute hungrig nach den Würstchen.
> He looked hungrily at the sausages.

d) **sorgen für,** to take care of

> *Ex.* Wer sorgt für das Essen?
> Who's taking care of the food?

e) **vor Kälte,** with cold

> *Ex.* Ich zitterte vor Kälte.
> I was shivering with cold.

3. IDIOMS OF TIME

gestern abend, last evening **heute morgen,** this morning
abends, in the evening, evenings **morgens,** in the morning, mornings
vorgestern, day before yesterday **übermorgen,** day after tomorrow

4. MISCELLANEOUS IDIOMS

allerlei, all sorts of things **gar nicht,** not at all
da draußen, out there **Na, so was!** Well, of all things!
das geht nicht, that won't do **noch dazu,** in addition

ACHIEVEMENT TEST — PART ONE

(For instructions, see Achievement Test, page 73.)

A. Dictation (to be selected by the teacher). 10 credits

B. After each number under B on your answer paper write the *letter* of the word that belongs to *the same word family* as the first word at the left.

1. fließen	*a* fliegen	*b* Fluß	*c* falsch	*d* Fleisch
2. reisen	*a* Reisender	*b* reißen	*c* riefen	*d* rudern
3. baden	*a* bitten	*b* beide	*c* Badeanzug	*d* bellen
4. fahren	*a* Ferien	*b* Frauen	*c* Farbe	*d* Fahrt
5. Ruhe	*a* Geruch	*b* rufen	*c* Kühe	*d* ruhen
6. Lied	*a* leider	*b* laden	*c* Volkslied	*d* leiden
7. schenken	*a* Schinken	*b* schicken	*c* Geschenk	*d* erschrecken

8. Geruch   *a* richtig   *b* riechen   *c* reichen   *d* Richter
9. Katze   *a* Küche   *b* Mäuschen   *c* kehren   *d* Eichkätzchen
10. Hase   *a* hasse   *b* Häuschen   *c* Häschen   *d* heiße

C. After each number under C on your answer paper write the *letter* of the word which is *opposite in meaning* to the first word at the left.

1. fragen   *a* sagen   *b* erwidern   *c* geben   *d* bezahlen
2. Kopf   *a* Hand   *b* Nase   *c* Auge   *d* Fuß
3. vorgestern   *a* morgen   *b* heute   *c* übermorgen   *d* dann
4. lachend   *a* sprechend   *b* weinend   *c* während   *d* zitternd
5. gleich   *a* zugleich   *b* spät   *c* später   *d* schnell
6. abends   *a* morgen   *b* am Morgen   *c* mögen   *d* morgens
7. ärgerlich   *a* froh   *b* früh   *c* ungeduldig   *d* unruhig
8. Freude   *a* Sorge   *b* Freundin   *c* Feuer   *d* Junge
9. wider   *a* einmal   *b* für   *c* schmal   *d* nie
10. einschlafen   *a* aufwecken   *b* aufwachen   *c* schlafen   *d* aussteigen

D. After each number under D on your answer paper write the *letter* of the word which has about *the same meaning* as the first word at the left.

1. zornig   *a* froh   *b* böse   *c* zitternd   *d* pünktlich
2. Felsen   *a* Fluß   *b* Stein   *c* Dampfer   *d* Ufer
3. Ort   *a* Stelle   *b* Dampf   *c* Stuhl   *d* Boden
4. Aufnahme   *a* Bahnhof   *b* Name   *c* Bild   *d* Ausflug
5. Gebäude   *a* Topf   *b* Bauer   *c* Haus   *d* Turm
6. verlangen   *a* bitten   *b* Betten   *c* bleiben   *d* vergehen
7. schauen   *a* ziehen   *b* sehen   *c* sein   *d* schön
8. ergreifen   *a* lachen   *b* weinen   *c* fassen   *d* fressen
9. Fahrt   *a* fahren   *b* Reise   *c* Zug   *d* Spaziergang
10. ruhen   *a* setzen   *b* legen   *c* schlafen   *d* arbeiten

E. After each number under E on your answer paper write the *letter* of the English word that gives *the exact meaning* of the German word at the left.

1. Holz   *a* heart   *b* hare   *c* iron   *d* wood
2. Ofen   *a* even   *b* open   *c* stove   *d* often
3. Last   *a* lost   *b* load   *c* last   *d* firm
4. Rücken   *a* back   *b* backward   *c* knapsack   *d* reach
5. Berg   *a* town   *b* bank   *c* barge   *d* hill
6. Wirt   *a* write   *b* worth   *c* wait   *d* innkeeper
7. Feuer   *a* fewer   *b* fire   *c* fear   *d* free

8. Geduld   *a* building   *b* goodness   *c* dullness   *d* patience
9. Kartoffel   *a* timetable   *b* sausage   *c* potato   *d* card table
10. Vergnügen   *a* excursion   *b* pleasure   *c* enjoy   *d* enough

ACHIEVEMENT TEST — PART TWO

F. After each number under F on your answer paper write the *past tense* of each verb in the following sentences:

1. Ich **besuche** meinen Freund. 2. Der Besuch **dauert** nicht lange. 3. Wir **freuen** uns sehr. 4. Ich **gebe** ihm ein Geschenk. 5. **Hast** du es gern? 6. Er **dankt** mir dafür. 7. Dann **fragt** er nach meinem Bruder. 8. **Seid** ihr oft zusammen? 9. Nach einigen Minuten **sehe** ich auf meine Uhr. 10. Endlich **gehe** ich nach Hause.

G. After each number under G on your answer paper write the *past participle* of the verb in parentheses:

1. Habt ihr schon eine Rheinfahrt (machen)? 2. Ich habe oft davon (hören). 3. Hast du meine Aufnahmen (sehen)? 4. Ja, du hast sie mir schon (zeigen). 5. Vom Lorelei=Felsen habe ich dir noch nicht (erzählen). 6. Wir haben auf der Fahrt mit den Reisenden (sprechen). 7. Dann haben wir „Die Lorelei" (fingen). 8. Danach haben wir davon (reden). 9. Mein Bruder hatte zu viel (essen). 10. Er ist krank (werden).

H. After each number under H on your answer paper write *the correct form of the auxiliary* (sein, haben, or werden) required to complete each of the following sentences:

1. Ich —— abends oft in meinem Zimmer gelesen. 2. Einmal —— ich beim Lesen eingeschlafen. 3. Mein Bruder —— hinter meinen Stuhl gekommen. 4. „Wie lange —— er schlafen?" fragte er sich. 5. „Ich —— ihn aufwecken," sagte der Bengel. 6. Zuerst —— er mir das Buch aus den Händen genommen. 7. Ich —— gleich aufgewacht. 8. Dann —— ich zornig geworden. 9. Ich —— ihm immer gut gewesen. 10. Er aber —— mich nie in Ruhe gelassen.

I. After each number under I on your answer paper *rewrite* each of the following sentences in the tense indicated in parentheses:

1. Wo ist deine Schwester? (past) 2. Siehst du sie oft? (perfect) 3. Sie ist auf dem Lande. (past perfect) 4. Diesen Sommer bleiben wir zu Hause. (future) 5. Gehen die Kinder noch zur Schule? (perfect) 6. Um wieviel Uhr kommt euer Dienstmädchen? (perfect) 7. Wirst du heute abend arbeiten?

(present) 8. Ich tue das nicht gern. (perfect) 9. Ich bin früh aufgestanden. (present) 10. Wann wird er Arzt? (future)

J. After each number under J on your answer paper write the *German word* (*or words*) which completes or expresses the idiom:

1. Gestern haben wir einen Ausflug ——. 2. Mutter hat —— das Essen gesorgt. 3. Sie hat uns (*all sorts of things*) mitgegeben. 4. (*The day before yesterday*) hatte es geregnet. 5. Es wird (*the day after tomorrow*) gewiß nicht regnen. 6. (*This morning*) ist es kalt gewesen. 7. Wir haben draußen viele Aufnahmen ——. 8. Bald fingen wir an, —— Kälte zu zittern. 9. Die Mutter hat ängstlich —— uns geschaut. 10. „Mach dir nur keine ——!" haben wir gerufen.

CULTURAL INFORMATION TEST
(Lessons 16–30)

A. Select localities from Column II which are associated with the items under Column I:

I	II
1. Friedrich der Große	Bingen
2. Die Stadtmusikanten	Königsberg
3. Kölner Dom	Bayreuth
4. Der Mäuseturm	Hameln
5. Johann Wolfgang von Goethe	Bremen
6. Immanuel Kant	Thüringen
7. Richard Wagner	Salzburg
8. Wolfgang Amadeus Mozart	Köln
9. Der Kyffhäuser	Weimar
10. Der Rattenfänger	Bayern
	Potsdam
	Kiel

B. Select identifying words from Column II for each item under Column I:

I	II
1. Rotkäppchen	Gedicht
2. „Wilhelm Tell"	Haustier
3. „Muß i denn"	Reisebuch
4. Der Mäuseturm	Drachentöter
5. „Heidenröslein"	Dichter

6. Baedeker	Kaiser
7. Goethe	Drama
8. Siegfried	Eau de Cologne
9. Barbarossa	Volkslied
10. Kölnisches Wasser	Kindermärchen
	Volkssage
	Schulgebäude

C. Wählen Sie die richtige Antwort:

1. Jakob und Wilhelm Grimm haben (Liebesgedichte, Kindermärchen, Kriegsgeschichten) geschrieben.
2. (Düsseldorf, Berlin, Hamburg) ist eine Stadt am Rhein.
3. Johann Wolfgang von Goethe hat das Drama („Wilhelm Tell", „Hänsel und Gretel", „Faust") geschrieben.
4. Kaiser Barbarossa schläft im (Mäuseturm, Kyffhäuser, Lorelei=Felsen).
5. „Guten Abend, gut' Nacht" ist ein Lied von (Bach, Beethoven, Brahms).
6. (Leipzig, Hamburg, Weimar) ist ein großer Seehafen.
7. (Koch, Bergius, Roentgen) war ein berühmter Bakteriolog.
8. Der Rhein beginnt (im Atlantischen Ozean, im Schwarzen Meer, in der Schweiz).
9. In Amerika spricht man einen deutschen Dialekt in (Oregon, Pennsyl=vanien, Nebraska).
10. („Stille Nacht", „Die Lorelei", „Heidenröslein") ist ein Weihnachtslied.

D. Ergänzen Sie jeden der folgenden Sätze:

1. Der Bischof —— wollte den Hungernden kein Brot geben.
2. —— spielte schon mit sechs Jahren Klavier.
3. —— schläft der Sage nach in einem Berg in Thüringen.
4. Der Baumeister des Kölner Doms und der —— machten eine Wette.
5. —— war ein berühmter Philosoph.
6. Kein Schwert konnte —— verwunden, außer an einer Stelle, wo ein Lindenblatt gefallen war.
7. Zu Weihnachten singt man das Lied ——.
8. —— gab manchmal Flötenkonzerte auf seinem Schloß.
9. —— und —— sind Städte am Rhein.
10. Für einen Ausflug aufs Land nimmt man das Essen in einem —— mit.

E. Beantworten Sie jede der folgenden Fragen mit einem ganzen Satz auf deutsch:

1. Warum ist die Stadt Weimar berühmt?
2. An welchem Fluß steht der Mäuseturm?

3. Wie heißt der Kaiser, der der Sage nach im Kyffhäuser schläft?
4. Nennen Sie drei Städte am Rhein.
5. Von welchem Dichter ist das Gedicht „Die Lorelei"?
6. Wo liegt der Lorelei-Felsen?
7. Wer hat die Geschichte von Siegfried in einem seiner Musikdramen erzählt?
8. Welcher Dichter hat das Drama „Wilhelm Tell" geschrieben?
9. In welcher Stadt hat der Philosoph Immanuel Kant gelebt?
10. Welcher Dichter hat das Drama „Faust" geschrieben?

Vocabulary

How to Use the Vocabularies

1. The *principal parts of nouns* are indicated as follows:

a) ber Soŋn, –(e)š, ⸚e. This shows you that the genitive singular is beš Soŋneš or beš Soŋnš, and that the nominative plural is bie Söŋne.

b) bie Tocŋter, —, ⸚. This shows you that the genitive singular has no ending, and that the nominative plural is bie Töcŋter.

c) ber Knabe, –n, –n. This shows you that the genitive singular is beš Knaben, and that the nominative plural is bie Knaben.

d) baš Woŋnzimmer, –š, —. This shows you that only the last part of a compound noun has its case endings indicated; in this instance, beš Woŋnzimmerš for the genitive singular, and bie Woŋnzimmer for the nominative plural.

2. The *principal parts of irregular verbs* are given as follows:

a) ŋalten (er ŋält, ŋielt, ŋat geŋalten) to hold, halt. The order of forms in parentheses is present, past, and perfect. This example shows you that the present tense is irregular in the 2nd and 3rd persons of the singular.

b) geŋen (er geŋt, ging, ift gegangen) to go. This shows you that the verb requires fein as an auxiliary for the perfect and past perfect.

c) fprecŋen (er fpricŋt, fpracŋ, ŋat gefprocŋen, fpricŋ!) to speak, talk. This shows you that the familiar imperative is irregular.

d) anfangen (er fängt an, fing an, ŋat angefangen) to begin. This indicates that the verb has a separable prefix.

3. *Idioms* are entered under the main word of the idiom. To avoid repetition, the main word of the idiom is indicated by a dash. Example: bie Reife, —, –n trip, journey; eine — macŋen to take a trip.

4. *Pronunciation* is indicated as follows:

a) Words which do not have their major stress on the first syllable have an accent mark immediately *before* the stressed syllable. Examples: baš Ŋo'tel, be'antworten.

b) Unusual features of pronunciation are indicated in square brackets. Example: bie Lektion [Lektsi'on].

Vocabulary

German–English

ab away, off

abend evening; —s evenings; gestern —, last evening

der Abend, -s, -e evening; am —, in the evening; eines —s one evening

aber but, however

abfahren (er fährt ab, fuhr ab, ist abgefahren) to leave, depart, ride away; wann fährt der Zug ab? when does the train leave?

die Abfahrt, —, -en departure

achten (auf) acc. to pay attention (to)

achtgeben (er gibt acht, gab acht, hat achtgegeben, gib acht!) to watch out, pay attention, mind, look out

alle all, every; — Tage every day

allein alone

allerlei all sorts of things

alles all, everything

die Alpen the Alps (mountains)

als than, as, when; mehr —, more than

also therefore, thus, so, well then

alt old

an to, at, on

andere others

der Anfang, -s, -e beginning; — Juli the beginning of July; von — bis Ende from beginning to end

anfangen (er fängt an, fing an, hat angefangen) to begin

die Angst, —, -e fear, anxiety; hab keine —! don't be afraid! vor —, with fear

ängstlich anxious, worried

die Antwort, —, -en answer

antworten to answer; auf eine Frage —, answer a question

der Anzug, -s, -e suit of clothes

der Appe'tit, -(e)s, -e appetite

die Arbeit, —, -en work

arbeiten to work

ärgerlich angrily, angry, annoyed

arm poor

der Arm, -(e)s, -e arm

der Arme, -n, -n poor man

der Arzt, -es, -e physician, doctor; einen — holen lassen to send for a doctor

atmen to breathe

auch also, too; — wenn even when, even if

auf on, upon, to, at, up

auffressen (er frißt auf, fraß auf, hat aufgefressen) to eat up, devour

die Aufgabe, —, -n assignment, task

aufgeregt excited

die Aufnahme, —, -n picture (snapshot); eine — machen to take a picture

aufstehen (er steht auf, stand auf, ist aufgestanden, stehe auf!) to stand up, get up, arise

aufwachen (er wacht auf, wachte auf, ist aufgewacht, wache auf!) to awaken (of one's own accord)

aufwecken (er weckt auf, weckte auf, hat aufgeweckt) to wake (someone)

auf Wiedersehen good-by! see you again!

das Auge, -s, -n eye

(der) Au'gust August (the month)

aus out, from, out of

der Ausflug, -s, -e excursion; einen — machen to go on an excursion

außer except, beside; — sich beside himself (herself)

aussteigen (er steigt aus, stieg aus, ist ausgestiegen) to get off (a vehicle)

auswendig by heart; — lernen to learn by heart, memorize

das Auto, -s, -s auto

der Bach, -(e)s, -e brook

der Badeanzug, -s, -e bathing suit

baden to bathe; — gehen go bathing

das Badezimmer, -s, —, bathroom

die Bahn, —, -en path, (rail)road, train; auf der —, on the train

der Bahnhof, -s, -e railroad station; auf dem —, at the station

bald soon

der Ball, -(e)s, -e ball

die Bank, —, ⸚e bench
die Bank, —, -en bank; auf die —, to the bank
der Bauer, -s, -n peasant, farmer
der Bauernhof, -s, ⸚e farm
der Baum, -(e)s, ⸚e tree
der Beamte, -n, -n official
be'antworten to answer; eine Frage —, answer a question
be'fehlen dat. (er befiehlt, befahl, hat befohlen, befiehl!) to command, order
be'ginnen (er beginnt, begann, hat begonnen) to begin
be'gleiten to accompany, escort
be'halten (er behält, behielt, hat behalten) to keep, retain
bei with, at, near; — uns with us, at our house
beide both; — zugleich both at once
das Bein, -(e)s, -e leg
beinahe nearly, almost
beißen (er beißt, biß, hat gebissen) to bite
be'kommen (er bekommt, bekam, hat bekommen) to receive, get
bellen to bark
der Bengel, -s, —, brat; unverschämter —! impudent brat!
be'obachten to observe
der Berg, -(e)s, -e hill, mountain
be'rühmt famous
be'sonders especially, particularly
besser better
be'stimmen to determine
der Be'such, -(e)s, -e visit; zu —, on a visit
be'suchen to visit
das Bett, -(e)s, -en bed
beugen to bend, bow
be'wegen: sich —, to move
be'zahlen to pay
das Bier, -(e)s, -e beer
das Bild, -(e)s, -er picture, image
billig cheap
bis until, till, to; — an, — nach up to
der Bischof, -s, ⸚e bishop
bißchen: ein —, a bit, a little
bitte please (when making requests); you're welcome (when acknowledging thanks)
bitten (um) acc. (er bittet, bat, hat gebeten) to ask (for) (something)
blaß pale, wan
blau blue
bleiben (er bleibt, blieb, ist geblieben) to remain
der Bleistift, -s, -e pencil

blind blind
blond blond, fair
die Blume, —, -n flower; voll —n full of flowers
der Blumenstrauß, -es, ⸚e bunch (bouquet) of flowers
der Boden, -s, ⸚, floor
das Boot, -(e)s, -e boat
böse angry; wicked
brauchen to need, require
braun brown
brechen (er bricht, brach, hat gebrochen, brich!) to break
breit wide, broad
der Brief, -(e)s, -e letter
bringen (er bringt, brachte, hat gebracht) to bring
das Brot, -(e)s, -e bread
das Brötchen, -s, —, roll
der Bruder, -s, ⸚, brother
brüllen to bellow, roar
das Buch, -(e)s, ⸚er book
das Bündel, -s, —, bundle
die Butter butter

D

da there, then; wer —? who's there?
da'bei with it (that), at the same time
das Dach, -(e)s, ⸚er roof
da'durch through it (that), by that means
da'mit with it (that)
der Dampf, -(e)s, ⸚e steam, vapor
der Dampfer, -s, —, steamer
da'nach after it (that), thereafter; kurz —, shortly after (that)
da'neben beside it, next to it
danken dat. to thank
dann then
dar'auf (upon) it, thereupon; es kommt — an it all depends
dar'in in it, therein
dar'über over it, about it
dar'um around it, therefore, for that reason
das the, that
dauern to last
da'vor in front of it, before it, of it
die Decke, —, -n ceiling; cover, blanket
denken (er denkt, dachte, hat gedacht) to think
denn for, because, then
deswegen on account of that, for that reason
deutsch German; auf —, in German; sprechen Sie —? do you speak German?
das Deutsch German (the language)

das Deutſche German (*the language*);
überſetzen Sie ins —, translate into German
(das) Deutſchland, -s Germany
(der) De'zember, -s December
dick thick, fat
der Dieb, -(e)s, -e thief
dienen *dat.* to serve
der Diener, -s, —, (man)servant
(der) Dienstag, -s, -e Tuesday
das Dienstmädchen, -s, —, servant girl, maid
dieſer this, this one, the latter
diesmal this time
doch but, yet, however; yes, indeed; aber —, why yes, but I do, *etc.*
der Doktor, -s (*pl.* Dok'toren) doctor
(der) Donnerstag, -s, -e Thursday
dort there
dort'hin there, to that place
draußen outside; da —, out there
drinnen inside
du you (*familiar*)
dumm stupid
der Dummkopf, -s, ⁻e blockhead, dumbbell, numbskull
dunkel dark, gloomy
dünn thin
durch through, by means of
dürfen (er darf, durfte, hat gedurft) to be allowed (permitted) to; darf ich hier bleiben? may I remain here?
durstig thirsty

E

die Ecke, —, -n corner; an der —, on the corner
das Eichkätzchen, -s, —, squirrel
die Eile hurry, haste; — haben to be in a hurry
eilen to hurry, hasten
einatmen to inhale, breathe in
einfach simple, simply
einige some, a few
einmal once; noch —, once more; — die Woche once a week
einſchlafen (er ſchläft ein, ſchlief ein, iſt eingeſchlafen) to fall asleep
einſteigen (er ſteigt ein, ſtieg ein, iſt eingeſtiegen) to get on (*a vehicle*), get aboard; alles einſteigen! all aboard!
das Eis, -es ice, ices, ice cream
die Eiſenbahn, —, -en railroad; mit der — fahren to go (travel) by railroad
die Eltern parents

das Ende, -s, -n end; zu — at an end
endlich finally
er he; it
er'greifen (er ergreift, ergriff, hat ergriffen) to grasp, grab
er'kälten: ſich —, to catch cold
ernſt earnest, serious
die Ernte, —, -n harvest
er'ſchrecken (er erſchrickt, erſchrak, iſt erſchrocken) to become frightened, get scared
erſt first; only
er'ſtaunt astonished
er'widern to reply
er'zählen to tell, relate, narrate
es it
der Eſel, -s, —, donkey, jackass
eſſen (er ißt, aß, hat gegeſſen, iß!) to eat
das Eſſen, -s food, meal
das Eßzimmer, -s, —, dining room
etwas some, something, somewhat
euer your (*pl.*)

F

fahren (er fährt, fuhr, iſt gefahren) to ride (*on a vehicle*)
die Fahrkarte, —, -n railroad ticket
die Fahrt, —, -en ride, trip; auf der —, on the trip
fallen (er fällt, fiel, iſt gefallen) to fall
falſch false, wrong
die Familie [Fa'mil-ye], —, -n family
fangen (er fängt, fing, hat gefangen) to catch
die Farbe, —, -n color
faſſen to grasp, grab, seize
faul lazy
der Faulpelz, -es, -e lazybones
die Feder, —, -n pen
das Feld, -es, -er field
der Felſen, -s, —, cliff, rock
die Ferien vacation
fertig finished, done, ready
feſt fast, tight, firm(ly)
das Feuer, -s, —, fire
der Film, -s, -e film; moving picture
finden (er findet, fand, hat gefunden) to find
der Finger, -s, —, finger
fiſchen to fish
der Fleck, -(e)s, -e spot
das Fleiſch, -es meat, flesh
der Fleiſcher, -s, —, butcher
fleißig diligent, industrious
fliegen (er fliegt, flog, iſt geflogen) to fly
fließen (er fließt, floß, iſt gefloſſen) to flow
die Flöte, —, -n flute
der Fluß, -es, ⁻e river

folgen *dat.* to follow; (ist gefolgt = followed; hat gefolgt = obeyed)

fort forth, away, gone

die Frage, —, -n question; eine — stellen to ask a question

fragen to ask

die Frau, —, -en woman, wife, Mrs.

das Fräulein, -s, —, young lady, Miss

frei free

Freien: im —, out-of-doors

(der) Freitag, -s, -e Friday

fressen (er frißt, fraß, hat gefressen, friß!) to eat (*like an animal*)

die Freude, —, -n joy; vor —, with (for) joy

freuen: sich — (über) *acc.* to rejoice (at), be glad (about); das freut mich I'm glad; er freut sich darüber he's glad about it

der Freund, -es, -e friend

die Freundin —, -nen (girl) friend

der Friede, -ns peace

frisch fresh

froh gay, cheerful

früh early; morgen —, tomorrow morning; heute —, this morning; gestern —, yesterday morning

früher earlier, sooner

der Frühling, -s, -e spring (*the season*)

das Frühstück, -s, -e breakfast

frühstücken to (have) breakfast

fühlen to feel; ich fühle mich schwach I feel weak

die Füllfeder, —, -n fountain pen

für for

fürchten to fear; sich — (vor) *dat.* be afraid (of)

der Fuß, -es, ̈e foot; zu —, on foot

der Fußboden, -s, ̈, floor

G

die Gabel, —, -n fork

ganz all, whole, quite, entire(ly)

gar nicht not at all

der Garten, -s, ̈, garden

das Gebäude, -s, —, building

geben (er gibt, gab, hat gegeben, gib!) to give; es gibt there is (are)

der Geburtstag, -s, -e birthday

der Gedanke, -ns, -n thought; tief in —n deep in thought

die Geduld patience

geduldig patient(ly)

das Gefängnis, -ses, -se prison, jail

gefressen eaten (*see* fressen)

gegen against, toward

gehen (er geht, ging, ist gegangen) to go; das geht nicht that won't do; wie geht es Ihnen (dir)? how are you?

gehören *dat.* to belong (to)

die Geige, —, -n fiddle

gelb yellow

das Geld, -es, -er money

das Geldstück, -s, -e coin

das Gemüse, -s, —, vegetable

genau exact(ly)

genug enough

gerade exactly, just

das Geräusch, -es, -e noise, sound

gern gladly; — haben to like; ich habe es —, I like it; ich tue es —, I like to do it; ich singe —, I like to sing

der Geruch, -(e)s, ̈e odor, smell

das Geschenk, -s, -e gift, present

die Geschichte, —, -n story; history

das Gesicht, -s, -er face

das Gespräch, -(e)s, -e conversation

gestern yesterday; — abend last evening; — früh yesterday morning

gesund healthy, wholesome

gewiß certain(ly), sure(ly)

gewöhnlich usual(ly), ordinary, ordinarily

die Gitarre, —, -n guitar

das Glas, -es, ̈er glass; ein — Wasser a glass of water

glauben to believe

gleich right away, at once, immediately

das Glück, -(e)s good fortune, happiness, luck; — haben to be lucky

glücklich happy, fortunate; er ist — darüber he is happy about it

das Gras, -es, ̈er grass

grau gray

greifen (er greift, griff, hat gegriffen) to seize, grip, grasp

groß big, large, great

die Größe, —, -n size, magnitude

die Großmutter, —, ̈, grandmother

der Großvater, -s, ̈, grandfather

grün green

der Gruß, -es, ̈e greeting

grüßen to greet

der Gummi, -s, -s rubber (eraser)

gut good, well; kind

H

das Haar, -(e)s, -e hair

haben (er hat, hatte, hat gehabt) to have; gern —, like; recht —, be right; Hunger —, be hungry

der §aßn, −(e)ß, ⸗e rooster, cock

ßalb half; eine —e Stunbe half an hour; eß ift — einß it is half past twelve

ßalten (er ßält, ßielt, ßat geßalten) to hold; halt; — für take for; ßalten Sie mid) für einen Narren? do you take me for a fool?

bie §anb, —, ⸗e hand

ber §anbfoffer, −ß, —, suitcase, valise

bie §anbtafdje, —, −n handbag, purse

ßart hard

ber §afe, −n, −n hare, rabbit

ßaffen to hate

baß §auß, −eß, ⸗er house; nad) —e home (*when going there*); ju —e at home

bie §außfrau, —, −en housewife

ßeben (er ßebt, ßob, ßat geßoben) to lift, raise

ßeiß hot

ßeißen to be called; id) ßeiße my name is; wie ßeißt bu? what is your name?

ßelfen *dat.* (er ßilft, ßalf, ßat geßolfen, ßilf!) to help

ßell bright, light

ber §erbft, −eß, −e autumn

ber §err, −n, −en gentleman, sir, Mr., master, lord

ßerrlid) splendid

baß §erj, −enß, −en heart

ßerjlid) heartily, cordially

baß §eu, −(e)ß hay

ßeulen to howl, bawl

ßeute today; — früß *or* — morgen this morning; — nad)mittag this afternoon; — abenb this evening

ßier here

ßierßer here (*to this place*), hither

bie §ilfe, —, −n help, aid

ßilfloß helpless

ber §immel, −ß, —, sky, heaven

ßin′aufgeßen (er geßt ßinauf, ging ßinauf, ift ßinaufgegangen) to go (walk) up

ßinter behind, back of

ßin′unterlaufen (er läuft ßinunter, lief ßinunter, ift ßinuntergelaufen) to run down

ßod) high, tall

ßolen to fetch, get

baß §olj, −eß, ⸗er wood; auß —, out of wood

ßören to hear

baß §o′tel, −ß, −ß hotel

baß §ußn, −(e)ß, ⸗er chicken

ber §unb, −eß, −e dog, hound

baß §unbert, −ß, −e hundred

ber §unger, −ß hunger; — ßaben to be hungry; — leiben starve

ßungern to starve

bie §ungerßnot famine, starvation

ßungrig hungry

ßüpfen to hop

ßuften to cough

ber §ut, −(e)ß, ⸗e hat

J

iaß [ee-ah] heehaw

id) I

bie J′bee, —, −n [*sing.* Ee′day, *pl.* Ee′day-en] idea

ißr you (*pl.*); her; their

immer always

in in, into; — bie Sd)ule to school

bie Jnfel, —, −n island

interef′fant interesting

J

ja yes; indeed

baß Jaßr, −eß, −e year

bie Jaßreßjeit, —, −en season (*of the year*)

ja′woßl yes indeed!

jeber each, each one, everyone; jeben Tag every day; jebe Wod)e every week

jebeßmal each (every) time

jemanb someone, somebody

jener that, that one, the former

jeßt now

(ber) Juli, −ß July

jung young

ber Junge, −n, −n boy, youngster

(ber) Juni, −ß June

K

ber Kaffee, −ß coffee

bie Kälte cold(ness); jitternb vor —, shivering with cold

bie Kamera, —, −ß camera

ber Kamm, −(e)ß, ⸗e comb

fämmen to comb; fid) —, comb one's hair; fämm(e) bid)! *or* fämm(e) bir bie §aare! comb your hair!

bie Karte, —, −n card

bie Kar′toffel, —, −n potato

bie Kaße, —, −n cat

faufen to buy

faum hardly, scarcely

feßren to sweep

fein no, not a, not any; feiner no one, none, neither (one); feineß none

ber Keller, −ß, —, cellar

fennen (er fennt, fannte, ßat gefannt) to know, be acquainted with

fiferi′fi! cock-a-doodle-doo!

das Kind, -es, -er child
klar clear
das Kla'vier, -s, -e piano
das Kleid, -es, -er dress; die Kleider clothes
kleiden to dress, clothe; sich —, dress (oneself)
klein little, small
die Kleine, -n, -n little girl
klingeln to ring; es klingelt the bell is ringing
klingen to sound
klug clever, smart
der Knabe, -n, -n boy
kochen to cook, boil
der Koffer, -s, —, trunk
die Kohle, —, -n coal
kommen (er kommt, kam, ist gekommen) to come
können (er kann, konnte, hat gekonnt) to be able to, know how to; er kann es tun he can do it; können Sie Deutsch? do you know (how to speak) German?
der Kopf, -es, ⸚e head
das Korn, -(e)s, ⸚er grain
kosten to cost
die Kraft, —, ⸚e strength, power, force
krähen to crow
krank sick, ill
der Kranke, -n, -n sick man, patient
die Krankheit, —, -en sickness, illness, disease
die Kra'watte, —, -n necktie
die Kreide, —, -n chalk
der Krieg, -(e)s, -e war
der Krug, -(e)s, ⸚e pitcher, jug
die Küche, —, -n kitchen
der Kuchen, -s, —, cake
die Kuh, —, ⸚e cow
kühl cool, cold
kurz short(ly)
der Kuß, -es, ⸚e kiss
küssen to kiss

L

lächeln to smile
lachen to laugh
laden (er lädt, lud, hat geladen) to load
der Laden, -s, ⸚, store, shop
das Ladenfenster, -s, —, store (shop) window
das Land, -(e)s, ⸚er country, land; auf dem — in the country; auf das (aufs) —, to the country
lang long; wie —? how long? (length)
lange for long, for a long time; wie —

sind Sie schon hier? how long have you been here?
langsam slow(ly)
der Lärm, -(e)s noise, racket
lassen (er läßt, ließ, hat gelassen) to let; have something done; ich lasse den Arzt holen I'm sending for the doctor
die Last, —, -en burden, load
laufen (er läuft, lief, ist gelaufen) to run; walk (as contrasted with riding)
laut loud(ly)
das Leben, -s, —, life
le'bendig alive
das Lebewohl farewell; — sagen to bid farewell
leer empty, vacant
legen to lay, place, set; sich —, lie down
lehren to teach
der Lehrer, -s, —, teacher
die Lehrerin, —, -nen (lady) teacher
leicht easy; light (in weight)
leiden (er leidet, litt, hat gelitten) to suffer, endure; Hunger —, starve
leider unfortunately
leihen (er leiht, lieh, hat geliehen) to lend
die Lekti'on [Lektsi'on], —, -en lesson
lernen to learn
lesen (er liest, las, hat gelesen, lies!) to read
die Leute people
das Licht, -(e)s, -e(r) light
lieb dear
lieben to love, like
lieber rather, preferably; ich gehe — aufs Land I'd rather go to the country
das Lied, -(e)s, -er song
liegen (er liegt, lag, hat gelegen) to lie, recline
die Limo'nade, —, -n lemonade
das Line'al, -s, -e ruler, straight-edge
links (to the) left
los away; loose; er riß sich —, he tore himself away; was ist —? what's the matter? what's up? what's wrong?
die Luft, —, ⸚e air
lügen (er lügt, log, hat gelogen) to lie (tell a falsehood)

M

machen to do, make; Aufgaben —, do (homework) assignments; Aufnahmen —, take pictures; einen Ausflug —, go on an excursion; eine Reise —, take a trip
das Mädchen, -s, —, girl
man one; people (in general); you (in a

general sense); wie schreibt — das? how do you write that? how is that written? — kann es nicht sehen it can't be seen

mancher many (a), many a one

manches much, many things

manchmal sometimes

der Mann, -es, ⸚er man; husband

der Mantel, -s, ⸚, coat

die Mark, —, —, mark (*unit of German money*)

das Markstück, -s, -e one-mark piece

die Maus, —, ⸚e mouse

die Medi'zin, —, -en medicine

mehr more

mein my

der Mensch, -en, -en human being, person, man

das Merkmal, -s, -e mark of identification

das Messer, -s, —, knife

mi'auen to miaow

die Milch milk

die Mi'nute, —, -n minute

mit with; — der Eisenbahn (Straßenbahn) by train (trolley)

mitbringen (er bringt mit, brachte mit, hat mitgebracht) to bring along

mitei'nander with each other

mitkommen (er kommt mit, kam mit, ist mit= gekommen) to come along

mitnehmen (er nimmt mit, nahm mit, hat mitgenommen) to take along

der Mittag, -s, -e noon; gegen —, toward noon; zu —, at noon; was essen Sie zu —? what do you have for lunch?

die Mitte, —, -n middle

mittlerweile meanwhile

(der) Mittwoch, -s, -e Wednesday

mögen (er mag, mochte, hat gemocht) to like; ich mag es nicht I don't like it

möglich possible

der Monat, -s, -e month

(der) Montag, -s, -e Monday

der Mörder, -s, —, murderer

morgen tomorrow; bis —, until tomorrow; heute —, this morning; — früh to-morrow morning

der Morgen, -s, —, morning; am —, in the morning; guten —! good morning!

müde tired, weary

der Mund, -es, ⸚e mouth

die Mu'sik music

müssen (er muß, mußte, hat gemußt) to have to (must); ich muß nach Hause (gehen) I have to go home

die Mutter, —, ⸚, mother

N

na: —, so was! well, of all things!

nach after; to; — Bremen to Bremen; — Hause home

der Nachbar, -s, -n neighbor

der Nachmittag, -s, -e afternoon; am —, in the afternoon; eines —s one afternoon

die Nacht, —, ⸚e night; eines —s one night

der Nachtisch, -es, -e dessert

der Nachttisch, -es, -e night table

nahe: — bei near(by)

der Name, -ns, -n name; wie ist Ihr —? what's your name?

der Narr, -en, -en fool; halten Sie mich für einen —en? do you take me for a fool?

die Nase, —, -n nose

naß wet

die Na'tur nature

na'türlich naturally

neben beside, next to

nehmen (er nimmt, nahm, hat genommen, nimm!) to take

nein no

nett nice

neu new

nicht not; gar —, not at all

nichts nothing

nie never

nieder down

niedrig low

niemand no one, nobody

nirgends nowhere

noch still, yet; — dazu in addition; — einmal once more; — lauter still (even) louder; — nicht not yet

die Nordsee the North Sea

(der) No'vember, -s November

nun now

nur only

O

oben on top; upstairs

das Obst, -es fruit

oder or

der Ofen, -s, ⸚, stove

öffnen to open

oft often

ohne without

das Ohr, -(e)s, -en ear

die Ohrfeige, —, -n slap, smack, box on the ear

(der) Ok'tober, -s October

der Onkel, -s, —, uncle
der Ort, -(e)s, -e place, locality, spot

P

paar: ein —, a few; ein — Minuten a few
  minutes
das Paar, -s, -e pair; ein — Schuhe a pair
  of shoes
packen to pack
der Papa'gei, -en, -en parrot
das Pa'pier, -s, -e paper; aus —, out of
  paper
der Pa'pier'bogen, -s, ⸗, sheet of paper
der Park, -(e)s, -e park
der Pastor, -s (pl. Pa'storen) pastor
der Pati'ent [Patsi'ent], -en, -en patient
  (sick person)
die Per'son, —, -en person
die Pfeife, —, -n pipe
der Pfennig, -s, -(e) pfennig, penny
das Pferd, -es, -e horse
der Philo'soph, -en, -en philosopher
der Platz, -es, ⸗e seat, place; bitte, nehmen
  Sie —! please have a seat
plötzlich suddenly
die Poli'zei police
der Poli'zeibe'amte, -n, -n police official
die Poli'zei'wache, —, -n police station;
  auf die —, to the police station
der Pro'fessor, -s (pl. Profes'soren) professor
das Pult, -(e)s, -e desk
der Punkt, -(e)s, -e point; period; —
  sieben Uhr seven o'clock sharp
pünktlich punctual
putzen to polish, shine, clean; putz(e) dir
  die Zähne! brush your teeth! sie putzt
  die Fenster she is cleaning the windows

Q

die Qual, —, -en torture, torment, agony
quälen to torture, torment

R

rauchen to smoke
recht right; quite; — haben to be right
rechts (on the) right
rechtzeitig punctual, on time
reden to talk, speak
der Regen, -s rain
regnen to rain; es regnet it's raining
reich rich, wealthy
reichen to reach, hand (something to someone)

rein clean, pure; — machen to clean
reinigen to clean
die Reise, —, -n trip, journey; auf der —,
  on the trip; eine — machen to take a trip,
  go on a journey
reisen to travel, journey
der Reisende, -n, -n traveler
reißen (er reißt, riß, hat gerissen) to tear;
  er riß sich los he tore himself away
rennen (er rennt, rannte, ist gerannt) to run
der Re'volver, -s, —, revolver
der Rhein, -s the Rhine; am —, on the
  Rhine
die Rheinfahrt, —, -en trip on the Rhine
der Richter, -s, —, judge
richtig right, correct
riechen (er riecht, roch, hat gerochen) to smell
ro'mantisch romantic
rösten to roast
rot red
der Rücken, -s, —, back
der Rucksack, -s, ⸗e rucksack, knapsack
rudern to row
rufen (er ruft, rief, hat gerufen) to call,
  shout, cry
die Ruhe rest, calm, repose, peace
ruhen to rest
ruhig quiet, restful, calm, still

S

die Sache, —, -n thing
die Sage, —, -n tale, legend
sagen to say, tell
der Sa'lat, -s, -e salad, lettuce
(der) Samstag, -s, -e Saturday
satt full
der Satz, -es, ⸗e sentence
die Schachtel, —, -n (cardboard) box
der Schaffner, -s, —, conductor
schämen: sich —, to be ashamed
der Scharfrichter, -s, —, executioner
schauen (nach) to look (at)
scheinen (er scheint, schien, hat geschienen) to
  shine, seem
schenken to present, give (as a gift)
schicken to send
das Schild, -(e)s, -er sign
der Schinken, -s, —, ham
der Schirm, -(e)s, -e umbrella (short form
  of Regenschirm)
schlachten to slaughter
schlafen (er schläft, schlief, hat geschlafen) to
  sleep
schläfrig sleepy
das Schlafzimmer, -s, —, bedroom

ſchlagen (er ſchlägt, ſchlug, hat geſchlagen) to strike, hit, beat
ſchlecht bad
ſchließen (er ſchließt, ſchloß, hat geſchloſſen) to close; conclude
der Schlingel, -s, —, rascal
das Schloß, -es, ⸚er castle
ſchmal narrow
ſchmutzig dirty
ſchnell quick(ly), rapid(ly), fast
die Schoko'lade, —, -n chocolate
ſchon already
ſchön beautiful, fine, nice
ſchreiben (er ſchreibt, ſchrieb, hat geſchrieben) to write
ſchreien (er ſchreit, ſchrie, hat geſchrien) to yell, shout, scream
der Schritt, -(e)s, -e step, pace
der Schuh, -(e)s, -e shoe
die Schularbeit, —, -en homework
die Schule, —, -n school; in die —, zur —, to school
der Schüler, -s, —, pupil
die Schülerin, —, -nen (girl) pupil
ſchwach weak
der Schwanz, -es, ⸚e tail
ſchwarz black
ſchweigen (er ſchweigt, ſchwieg, hat geſchwiegen) to be silent
das Schwein, -(e)s, -e pig, swine
ſchwer heavy; hard, difficult
die Schweſter, —, -n sister
ſchwimmen (er ſchwimmt, ſchwamm, iſt geſchwommen) to swim, float
der See, -s, -n [pl. Zay-en] lake
ſehen (er ſieht, ſah, hat geſehen, ſieh!) to see; — auf look at; er ſah nur zu he was only looking on; er ſieht auf ſeine Uhr he looks at his watch; ſeht mal just look
ſehr very (much)
die Seife, —, -n soap
ſein (er iſt, war, iſt geweſen, ſei!) to be
ſein his; its
ſeit since; — Jahren for years; — wann since when
ſeit'dem since (then), since that time
die Seite, —, -n side, page
ſelber myself, yourself, himself, etc.
der Senf, -(e)s, -e mustard
ſetzen to set, put, place; ſich —, sit down
ſicher sure(ly), safe(ly), certain(ly)
ſie she, her; it; they, them
Sie you (polite)
ſiebzig seventy
ſingen (er ſingt, ſang, hat geſungen) to sing
ſitzen (er ſitzt, ſaß, hat geſeſſen) to sit

ſo so, as; well! — viel wie as much as
der Sohn, -(e)s, ⸚e son
ſolcher such (a); such a one
der Sol'dat, -en, -en soldier
ſollen to be (supposed) to, shall, ought; ich ſoll zu Hauſe bleiben I'm to remain at home; was ſoll ich tun? what shall I do?
der Sommer, -s, —, summer
das Sommerlager, -s, —, (summer) camp
ſondern but (on the contrary)
die Sonne, —, -n sun
(der) Sonntag, -s, -e Sunday
ſonſt else, otherwise
die Sorge, —, -n worry, trouble; mach dir nur keine —n darüber! don't you worry about that!
ſorgen to worry; — für take care of; wer ſorgt für das Eſſen? who'll take care of the food?
ſparen to save, scrimp
ſpät late; wie — iſt es? what time is it?
ſpa'zieren to walk, stroll; — gehen go walking
ſpielen to play
die Spielſache, —, -n toy, plaything
das Spielzimmer, -s, —, playroom
ſprechen (er ſpricht, ſprach, hat geſprochen, ſprich!) to speak, talk
ſpringen (er ſpringt, ſprang, iſt geſprungen) to jump, spring
die Stadt, —, ⸚e city, town; in die —, to the city, downtown; in der —, in the city, in town
ſtark strong
ſtecken to stick, insert
ſtehen (er ſteht, ſtand, hat geſtanden) to stand
ſteigen (er ſteigt, ſtieg, iſt geſtiegen) to climb, rise, mount
der Stein, -(e)s, -e stone
die Stelle, —, -n spot, place
ſtellen to put, place, set; ſich —, stand, take up one's position; eine Frage —, ask a question
ſterben (er ſtirbt, ſtarb, iſt geſtorben, ſtirb!) to die
ſtill still, silent, quiet
die Stimme, —, -n voice
der Stock, -(e)s, ⸚e stick; pointer (short form of Zeigeſtock)
ſtopfen to darn; stuff, cram
die Straße, —, -n street; auf der —, on the street; auf die —, into the street; in unſerer —, on our street
die Straßenbahn, —, -en streetcar, trolley; mit der —, by trolley

ſtreden to stretch; er ſtredte ſeine Naſe
hervor he stuck his nose out
der Strumpf, –(e)s, ⸚e stocking
das Stüd, –(e)s, –e piece, bit
der Stu'dent, –en, –en student
der Stuhl, –(e)s, ⸚e chair
die Stunde, —, –n hour; eine halbe —, half
an hour
die Suppe, —, –n soup
ſüß sweet

T

die Tafel, —, –n (black)board
der Tag, –es, –e day; eines —es one day;
guten —! hello!
tagsüber all day long
die Tante, —, –n aunt
die Taſche, —, –n pocket; bag
taub deaf
das Tauſend, –s, –e thousand
das Tele'phon, –s, –e telephone (also
spelled Telefon)
das Tele'phonge'ſpräch, –s, –e telephone
conversation
telepho'nieren to telephone
der Teller, –s, —, plate
das Tennis tennis
teuer expensive, dear
das The'ater, –s, —, theater; ins —, to
the theater
tief deep
das Tier, –(e)s, –e animal
die Tinte, —, –n ink
der Tiſch, –es, –e table
die Tochter, —, ⸚, daughter
der Ton, –(e)s, ⸚e tone, sound
der Topf, –es, ⸚e pot
tot dead
der Tote, –n, –n the dead man
töten to kill
tragen (er trägt, trug, hat getragen) to carry,
bear; wear
traurig sad
treffen (er trifft, traf, hat getroffen, triff!) to
meet; hit, strike
die Treppe, —, –n stairs, staircase; die —
hinauf up the stairs
treten (er tritt, trat, iſt getreten, tritt!) to
step, tread
trinken (er trinkt, trank, hat getrunken) to
drink
troden dry
die Trom'pete, —, –n trumpet
troß in spite of
tun (er tut, tat, hat getan) to do, put

die Tür, —, –en door
der Turm, –(e)s, ⸚e tower

U

über over, above; — die Straße gehen to
cross the street; ſich freuen — (acc.) rejoice at, be glad about; lachen — (acc.)
laugh at
überall everywhere, all over
über'nachten to stay overnight
das Ufer, –s, —, bank (of a river); shore
(of a lake)
die Uhr, —, –en watch (timepiece); wieviel
— iſt es? what time is it? es iſt zwei —,
it is two o'clock
um around; at; — zehn Uhr at ten o'clock;
er bittet — das Brot he asks for the bread
und and
'unge'duldig impatient(ly)
'unge'fähr about. approximately
'unge'ſund unhealthy
unglüdlich unhappy, unfortunate
die Univerſi'tät, —, –en university
unmöglich impossible
unruhig uneasy, restless
unſer our
unten below; downstairs
unter under; among; — ihnen among
them
'unver'ſchämt impudent; —er Bengel impudent brat
'unzu'frieden dissatisfied

V

der Vaga'bund, –en, –en hobo, tramp,
vagabond
der Vater, –s, ⸚, father
ver'dienen to earn; deserve
ver'gehen to pass (away), go by
ver'geſſen (er vergißt, vergaß, hat vergeſſen,
vergiß!) to forget
ver'gnügen: ſich —, to enjoy oneself
das Ver'gnügen, –s, —, pleasure
ver'kaufen to sell
ver'langen to demand, ask, desire
ver'lieren (er verliert, verlor, hat verloren) to
lose
ver'ſchwunden disappeared
ver'ſtehen (er verſteht, verſtand, hat verſtan=
den) to understand; was — Sie dar=
unter? what do you understand by
that?
der Vetter, –s, —, (male) cousin
das Vieh, –(e)s cattle, livestock

viel much
viele many
viel′leicht maybe, perhaps
das Viertel, -s, —, quarter
der Vogel, -s, ⸚, bird
das Volkslied, -s, -er folk song
voll full; — Blumen full of flowers
von of, from; erzählen —, to tell about
vor in front of, before; — Angst with fear;
  — Freude with joy
vor′bei past; an ihm —, past him
vorgestern day before yesterday
der Vorname, -ns, -n first name
die Vorstadt, —, ⸚e suburb(s)

W

der Wagen, -s, —, wagon; car; auto;
  railroad coach
wahr true; nicht —? isn't it? haven't you?
während during
die Wahrheit, —, -en truth
der Wald, -es, ⸚er woods, forest
die Wand, —, ⸚e wall
wandern to wander, hike
wann when (in questions)
warm warm, hot
warten (auf) acc. to wait (for); warte nur
  just wait
war′um why
was what; — für what kind (of)
die Wäsche, —, -n laundry, linens (shirts
  and underwear)
waschen (er wäscht, wusch, hat gewaschen) to
  wash; wasch(e) dich! wash yourself!
  wasch(e) dir die Hände! wash your hands!
das Wasser, -s, ⸚, water
weg away, gone
der Weg, -(e)s, -e way, path, road; auf
  dem —, on the way
wegen on account of
wegrennen (er rennt weg, rannte weg, ist
  weggerannt) to run away
wehtun (es tut weh, tat weh, hat weh getan)
  to hurt; es tut mir weh it hurts (me)
weich soft
die Weile while; noch eine —, a while
  longer
der Wein, -(e)s, -e wine
weinen to cry, weep
weiß white; see also wissen
weiter further; und so —, and so forth,
  etcetera (abbrev. usw.)
weitergehen (er geht weiter, ging weiter, ist
  weitergegangen) to continue, go on
welcher which (one)

wenig little, few
wenn when; if; auch —, even when (if);
  — nicht if not
wer who; — da? who's there? who goes
  there?
werden (er wird, wurde, ist geworden) to become; es wird kalt it's getting cold
werfen (er wirft, warf, hat geworfen, wirf!)
  to throw
wessen whose
das Wetter, -s weather
wichtig important
wider against; Wurst — Wurst tit for tat
wie how; so viel —, as much as
wieder again
wieder′holen to repeat; review
Wiedersehen see auf Wiedersehen!
wieviel how much
wie viele how many
wild wild
der Winter, -s, —, winter
wir we
der Wirt, -(e)s, -e innkeeper, landlord;
  host
das Wirtshaus, -es, ⸚er inn, tavern
der Wischer, -s, —, (blackboard) eraser
wissen (er weiß, wußte, hat gewußt) to know
wo where
die Woche, —, -n week; einmal die —, once
  a week; jede —, every week
wo′durch through what (where); by what
  means
wo′für what for
wo′her from where, whence
wo′hin where to, whither
wohl well; probably
wohnen to live, dwell
das Wohnzimmer, -s, —, living room
wollen (er will, wollte, hat gewollt) to want
wo′mit with what
wor′auf on what, whereupon
das Wort, -(e)s, ⸚er or -e word
wor′über about (at) what, over what
wor′um around what; — bittet er? what
  is he asking for?
wo′vor in front of what; — hat sie Angst?
  what is she afraid of?
das Wunder, -s, —, wonder, miracle
wunderbar wonderful
wundervoll wonderful
wünschen to wish
die Wurst, —, ⸚e sausage, wurst
das Würstchen, -s, —, little sausage, frankfurter; warme —, "hot dogs"
der Wurstmann, -s "hot-dog" vendor
  frankfurter man

3

die Zahl, —, -en number
zählen to count
der Zahn, -(e)s, ⸚e tooth
die Zahnbürſte, —, -n toothbrush
die Zahnpaſta, —, -ſten toothpaste
das Zahnweh, -s, -e toothache
der Zaun, -(e)s, ⸚e fence
zeigen to show; point
die Zeit, —, -en time; zu dieſer —, at this
    (that) time
die Zeitung, —, -en newspaper
zer'brechen (er zerbricht, zerbrach, hat zer=
    brochen, zerbrich!) to break
die Ziege, —, -n goat
ziehen (er zieht, zog, hat gezogen) to pull,
    draw
ziemlich rather, quite
das Zimmer, -s, —, room

zittern to tremble, shiver
zornig angry, wrathful
zu to; at; too; — Fuß on foot; — Hauſe
    at home; — Mittag at noon; — ſich to
    himself, to herself
zu'erſt at first
zu'frieden satisfied
der Zug, -(e)s, ⸚e train
zu'gleich at the same time; beide —, both
    at once
zu'letzt at last
zumachen (er macht zu, machte zu, hat zuge=
    macht) to close
die Zunge, —, -n tongue
zu'rück back
zu'ſammen together
zu'viel too much
zweimal twice; — die Woche twice a week
zwiſchen between

Vocabulary

A

accompany be'gleiten

afraid: to be — of Angſt haben vor (*dat.*), ſich fürchten vor (*dat.*)

after nach (*dat.*); — that da'nach

afternoon der Nachmittag, -s, -e; in the —, am Nachmittag

air die Luft, —, ⸚e

alive le'bendig

all alle; alles; — aboard! alles einſteigen!

alone al'lein

already ſchon

also auch

always immer

angry böſe, zornig, ärgerlich

animal das Tier, -(e)s, -e

answer die Antwort, —, -en; to —, ant= worten (*dat.*); to — a question eine Frage be'antworten, auf eine Frage antworten

anxious(ly) ängſtlich

appetite der Appe'tit

arm der Arm, -(e)s, -e

as wie; ſo; — hungry —, ſo hungrig wie

ask fragen (*acc.*); to — a question eine Frage ſtellen; to — for (*something*) bitten um (*acc.*); ver'langen (*a sum of money*)

astonished er'ſtaunt

at an (*dat. or acc.*); — the station auf dem Bahnhof; — three o'clock um drei Uhr

August (der) Au'guſt; at the end of —, Ende Auguſt

awaken aufwachen (er wacht auf, wachte auf, iſt aufgewacht, wach(e) auf!)

B

bad ſchlecht

bank die Bank, —, -en; to the —, auf die Bank

bark bellen

bathe baden; to go bathing baden gehen

bathing suit der Badeanzug, -s, ⸚e

be ſein (er iſt, war, iſt geweſen, ſei!)

beautiful ſchön

because denn

become werden (er wird, wurde, iſt gewor= den)

bed das Bett, -es, -en; to go to —, zu Bett gehen

bedroom das Schlafzimmer, -s, —

before vor

begin be'ginnen (er beginnt, begann, hat be= gonnen), anfangen (er fängt an, fing an, hat angefangen, fang(e) an!)

beginning der Anfang, -s, ⸚e; from — to end von Anfang bis Ende

behind hinter (*dat. or acc.*)

believe glauben

bench die Bank, —, ⸚e

beside neben (*dat. or acc.*); — myself for joy außer mir vor Freude

besides außer (*dat.*)

better beſſer

big groß

bird der Vogel, -s, ⸚

birthday der Ge'burtstag, -s, -e

bishop der Biſchof, -s, ⸚e

book das Buch, -es, ⸚er

both beide; — at once beide zugleich

boy der Junge, -n, -n; der Knabe, -n, -n

bread das Brot, -es, -e

breakfast das Frühſtück, -s, -e; to (have) —, frühſtücken

breathe atmen

bring bringen (er bringt, brachte, hat ge= bracht)

brother der Bruder, -s, ⸚; little —, das Brüderchen, -s, —

brown braun

but aber; ſondern (*after a negative*)

buy kaufen

by bei; near—, nahe

C

cake der Kuchen, -s, —

call rufen (er ruft, rief, hat gerufen)

camera die Kamera, —, -s

camp das Sommerlager, -s, —; to —, ins
　Sommerlager
car der Wagen, -s, —
card die Karte, —, -n
care: to take — of sorgen für (acc.)
castle das Schloß, -es, ̈er
cat die Katze, —, -n
catch fangen (er fängt, fing, hat gefangen)
cellar der Keller, -s, —
cent der Pfennig, -s, -(e)
chair der Stuhl, -(e)s, ̈e
chocolate die Schoko'lade, —, -n; a piece
　of —, ein Stück Schokolade
city die Stadt, —, ̈e; in the —, in der
　Stadt; to the —, in die Stadt
clean rein
climb steigen (er steigt, stieg, ist gestiegen)
clock die Uhr, —, -en
close schließen (er schließt, schloß, hat ge=
　schlossen)
clothes (die) Kleider
color die Farbe, —, -n
come kommen (er kommt, kam, ist gekom=
　men); to — along mitkommen (er kommt
　mit, kam mit, ist mitgekommen, komm(e)
　mit!); to — back zurückkommen (er
　kommt zurück, kam zurück, ist zurückgekom=
　men, komm(e) zurück!)
conductor der Schaffner, -s, —
contrary: on the —, sondern
conversation das Ge'spräch, -s, -e
cool kühl
corner die Ecke, —, -n; on the —, an der
　Ecke
count zählen
country das Land, -es, ̈er; in the —, auf
　dem Lande; to the —, auf das (aufs) Land
cousin der Vetter, -s, —
cry weinen (weep); rufen (shout) (er ruft,
　rief, hat gerufen)

D

daughter die Tochter, —, ̈
day der Tag, -(e)s, -e; every —, jeden Tag,
　alle Tage
dead tot
dessert der Nachtisch, -es, -e
devour auffressen (er frißt auf, fraß auf, hat
　aufgefressen)
do tun (er tut, tat, hat getan); machen; to —
　homework die Schulaufgaben machen
dog der Hund, -es, -e
drink trinken (er trinkt, trank, hat getrun=
　ken)
during während (gen.)

E

each jeder; — other einander; we talk to
　— other wir sprechen miteinander
early früh
easy leicht
eat essen (er ißt, aß, hat gegessen, iß!)
end das Ende, -s, -n; at the — of June
　Ende Juni
enjoy oneself sich ver'gnügen (er vergnügt
　sich, vergnügte sich, hat sich vergnügt)
enough ge'nug
evening der Abend, -s, -e; in the —, am
　Abend; last —, gestern abend
every jeder; — day jeden Tag
everything alles
excursion der Ausflug, -s, ̈e; to go on an
　—, einen Ausflug machen
eye das Auge, -s, -n

F

face das Ge'sicht, -s, -er
fall fallen (er fällt, fiel, ist gefallen)
fall asleep einschlafen (er schläft ein, schlief ein,
　ist eingeschlafen)
family die Fa'milie, —, -n
famous be'rühmt
farm der Bauernhof, -s, ̈e
fat dick
father der Vater, -s, ̈
fetch holen
field das Feld, -es, -er
film der Film, -s, -e
fine schön
finished fertig
first zu'erst
fish fischen; we go —ing wir gehen fischen
floor der Boden or Fußboden, -s, ̈
flower die Blume, —, -n; full of —s voll
　Blumen
follow folgen (dat.)
food das Essen, -s
fool der Narr, -en, -en
for für (acc.); to ask —, bitten um (acc.)
forget ver'gessen (er vergißt, vergaß, hat ver=
　gessen, vergiß!)
frankfurter das Würstchen, -s, —
free frei
fresh frisch
Friday (der) Freitag
friend der Freund, -es, -e; girl —, die
　Freundin, —, -nen
from von (dat.)
fruit das Obst, -es
full voll; satt (of food); — of flowers voll

Blumen; **he is always —,** er ift immer
fatt

G

garden der Garten, -ȣ, ≃
German Deutſch (*the language*); **in —,** auf
deutſch; **into —,** inȥ Deutſche
get be'fommen (*receive*) (er befommt, befam,
hat befommen); werden (*become*) (er
wird, wurde, iſt geworden)
get up aufſtehen (er ſteht auf, ſtand auf, iſt
aufgeſtanden, ſteh(e) auf!)
girl daȥ Mädchen, -ȣ, —; **— friend** die
Freundin, —, -nen
give geben (er gibt, gab, hat gegeben, gib!);
to — as a gift ſchenfen
go gehen (er geht, ging, iſt gegangen)
gone weg, fort
good gut
good-by auf Wiederſehen! (*for a short time*);
lebewohl! (*for an extended absence*)
grab ergreifen (er ergreift, ergriff, hat ergrif=
fen); faſſen
grass daȥ Graȥ, -eȥ
green grün
greet grüßen

H

hair daȥ Haar, -(e)ȥ, -e
ham der Schinfen, -ȣ, —
hand die Hand, —, ≃e; **to —** (*something to
someone*) reichen
happy glücflich; **I am — about it** ich bin
glücflich darüber
harvest die Ernte, —, -n
have haben (er hat, hatte, hat gehabt); **to
— to** müſſen (er muß, mußte, hat gemußt)
hay daȥ Heu
healthy ge'ſund
hear hören
help helfen (*dat.*) (er hilft, half, hat geholfen,
hilf!)
here hier
hit ſchlagen (er ſchlägt, ſchlug, hat geſchlagen)
home: at —, zu Hauſe; (*going*) **—,** nach
Hauſe
homework die Schulaufgabe(n), die Schul=
arbeit(en); **to do —,** die Schulaufgaben
machen
horse daȥ Pferd, -eȥ, -e
hot heiß
"hot dogs" warme Würſtchen
"hot-dog" man der Wurſtmann
hour die Stunde, —, -n
house daȥ Hauȥ, -eȥ, ≃er

housewife die Hauȥfrau, —, -en; **she is a
—,** ſie iſt Hauȥfrau
how wie; **— are you?** wie geht eȥ (dir)
Ihnen?
however aber, doch
hundreds Hunderte
hungry hungrig; **I am —,** ich habe Hunger,
ich bin hungrig

I

ice cream daȥ Eiȥ, -eȥ
immediately gleich
impatient(ly) 'unge'duldig
industrious fleißig
inhale einatmen (er atmet ein, atmete ein,
hat eingeatmet)
ink die Tinte, —, -n
interesting intereſ'ſant
island die Inſel, —, -n

J

joy die Freude, —, -n; **for (with) —,** vor
Freude
July (der) Juli; **in —,** im Juli
jump ſpringen (er ſpringt, ſprang, iſt ge=
ſprungen)
June (der) Juni; **in —,** im Juni; **the end
of —,** Ende Juni
just nur; ge'rade; **he's — waiting** er wartet
nur

K

kitchen die Küche, —, -n
knapsack der Rucfſac, -ȣ, ≃e
know wiſſen (er weiß, wußte, hat gewußt)

L

large groß
last zu'letzt; **at —,** endlich; **— evening**
geſtern abend
late ſpät; **I'm always —,** ich fomme immer
zu ſpät
laugh lachen; **— at** lachen über (*acc.*)
lazy faul
lazybones (der) Faulpelz
learn lernen
leave abfahren (er fährt ab, fuhr ab, iſt ab=
gefahren); **what time does the train
—?** um wieviel Uhr fährt der Zug ab?
leg daȥ Bein, -(e)ȥ, -e
letter der Brief, -(e)ȥ, -e
life daȥ Leben, -ȣ, —

like wie; we laughed — two youngsters
wir lachten wie zwei Jungen; to —, gern
haben, mögen; I — the spring ich habe
den Frühling gern; he likes to work er
arbeitet gern
listen hören
live wohnen (*dwell*); leben (*exist*)
living room das Wohnzimmer, -s, —
load die Last, —, -en; to —, laden (er lädt,
lud, hat geladen)
look: to — at sehen auf (*acc.*) (er sieht, sah,
hat gesehen, sieh!); schauen nach (*dat.*);
to — on zusehen; he was only —ing on
er sah nur zu
lose ver'lieren (er verliert, verlor, hat ver=
loren)
lot: a — of viel
loud laut; still —er noch lauter

M

make machen
man der Mann, -es, ⸚er; der Mensch, -en,
-en (*in a general sense*)
many viele; — a (an) mancher
mark die Mark, —, — (*unit of money*)
matter: what's the —? was ist los?
meat das Fleisch, -es, -e
milk die Milch
million die Milli'on, —, -en
Miss (das) Fräulein, -s, —
money das Geld, -es, -er
more mehr; — than mehr als; once —,
noch einmal
morning der Morgen, -s, —; in the —,
am Morgen; this —, heute früh, heute
morgen; tomorrow —, morgen früh
mother die Mutter, —, ⸚
mouse die Maus, —, ⸚e
Mr. Herr
Mrs. Frau
much viel
must müssen (er muß, mußte, hat gemußt)

N

name der Name, -ns, -n; my — is ich
heiße; my mother's — is meine Mutter
heißt; what is your father's —? wie
heißt Ihr Vater?
nature die Na'tur
near nahe (bei) (*dat.*); —by nahe
necktie die Kra'watte, —, -n
never nie
next to neben (*dat. or acc.*)
nice schön, nett

night die Nacht, —, ⸚e; in the —, in der
Nacht; one —, eines Nachts
no nein; kein; I have — pencil ich habe
keinen Bleistift
no one niemand
not nicht; — any kein; — at all gar nicht
notebook das Heft, -(e)s, -e
nothing nichts
number die Zahl, —, -en

O

o'clock: it is four —, es ist vier Uhr
often oft
old alt
once einmal; — more noch einmal; at —,
gleich; both at —, beide zugleich
one eins (*in counting*); ein (*as a modifier*);
einer (*one person*); — day eines Tages
only nur
open öffnen
otherwise sonst
out-of-doors im Freien
outside draußen
out there da draußen

P

pack packen
pair das Paar, -(e)s, -e; a — of shoes ein
Paar Schuhe
park der Park, -(e)s, -e
pay be'zahlen
pen die Feder, —, -n; fountain —, die
Füllfeder, —, -n
people die Leute, die Menschen
philosopher der Philo'soph, -en, -en
picture die Aufnahme, —, -n (*snapshot*); to
take —s Aufnahmen machen
pig das Schwein, -(e)s, -e
place der Ort, -(e)s, -e; to —, legen, setzen,
stellen
play spielen
playroom das Spielzimmer, -s, —
please bitte
poor arm; the —, die Armen
possible möglich
prefer lieber haben (gehen, tun, *etc.*); I —
to go to camp ich gehe lieber ins Sommer=
lager
present das Ge'schenk, -s, -e
professor der Pro'fessor, -s, -en
profound tief
pupil der Schüler, -s, —; girl —, die
Schülerin, —, -nen
put stellen, legen, setzen

Q

question die Frage, —, -n; to answer a —, eine Frage be'antworten; to ask a —, eine Frage stellen
quick(ly) schnell
quiet still, ruhig

R

railroad die Eisenbahn, —, -en; by —, mit der Eisenbahn
rain der Regen, -s; to —, regnen; it's —ing es regnet
rascal der Schlingel, -s, —
red rot
remain bleiben (er bleibt, blieb, ist geblieben)
revolver der Re'volver, -s, —
Rhine der Rhein, -s; on the —, am Rhein
rich reich
rock der Felsen, -s, —
roll das Brötchen, -s, — (of bread)
room das Zimmer, -s, —
run laufen (er läuft, lief, ist gelaufen); rennen (er rennt, rannte, ist gerannt)

S

sad traurig
salad der Sa'lat, -s, -e
satisfied zu'frieden
say sagen
scarcely kaum
school die Schule, —, -n; to go to —, in die (zur) Schule gehen
scream schreien (er schreit, schrie, hat geschrien)
seat der Platz, -es, "e; please have a —, bitte, nehmen Sie Platz!
see sehen (er sieht, sah, hat gesehen, sieh!)
seize greifen (er greift, griff, hat gegriffen)
sell ver'kaufen
send schicken; we are —ing for the doctor wir lassen den Arzt holen
sentence der Satz, -es, "e
serious ernst
servant der Diener, -s, —; maid—, das Dienstmädchen, -s, —
sharp: three o'clock —, Punkt drei Uhr
sheet of paper der Pa'pier`bogen, -s, "
shoe der Schuh, -(e)s, -e; a pair of —s ein Paar Schuhe
short kurz
shortly after kurz danach
shout rufen (er ruft, rief, hat gerufen)
sick krank
sickness die Krankheit, —, -en
sing singen (er singt, sang, hat gesungen)

sister die Schwester, —, -n; little —, das Schwesterchen, -s, —
sit sitzen (er sitzt, saß, hat gesessen); to — down sich setzen (er setzt sich, setzte sich, hat sich gesetzt, setze dich!)
sky der Himmel, -s, —
slap die Ohrfeige, —, -n
sleep schlafen (er schläft, schlief, hat geschlafen); he goes to — early er geht früh schlafen
sleepy schläfrig
smart flug
soap die Seife, —, -n
someone jemand
song das Lied, -(e)s, -er
sound das Ge'räusch, -es, -e
speak sprechen (er spricht, sprach, hat gesprochen, sprich!); reden
spite: in — of trotz (gen.)
spot der Fleck, -(e)s, -en
spring der Frühling, -s, -e; in —, im Frühling
stand stehen (er steht, stand, hat gestanden); sich stellen; — up! stehe auf!
starve hungern, Hunger leiden
station der Bahnhof, -s, "e; at the —, auf dem Bahnhof; to the —, zum Bahnhof
steamer der Dampfer, -s, —
step treten (er tritt, trat, ist getreten, tritt!)
still noch (yet); still, ruhig (quiet)
story die Ge'schichte, —, -n
strength die Kraft, —, "e
stroll spa'zieren
strong stark
student der Stu'dent, -en, -en
stupid dumm
such solcher
suddenly plötzlich
suit der Anzug, -s, "e
suitcase der Handkoffer, -s, —
summer der Sommer, -s, —
sure(ly) sicher, ge'wiß
swim schwimmen (er schwimmt, schwamm, ist geschwommen); we go swimming wir gehen schwimmen

T

table der Tisch, -es, -e; at the —, am Tisch
take nehmen (er nimmt, nahm, hat genommen, nimm!); to — care of sorgen für (acc.); to — for halten für
talk sprechen (er spricht, sprach, hat gesprochen, sprich!); reden; to — about sprechen über (acc.)
teacher der Lehrer, -s, —; lady —, die

Lehrerin, —, -nen; he is a —, er ist
Lehrer
telephone das Tele'phon, -s, -e; at the
—, am Telephon
tell er'zählen; sagen; to — about erzählen
von (dat.); — me sag mir
tennis das Tennis
than als
thank danken (dat.); —s very much!
danke sehr!
that das; jener
then dann, da
there da, dort; — is es ist, es gibt; — are
es sind, es gibt; out —, da draußen
therefore dar'um, also
thereupon dar'auf
these diese
thief der Dieb, -(e)s, -e
thing die Sache, —, -n; all sorts of —s
allerlei
this dieser
thought der Ge'danke, -ns, -n
thousands Tausende
time die Zeit, —, -en; at that —, zu
dieser Zeit; at the same —, da'bei,
zu'gleich; this —, diesmal; on —, recht=
zeitig; what — is it? wieviel Uhr ist es?
tired müde
today heute
together zu'sammen
tomorrow morgen; — morning morgen früh
tone der Ton, -(e)s, ⸚e
too zu; auch (also)
torture die Qual, —, -en
tower der Turm, -(e)s, ⸚e; Mouse Tower,
der Mäuseturm
town die Stadt, —, ⸚e; the — of Bingen
die Stadt Bingen
train der Zug, -(e)s, ⸚e; die Bahn, —, -en;
on the —, auf der Bahn
travel reisen
traveler der Reisende, -n, -n
tree der Baum, -(e)s, ⸚e
trip die Reise, —, -n; die Fahrt, —, -en; to
take a —, eine Reise machen; a — on the
Rhine eine Rheinfahrt
trolley die Straßenbahn, —, -en; by —,
mit der Straßenbahn
twice zweimal; — as fast as zweimal so
schnell wie

U

umbrella der Schirm, -(e)s, -e
uncle der Onkel, -s, —
under unter (dat. or acc.)
uneasy unruhig

unfortunately leider
unhappy unglücklich
unhealthy 'unge'sund
university die Universi'tät, —, -en; at the
—, an der Universität; to the —, auf die
Universität
until bis
usual(ly) ge'wöhnlich

V

vacation(s) die Ferien (pl. only)
very sehr; — much sehr (viel)
visit der Be'such, -s, -e; to —, be'suchen
voice die Stimme, —, -n

W

wagon der Wagen, -s, —
wait warten; to — for warten auf (acc.)
walk gehen (er geht, ging, ist gegangen); to
go —ing spa'zieren gehen
wash die Wäsche (laundry); to —, waschen
(er wäscht, wusch, hat gewaschen); — yourself! wasch(e) dich! — your face! wasch(e)
dir das Gesicht!
watch die Uhr, —, -en
weather das Wetter, -s
Wednesday (der) Mittwoch
weep weinen
well gut; wohl; I am —, es geht mir gut;
he isn't feeling —, er fühlt sich nicht gut
what was; — is your name? wie heißen
Sie? wie ist Ihr Name?
when wann (in questions); wenn (whenever)
where wo; wo'hin
which welcher; — of you welcher von euch
who wer; —'s there? wer da?
why war'um
window das Fenster, -s, —
wish wünschen
with mit
without ohne (acc.)
work die Arbeit, —, -en; to —, arbeiten
worry die Sorge, —, -n; to —, sich Sorgen
machen; don't —! mach dir keine Sorgen!
write schreiben (er schreibt, schrieb, hat ge=
schrieben)
wrong falsch

Y

year das Jahr, -es, -e; one —, eines Jahres
yell schreien (er schreit, schrie, hat geschrien)
yes ja; — indeed! ja'wohl!
yet noch; not —, noch nicht
young jung
youngster der Junge, -n, -n

Index

All references are to page numbers.